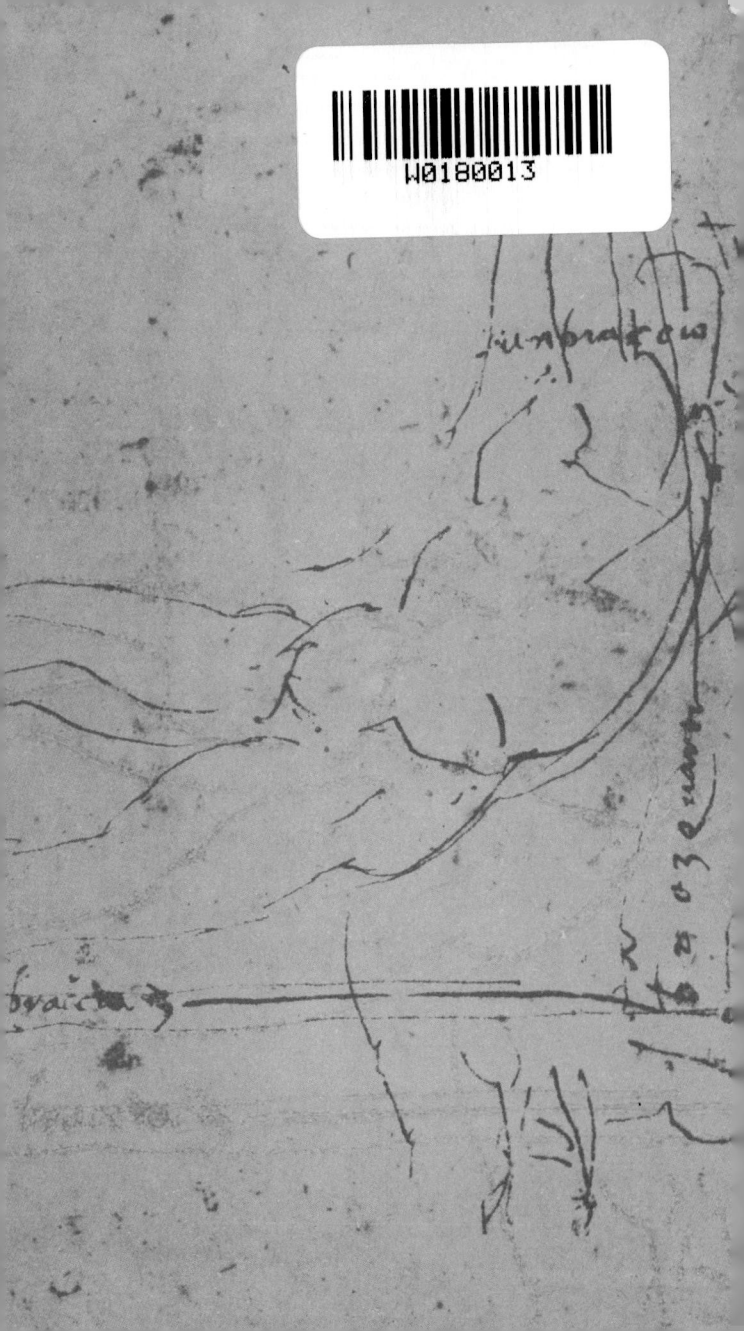

R & L

ROSEMARIE SCHUDER

DIE ZERSCHLAGENE MADONNA

DAS LEBEN MICHELANGELOS

1527–1564

Roman

RÜTTEN & LOENING

BERLIN

Mit 16 Abbildungen und 1 Zeittafel

10. Auflage 1986
Alle Rechte Rütten & Loening, Berlin
Einbandgestaltung Günter Lerch
Lichtsatz INTERDRUCK Graphischer Großbetrieb Leipzig – III/18/97
Druck und Binden Offizin Andersen Nexö,
Graphischer Großbetrieb, Leipzig III/18/38
Printed in the German Democratic Republic
Lizenznummer 220. 415/6/86
Bestellnummer 617 822 6
00840
ISBN 3-352-00054-9

I. KAPITEL
Das Gelübde

Rom war fremden Landsknechten zugefallen. Bis auf ein geringfügiges Stück: die Engelsburg. Es war nicht gelungen, sie zu erobern. Sie schwamm wie ein uneinnehmbares, stolzes Schiff auf weitem Meer. Einsam, verlassen.

Diejenigen, die das Meer beherrschten, begannen sich mit dem seltsamen Schiff abzufinden; es gab genug im Meer dieser Stadt zu erleben und zu erledigen.

Auf die Dauer ging es jedoch nicht, das Schiff einfach zu vergessen, denn die Welt begann immer lauter zu fragen: Was geschieht mit den Menschen in der Engelsburg?

Bei diesen Eingeschlossenen befand sich leider auch Papst Clemens VII. aus dem Haus Medici.

Im Meer der Stadt hausten drei Gruppen, vereint unter dem roten Kreuzband des katholischen Kaisers Karl V. aus dem Haus Habsburg. Seine spanischen Söldner, kommandiert vom Prinzen von Oranien. Seine deutschen Landsknechte, gedrillt vom „Vater der Landsknechte", dem alten Frundsberg. Und seine italienischen Mitläufer, angeführt von der exkommunizierten, aber keineswegs verarmten Familie Colonna.

Ein hübsches Wort über die Verbundenheit des Kaisers mit seinen Völkern ging um: Für sein Fluchen gebrauche er Deutsch, für seine Befehle verwende er Italienisch, zu seinen Huren aber rede er mit spanischer Zunge.

Doch diese Vielseitigkeit konnte es nicht verhindern, daß in England, Frankreich, Deutschland, ja in Spanien Mißtrauen gegen ihn aufkam. Warum hält der Kaiser, der Schirm und Schutz der katholischen Kirche sein soll, den Papst gefangen? Wenn er ihn nicht absetzen kann, muß er ihn freilassen.

Oder er muß etwas anderes versuchen.

Über dieses andere waren sich die drei unter dem roten Kreuzband verbundenen Gruppen keineswegs einig.

Wenn es allein um diesen Menschen Clemens, den dunkelhaarigen schielenden Giulio de' Medici, gegangen wäre, hätte man noch eine Lösung finden können. Es ging jedoch um Werte.

Die Spanier verlangten Kapitulation der Engelsburg, hundertfünfzigtausend Goldscudi und Übergabe der Städte Civitavecchia, Ostia, Modena, Parma und Piacenza. Also die Zugänge vom Meer und vom Norden.

Die Colonna verlangten Kapitulation der Engelsburg, Wiederherstellung ihrer Ehrenrechte und Rückgabe ihrer Güter. Also alles Land um Rom, die Campagna.

Die Deutschen verlangten blank und schlicht, außer der Kapitulation der Engelsburg, dreihunderttausend Dukaten Sold. Sonst würden die Landsknechte auf ewig in Rom bleiben.

Der Papst weigerte sich, die Bedingungen anzunehmen.

Die Laufgräben um die eingeklammerte Burg wurden enger gezogen.

Es gab einen Befreiungsversuch.

Es kamen Hunger und Seuchen in die Engelsburg, denn außer Clemens waren einige tausend Menschen auf dem bewegungslosen, gelähmten Schiff eingeschlossen. Kardinäle und Priester, Köche und Sticker und Goldschmiede, auch Wasserträger und Bettler und Frauen und Kinder, die sich noch in den letzten Augenblicken in die Burg geflüchtet hatten, aufgenommen von mitleidigen Wächtern. Das Schiff trug eine schwere Last.

Und es kam das wüste Gerücht: In dieser Nacht haben die Sieger Sprengladungen im Gemäuer der Engelsburg ausgelegt.

Angst brach aus. Augenzeugen bestätigten: Das ist kein Gerücht.

In den Räumen, die dem Heiligen Vater vorbehalten waren, hatten sich Kardinäle und Sekretäre des Heiligen Stuhls um Clemens versammelt. Viele fehlten; einigen war die Flucht in die Engelsburg nicht mehr geglückt, anderen war es gelungen, Rom rechtzeitig zu verlassen. Trotzdem blieb es nicht einen Augenblick zweifelhaft:

Wir, die wir hier in höchster Gefahr beim Heiligen Vater ausharren, sind die wahren Repräsentanten der Kirche.

Darüber waren sich alle einig. Dann, unvermittelt, teilten sich die Meinungen. Zwei Richtungen zeichneten sich ab. Die einen rieten zum Verhandeln, die anderen beharrten auf der Forderung: nicht nachgeben, aushalten.

Und Clemens aus dem Haus Medici saß unentschlossen zwischen ihnen.

Diejenigen, die zum Aushalten entschlossen waren, erklärten:

„Gott hat die Kirche als höchste Gewalt auf Erden eingesetzt. Wenn wir jetzt mit einer weltlichen Macht, dem Kaiser, verhandeln, so bedeutet das Verzicht auf unseren Vorrang."

Die Verhandlungsbereiten hielten ihnen entgegen:

„Gott hat uns höchste Weisheit gegeben. Wir können aus den reinen Quellen des Evangeliums schöpfen. Wir können uns auf die Lehren der Kirchenväter stützen. Und wir dürfen vertrauen, daß der Heilige Geist uns mit dem Feuer der Beredsamkeit erfüllt. Wenn wir nicht verhandeln wollten, würde das ja bedeuten, daß wir selbst an der Kraft des Allerheiligsten zweifeln."

Es war dies aber weniger ein Streit um theologische Grundsätze als eine Frage sehr persönlicher Art, und leider konnte Papst Clemens die Auseinandersetzung nicht mit einem Wort beenden: aushalten, da er mehr dazu neigte, nachzugeben und zu verhandeln. Er wollte gern leben. Doch er wollte auch nicht als feige gelten.

Aufmerksam hörte er den Verhandlungsbereiten zu. Sie sagten:

„Als der Teufel unseren Herrn Jesus in der Heiligen Stadt auf die höchste Zinne des Tempels führte, wies Christus die Verlockungen des Teufels von sich, tat den Sprung, der Gott auf die Probe stellen sollte, nicht. Uns ist also gemäß Matthäus, Kapitel vier, das Gebot gegeben: Versuche nicht Gott deinen Herrn. Wenn nun die Starren verlangen, auszuhalten in der unterminierten Festung, ja die Explosion herausfordernd abzuwarten, ist das Gotteslästerung und die Starren bedienen sich der Argumente des Teufels."

„Wir lassen uns nicht beschimpfen", erwiderten die Angegriffenen in hoher Erregung. „Wenn ihr sagt, wir benutzten die Argumente des Teufels, so sagen wir euch, ihr seid Knechte der Feinde der Kirche. Ihr Schmiegsamen beugt euch in Angst vor den weltlichen Mächten. Ihr meint, die Sprengladungen seien stärker als unsere heilige Kirche. Wir sagen: Sie sind eine hohle Drohung. Niemand wird es wagen, den Befehl zu so einer ungeheuerlichen Missetat zu geben. Wir bezwingen die Feinde durch unsere unerschrockene Härte. Wir erinnern ungern daran, aber es dürfte lehrreich für die Schmiegsamen sein: Wie war das mit dem Papst Marcellinus im Jahre 300 nach Christi Geburt, zur Zeit des Kaisers Diokletian, als die Christen von den Heiden verfolgt wurden? Am ersten Tag hat Marcellinus den heidnischen Göttern Weihrauch gestreut. Am zweiten Tag hat ihn Reue gepackt. Am dritten Tag hat Kaiser Diokletian ihn köpfen lassen. Also ist er gleichermaßen verachtet bei Christen und Heiden. So enden jene, die mit den Feinden einen Ausgleich suchen."

„Warum können wir uns nicht einmal jetzt einigen?" fragte Papst Clemens gequält. „Sind wir hier in diesen Räumen denn nicht alle Christen?"

„Wir vertreten den reinen Glauben", sagten die einen, „wie er niedergelegt ist in der Heiligen Schrift, im Befehl des Herrn an Petrus, Evangelium Matthäi, sechzehntes Kapitel: Du bist Petrus, und auf diesen Fels baue ich meine Kirche, und die Pforten der Hölle werden sie nicht überwältigen! Und die einzig richtige Folgerung daraus ist: nicht nachgeben, aushalten. Niemals aber verhandeln. Lieber sterben."

„Wir vertreten den reinen Glauben", entgegneten die anderen. „Wir berufen uns auf das, was der Herr seinen Jüngern gebietet, nachzulesen bei Matthäus, Kapitel achtundzwanzig: Geht aus und lehrt alle Völker! Das bedeutet: In der Gewalt des Wortes liegt unsere Stärke. Und es ist besser, zu überleben und zu lehren als in einen sinnlosen Tod zu gehen. Darum: verhandeln."

Und so waren sie wieder dort angelangt, wo sie die Beratung begonnen hatten. Es war kein Ende abzusehen. Unversöhnlich standen die Starren den Schmiegsamen gegenüber.

Clemens mischte sich nicht in den Streit. Er ließ sie reden und fühlte sich sehr allein unter ihnen. Diejenigen, die aushalten wollen, so überlegte er, berufen sich auf das Wort, das ich hätte sagen müssen: Du bist Petrus, und auf diesen Fels baue ich meine Kirche, und die Pforten der Hölle werden sie nicht überwältigen! Aber ich bin kein Fels, sieh mich an, Herr, ich bin ein schwacher Mensch, und ich frage, warum muß ausgerechnet ich so hart geprüft werden? Woher soll ich den Mut nehmen, abzuwarten, ob sie die Zündschnüre zu den Sprengladungen anbrennen oder nicht? Die Pforten der Hölle haben sich vor mir aufgetan. Todesangst überwältigt mich. Du hältst ja schon heute Gericht über mich, als wäre es der letzte Tag.

Aber ich bin ein erbärmlicher Mensch, ich will nicht kämpfen und aushalten, ich will nicht, daß heute mein letzter Tag ist. Ich bitte dich, ziehe deine Hand nicht von mir, wenn ich jetzt einen ausschicke zum Verhandeln. Hoffentlich ist es nicht zu spät. Aber ich gelobe dir: Wenn ich Haupt der Kirche bleibe, dann will ich dieser Stunde der Verzweiflung, der Versuchung und der Prüfung täglich in Demut gedenken. Ich will ein Erinnerungszeichen setzen, dir zur Ehre und allen, die nach mir kommen, zur Mahnung, wie nahe dein Gericht ist.

Und während ein Kardinal sich anschickte, den harten Weg ins feindliche Lager zu gehen, war Clemens mit seinen Gedanken bei dem Denkmal, das seinen Gott versöhnen sollte.

Einen nur kenne ich, der das darstellen kann: Die Pforten der Hölle werden deine Kirche nicht überwinden.

Er hat die Schöpfungsgeschichte gemalt. Und jetzt soll er das andere schaffen. Im heiligen Raum, in der Kapelle des Sixtus. Eine ganze Wand soll er haben. Die alten Bilder werden weggewischt. Dort, wo der Altar ist, soll Michelangelo Buonarroti das Jüngste Gericht malen.

Und der Papst hoffte, sein Bote möge unbehelligt zu seinem Feind gelangen, zu Kardinal Pompeo Colonna, zu dem Mann, den er, Clemens, aus der Gemeinschaft der Gläubigen ausgestoßen hatte. Und dann wird er einen Mann nach Florenz schicken mit dem Befehl an den Maler, unverzüglich nach Rom zu kommen und das Jüngste Gericht zu beginnen.

Und er ließ seine Gedanken nach Florenz schweifen, ergab sich, inmitten ängstlicher Bedrängnis, dem süßen Traum von dieser Stadt. Er versuchte ihr Bild herbeizuzaubern. Noch immer gab es keinen besseren Vergleich als den mit einer Frau.

Und es wird auch Lust sein, die Ungetreue zu züchtigen und sie zurückzuzwingen in seinen Besitz. Oder aber zu kaufen.

Wie denn vielleicht auch seine Rettung aus dieser Hölle hier zu kaufen ist.

Von Gott mit einem Bildwerk. Das wird unschwer zu arrangieren sein.

Schwieriger wird es mit den Menschen werden, die heute seine Feinde sind.

Und teurer.

✳

Es gab keine Ausflüchte vor diesem kahlköpfigen Mann mit den außergewöhnlich großen, schnellblickenden Augen in dem schmalen gelbblassen Gesicht. Auch ging es nicht, sich hinter Mißtrauen zu verbergen. Und Michelangelo Buonarroti beantwortete jede Frage.

Der Beauftragte vom Großen Rat der Republik Florenz, Giovan Battista della Palla, redete nicht wie ein Beamter ohne Anteilnahme, eher wie ein Priester, der schmerzhaft leidet, weil er die Harmonie in der Welt nicht herstellen kann zwischen Gott und dem Zweifel. Aber Battista war kein Priester. Er kam aus einer reichen Familie, und er hatte dies und das gelernt. Latein und Griechisch. Er verstand etwas von Musik und Malerei und Bildhauerkunst, auch von der Baukunst. Er wußte geschickt zu verhandeln; die Regierung der Republik Florenz hatte ihn darum auch schon zum König von Frankreich geschickt.

„Haben Sie geheime Verbindungen mit den Medici?" fragte er und bat gleichzeitig um eine Decke, da ein schleichender Frost in seinen Gliedern ihn ständig frieren ließ. „Oder hat Ihr Vater Verbindungen? Oder Ihre Brüder?"

„Nein", antwortete Buonarroti, und er ging zur Tür seiner Werkstatt, rief nach seiner Haushälterin Caterina.

Es dauerte eine Weile, bis sie die Treppe herunterkam; sie war alt.

Buonarroti wartete an der Tür, bis sie die Decke brachte.

Battista della Palla war zwar schwach durch die Krankheit, aber er gab es nicht zu, er verschwendete seine Zeit nicht mit Erzählungen über seine Schmerzen, immer versuchte er, die anderen zu verstehen. Und er fragte Buonarroti:

„Wie wollen Sie das beweisen? Leben Sie nicht von dem Geld der Medici? Arbeiten Sie nicht an einer Grabkapelle für die Familie? Müssen Sie nicht hoffen, daß die Unterdrücker, die Tyrannen zurückkehren und Ihrem Werk Beifall spenden?"

Buonarroti nahm der Haushälterin Caterina die Decke ab und ging langsam auf den Frierenden zu; in seinem Gesicht stand ein schmales Lächeln.

Und Battista sah: Der andere, hager, nicht sehr hochgewachsen, aber breit in den Schultern und zäh, war mit seinen zweiundfünfzig Jahren schon alt, auch hatte er einen schlechten Gang, doch er konnte sich unerwartet rasch bewegen. Und wie er ihm die Decke gab, betrachtete Battista die Hände des anderen. Sie waren viel zu groß für den schmalen Körper, und sie waren hart geworden vom Zuschlagen mit dem schweren Hammer, aber gewiß konnten diese Hände auch weich sein, wenn sie leicht und sacht sein wollten.

Statt einer Antwort fragte Buonarroti:

„Es wird von Ihnen erzählt, Sie wollten als Herrn über

Florenz nur Jesus Christus anerkennen und niemanden sonst?"

Battista schaute lange in das Gesicht des anderen. Es stimmte, Michelangelo Buonarroti war häßlich, das Alter hatte es nicht verwischt. Graue Strähnen durchzogen das dichte schwarze Haar. Die Stirn war eckig und breit; die Zeit hatte sieben tiefe Falten eingezeichnet. Die Nase breitgeschlagen. Die Backenknochen traten fast übermäßig hervor. Die Wangen eingefallen. Der dünne, unregelmäßig gewachsene, unter dem Kinn geteilte Bart war auch grau geworden. Die Augenbrauen waren nicht dicht, und die Ohren hätten kleiner sein können. Die Augenlider waren durch langes Arbeiten nachts, bei schwachem Kerzenlicht, empfindlich geworden. Daher erschienen die Augen klein. Die Unterlippe hatte er ein wenig vor die schmale Oberlippe geschoben, das sah unfreundlich aus. Manche empfanden es als hochmütig und zu selbstbewußt, auch abweisend. Und viele behaupteten, es sei fraglich, ob er überhaupt die Fähigkeit besitze, zu lachen.

Ich begreife, warum Buonarroti das mit dem einzigen Herrn über Florenz jetzt gesagt hat, überlegte Battista. Er will es mir leicht machen. Aber darf ich ihm glauben, daß er auf unserer Seite steht, ganz und gar, auch mit seinem Herzen? Heute ist es nicht schwer, für unsere Stadtrepublik zu sein, heute feiern wir Feste. Doch was wird sein, wenn die ehemaligen Herren wiederkommen?

Und Battista della Palla fragte mit zwingender Offenheit:

„Werden Sie den Mut finden, mit der Waffe in der Hand gegen die Medici zu kämpfen?" Und er setzte hinzu: „Auf Leben und Tod." Das war keine Phrase. Buonarroti begriff, daß dieser Mann, rücksichtslos gegen sich selbst, nichts anderes mehr gelten ließ als die sorgende Liebe um die Stadt. Aber noch bevor er antworten konnte, fragte Battista: „Warum haben Sie Ihren Vater aus der Stadt gebracht?"

Buonarroti antwortete gewissenhaft:

„Er ist ein alter Mann; er soll in Settignano, in unserem

kleinen Landhaus, in Ruhe leben, mit meinen Brüdern. Er würde die Ängste einer Belagerung vielleicht nicht aushalten."

Es quälte den klugen, rücksichtslosen und gleichzeitig sehr empfindsamen Mann, daß er nicht herausfand, worauf der andere seine Sicherheit gründete. Und so fragte er noch einmal:

„Sie arbeiten weiter an den Abbildern von Giuliano und Lorenzo de' Medici in schönem weißem Marmor. Wie wollen Sie das vereinbaren mit Ihrer Zugehörigkeit zur Kommission für die Verteidigung der Stadt?"

Und Battista della Palla ertappte sich dabei, wie er sich wünschte, Michelangelo möge antworten: Ich habe die Figuren zerschlagen. Das wäre ein deutliches Bekenntnis, verständlich für alle Herren vom Großen Rat der Stadt Florenz.

Aber Buonarroti sagte:

„Kommen Sie, ich zeige Ihnen meine Arbeit."

Battista schaute lange auf die beiden Bildwerke und sagte nichts.

Zwei junge Männer, sitzend.

Und die Schönheit ihrer Gesichter mit den wissenden Augen, die erfüllt sind von Zorn und von Trauer, von einem kaum merkbaren Lächeln und einem tränenlosen Weinen zugleich, die stolze, herbe und schmerzhaft-süße Schönheit ihrer Gesichter hat überhaupt keine Beziehung zu den Leuten, die die Namen Giuliano und Lorenzo tragen. Sie sind keine Abbilder von Herren aus der Familie Medici.

Sehr leise sagte Battista:

„Ich danke Ihnen." Dann, Auge in Auge mit dem anderen, redete er wieder wie zuvor, hart zupackend: „Aber wir werden noch mehr von Ihnen verlangen müssen."

★

Es gab in Rom nur einen Palast, der nicht ausgeplündert und nicht ausgebrannt war.

Und ein Haus.

Der Palast lag am Platz der heiligen zwölf Apostel. Einmal hatte in diesem großen Haus mit den vielen Zimmern der Kardinal Riario gewohnt, jener Mensch, den Michelangelo Buonarroti dem Gelächter der Römer ausgesetzt hatte, weil er für zweihundert Gulden ein Marmorwerk Michelangelos als antik gekauft hatte. Vorbei. Riario war gestorben und vergessen. Heute würde es kein Mensch wagen, über die Bewohner dieses Palastes zu lachen. Eingenistet hatten sich hier die Colonna.

Vor den Toren des Palastes hielten spanische Soldaten Wache. Die uralte römische Familie war aus der Verbannung zurückgekehrt in ihre Stadt. Aber sie ließ ihre Tore von Fremden bewachen.

Vor dem Haus im Viertel der Banken, nahe bei der Engelsbrücke, standen deutsche Landsknechte als Wächter.

Nur einem Mann wie Matthias Schwarz aus Augsburg war es gegeben, mitten im Untergang der Stadt in aller Ruhe seiner Arbeit nachzugehen.

Es gehörte kein Mut dazu. Er hatte rechtzeitig mit dem Oberbefehlshaber der vereinigten kaiserlichen Truppen, dem Generalissimus Bourbon, Verbindung aufgenommen, hatte den Standort des Hauses genau bezeichnet, hatte Schutz verlangt. Schutz für die römische Filiale der Firma Jacob Fugger und Brudersöhne.

Nur einer Frau wie Isabella Gonzaga war es gegeben, in aller Ruhe durch die zerstörte Stadt zu reiten, in der das Feuer unter den Trümmern da und dort schwelte. Sie war nicht mehr jung, aber ihr schmales Gesicht und ihr kleiner, schlanker Leib waren erregend schön. Doch sie brauchte jeden Tag drei Stunden, um allein ihr Gesicht herzurichten. Aber der Erfolg lohnte die Mühe. Die Männer drehten sich nach ihr um. Es war beruhigend, zu wissen, daß man noch zu den Begehrenswerten zählte. Sie gehörte zu den Bewohnern des Palastes am Platz der heiligen zwölf Apostel, sie war mit ihnen verschwägert.

Es war kein Zeichen von besonderem Mut, daß sie sich in den Straßen zeigte. Die Familie Colonna verfügte über genügend Geld, die Söldner zu bezahlen, die vor ihrem Palast standen und die Dame Isabella bei ihren Streifzügen durch die Stadt begleiteten. Die Gräfin hatte rechtzeitig mit dem Oberbefehlshaber der vereinigten kaiserlichen Truppen, dem Generalissimus Bourbon, dem Mann ihrer Schwester, Verbindung aufgenommen, hatte den Standort des Palastes genau bezeichnet, hatte Schutz verlangt. Schutz für den Palast der Familie Colonna.

Sie hatte auch rechtzeitig die Vorratsräume mit Getreide auffüllen lassen. Und jetzt, nachdem die Stadt zu einer gewissen unheimlichen Ruhe gekommen war, konnte sie es sich leisten, eine Art Wohltätigkeit zu zeigen. Sie ließ Bedürftige an ihrem Getreidevorrat teilhaben; allerdings mußten die es hoch bezahlen. Und da alle Zufahrtswege nach der Stadt abgeschnitten waren und da zu den unbeerdigten Erschlagenen die Verhungerten hinzukamen, konnte die Dame Isabella Preise machen, die selbst den Bankier Agostino Chigi, den reichsten Mann Roms, erstaunt hätten, wenn er noch am Leben gewesen wäre.

Der Vertreter der Augsburger Firma Fugger war über die Preise genau unterrichtet. Er staunte nicht. Auf eine nicht unnatürliche Art war er mit dieser Frau verbunden, ohne sie je gesehen zu haben. Auf einem gar nicht seltsamen Umweg kam ihr Geld in sein Haus. Er, Matthias Schwarz, wußte genau, wie es war, wenn sie durch die Straßen zog, obwohl er sie nie dabei beobachtet hatte. Es war auch nicht notwendig, daß er sein Haus im Viertel der Banken verließ; die Boten der Augsburger Firma kamen und gingen so regelmäßig, als blühe noch das Leben in der Stadt.

Das Zeichen der Firma wurde in allen Ländern des Abendlandes geachtet, auch bei den Türken. Ein Bote, der sich mit der dreizinkigen Gabel ausweisen konnte, hatte überall freien Zugang.

Mit der ihm eigenen Sorgfalt und Genauigkeit registrierte Hauptbuchhalter Matthias Schwarz den Eingang jedes einzelnen Boten. Und er überwachte persönlich die Einzahlungen der Landsknechte. Er fragte nicht einen von ihnen: Wie kommt es, daß du schon wieder da bist? An einem Tag ist dein Guthaben auf fünftausend Dukaten angewachsen. Er fragte nichts. Gewissenhaft eröffnete er für die Männer, die mit Taschen und Mützen voll Geld zu ihm kamen, neue Konten, händigte Gutscheine aus, erklärte geduldig:

„Wenn du wieder zu Hause bist, dann brauchst du das nur bei irgendeiner Filiale von uns in Hall oder Tirol, in Leipzig oder in Nürnberg oder in Frankfurt vorzuweisen."

Es war lächerlich, daß er sich jetzt mit diesen kleinen Beträgen abgeben mußte, aber er wußte, die Summe dieser Landsknechtsgelder war dem Haus in Augsburg eine notwendige Hilfe. So verwandelten sich auf dem Umweg über die plündernden Landsknechte die Einkünfte aus dem Getreideverkauf der Dame Isabella für die notleidende Firma Fugger in ein schmales, nicht unfreundliches Rinnsal. Matthias Schwarz war klug genug, sein gläubiges Gewissen nicht mit unnötigen Fragen zu belasten. Es wäre wahrhaft töricht gewesen, sich von einem Landsknecht die Bestätigung zu holen: Du hast eine Monstranz vom Altar gestohlen und dann verkauft. Du hast vom Hals eines Gottesdieners ein Kreuz mit Diamanten gerissen, du hast den Gottesdiener dabei getötet und dann das Kreuz verkauft. Mochte die Gräfin Isabella damit fertig werden. Sie sammelte schließlich all die blutbefleckten Heiligtümer in ihrem Palast. Er, in diesem bescheidenen Haus, war kein Hehler. Er nahm ehrlich und offen Geld an auf den ehrlichen, weltbekannten Namen der Firma Jacob Fugger und Brudersöhne.

*

Isabella Gonzaga ritt durch die Stadt, als gäbe es nicht die Hunde.

In diesen Tagen fraßen Hunde an den Toten. Denn es waren so viele Tote, daß die Lebenden nicht ausreichten, sie zu begraben.

Isabella, die erste Dame im Haus Colonna, noch immer

die bestangezogene Frau Italiens, noch immer Königin der Welt genannt, hielt sich im Sattel aufrecht. Bin ich fünfzig Jahre alt? Lächerlich. Gerade eben beginnt das Leben. Einer aus unserer Familie – wir kommen auf den Thron des Papstes. Und ich hole mir aus den Trümmern, aus dem Dreckhaufen, der von Rom übrigblieb, die goldene Rose.

Es war nicht leicht, sich ihrer strengen Geschäftigkeit zu entziehen. Sie achtete unerbittlich auf den Zusammenhalt der großen Familie. Sie fühlte sich verantwortlich. Ausgerechnet jetzt, da wieder ein Colonna Papst werden würde, wie vor hundert Jahren der gute Martin, ausgerechnet jetzt begann es vor ihren Augen, daß ein Glied der Familie absinken wollte in eine unverständliche dumpfe Traurigkeit. Die junge Frau des toten Feldherrn Ferrante Francesco d' Avalos, Graf von Pescara, Vittoria Colonna.

„Warum schreibst du keine Gedichte mehr wie früher?" fragte Isabella und erwartete eine genaue Antwort.

Die Witwe Vittoria, nicht sehr groß, mit langsam blickenden Augen im unregelmäßigen Gesicht, lächelte bitter. Der zu kleine Mund wurde schief dabei. Sie hatte sich überreden lassen mitzureiten.

„Jetzt könntest du zeigen, was du kannst. Schreib ein Gedicht auf die Eroberung Roms. Es muß mindestens so werden wie die Liebesgedichte über deinen Mann. Mit den süßen Schmelztönen."

„Die süßen Schmelztöne habe ich von Petrarca. Aus seinen unsterblichen Liebesgedichten auf Laura. Ich fand, sie paßten damals auf den toten Ferrante und mich. Es war eine Art Spiel. Das geht nicht mehr."

„Schön, jeder hat sein Vorbild. Deines ist mehr als hundert Jahre alt. Jetzt ist es deine Pflicht, so zu schreiben, daß andere nach hundert Jahren dich zum Vorbild nehmen. Ich hätte ein Thema für dich: Ich finde die goldene Rose, das alte Schmuckstück unseres Papstes Martin. Und nun wird Pompeo, wieder ein Colonna, Papst. Und ich schenke ihm die Rose. Das beschreibe mit deiner Sprache!

War es nicht der schönste aller Dichter, unser lieber Bembo, der deine Sprache göttlich nannte?"

Vittoria antwortete nicht. Sie fühlte tiefes Unbehagen. Es war sinnlos zu wünschen: Ach, säße ich auf meiner Felseninsel mitten im Meer. Ischia. Und könnte ich einmal noch die Predigten des Mannes Bernardino hören. Niemand konnte so wie er ans Herz rühren. Wenn er die Reichen mahnte, die Armen nicht hungern zu lassen, schämte ich mich, daß ich zu den Reichen gehöre. Doch dann trösteten mich die Sonne über dem blauen Meer und der herbe Geruch der blühenden Lorbeerbäume und meine Gedichte. Auch gab ich regelmäßig Almosen. Und das Gewissen war beruhigt.

Aber jetzt? Jetzt frage ich: Wer ist der Schuldige? Und ich habe Angst vor der Antwort.

Isabella ritt mit ihrer Begleitung durch die Straßen, als laste auf ihr nicht der süßlich-schwere, widerliche Geruch der Verbrannten und der Verwesenden. Sie plauderte, als höre sie nicht das Aufschreien der Vergewaltigten.

„Wir haben alles mit angesehen. Die Herrschaft der Familie Borgia, den Zauber um Lucrezia, die Frechheiten des Papstsohnes Cesare, der unseren Besitz angegriffen und verwüstet hat. Dann die Herrschaft der Familie Rovere, Papst Julius, der auf unsere Kosten das Gebiet der Kirche abrunden wollte.

Wir haben auch das Haus Medici ertragen und überstanden.

Wir sind immer geblieben. Wir, die Este, die Gonzaga, die Colonna. Meine Söhne und Verwandten sind Feldherren und Kardinäle. Bleib nicht zurück, Vittoria, mein Pferd ist einen scharfen Trab gewöhnt.

Uns gehört Italien. Mantua, Sitz der Gonzaga. Mein Mann. Es ist mir zu kalt dort.

Modena, Ferrara, Sitz der Este. Mein Vater. Von da hab ich den Kunstsinn.

Du mußt die Peitsche nehmen, Vittoria! Halte dich in meiner Nähe! Ich schreie nicht gern.

Am meisten liebe ich die Colonna. Meine Nichte Giulia

hab ich mit einem von ihnen verheiratet. Er ist zwar alt und hinkt, sie wird wenig Freude an ihm haben, aber er ist ein bekannter Feldhauptmann.

Und habe ich denn Freude an meinem Mann gehabt? Als ich ihm auf die Schliche kam, als ich entdeckte, er hat die Seuche, die man sich im Bett holt, als die Ärzte sagten, es sei aus mit ihm, bei guter Pflege könne er es noch ein paar Jahre machen, da bin ich weggegangen aus dem kalten Mantua.

Du solltest etwas mehr auf deine Haltung achten, Vittoria. Nie gegen das Pferd reiten.

Und ich habe in Rom meine Ziele erreicht. Die Namen Gonzaga und Colonna sind zusammengeschmolzen. Unsere Besitztümer reichen vom Norden bis Neapel. Dazwischen liegt der Kirchenstaat. Aber der ist schon so gut wie in unserer Hand.

Es stört nur Florenz, die Stadt, die sie Republik nennen.

Wenn du es nicht fertigbringst, zur rechten Zeit den Zügel kurz zu nehmen, wirst du beim Pferd nie deinen Willen durchsetzen, meine liebe Vittoria."

Isabella plauderte, als höre sie nicht das Stöhnen der Sterbenden, das Jammern der Hungernden und das Lachen der Betrunkenen, Satten, Siegreichen.

Warum auch sollte sie das unerfreuliche Lachen stören?

Sie gehörte zu den Siegern, und Baccio Bandinelli bewunderte sie sehr.

Trotzdem störte ihn vieles an ihr. Es war dem jungen, hageren, strebsamen Mann zutiefst zuwider, wenn sie „kleine Motte" zu ihm sagte und mit ihren Zärtlichkeiten vor anderen Leuten nicht zurückhielt. Nicht einmal auf der Straße. Und auch nicht vor der Witwe Vittoria.

Es demütigte ihn. Und er gab alle Schuld seinem Vater. Der war ein bescheidener Goldschmied gewesen. Er hatte ihn großgezogen mit der täglichen Mahnung: Was wir sind, verdanken wir den Medici. Denk immer daran. Bisher hatte vor allem eine Tat seines Vaters den Stolz seines Lebens ausgemacht: Als die Medici aus Florenz verbannt wurden, da gab es einen einzigen Menschen, dem die Familie ihr Tafelsilber, ihren Schmuck und ihre Kostbarkeiten, die sie nicht mit sich führen konnten, anvertraute, und das war sein Vater. Er, Baccio Bandinelli, hatte das ehrenvolle Handwerk seines Vaters gelernt, aber er war weitergegangen; er verstand sich nicht nur auf die edlen Metalle, er verstand sich auch auf die Bearbeitung des Marmors. Er war ausdauernd, er hatte sich nicht verweichlicht, er wußte, er war begehrenswert; doch es war ihm Genugtuung gewesen, daß er keine Zeit vertan hatte mit Liebeständelei, und so hatte er es geschafft, war aufgerückt in die erste Reihe der Bildhauer. Der Papst aus dem Haus Medici, Clemens VII., hatte ihn nach Rom gerufen. Er hatte Wohnung bekommen im Belvedere, und sein Auftrag lautete: Bereite ein Bildwerk aus Bronze: „Der Erzengel Michael triumphiert über die sieben Hauptsünden." Dieses Werk sollte die schönste Zierde für die Engelsburg werden, es sollte gleichsam als Krone die Turmspitze der Zitadelle schmücken.

Nun aber war es aus mit der Familie Medici, und es war keineswegs ein Vergnügen, sich in dieser Zeit offen zu den Besiegten zu bekennen. Jedoch niemand verlangte von ihm, Bandinelli, ein Bekenntnis. Er entdeckte mit Unbehagen, wie klein und bedeutungslos in diesen Tagen, da Rom in Flammen aufging, er und seine Arbeit waren.

Er hatte sich versteckt, irgendwo, er hatte nicht den Mut gefunden, sich mit den Verteidigern auf die Brücke zu stellen, er hatte nicht das Herz gehabt, mit den Siegern zu plündern. Er hatte abgewartet, stumpf, gleichgültig, bis der Hunger ihn gezwungen hatte, irgend etwas zu tun. So hatte er sich den Siegern angeboten, hinweisend auf seinen Vater, den Goldschmied, der ihn in die Geheimnisse der Kunst eingeweiht hatte. Er hatte der Dame Isabella erklärt:

„Ich werde die goldene Rose finden. Ich kenne sie ganz genau. Ich kann sie unterscheiden von allen anderen goldenen Rosen, die danach gemacht worden sind."

Isabella Gonzaga fand ihn auch darum bemerkenswert,

weil er noch fast keusch war. Sie hatte ihn von dem Hunger, von dem unbeschreiblichen Jammer in den Straßen weggenommen, hatte ihn davor bewahrt, daß er etwa hätte betteln müssen. Er war eingeführt worden in ihren Palast, in das große, sagenhafte Haus der Colonna. Er war zugelassen zu ihrem Bett. Es wäre lächerlich für Bandinelli gewesen, sich mit einem überhöhten Treuegefühl gegen die Medici zu belasten.

„Ich kann keine Trauer empfinden", redete die Gräfin vom Pferd herüber zu ihm. Sie ärgerte sich über das Schweigen der Witwe Vittoria, nun war sie zu dem jungen Mann betont freundlich. „Eher befriedigt es mich, daß ich das alles sehen kann. Es liegt in dieser Zerstörung etwas Erhabenes, etwas Großartiges; es ist angenehm, einmal so recht im tiefen Herzen einen Schauder empfinden zu können. Sehen Sie, meine kleine Motte, das Leben war doch eintönig geworden. Empfänge, Festessen, Theater. Man sah immer dieselben Leute. Aber hier, diese Ruinen, bei denen noch zu spüren ist, wie sie gebrannt haben, das ist mir vertraut. Ich kann genau sagen, wer hier gewohnt hat, wo jetzt nur noch die Mauern stehen ohne Fenster. Ich habe zu allem eine lebendige Beziehung. Jetzt erst merke ich den Unterschied. Die alten Ruinen aus der Kaiserzeit atmen nicht mehr. Geht es Ihnen auch so, Baccio?"

„Ich komme mir vor wie eine Ameise", sagte Bandinelli erbittert und begann sich selbst zu verspotten. „Eine Ameise, die nicht getroffen wurde. Der Fußtritt hat andere zerstört und das ganze Ameisengebäude. Diese eine Ameise hatte die Aufgabe, ein Holzstückchen für den Bau herbeizutragen, ihn zu verschönern, ihn zu vergrößern. Mir ist mein Holzstück aus der Hand geschlagen worden; ich habe keine Aufgabe mehr. Ich weiß, ich bin nur der Sohn eines Goldschmieds. Ich wäre nie ein Feldherr oder ein Kardinal geworden, doch ich hätte mir zugetraut, der größte Bildhauer dieser Zeit zu werden, in Rom. Aber wenn Rom zerstört ist, braucht man keine Bildwerke. So laufe ich sinnlos herum wie diese eine Ameise. Alles ist gegen mich. Mir ist, als hätten sie Rom nur meinetwegen zerstört, damit ich nicht beweisen kann, wie gut meine Arbeiten geworden wären. Manchmal komme ich mir so überflüssig vor, daß ich nichts anderes mehr überlegen kann, als ein Ende mit mir zu machen, im Tiber. Gestern habe ich lange dagestanden, aber ich habe so viele Tote darin gesehen, daß mir schlecht wurde. Ganz Rom ist gestorben. Und ich bin verurteilt, hier zu sein. Ich will nicht zurück nach Florenz, da sitzt der andere ..."

„Sie sind langweilig, kleine Motte", unterbrach ihn die Dame Isabella.

Also mußte er es in sich vergraben, daß er den in Florenz undankbar fand. Die Familie Medici hatte dafür gesorgt, daß dieser andere, Michelangelo Buonarroti, die Kunst, den Marmor zu behandeln, ordentlich lernen konnte. Aber der andere hatte das Pflichtgefühl gegen die Familie Medici nicht so in sich aufgesogen wie er, Bandinelli, der andere hatte sich offen auf die Seite der Feinde gestellt. Es war niederdrückend, daß er nicht einmal seine Wut heraussagen konnte:

Die Leute, die jetzt in Florenz regieren, werden ihm meinen Stein geben. Meinen schönen Marmorblock aus Carrara, den mir Papst Clemens überantwortet hat. Ein Bildwerk ohnegleichen hätte ich neben den David des Michelangelo vor den Regierungspalast gestellt. Nun wird der andere in meine Werkstatt gehen und seine Hand auf den Stein legen. Vielleicht, wenn der Medici, der Papst, Einspruch erheben würde ... Aber es war nicht mehr damit zu rechnen, daß der da in der Engelsburg seine Stimme jemals wieder erheben würde.

✶

Noch am Nachmittag kam Gaetano, der Sekretär des Großen Rates der Stadt Florenz. Er überbrachte im Namen des Bannerträgers der Gerechtigkeit den Auftrag:

„Schaffen Sie, hochverehrter Michelangelo Buonarroti, für unsere Stadt Florenz als Zeichen unserer Unüberwindlichkeit das Bildwerk von Herkules, wie er den Riesen Antäus bezwingt."

„Ist es angebracht, vor dem Sieg das Siegeszeichen zu bestellen?" fragte Buonarroti den jungen Mann und blickte auf ihn aus schmalen, mißtrauischen Augen. Es erstaunte ihn, wie ebenmäßig dieses Gesicht war, mit hoher Stirn und schmalen Schläfen und anmutig geschnittenen Augen, einem fast fraulichen Mund mit breitgeschwungenen Lippen, das Kinn durch einen Einschnitt beinahe geteilt. Und seltsamerweise begann das sorgfältig gepflegte bläulich-schwarze Haar schon grau zu werden, in einer Strähne über der Stirn. Das gab dem jungen Mann einen reizvollen Hauch des Alters.

Während er redete, bewegte Gaetano beide Hände ausdrucksvoll.

„Wir haben gesiegt", erklärte er. „Heute wird die Engelsburg mit Papst Clemens in die Luft gesprengt. Damit ist die Familie Medici endgültig und für alle Zeiten ausgelöscht." Und Gaetano sagte mit gerechtem Pathos: „Die Republik bittet Sie also, den großen Marmorblock aus der Werkstatt des Bandinelli in Arbeit zu nehmen."

Buonarroti hielt dem anderen sein Gesicht hin. Sollte der Abgesandte des Großen Rates der Republik Florenz genau sehen, er, Michelangelo, empfand weder Triumph über den Auftrag noch Schrecken über die Nachricht aus Rom.

Nach dem Gespräch mit Battista della Palla hatte er seine Vorschläge zur Verteidigung der Stadt noch einmal überprüft. Der Hügel bei der kleinen Klosterkirche San Miniato war die schwächste Stelle im Befestigungsgürtel. Und was sollte mit den Villen und Gärten draußen vor den Toren werden? Sie würden dem Belagerer nun als willkommene Schlupfwinkel dienen.

Er, Buonarroti, wartete darauf, von dem Großen Rat zum Vortrag gerufen zu werden. Es wäre ihm jedoch zu billig erschienen, sich bei Battista della Palla darüber zu beklagen. Das Begegnen mit diesem klugen, rücksichtslos ehrlichen Mann war noch zu neu. Auch wünschte Buonarroti, der andere möge wiederkommen, nicht als Beauftragter des Großen Rates. Vielleicht als Freund.

Er zögerte einen Augenblick, dann fragte er Gaetano:

„Wann beginnt der Große Rat, sich ernsthaft um die Verteidigung der Stadt zu kümmern? Wir verlieren unwiederbringliche Zeit, wenn nicht wenigstens mit den dringendsten Arbeiten angefangen wird."

„Das, zum Glück, ist nun überflüssig. Niemand wird uns angreifen. Der Erste im Rat, der Bannerträger der Gerechtigkeit, Herr Niccolo Capponi, hat angeordnet: Jetzt ist unsere vornehmste Aufgabe, das Ansehen unserer Stadt zu stärken. Also Repräsentation durch unsere Künstler und Kaufleute und nicht Defension durch unsere Krieger", erläuterte der Abgesandte der Regierung. Und er fragte: „Haben Sie alles verstanden?"

„So können Sie nicht mit mir reden", entgegnete Buonarroti hart. „Mir bedeutet meine Stadt mehr. Das ist kein Gegenstand für Wortspielereien. Dafür sind meine Kindertage schon zu lange vorbei."

Der Beauftragte sah bestürzt, wie Zorn in die Augen des anderen kam, und er gab sich redliche Mühe, den Aufgebrachten zu besänftigen.

„Ein Mißverständnis", rief er mehrere Male, und seine Stimme bekam jenes geläufige Gleiten, das er sich im Umgang mit fragenden Einwohnern angewöhnt hatte. „Wir reden aneinander vorbei. Ich bringe Ihnen doch den ehrenvollsten Auftrag. Der Große Rat schenkt Ihnen sein Vertrauen. Wir sind stolz auf Sie …"

Ich muß mir die Ohren zuhalten, wenn es losgeht, überlegte Bandinelli. Die Gräfin weiß sicher, wann die Sprengladungen an der Engelsburg gezündet werden. Sie gehört zu der Familie der Sieger. Aber er fand, es lohnte nicht, zu fragen. Er, Bandinelli, hatte sich selbst ausgeschlossen, er wünschte sich nicht einmal, dabeizusein in der Burg. Eine lähmende Gleichgültigkeit hatte ihn gefaßt, und er ließ den Ablauf des Tages über sich ergehen, ließ sich von der Dame Isabella durch die ausgestorbenen, verpesteten Straßen der Stadt schleppen, auf der wahnwitzigen Suche nach der goldenen Rose mit dem großen Diamanten aus der Zeit des Colonna-Papstes. Er spürte auch keinen Ekel mehr, wenn er die halbverhungerten Menschen sah, wie sie bettelten, wie sie ihre zerstörten Gliedmaßen als Beweis vorzeigten. Er erschrak nicht mehr vor den Blicken aus eingefallenen Kindergesichtern. Er ließ keine Überlegungen an sich heran, wie es zur Zerstörung der Stadt gekommen war; es beunruhigte ihn nicht einmal die Schweigsamkeit der Witwe Vittoria, er wartete nur noch auf die Nächte. Es war lächerlich, die Dame Isabella wünschte jedesmal, daß eine Kerze brennen bleibe, sie fürchtete sich vor der Dunkelheit. Er wollte sie nicht sehen; wenn Schweiß die Schminke verwischte, konnte er zu deutlich erkennen, daß sie wirklich alt war. Nur im tiefen Dunkel war es erträglich, das „Kleine Motte" zu hören, nicht aber am hellen Tage, nicht vor den Landsknechten an der Brücke des Sixtus.

„Steigen Sie heute nicht vom Pferd, ich werde Ihnen die richtigen Stücke zeigen", sagte er mit dem Hochmut der Gleichgültigkeit.

„Du wirst mich nie begreifen. Ich muß alles in der Hand haben. Es ist ein herrliches Gefühl, in dem Haufen zu wühlen. Weil du Angst hast, soll ich auf diese Lust verzichten?"

„Ich habe keine Angst", entgegnete er unwillig, „aber ich glaube, ich komme mit diesen Leuten schneller zurecht. Ich verstehe ihre Sprache besser."

„Du irrst, kleine Motte, du hast doch schon lange alle Bindungen zu ihnen verloren. Sie lieben dich nicht, sie kennen dich nicht. Ja, hättest du dich wie Benvenuto Cellini als Kanonier auf die Engelsburg gestellt und mitgekämpft. Das ist ein Goldschmied, der lebt im Herzen der Römer. Aber du, kleine Motte?"

Es regte ihn auf, wie sie in seiner Wunde herumkratzte. Er schrie sie an:

„Ihre Familie Colonna hat sich mit den Feinden Italiens zusammengetan. Reden Sie nicht vom Herzen der Römer. Sie haben das Herz totgetrampelt." Als er sah, daß sie nur belustigt lächelte, hörte er auf zu schreien, sagte nur verbissen: „Im übrigen bin ich kein Goldschmied. Ich bin Bildhauer."

Sie beachtete ihn nicht mehr, kümmerte sich auch nicht um Vittoria. Sie sprang vom Pferd, ging mitten unter die Landsknechte. Sie sprach mit allen, auch mit den Deutschen und mit den Spaniern. Selbst Bandinelli bekam Herzklopfen, als er die angehäuften Kostbarkeiten sah: gestickte Fahnen lagen wie Plunder auf der Erde herum, Hüte mit Schleifen und Federn, dazwischen weiße, mit Goldfäden durchwirkte Priestergewänder und Mäntel aus Seide, Samt, Brokat, in jeder nur erdenklichen Farbe, Heiligenfiguren aus Holz und aus Bronze, Weihrauchfässer, Reliquienschreine, Kreuze, Kelche, Ringe, Löwenköpfe und Adler, irgendwo abgebrochen, und Teppiche aus Flandern, Behälter auch für das heilige Öl. Die Gräfin befühlte jedes Stück und begann zu handeln. Es kam wie ein Rausch über sie. Obwohl Isabella Gonzaga Bandinelli gesagt hatte, Teppiche brauche sie keine mehr und auch keine Fahnen, davon habe sie schon sechs Truhen voll, konnte sie die gestickten seidenen Tücher mit Feldzeichen und Wappen nicht aus der Hand legen.

„Ich werde mir einen ganzen Fahnensaal einrichten."

Am Hut eines deutschen Landsknechtes entdeckte Bandinelli einen segnenden Christus aus Gold. Es gab auf der ganzen Welt nur ein Schmuckstück dieser Art, es war die sagenhafte Spange zum Zusammenhalten des Meßgewandes, gearbeitet von Ghiberti. Viele hatten versucht, das Stück nachzumachen, niemandem war es je wieder so gelungen, nicht einmal Benvenuto Cellini. Unbeherrscht forderte Bandinelli das Stück. „Das wird der Glanzpunkt Ihrer Sammlung. Die ganze Welt wird Sie darum beneiden." Bandinelli war glücklich über den Fund. Aber der deutsche Landsknecht, der begriffen hatte, daß er sich etwas Besonderes an den Hut gesteckt hatte, wollte plötzlich nichts mehr verkaufen. Er ging auf kein Angebot mehr ein.

„Jetzt hast du alles verdorben", sagte sie wütend. „Du

hast wirklich keine Ahnung, wie man Menschen behandelt. Hilf mir aufs Pferd. Ich will nach Hause." Sie war in ihrem Rausch gestört worden.

Und nun geschah auch noch das: Ein Kind saß auf der Brücke, zusammengesunken. Die Arme mager und greisenhaft schlaff. Die Augen ausgeweitet von Angst. Seltsam hell und starr, als könne es nicht begreifen, daß die Sonne scheint.

Ein verlassenes Kind, ein überlebendes. Ein schmächtiger kleiner Junge, der nicht mehr die Kraft hatte, in den verbrannten Hütten unter den Toten nach seinem Vater zu suchen und nach seiner Mutter.

Das Kind saß auf der Brücke, nackt, verdreckt, erbärmlich, verloren. Wer es nicht sehen wollte, brauchte es nicht zu sehen. Es weinte nicht, und es schrie nicht. Es war schon jenseits jener dünnen Hoffnung, durch Schreien Mitleid zu erwecken.

Und die Dame Isabella hätte das Kind auch nicht bemerkt, wäre nicht das Erschrecken in das Gesicht der Witwe Vittoria gekommen.

„Faß es nicht an, du machst dich schmutzig", sagte sie hart.

Die junge Frau mit dem unregelmäßigen Gesicht lächelte, der zu kleine Mund wurde schief dabei.

„Was ist Schmutz?" fragte sie und erwartete keine Antwort.

★

Der Riese Antäus erhält sich nur durch sein Festklammern an der Erde, von ihr borgt er seine Kraft.

Aber Herkules überwindet ihn.

Einmal hatte er, Michelangelo Buonarroti, ein Gedicht über einen Riesen geschrieben, und er hatte die sieben Helfer geschildert und war zu der Einsicht gekommen: Wir sind diesen Großen hilflos, ohnmächtig ausgeliefert. Und alles ertrinkt in einem verzweifelten Schweigen.

Er hatte es nicht anders gewußt, damals.

Jetzt aber ist einer gekommen, der es auf sich nimmt, mit dem Riesen zu ringen.

Diese Arbeit wird noch einmal ein Abmessen seiner Kräfte mit denen der Medici sein. Auch sie nahmen ihre Kräfte von Fremden, nicht aus sich selbst. Von denen, die in ihren Seidenmanufakturen in der Dunkelheit der Werkstätten für den Glanz der Familie rastlos ihre Hände rühren mußten.

Dieser Herkules wird die Summe seiner Erkenntnisse sein.

Es begann mit dem Schlag eines Mitschülers in sein Gesicht, als er, Buonarroti, sein Vorbild Masaccio vor den anderen verteidigte.

Später, auf der Suche, entstand in Bologna der leuchtertragende Engel. Mit großen Flügeln.

Und dann Rom, die Geschichte mit seiner Bacchusfigur und dem Kardinal Riario, der die Werke der alten, toten Bildhauer mehr schätzte als die Arbeiten der lebenden, heutigen.

In einer Wirtschaft in Rom hatten sie seinen, Michelangelos, Sieg über den Kardinal gefeiert. Sie hatten ihn hochleben lassen. Es war etwas Eigenartiges dort gewesen. Die Liebe der kleinen Leute. Und er hatte begriffen, daß auch sie Menschen waren und ein Herz hatten.

Dann geschah das Aufstellen seiner Pietà im Petersdom. Zum erstenmal bekam er zu schmecken, was das ist, Ruhm. Damals war er fünfundzwanzig Jahre alt und voll Erwartung, daß die Welt sich ihm stelle, damit er mit ihr ringen und seine Kräfte zeigen könnte, aber die Welt stellte sich nicht. Niemand wollte wissen, wie groß seine Kräfte waren. Unmittelbar auf die Süßigkeit des Ruhmes folgte der bittere Geschmack des Schweigens.

Und es kam Doktor Bonet, Rabbiner und Leibarzt des Papstes, und er öffnete ihm eine neue Tür. Er, Buonarroti, erfuhr den Trost der Ironie in der Bitternis der Einsamkeit.

Und er stellte sich den Kritikern, die seine Pietà bemängelt hatten, schuf eine neue Pietà, eine andere, und siegte wieder. Aber nur für sich selbst. Es kam niemand, der diesen Sieg verstand.

Dann die Welt von Carrara. Niccolo, der junge Mann, sanftäugig, leise, mit weichen, behenden Bewegungen, doch stolz und zurückhaltend, stark und schön. Nach seinem Bild wuchs der David aus dem Marmor. Aus einem verhauenen, von allen anderen aufgegebenen Stein. Das war kein bitterer Sieg. Ein befreiender, stolzer, großer, sehr lauter.

Und gerade auf diesen Stolz wurden Steine geworfen. Unbegreiflich. Sein Sieg war nicht für alle Menschen etwas Großes, Herzerhebendes.

Er war zu dem Täter hingegangen ins Gefängnis.

Und hatte einem brotlosen Färber gegenübergestanden.

Der Bereich des Hasses hatte sich vor ihm aufgetan. Nicht irgendeine dumpfe, zornige Empfindung gegen etwas Unbegreifliches. Er konnte nicht teilhaben an diesem Haß. Er war nicht Fleisch von ihrem Fleisch. Aber er verstand.

In der Gastwirtschaft in Rom, damals, bei dem Gelächter über den Kardinal Riario, hatte er ihre Liebe kennengelernt. Jetzt, in dem dunklen, feuchten Keller des Gefängnisses, war da die Macht ihres Hasses. Aber er, Michelangelo Buonarroti, war nicht gemacht zum Volkshelden wie der große Prediger Girolamo Savonarola.

Doch er wußte, von nun an wird er ihnen immer wieder begegnen. Er wird sich nicht vor ihnen verstecken. Er wird sie nicht suchen.

Aber er weiß, sie sind da.

Es wird ihm nicht immer ein Trost sein; denn was helfen ihm Liebe und Haß der Gedemütigten, wenn er sich selbst vor dem Papst demütigen muß, wenn er ihm den roten Pantoffel küssen muß als Zeichen seiner Unterwerfung.

Ein Papst hat ihn geschlagen. Und er, Buonarroti, voll Stolz, sagt ihm, daß er nie wieder für ihn arbeiten wird. Aber er, der Geschlagene, muß zurück wie ein getretener Hund zu seinem Herrn, der ihn getreten hat. Und immer wieder das Erinnern an Savonarola. Und Carrara. Die Sklaven. Der Tod im Stein. Das erbärmliche Leben derer dort.

Er ist bei ihnen und doch nicht. Er möchte ganz so sein wie sie und doch nicht, ganz und gar nicht. Entbehren? Im Grunde ist er immer ausgewichen. Und er weiß, daß er ausgewichen ist. Es ist Unfriede in ihm und Unzufriedenheit, aber das sind alles Dinge, die er sich zum tausendsten Mal schon gesagt hat. Es ist mehr, und er erschrickt. Es ist Neid. Neid auf Savonarola. Und wie er an ihn zurückdenkt, sieht er ihn nur groß und hell und rein, aus einem Guß. Und der letzte Zeuge ist das Feuer. Das Feuer, das ihn auch von außen her noch einmal zur Fackel macht, bevor die Asche in den Arno geworfen wird.

Es ist nicht so, daß er, Buonarroti, sich den Tod wünscht. Aber er wünscht sich diese Geradheit, diese Entschiedenheit, daß sie ihn annehmen als Feind. Daß er laut sagen kann: Hier, das bin ich. Nun greift mich.

Er möchte brennen. Aufreizend und grell und laut. Aber alles, was er sagt, sagt er versteckt. Und es sieht dabei oft aus wie eine Verbeugung vor den Großen. Auch vor seinen Feinden. Weil er noch immer hingeht in die Grabkapelle der Medici und dort arbeitet.

Und jetzt, bei dem Herkules, wird er es wieder so halten: Er wird sein Handwerkszeug selbst vorbereiten.

Er nahm Papier und Kohlestift, zeichnete seine Gedanken auf. Zwei Entwürfe: Herkules ringt mit dem Riesen. Seine Arme umklammern den mächtigen Leib, und der Riese wehrt sich; er will die Erde, aus der er seine Kraft saugt, nicht loslassen. Und der andere Entwurf, mit wenigen Strichen deutete er an: Der Kampf ist beendet, der Sieger hat seinen Fuß auf den Kopf des geschlagenen Riesen gesetzt.

Ruhe oder Bewegung. Ruhe wie bei David oder Bewegung wie bei Laokoon.

Die Arbeit an diesem Stein, der neben dem David stehen soll, rechts vom großen Portal des Palastes der Regierung, kam einem Bekenntnis gleich. Auftraggeber war nicht irgendein Mensch, einer etwa, der sich das oberste Amt unter den Gläubigen angemaßt hatte, Auftraggeber war eine Stadt, eine Gemeinde gläubiger Menschen, die sich entschlossen hatten, als Mittler zu Gott nur noch Prediger zu dulden, die sie selbst wählten.

Der Kampf des Herkules gegen den Riesen Antäus war nicht gleichzusetzen einem Kampf gegen Gott. Denn der Papst ist kein Gott. Und wenn er ein Bankier ist, dann soll er seine Geschäfte als Bankier betreiben, aber er soll sich keinen falschen Mantel umhängen und die kleinen und schwachen Seelen verwirren.

Es wird nicht gehen, aus Michelangelo Buonarroti einen Ketzer zu machen, weil er jetzt an diesem Herkules arbeiten will. Er bleibt beim Glauben.

Auch der gelehrteste Theologe wird aus diesem Werk nichts Irrgläubiges herauslesen können. Denn der Glaube hat nichts zu tun mit Gefühlen, die man Menschen gegenüber hegt, die den Glauben mißbrauchen.

Buonarroti hatte Kraft genug, aus dem Bericht über Herkules und den Riesen Antäus beides in den Marmor zu bringen: den Kampf und das Ausruhen danach.

Er begann in seiner Werkstatt an einem kleinen Marmorblock zu arbeiten. Später sollte der Stein aus Bandinellis Werkstatt zu ihm gebracht werden.

★

„In drei Stunden werden die Sprengladungen an der Engelsburg gezündet. Landsknechte und Söldner schließen Wetten ab, in wie viele Stücke es den Heiligen Vater zerreißen wird. Die Stimmung in der Armee ist großartig. Alles wartet auf den Augenblick der Explosion wie auf ein Freudenfest." Ein zuverlässiger Bote brachte die Nachricht.

Matthias Schwarz dachte schnell und gründlich. Er war gewohnt, selbständig zu handeln.

Mit Augsburger unmißverständlicher Entschiedenheit ließ der Hauptbuchhalter der Firma Jacob Fugger und Brudersöhne die Oberkommandierenden der Truppen wissen, daß er sie zu sprechen wünsche.

Da Karl von Bourbon beim Stürmen der Stadt Rom umgekommen war, gab es im Augenblick keinen Generalissi-

mus für die vereinigten kaiserlichen Truppen. Den Oberbefehl über die spanischen Söldner führte der Prinz von
Oranien, über die deutschen Landsknechte der Feldhauptmann aus der alten, guten Frundsberger Schule, der
Augsburger Konrad von Bemmelberg.

Oranien war im Augenblick nicht auffindbar. Matthias
Schwarz wußte, was das bedeutete. Er schrieb in gutem
Französisch einen kurzen, sehr deutlichen Brief und empfand ein wenig Schadenfreude. Der von Oranien wird alle
seine Gespielinnen stehen- und liegenlassen, wenn er das
gelesen hat. Wer hätte sich nicht auch gern so ein Haus
eingerichtet wie dieser siegreiche Feldherr, mit vielen verschiedenen Bewohnerinnen von vierzehn bis über dreißig
Jahren. Matthias, der Gewissenhafte, wischte die gefährlichen Gedanken weg. Diese Mädchen sind alle krank, sagte
er sich, und so wird der von Oranien auch ein trauriges
Ende nehmen, nicht ehrenvoll auf dem Schlachtfeld, wie
es sich für einen echten Krieger gehört.

Konrad von Bemmelberg beeilte sich mit seiner Antwort. Er bat den Hauptbuchhalter der Firma Jacob Fugger
und Brudersöhne in sein Hauptquartier.

Der Kardinal Pompeo Colonna hatte dem kaiserlichen
Feldhauptmann seinen Palast am Platz der heiligen zwölf
Apostel als Hauptquartier zur Verfügung gestellt.

Und der erste Gedanke des jungen Mannes aus Augsburg war: Heute werde ich die Frauen sehen. Die kunstverständige Alte und die sehr Schöne und die Witwe, von
der die Rede geht, sie verstehe sich auf die Kunst, Gedichte zu schreiben. Er brauchte sich nicht erst zurechtzu-
rufen, automatisch kehrten seine Gedanken zu seiner
Aufgabe zurück.

Seit der junge Herr Anton die Firma übernommen
hatte, war es das Bestreben des Hauptbuchhalters Matthias Schwarz, das Handelshaus im Sinne des alten Jacob
Fugger weiterzuführen. Mit Umsicht versuchte er alles,
um die Verluste aus dem Unglücksjahr 1525 wieder herein-
zubringen. Dieses Jahr hatte der Familie nicht nur den
harten Schlag gebracht, daß der alte Herr dahingegangen

war, das Jahr hatte auch die Familienschande vor aller Augen bloßgelegt.

Ich darf keine Zeit verlieren, überlegte er. Trotzdem zog er sich um, und er wählte diesmal besonders lange.

Es war leider mehr als nur üble Nachrede, daß die Ehefrau Sibylla schon zu Lebzeiten ihren Mann, den ehrwürdigen Herrn Jacob, betrogen habe. Wäre sie sonst wenige Monate nach seinem Tode heimlich weggelaufen zu dem anderen, dem Liebhaber? Matthias Schwarz, der die Frau Sibylla geachtet hatte wie eine Mutter, fand am Ende durch dieses Vorkommnis nur die Bestätigung: Vorsicht mit den Beziehungen zu den Frauen.

Schließlich entschied er sich für den silbergrauen Rock mit den aufgepufften Ärmeln. Es war sein Stolz, daß er Unabhängigkeit bewahrt hatte und sich allein, ohne Diener, ankleiden konnte.

Dieses Unglücksjahr 1525 hatte aber auch die Verluste in Ungarn gebracht. In den ungarischen Bergwerken der Firma hatten sich die Bergknappen empört. Wie Eindringlinge waren die Agenten der Augsburger Firma verjagt worden. Mit einem Schlag waren die großen Einkünfte abgeschnitten. Der ungarische König hatte sich den Schwung des Aufstandes zunutze gemacht und die Bergwerke zu seinen Gunsten eingezogen.

Und der andere Rückschlag: Vor den Toren des Stammhauses in Augsburg hatten von einem gewissen Müntzer aufgehetzte Bauern die Besitztümer verwüstet. Wäre nicht Hauptmann Bemmelberg mit gut ausgerüsteten Truppen herangemarschiert, dann hätten die Bauern vielleicht sogar das Haupthaus in Augsburg zerstört.

Er schaute in den Spiegel und fand sich selbst bemerkenswert, angenehm anzusehen. Besser als auf den bunten Röcken hob sich hier auf dem silbergrauen Tuch der Orden des Kaisers ab, den er für die Hilfe beim Niederschlagen der aufständischen Bauern bekommen hatte.

Der Schaden war damals groß genug, und die Firma mußte auch noch den Sold für Bemmelbergs Truppen aufbringen. In fast allen Gegenden Deutschlands war ein großer Bauernkrieg ausgebrochen. Die Kosten, die von der Firma für das Niederschlagen der aufrührerischen Bauern auf die Rechnung des Kaisers gesetzt wurden, beliefen sich auf über hunderttausend Gulden.

Matthias Schwarz hielt sich nicht für eitel, aber er wußte, daß er ausnehmend gut gewachsen war; er nickte sich selbst bestätigend zu und dachte nach über sein Handelshaus.

Sicher, die Firma hatte es geschafft. Genau, wie sie sich damals bei der Kaiserwahl durchgesetzt hatte gegen den Widerstand der anderen großen Kaufmannsfamilie, der Welser, die dem französischen König verbunden war.

Wie dem auch sei. Als Resultat für alle diese Hilfen waren die Schulden des Kaisers aus dem Haus Habsburg nur angewachsen. Gewiß war es kein Fehler, über Außenstände zu verfügen, doch war es nicht abzusehen, wann der Kaiser etwas zurückzahlen würde. Und nun hingen diese fragwürdig gewordenen Forderungen wie Bleiklötze an dem sonst so geschmeidigen Leib des Unternehmens.

Es war die große Aufgabe des Matthias Schwarz, zu sorgen, daß der Leib nicht vollends gelähmt wurde. Er hatte dem alten Herrn Jacob am Totenbett versprochen, ein guter Arzt für diesen kranken Leib zu sein.

Er trat noch einmal nahe an den Spiegel heran, prüfend. Sein Kopf bereitete ihm Freude. Die ungefärbten dichten schwarzen Augenbrauen standen in schönem Gegensatz zu den hellen, dünnen, feinen Haaren. Auch sein Profil war nicht uneben. Stirn, Nase und Kinn neigten ein wenig zum Übermäßigen, aber sein gepflegter, kurz gehaltener blonder Backenbart glich das Übermäßige wieder aus. Kurzum – er lächelte sich zu –, ein Gesicht voll gesunder augsburgischer Kraft.

Man sieht es mir an, fand er, daß ich der Vertreter einer weltweit arbeitenden Firma bin.

★

Isabella bat ihren Beichtvater, er möge mit der Witwe Vittoria sprechen. Der Beichtvater Christophoro, zugehörig dem Orden der Dominikaner, wußte genau, daß die Familie Colonna auf dem Weg nach oben war. Also mußte er im Namen seines Ordens besonders streng und hart mit jedem einzelnen Familienmitglied ins Gericht gehen, bedenkend, daß sie das Ziel des Weges vielleicht nicht erreichten. Gleichzeitig jedoch mußte er besonders nachgiebig sein, damit sie ihm am Tage, wenn sie die Macht hatten, nicht nachsagen konnten, er sei in den Zeiten der Ungewißheit zu hart mit ihnen gewesen. Der Beichtvater hatte noch keinen außergewöhnlichen Ehrgeiz, und er hatte noch keine außergewöhnlichen Laster. Als Lebensregel hatte er für sich den Satz aufgestellt: Nur nicht auffallen.

Natürlich verfügte er über eine gute Kenntnis aller Schriften der Kirchenväter. Auch hielt er es für seine Pflicht, sich an die Anleitungen seines Ordens für den Kampf gegen Abtrünnige und Irrgläubige zu halten. Aber er war kein Eiferer.

Doch das, was heute mit der Witwe Vittoria zu besprechen war, betraf keine Glaubensdinge. Es ging um nicht mehr und nicht weniger als das Ansehen der Familie. Es drohte, zu einem Skandal auszuarten. Er, Christophoro, sollte vermitteln.

„Meine Tochter", so begann der noch nicht zu den ganz Alten zählende Mönch, „du hast ein hungerndes Kind von der Straße genommen, auf dein Pferd gehoben und in dein Zimmer gebracht. Du hast ihm zu trinken gegeben, du hast ihm zu essen gegeben, du hast es bekleidet. Das ist ein gutes Werk, zweifellos. Aber warum schickst du das Kind nicht wieder nach Hause, warum verlangst du jeden Tag, es soll Platz nehmen an der großen Familientafel, warum setzt du dein Werk der Nächstenliebe einem häßlichen Verdacht aus?"

„Ich verstehe Sie nicht, hochwürdiger Vater", entgegnete Vittoria langsam, und verstand alles, aber sie wollte hören, welche Worte der Beichtvater gebrauche.

Und der Dominikanermönch Christophoro sagte:

„Aus dem Werk christlicher Barmherzigkeit hast du

eine Befriedigung deines eigenen kleinen Hochmutes gemacht. Mit diesem Kind willst du täglich deinen Angehörigen sagen, ihr habt das alles auf dem Gewissen. Warum willst du gegen deine Familie aufsässig werden? Ich bitte dich, schicke das Kind weg."

Bevor sie redete, dachte Vittoria immer erst ihren Satz zu Ende. Darum kam die Antwort nicht sogleich.

„Sie fragten: Warum schickst du das Kind nicht nach Hause? Jetzt haben Sie sich schon selbst berichtigt und fragen: Warum schickst du das Kind nicht weg? Zwischen diesen beiden Begriffen, nach Hause schicken und wegschicken, liegt die Antwort auf Ihre Frage. Für das Kind gibt es keine Bleibe mehr. Ich habe die Verantwortung für diesen wehrlosen kleinen Menschen übernommen. Ist er nicht mein Bruder, da wir doch alle Gottes Kinder sind? Also muß er an meinem Tisch sitzen."

„Du denkst einseitig, meine Tochter; deine Mühe um dieses Kind und um all die anderen Kinder, die du danach in den Palast geholt hast, in allen Ehren. Doch du achtest nur auf das leibliche Wohl der Kinder, nicht auf ihre Seele. Du treibst einen gefährlichen Mißbrauch mit dem Wort ‚Alle sind Brüder'. Gott hat die Ordnung dieser Welt geschaffen. Nach strengen Regeln ist alles in Stände gegliedert; es beginnt beim König und endet beim Bettler. Was für ein Gift schüttest du in die Seele dieser unschuldigen Kinder! Du setzt dich selbstherrlich über Gottes Ordnung hinweg, hebst Niedere auf Plätze, die ihnen nicht zukommen. Und was sollen diese Kinder bei dir lernen? Vielleicht lesen und schreiben, vielleicht die Dichtkunst? Und wovon sollen sie leben, wenn sie nicht gelernt haben, daß sie arbeiten müssen?"

„Sie sind schon beim Morgen. Ich bin noch beim Heute. Und heute sind die Kinder klein und schwach und hilflos. Ohne Schuld sind sie in die unbarmherzige Mühle der rohen Zerstörungen hineingeraten. Unsere ganze Welt ist zusammengestürzt, und es ist nur ein Zufall, daß wir nicht unter den Trümmern liegen."

„Du bist im Irrtum befangen. Das, was du Zufall nennst, ist nichts anderes als die Bestätigung der göttlichen Ordnung. Und wenn du dir tausend und aber tausend Kinder in den Palast holst, du wirst daran nichts ändern. Ein Colonna sitzt nicht mit den Niederen an einem Tisch, also wird er auch nie mit den Niederen gemeinsam unter Trümmern liegen. Ich billige dir zu, daß du ein sehr weiches und ein sehr weites Herz hast, und Gott liebt Menschen wie dich, die sich über das Leid unschuldiger Kinder erbarmen. Aber du siehst nicht die Wirklichkeit, wie sie ist. Keineswegs ist die Welt zusammengestürzt, und keineswegs sind diese Kinder ohne Bleibe. Die Kirche hat genug hilfreiche Hände. Denk an die Suppenküche in unserem Kloster, denk an die Armenhäuser, an die Waisenhäuser. Und wenn dir das Leid wirklich am Herzen liegt, dann spende der Kirche."

„Im Kapuzinerkloster gibt es jetzt keine Vorräte, keine Eßgeschirre, nichts; alles ist geplündert und zerschlagen. Und am Ende werden die Kinder wieder auf der Straße liegen."

„Meine Tochter, es geht nicht um die Suppenküche im Kapuzinerkloster, es geht um das Prinzip. Diese Kinder gehören nicht in den Palast. Du kannst Almosen spenden, und du kannst auch die Kinder im Waisenhaus besuchen, aber du kannst nicht den Namen der christlichen Barmherzigkeit mißbrauchen und den Palast der angesehensten Familie Roms zu einer Herberge für heruntergekommene Kinder machen. Denn was bedeutet das? Das ist nichts anderes als ein trauriges Denkmal deiner Hoffart. Die Leute sollen sagen: Seht her, wie wohltätig ist doch die Witwe Vittoria Colonna. Siehst du das ein?"

„Ich sehe es nicht ein."

„Wirst du gehorchen, wenn dir befohlen wird, die Kinder aus dem Palast zu weisen? Denn dein Gefühl, verzeihe mir, meine Tochter, überwuchert deinen Verstand. Du schadest den Kindern. Wir müssen sie davor bewahren."

„Früher habe ich den Ratschlägen meiner Beichtväter

freudig gehorcht. Sie zwingen mich, diejenigen, die mir die Nächsten sein sollten, zu verachten."

★

Wie Matthias Schwarz erwartet und erhofft hatte, traf er Konrad von Bemmelberg im großen Saal am Mittagstisch als Gast der Familie Colonna. Er bat nicht um eine Unterredung unter vier Augen; er gab es vor sich selbst zu, daß er mit einem nicht geringen Anflug von Überheblichkeit dachte, sie verstehen ja doch kein Deutsch. Er ließ sich den Frauen vorstellen.

Seine Überheblichkeit wurde etwas gedämpft, als die Witwe Vittoria ihn mit wohlgesetzten deutschen Worten begrüßte. Überrascht schaute er ihr ins Gesicht. Sie war keinesfalls schön. Er konnte sich nicht erklären, warum sie ihn in Verwirrung gebracht hatte.

Er ging weiter, verneigte sich vor Giulia, der jungen Frau des alten Feldhauptmanns Vespassiano. Und er vergaß alles. Vergaß seine Verwirrung über die klugen Worte der eigenartigen Witwe Vittoria. Er vergaß seine Sehnsucht nach den hellhaarigen, hausfraulichen, mütterlichen Mädchen in Augsburg. Diese Giulia hier war nicht hausfraulich und nicht mütterlich. Und sie war nicht klug. Es war ihrem fast kindlichen Gesichtsausdruck anzusehen, daß niemals unerwartete Worte voll Überlegenheit aus ihrem Munde kommen würden. Auch sie war hochmütig. Aber sie gründete ihren Hochmut auf nichts anderes als auf sich selbst. Auf ihren Leib, den sie mit einer müden, lässigen Beherrschtheit bewegte. Wenn sie die Hand gab, so geschah das besitznehmend, fordernd und ohne Übergang völlig gleichgültig, wild und träg. Sie brauchte ihren Stolz nicht von einer Firma zu borgen wie er, Hauptbuchhalter Matthias Schwarz. Sie war keine Angestellte, Ausgehaltene, sie war nur sie selbst. Beängstigend und beglückkend für den, der sie ansehen durfte.

Matthias wehrte sich nicht. Nur ein Stockfisch wäre von ihrem erregenden Zauber unberührt geblieben. Es wird nicht leicht sein, in Gegenwart ihres Mannes, des alten, hinkenden Feldhauptmanns Vespassiano, und unter den Augen der aufmerksamen, mißtrauischen alten Dame Isabella ihr zu zeigen, daß er sie verführen möchte. Da lächelte sie dem jungen Mann neben dem Feldhauptmann Bemmelberg zu, und er erwachte aus den Träumen, die er sich vorgegaukelt hatte.

„Das ist der Feldhauptmann Sebastian Schertlin", sagte unerwartet die Witwe Vittoria. „Dieser Herr ist ein Ritter, der auch schreibt." Sie sagte es deutsch, zu Matthias Schwarz gewendet. Ihre Stimme klang voll und tief und warm; sie hatte einen fast unhörbaren Ton von Ironie hineingelegt.

Es schmeckte seinem Verstand, wie sie die Worte langsam setzte, wie sie mit den Pausen und dem Tonfall fast mehr sagte als mit dem, was sie aussprach. Ein unsinniger Wunsch überkam ihn: Diese kluge, nicht schöne und die schöne, nicht kluge müßten eine Frau sein.

In seiner überlegenen Art, geschliffen an vielen Orten der Welt, begann Matthias Schwarz das Gespräch mit dem Oberbefehlshaber der deutschen Landsknechte in Rom.

„Im Namen meiner Firma möchte ich Ihnen sagen, ich freue mich, daß ich Gelegenheit habe, Sie zu sprechen. Der Name Bemmelberg hat in unserem Haupthaus in Augsburg einen guten Klang."

Obrist Konrad von Bemmelberg deutete eine Verbeugung an, zurückhaltend. Auch er hatte viele Orte der Erde gesehen. Er hatte nie Verlegenheit gezeigt, wenn ein großer Herr das Wort an ihn richtete. Ebensogut verstand er, mit dem gemeinen Landsknecht umzugehen. Seine Ansprachen vor einer Schlacht an die versammelte Truppe zeigten ein gesundes Maß von anfeuerndem Pathos. Es war nur zu hoffen, daß sein Freund, der Ritter Sebastian Schertlin, im Schreiben genauso fleißig war wie beim Würfelspiel und beim Spielen mit den Frauen. Es wäre schade, wenn seine Ansprachen der Nachwelt verlorengingen. Also mußte man nachsichtig sein mit dem Freund Schertlin, man mußte ihm vieles durchgehen lassen, wenn es auch unangenehm war, wie dieser junge, hübsche Kerl mit seinen Erfolgen bei Frauen prahlte. Der Feldscher hatte für seine, Bemmelbergs, Erfolglosigkeit einen häßlichen Ausdruck gebraucht, der Obrist, besonders empfindsam, wenn von Frauen gesprochen wurde, bezeichnete sich als schüchtern.

Gemessen erwiderte er:

„Die Freude ist auf meiner Seite. Ich hoffe, etwas aus unserer lieben Heimatstadt Augsburg zu hören."

„Leider nein, ich muß Sie enttäuschen. Es geht hier um diese Stadt. Es geht um den unsinnigen Plan, die Engelsburg in die Luft zu sprengen."

Matthias Schwarz ließ die Offiziere nicht zu Wort kommen. Das Bewußtsein, eine weltbewegende Macht zu repräsentieren, und mehr noch, diese Macht anzuwenden, gab ihm eine selbstverständliche Sicherheit im Auftreten. Zu diesem nicht unangenehmen Gefühl kam heute, zum erstenmal, der Schwung der persönlichen Eitelkeit, vor den Frauen zu glänzen.

„Wir sind verantwortlich. Hätten Sie damals im ersten Sturm die Engelsburg in die Luft gejagt, die Welt hätte aufgeschrien. Doch sicher hätten Sie die Entschuldigung für sich in Anspruch nehmen können: Im Krieg lassen sich Härten nicht vermeiden. Jetzt aber, Wochen nach der Einnahme – Verhandlungen sind schon im Gange –, jetzt ist es unsinnig, ja schädlich für unseren Herrn, den Kaiser, den Papst auf diese Weise zu beseitigen."

Obrist Bemmelberg entgegnete frostig:

„Ich will nicht untersuchen, was Sie Ihre Verantwortung nennen, ich kann Ihnen genau sagen, was meine Verantwortung ist: die Ehre der Armee."

„Nunquam retrorsum, niemals zurück, ich weiß. Alle Feldherrn berufen sich auf Sprüche des alten Cicero. Ein großer Redner, um nicht zu sagen Maulheld."

„Nichts wissen Sie", erklärte Bemmelberg. „Sie können nichts wissen von der Ehre eines Obristen der kaiserlichen Armee. Ich habe mit meinen Leuten den beschwerlichen Marsch gemacht, von den Alpen herunter. Es waren fünfunddreißig Fähnlein. Sie wußten alle, daß es nur wenig

Sold gibt. Es waren Männer unter ihnen, die auf jeden Sold verzichteten, zur höheren Ehre des Kaisers. Dieser Geist beseelte die Truppe."

Matthias Schwarz entgegnete sachlich:

„Mit verschimmeltem Brot und der Ehre allein werden Sie ein Heer niemals in Bewegung setzen können. Schon zu Beginn Ihres Marsches auf Rom hatten Sie hundertfünfzigtausend Dukaten Soldrückstände. Ich wollte Sie nicht daran erinnern, aber Sie waren es, der zuerst vom Geist der Truppe sprach, und Sie wissen besser als ich, Sie waren Augenzeuge, wie der Soldatenvater Frundsberg umgekommen ist. Seine eigenen Söhne, seine frommen Landsknechte meuterten, griffen ihn an, weil er nicht das Geld hatte, sie zu bezahlen. Ich bin versucht, zu sagen, sein Herzschlag kam ihm recht gelegen, das war sozusagen sein Glück. Denn sonst hätten Sie, Herr Schertlin, in Ihren Aufzeichnungen über die Denkwürdigkeiten dieses Krieges vielleicht eintragen müssen, daß die Kinder ihren Vater umbrachten."

„Sie denken an nichts anderes als an Geld und Sold", entgegnete Bemmelberg. „Als ob es das allein wäre, was den Mannesmut ausmacht. Zum Mut gehört Disziplin. Unter meinem Befehl hat es keine Meuterei gegeben. Und jetzt soll ich vor diese harten Männer treten und soll ihnen erklären, mein Wort ist einen Dreck wert, die Engelsburg wird nicht gesprengt, ihr werdet nicht in die Vorratskeller kommen. Und warum? Weil sich ein Angestellter des Hauses Fugger in der letzten Minute in die Hosen macht."

„Ich wünschte, es ginge nur um meine Hosen. Sie irren, Herr Obrist von Bemmelberg, wenn Sie mich als einen überängstlichen, übereifrigen Bürger betrachten, meinetwegen sogar als einen guten Christen, der seinen Papst retten will."

„Auch wir sind gute Christen", unterbrach ihn Ritter Schertlin. „Wir unterstützen die gerechten Ansprüche unseres verehrten Hausherrn Pompeo Colonna auf den Papstthron."

„Ich bewundere Sie, Ritter Schertlin. So geheime Dinge wie eine Papstwahl sind bei Ihnen schon vollendet, noch bevor überhaupt die Notwendigkeit dafür feststeht. Sie sollten lieber an Ihren Kaiser denken. Unser Haus ist mit dem Haus des Kaisers so eng verbunden wie das Gerank des Efeus mit einer Eiche."

„Wen betrachten Sie als Efeu und wen als Eiche?" fragte Schertlin.

„Sie dürfen raten, Ritter Schertlin. Der Kaiser kann heute keinen Schritt mehr machen ohne uns. Unsere Bestände an Bargeld in der Zentrale in Augsburg und in unseren vierzehn Zweigstellen überall in Europa sind auf ein erschreckendes Minimum zurückgegangen. Zwar stehen diesem Minimum die Außenstände gegenüber. Das Haus Habsburg schuldet uns für die Unterstützung bei der Kaiserwahl immer noch fast zweihunderttausend Gulden. Dazu kommen unsere Forderungen an den Bruder des Kaisers, an König Ferdinand. In unserem speziellen Hofbuch ist eine Summe von fast achthunderttausend Gulden an uns offen. Dabei sind nicht einmal die spanischen Außenstände gerechnet, die das Haus Habsburg uns dort schuldig ist. Das sind mehr als fünfhunderttausend Gulden." Matthias Schwarz überlegte, während er die Zahlen geläufig heruntersagte: Ich muß die Frau haben. Ich werde ihr etwas ganz Außergewöhnliches schenken. Aber was ist hier in Rom außergewöhnlich? Und er redete weiter zu den Offizieren: „Ja, wenn wir nur einen geringen Teil davon in bar hier hätten, dann könnten wir uns ganz anders über die Ehre der Armee unterhalten. Aber was ist Ehre ohne Sold? Wir haben dem Kaiser rechtzeitig gesagt, er soll diesen Krieg nicht anfangen, denn es ist kein Geld da. Aber nein, da mußte der alte Vater Frundsberg gerufen werden, da wurden rasch die Kronjuwelen versetzt und dann, husch, über die Alpen und, husch, nach Rom. Und nun, husch, der Heilige Vater in die Luft. Glauben Sie, daß Sie mit so einem erbärmlichen Streich Ihren Kaiser retten?"

„Sie reden, als wären Ihre Zahlen Truppen und als wäre

der Kaiser Ihr Gefangener. Im allgemeinen heißt es, Kaufleute seien nüchtern. Ich nehme an, Sie haben nicht übertrieben, aber vergessen Sie nicht, wir Landsknechtsführer sind auch nüchterne Leute", sagte Bemmelberg mit Stolz. „Die Truppe braucht einen moralischen Auftrieb. Unter das Werk der Eroberung muß notwendig wie ein gewaltiges Ausrufezeichen die Zerstörung des letzten feindlichen Bollwerks gesetzt werden. Die Welt soll vor der Macht des Kaisers zittern."

„Das Zittern geschieht vorerst leider nur im kleinen Kreise, nicht in weltweitem Umfang. Im Augenblick zittert der Kaiser vor seinen Gläubigern. Es ist mir peinlich, Ihnen das sagen zu müssen." Der junge Mann betrachtete seine Hände, bescheiden. Er wollte nicht auch noch durch seine Blicke den anderen aufbringen. „Der Kaiser dürfte erledigt sein, wenn wir bekanntgeben, daß er zahlungsunfähig ist. Dann wird er auf der ganzen weiten Welt keinen Menschen finden, der ihm Kredit gibt."

Bemmelberg redete ohne Pathos, mit kalter Begeisterung:

„Mit der Spitze meines Schwertes werde ich unseren gnädigen Herrn Kaiser wirksamer retten als Sie mit Ihrem Geplärre über leere Geldsäcke. Und die Schätze dieser Burg werde ich ihm zu Füßen legen. Ich werde meine Landsknechte bezahlen, und wir werden weitermarschieren."

Ritter Schertlin fühlte sich stark und geborgen neben dem Obristen.

„Krämergeist gegen Offiziersgeist."

„Meine Herren, der Heilige Vater, Ihr Gefangener, ist auch unser Schuldner. In dem großen Buch meiner Firma gehen die Forderungen, die wir an den Heiligen Stuhl haben, zurück bis in die Zeit des zehnten Leo. Allein das Bauvorhaben der Peterskirche hat Unsummen verschlungen. Und die Aufwendungen für die Dichter und Maler. Das summiert sich. Setzen wir den Fall, Sie haben die Engelsburg in die Luft gesprengt. Dann wären die Werte, die Sie da finden, uns doppelt verfallen. Darum protestiere ich noch einmal mit aller Schärfe gegen die Sprengung der Engelsburg."

Konrad von Bemmelberg sah mit wachsender Verachtung auf den jungen Mann, der ihm nicht einmal gerade ins Auge blickte:

„Es war mein Fehler, daß ich mich auf diese Unterredung mit Ihnen eingelassen habe; ein Obrist soll nicht disputieren, er soll handeln."

„Und wenn Sie uns Sperenzien machen, Herr Hauptbuchhalter, dann werde ich meinem Fähnlein, das vor Ihrem Haus Wache hält, sagen, es kann abrücken. Was glauben Sie, wie schnell Sie die Plünderer auf dem Hals haben", sagte Sebastian Schertlin fast genießerisch, als beschreibe er in seinen Denkwürdigkeiten des Krieges schon, wie die Filiale der Firma Fugger geplündert wurde.

„Darauf habe ich gewartet. Aber es gehört zu meinem Beruf, vorauszudenken. Seien Sie versichert, ich habe Vorsorge getroffen. Aber nun zu Ihnen, Ritter Schertlin. Sie bleiben nicht ewig in Rom. Wenn dieser Feldzug aufhört, werden Sie nach Hause gehen, zurück zu Ihrer lieben Frau nach Augsburg. Sie werden ihr eine hübsche Summe mitbringen. Ich kenne Ihr Konto bei uns …"

„Und dabei habe ich diese Nacht auf einen Schlag viertausend Gulden verspielt", prahlte Schertlin.

„Es liegt nur an Ihnen, und Sie könnten Ihrer lieben Hausfrau aus Rom noch etwas anderes mitbringen, zum Beispiel einen neuen Namen. Wie finden Sie das: Ritter Sebastian Schertlin von Burtenbach. Das bleibt. Das sind weitläufige Ländereien, ein sicherer Besitz. Von den Schätzen aus der Engelsburg würde Ihnen nichts bleiben. Wie die Heuschrecken würden die Söldner über die Trümmer der Burg herfallen. Glauben Sie doch nicht, daß Sie davon auch nur einen Meßbecher Ihrem Kaiser bringen könnten." Matthias Schwarz zeigte, daß er sich als Gast zu benehmen wußte, er sagte nicht ein Wort über die Geschäfte der Dame Isabella, nicht ein Wort über den Umschlagplatz auf der Brücke des Sixtus.

Sebastian Schertlin kannte die Liegenschaften von Burtenbach, und er schwankte nicht einen Augenblick; er würde annehmen. Er hatte es sich zum Grundsatz gemacht, zuzugreifen, wenn sich für ihn ein Vorteil bot, gleichviel, woher das Anerbieten kam.

„Herr Schwarz, von Mann zu Mann, wenn der Papst nun am Leben bleibt, dann wird er sich doch rächen wollen. Es sind Übergriffe vorgekommen. Es sind Kirchengüter geraubt worden. Er kann nicht die ganze Armee bestrafen, aber wird er nicht die Hauptleute verantwortlich machen? Und das erste wird sein, daß die Kirche auch das Gut Burtenbach einzieht!"

„Ich kann Ihnen verbindlich versichern, daß der Besitz Burtenbach Ihnen zufallen wird und unangetastet bleibt, wenn es gelingt, einen Friedensvertrag zwischen Kaiser und Papst zustande zu bringen."

Vom Quartier des Prinzen Philipp von Oranien aus dem Lateran kam die schriftliche Antwort auf den kurzen, deutlichen, französisch geschriebenen Brief des Hauptbuchhalters Matthias Schwarz. Während er las, begannen Bemmelberg und der künftige Herr von Burtenbach sich zu streiten. Der Ritter Schertlin war umgeschwenkt; er versuchte, seinen Obristen zu überreden. Konrad von Bemmelberg blieb streng und gerade und stolz bei seinem Befehl: Die Engelsburg wird gesprengt.

„Meine Herren, ich sehe soeben, daß unser Gespräch gegenstandslos ist." Der junge Mann aus Augsburg zeigte in seinen Mienen Bekümmernis. „Entschuldigen Sie, es tut mir leid, wenn ich Ihre Zeit über Gebühr in Anspruch genommen habe. Soeben erfahre ich, die spanischen Truppen Seiner katholischen Majestät haben die Wache an der Engelsburg allein übernommen. Der Obrist Prinz Philipp von Oranien hat die Aktion selbst überwacht. Ihre Landsknechte haben alle Positionen ordentlich übergeben, ein Zeichen der großartigen Disziplin in Ihrer Truppe. Ich gratuliere, Herr Obrist von Bemmelberg. Sie können auf Ihre Männer wirklich stolz sein."

Bemmelberg sprang auf.

„Man müßte Sie unter Kriegsrecht stellen und aufhängen. Ein Tod unter Spießruten wäre noch zu ehrenvoll für Sie."

Matthias Schwarz hielt den aufgebrachten Mann fest.

„Sie können nichts mehr rückgängig machen, das ist zu spät. Es sei denn, Sie wollen Ihre deutschen Landsknechte aufhetzen gegen die verbündeten spanischen Söldner. Noch mehr Wasser auf die Mühle der Lutherischen."

„Sie wagen es, sich in militärpolitische Entscheidungen hineinzudrängen. Sie maßen sich Befehlsgewalt an. Ich werde Sie als Hochverräter beim Kaiser anklagen!" schrie Bemmelberg.

„Sie überschätzen mich. Wer sagt Ihnen denn, daß ich den Befehl gegeben habe? Das sind rein militärische Operationen. Es ist ein Grundsatz der Firma Fugger und Brudersöhne, keine Angestellten zu beschäftigen, die irgendeinen militärischen Rang innehaben. Übrigens erfahre ich auch aus dem Quartier des Prinzen Philipp von Oranien, daß die Wache vor meinem Haus im Viertel der Banken durch einen Trupp spanischer Reiter abgelöst wurde." Matthias Schwarz hatte das unsinnige Verlangen, den gekränkten Obristen versöhnlich zu stimmen: „Meine Aufgabe hier in Rom wird vielleicht beendet sein, wenn es einen Friedensvertrag gibt zwischen Kaiser und Papst. Da unserem gnädigen Herrn, Seiner Majestät dem Kaiser, viel daran liegt, Gold aus der Neuen Welt zu bekommen, da es ihm sehr eilt, muß er mit den Verhandlungen bald beginnen. Er kann von Seiner Heiligkeit Papst Clemens VII. verlangen, daß die Kirche in Spanien zu Abgaben für einen Feldzug gegen die Türken aufruft. Dieser Türkenzehnte wird zugunsten unserer Kasse eingezogen werden. Als Gegenleistung wird unser Kaiser dem Papst Medici hier in Italien helfen. Das hat nichts Prophetisches an sich, mein Herr Obrist und mein Herr Ritter. Wenn man genügend Einblicke hat so wie ich, dann ergibt sich das ganz zwangsläufig. Sie werden zu tun bekommen. Unser Kaiser wird das Haus Medici gegen die sogenannten Republikaner in Florenz wirksam unterstützen. Sehen Sie, meine Herren, das ist eine Aufgabe, die sich lohnt. Ein

Fremdkörper wie diese Republik muß beseitigt werden, notfalls mit der Waffe in der Hand. Machen Sie, verehrter Obrist Bemmelberg, Florenz zu einem leuchtenden Ausrufezeichen in Ihrer militärischen Laufbahn, so haben Sie den Segen des Papstes und die Anerkennung des Kaisers gleichermaßen."

★

Der Ritter Sebastian Schertlin schrieb auf:

Vier von den deutschen Hauptleuten, darunter auch ich, vier von den spanischen und ein Sekretär sind in die Engelsburg gesandt worden, um die Kapitulation entgegenzunehmen. Da haben wir den Papst Clemens samt zwölf Kardinälen in einem engen Saal gefunden, den haben wir gefangen, und er mußte die Artikel, die ihm der Sekretär vorlas, unterschreiben. Es war ein großer Jammer unter ihnen, und sie weinten sehr; wurden wir alle reich.

Also war es unterzeichnet:

Wir, Statthalter Christi auf Erden, übergeben den kaiserlichen Truppen die Engelsburg, die Hafenstädte Ostia und Civitavecchia, auch die Städte Piacenza, Parma und Modena.

Wir verpflichten uns zu einer Abgabe von vierhunderttausend Dukaten, davon sind einhunderttausend Dukaten sofort zahlbar, die nächsten fünfzigtausend Dukaten in zwanzig Tagen, der Rest muß durch Steuern im Kirchenstaat eingetrieben werden.

Wir mit unseren Kardinälen verbleiben als Gefangene der kaiserlichen Truppen in der Engelsburg, bis die genannten Städte in den Händen des Kaisers und die einhunderttausend Dukaten abgeliefert sind.

Weiterhin ziehen wir den Fluch der großen Exkommunikation von der Familie Colonna zurück und begrüßen Pompeo Colonna wieder in unseren Reihen als Kardinal.

Der Papst, eben noch Gefangener, spürte den Umschlag. Mit unerwarteter Eile – kaum waren die Kapitulationsbedingungen erfüllt – bot ihm der Kaiser Friedensverhandlungen an. Und sie einigten sich. Auch über den unbehinderten Marschweg kaiserlicher Truppen durch den Kirchenstaat. Und über die Wiedererrichtung der Herrschaft des Hauses Medici in Florenz.

Jetzt endlich, da Aussicht auf Rückkehr bestand, konnte der Heilige Vater sich selbst einen Wunsch erfüllen: Er beauftragte einen Bildhauer, von der Stadt Florenz und ihrer Umgebung eine getreue Nachbildung im Kleinen herzustellen. Und da dieser Bildhauer ein Schüler Michelangelos war, versäumte er nicht, vor den winzigen Palazzo Vecchio den David zu stellen, um seinen Lehrer zu ehren.

II. KAPITEL
Der Festungsbaumeister

Caterina wußte selbst nicht mehr genau, in welchem Jahr sie geboren war; sie sah alt aus. Das verrieten nicht so sehr die grauen Haare, die unter dem schwarzen Kopftuch hervorkamen, der Mund zeigte es. Als Mädchen mochte sie schön gewesen sein, jetzt aber begann das rundliche Gesicht abzumagern. Aus Sorge. In letzter Zeit vergaß sie einfach, zu essen, wenn sie allein war.

Frau Caterina hatte zwei Töchter großgezogen und ehrenvoll verheiratet. Ihr Mann war früh gestorben. Da war sie aus ihrem Dorf weggegangen in die Stadt Florenz, um bei fremden Familien zu arbeiten. Sie kannte alle Häuser in Florenz. Die Familie Medici hatte immer gern Dienstleute genommen, die vom Lande kamen. Fast ein Jahr lang durfte sie draußen in der Villa auf dem Hügel vor den Toren der Stadt saubermachen, dafür bekam sie zwei warme Mahlzeiten am Tag.

Dann hatte sie es bei den Capponis versucht. Dort ging es jedoch nicht lange, weil sie eines Tages beim Mittagessen, als sie die Muschelsuppe servierte, ungefragt gesprochen hatte. Einer der Tischgäste hatte einen unflätigen Witz über den verbrannten Mönch Girolamo Savonarola erzählt, und Caterina hatte laut und deutlich erklärt: „Es ist nicht christlich, über einen Toten, der sich nicht mehr verteidigen kann, schlecht zu reden." Es war keineswegs so, daß sie Partei nehmen wollte für einen Mann, der sich gegen Reiche und Adlige gewandt hatte, sie empfand das Gelächter einfach als ungehörig. Ihr Gerechtigkeitssinn war zu groß, sie konnte das nicht schweigend ertragen.

Dann fand sie Entgegenkommen bei der Zunft der Stikker; sie bekam Arbeit mit nach Hause. In unendlich langen, eintönigen Stunden setzte sie auf Satteldecken, auf Altardecken Stich neben Stich, bis sie es nicht mehr aushielt; sie brauchte Menschen. Sie kam sich wie eine Gefangene vor, wenn sie schon beim ersten Morgenlicht über ihre Stickerei gebeugt saß und nicht hinaus durfte auf den Markt. Sie hatte überall bei den Händlern und Verkäufern ihre Freunde, weil sie bescheiden und ehrlich war, aber auch weil sie zur rechten Zeit ihren Mund aufmachte. Die täglichen Gespräche auf dem Markt fehlten ihr; und sie wußte genau, es war noch mehr als nur das Reden mit anderen Leuten, es war eine große, ungestillte Liebe, ihre Hände und ihr Herz wollten jemanden umsorgen.

Nun also arbeitete sie im Haus des Bildhauers und Malers Michelangelo Buonarroti. Und es machte sie stolz, daß sie bei ihm schon sechs Jahre geblieben war. Er hatte es ihr keineswegs leicht gemacht. Es gab Tage, an denen er sie nicht beachtete; obwohl sie ihm ein besonders schönes Essen zubereitet hatte, sagte er nicht einmal danke schön. Das konnte sie bis ins Herz kränken. Und es hatte manchmal keinen Zweck, überhaupt mit ihm zu reden, weil er mit seinen Gedanken weit weg war. Dann konnte eine tiefe Verzweiflung über ihr, Caterina, zusammenschlagen. Und sie kam sich unnütz vor, wenn sie sah, wie achtlos er das Essen zu sich nahm. Schade um den schönen Fisch, den sie mit List und Geschick, ganz früh schon, vor allen anderen Dienstleuten gekauft hatte, mit dem sie beim Zubereiten sogar gesprochen hatte fast wie mit einem Kind. All ihre Sorge und all ihre Mühe um diesen einen Augenblick des Genießens waren umsonst, weil ihr lieber Michelangelo gar nicht an den Fisch dachte, als er ihn verzehrte. Und Caterina wußte: So wird er es morgen mit der Taube machen; er wird gar nicht wissen, nicht wissen wollen, daß sie länger als eine Stunde unter allen Tauben auf dem Markt gewählt hatte. Oft kam sie die Versuchung an, einfach wegzulaufen, weil ihr diese Undankbarkeit, dieses Unbeachtetsein unerträglich erschien.

Doch was wog ihr geheimer Kummer gegen die Augenblicke, da er ihr plötzlich, unerwartet, eine Zeichnung hinlegte, sie nach ihrer Meinung fragte. Längst hatte sie sich abgewöhnt, darüber verwirrt zu sein, aber jedesmal aufs neue kamen ihr dabei Tränen vor Glück. Denn sie spürte, er wollte wirklich ihre Meinung wissen.

Sie verstand nicht alles, doch sie kannte vieles von seiner Arbeit. Ein Grabmal für die Familie Medici, ein Denkmal für die Leute, bei denen sie vor etwa zehn Jahren im Dienst gewesen.

Nie hatte sie mit Michelangelo Buonarroti über die Medici gesprochen. Gewiß, wäre die Familie ihr gegenüber nicht so großzügig gewesen, sie überhaupt anzunehmen, als sie damals, Witwe, mit zwei kleinen Kindern, hilflos und mittellos in die Stadt gekommen war, so hätte Caterina vielleicht ein Ende im Arno genommen. Aber mußte man denn dafür den Medici ewig dankbar sein, und durfte sie sich nicht sagen, daß sie, um ihre beiden Kinder und um sich selbst zu versorgen, es auch geschafft hätte ohne die Medici, da sie doch gesund war und zwei Hände hatte, die arbeiten konnten? War es nicht im Grunde sie, Caterina, ganz allein, die ihre Kinder ehrlich und ordentlich durchgebracht hatte? Sie wußte nicht, wie sie es ihrem Herrn Michelangelo sagen sollte, daß sie sich den Medici gegenüber zu keiner Dankbarkeit verpflichtet fühlte.

Es war nicht vergleichbar mit dem, was er im Haus Medici erlebt hatte. Der fünfzehn-, sechzehnjährige Junge hatte am Tisch der Familie speisen dürfen, hatte gemeinsam mit den Söhnen des Hauses lernen dürfen, hatte die Kunstschätze des alten sagenhaften Herrn Lorenzo betrachten dürfen, hatte also in den vielgerühmten Gärten der Medici seinen Kunstsinn bilden dürfen, hatte dort gearbeitet.

Caterina wußte, es war abwegig, ihre und seine Bindung an das Haus Medici auch nur in einem Atemzug zu überdenken. Trotzdem aber fragte sie sich: Haben denn die Leute wirklich recht, die sagen, ohne den alten Herrn Lorenzo wäre Michelangelo Buonarroti nichts geworden, ohne seine Großmut? Er weiß, was er der Familie schuldet. Er muß zeit seines Lebens eben wegen dieser alten Tage ein Mann der Medici bleiben. Oder stimmt vielleicht das, was andere Leute sagen? Er will es mit den einen nicht verderben und nicht mit den anderen. Herrschen die Medici in der Stadt, dann arbeitet er für sie, und herrschen Menschen, die Florenz zu einer Republik erklären, befreit von dem lastenden Druck der einen großen Familie, dann arbeitet er für die Leute, die sich Republikaner nennen. Jedoch dabei hört er nicht auf, seine Werke für die Familie Medici weiterzuführen. So steht er also mit einem Bein bei den einen und mit einem Bein bei den anderen, und damit er sich überhaupt im Gleichgewicht halten kann, muß er jedem recht geben.

Die alte Frau verspürte Mitleid und Furcht, aber sie wagte nicht, zu fragen: Müssen Sie jetzt bezahlen, daß Sie mit fünfzehn Jahren am Tisch der Familie Medici gesessen haben?

Caterina war eine gewisse Unordnung in der Werkstatt gewohnt, sie ließ auf seinen Wunsch die Zeichnungen liegen, so wie er sie beim raschen Arbeiten verstreut hatte. Nachdem sie sich mit dieser Unordnung abgefunden hatte, ertappte sie sich eines Tages dabei, daß sie behutsam, fast liebkosend mit ihren Fingern über die Blätter hinfuhr; es war auch ihr Zuhause, dieser arbeitsvolle Raum. Es war festlicher hier drin als im schönsten Empfangssaal der Familie Medici in der Villa draußen auf dem Hügel jenseits des Flusses.

An einem Tag jedoch war alles leer. Keine Zeichnungen lagen da, keine Modelle aus Ton standen herum, alles sah seltsam fremd aus, ohne Leben. Ja, es hatte gestimmt, neben den Skizzen für das große neue Marmorbildwerk, für Herkules, wie er den Riesen Antäus bezwingt, daneben hatten auch Zeichnungen für das Grabmal der Medici gelegen, Zeichnungen von Masken, von seltsamen Fratzen, lachende und weinende Gespenster. Nun aber war alles weggeräumt. Über Nacht. Und mit Sorge fragte sich Caterina: Ist er krank?

Er war nicht krank, er saß täglich an seinem Zeichentisch, arbeitete viele Stunden. Allein. Selbst der Freund aus den Kindertagen, der lustige Giuliano Bugiardini, mußte warten, bis Michelangelo aufschloß und ihn in die

Werkstatt einließ. Doch so aufmerksam auch jeder Besucher sich umsehen mochte, nichts war zu entdecken, was auf die neue Arbeit Michelangelos hindeutete. Die Zeit war vorbei, in der Caterina fragen konnte: „Der Fleischer will wissen, wie es unserem Herkules geht." In dem Augenblick, in dem ein Mensch nicht mehr über seine Arbeit reden kann und dabei doch viel schafft, wird das Leben im Haus unbehaglich. Es kränkte Caterina, es beunruhigte sie.

Dabei kamen jetzt mehr Gäste als sonst. Einer unter ihnen nannte sich „Freund des französischen Königs", der kunstverständige Herr Giovan Battista della Palla. Er war kahlköpfig und mager und dünn. Er mochte ein wenig jünger als Michelangelo sein. Er fror beständig. Von Zeit zu Zeit, ohne ersichtlichen Grund für andere, rieb er seine Hände. Caterina hatte ihre besondere Last mit ihm, sie mußte Decken bereithalten, daß sie seine Füße einwickeln konnte. Da er aber ein sehr lebhafter Herr war, hinderten ihn die Decken beim Aufspringen, und Caterina mußte oft eingreifen. Doch sie konnte nichts für ihn empfinden, weder Mitleid, weil er ewig fror, noch Zuneigung, weil er sie immer höflich begrüßte und beim Abschied immer ansehnliches Trinkgeld gab. Sie nahm es, dachte jedesmal ein wenig verächtlich: Damit kann er mich nicht kaufen. Wieso ihr lieber Herr Michelangelo sich stundenlang mit ihm unterhalten konnte, begriff sie nicht.

Einfacher war es mit dem neuen Bannerträger der Gerechtigkeit, Francesco Carducci, einem Mann aus angesehener, aber nicht adeliger Familie. Der verlangte von Caterina nichts anderes als ein Glas von dem Wein, den der Hausherr trank, Trebbianer. Trüge er nicht die goldene Kette, sein Amtszeichen, hätte man ihn unter anderen schwer herausfinden können.

Aber Malatasta Baglioni; der berühmte Feldherr, die Hoffnung von Perugia, der Bergstadt am Tiber im Norden von Rom. Er war zu Verhandlungen über eine gemeinsame Verteidigung nach Florenz gekommen. Er ging stets in Schwarz. Seine Kleider saßen auffallend eng, ohne geplusterte Ärmel. Es war nicht die spanische Tracht und nicht die französische Mode, es war das Kleid des Malatasta Baglioni, das ihn umgab wie sein sagenhafter Ruf als Rächer seines Vaters. Papst Leo X. aus dem Haus Medici hatte seinen Vater enthaupten lassen.

Nun also war Malatasta Gast bei Michelangelo Buonarroti. Und es stimmte, was man sich zuflüsterte: Jede Frau, die er anschaut, verspürt unter seinen von Trauer überschatteten Augen jenes schwebende, zitternde Klopfen, das vom Herzen kommt, den Kopf heiß werden läßt, die Knie lähmt. Caterina gab es auf, sich dagegen zu wehren, sie schaute beiseite, und sie bekam einen heißen Kopf, als der große, ein wenig zur Fülle neigende Mann ihr mit tiefer, klangvoller Stimme zur Begrüßung sagte: „Meine Hochachtung." Er ehrte sie wie eine Dame. Es schmeichelte ihr. Es machte sie mißtrauisch. Ich bin bald sechzig Jahre, und er behandelt mich wie eine Jungfrau. Aber dann, als sie dem frierenden Giovan Battista della Palla die Füße einwickelte, widerwillig, überlegte sie: Ich bin dumm, ich weiß nichts von den Menschen. Wenn er was von mir wollte, würde er es mit Geld versuchen und nicht mit höflichen Worten. Er hat einfach eine feine Lebensart. Wer solche Augen hat, kann nicht unehrlich sein. Auch hatte noch nie ein Mensch ihre Kochkunst so gelobt; es war ein Vergnügen, ihm zuzusehen, wie kennerisch er eine Taube zerlegte und verspeiste. Nicht einmal im Haus der Medici hatte sie das erlebt. Und mit seiner lauten, tiefen, klangvollen Stimme redete er weiter, auch wenn Caterina die Speisereste vom Tisch wegtrug, ohne plötzlich abzubrechen oder zu flüstern. Das ließ ein Glücksgefühl in Caterina lebendig werden, wie sie es noch nie gekannt hatte:

Ich gehöre dazu.

„Florenz und Perugia, unsere beiden Städte zusammen sind unverwundbar. Kommt der Feind vom Norden, ist Florenz der Schirm für uns; rückt der Feind vom Süden an, soll er sich erst einmal seine Zähne an unserer Bergstadt ausbrechen. Wer in Perugia sitzt, kann vom Berge her den Marschweg durch das Tibertal zudrücken, der hat, ich will es so sagen, die Hand an der Kehle. Wer von Rom nach Florenz will, muß bei uns vorbei."

Sehr sachlich entgegnete Battista, der kahlköpfige, scharf denkende Mann:

„Es werden, unseren Schätzungen nach, an die zehntausend Landsknechte zusammenkommen. Die letzten Reste von Frundsbergs Söldnern, dazu Leute der Colonna und Spanier. Und Neuangeworbene."

Malatasta sagte nicht: Und wenn es hunderttausend wären, wir würden sie überwinden, er redete ebenso sachlich:

„Ich weiß. Und wer in ihre Hände fällt, wird totgeschlagen, weil sie nichts haben, womit sie Gefangene füttern. Das mag grausam klingen. Ich will es so sagen: Es ist zweckmäßig, denn jeder ist sich selbst der Nächste." Und Malatastas Augen waren groß und wild und traurig zugleich.

„Wissen Sie auch, was der Papst dem kaiserlichen Feldherrn Prinz Philipp von Oranien für die Eroberung von Perugia und Florenz versprochen hat?" fragte Battista und zog die Decke wieder heran.

„Nein", antwortete Malatasta, die Hoffnung von Perugia.

„Achtzigtausend Scudi vor der Eroberung, fünfzigtausend Scudi nach der Eroberung, dazu einhundertfünfzigtausend Scudi von der Stadt Florenz, einzutreiben aus Steuern", erklärte Battista.

„Solche Preise machen sie also heute." Malatasta bewegte vielsagend die Hände.

„Das können wir Ihnen nicht annähernd bieten", sagte Battista mit seiner rücksichtslosen Nüchternheit.

Der schwarzgekleidete Feldherr sprang auf, beleidigt.

„Ich verteidige das Haus meiner Väter in Perugia. Und damit verteidige ich mein Herz. Mein Herz ist nicht zu kaufen." Und dann, nach einer Weile achtungsvollen Schweigens, fragte Malatasta den Gastgeber: „Ich möchte von Ihnen lernen, lieber Michelangelo Buonarroti, wie befestigen Sie die schwächste Stelle im Verteidigungsgürtel einer Stadt?"

Buonarroti lächelte schmal, sagte:

„Am besten mit Kanonen. Und über das Neueste in der Geschützkunst weiß niemand so gut Bescheid wie der Herzog von Ferrara. Fragen Sie den."

Caterina stand in der Tür und blickte auf die Männer. Und hatte sie je Unbehagen gefühlt und die plötzliche Leere in der Werkstatt, so war das jetzt abgetan. Darum also konnte er nichts mehr über seine Arbeit sagen, weil er an den geheimsten Dingen sitzt. Und ich war gekränkt. Aber meine Verantwortung ist noch größer. Er muß sehen, daß Florenz uneinnehmbar ist für alle Feinde. Ich muß sehen, daß er seine Berechnungen für die Wälle und Gräben und Mauern in aller Ruhe aufzeichnen kann. Also wenn ich ihm helfe, sorge ich für die ganze Stadt. Schade, daß sie das dem Fleischhändler und dem Bäcker und dem Fischhändler nicht so erzählen konnte.

Das Brot wurde teurer. Hätte Caterina den Bäcker nicht schon in den Zeiten der Fülle durch ihre freundliche Art gewonnen, dann wäre das Brot auch im Haus ihres lieben Herrn Michelangelo knapp geworden. So konnte sie dann und wann dem Vater Lodovico und den Brüdern noch einen Brotlaib nach Settignano bringen. Und jetzt zeigte sich auch beim Fleischer, wie beliebt sie war; aber es war ein Jammer, wie von Tag zu Tag alles teurer wurde, Salz und Wein und Öl und Fleisch.

Viele Bewohner von Florenz, die es sich leisten konnten, begannen Vorräte an Mehl und eingesalzenem Fleisch anzulegen. Sie trachteten nur danach, zu überleben. Sich ja nicht nach irgendeiner Seite hin festzulegen. Abwarten, wie der Kampf ausgeht, mit dem Sieger kann man sich immer arrangieren, vorausgesetzt, daß man außer dem Mundvorrat auch eine hübsche Handvoll Geld beisammen hat.

Im Sommer kam plötzlich, durch keinerlei Vorzeichen

angekündigt, die Pest. Die Menschen flohen aus der Stadt. Buonarroti blieb bei der Arbeit am Herkules und Antäus.

„Die Pest mag den Marmorstaub nicht", erklärte er Caterina.

Die alte Frau aber lächelte nur darüber. Sie wußte es besser. Das Haus ihres lieben Herrn Michelangelo wurde beschützt von ihren sechs wundertätigen Heiligen. Kleine Figuren aus Holz, die sie von ihrer Mutter bekommen hatte, und die von der Großmutter. Sie hatte die Figuren gut versteckt, weil sie ein wenig Angst hatte, Buonarroti würde sie häßlich finden und ihr vielleicht sagen, ich fertige dir neue an, schöne. Und dann könnte er am Ende beleidigt sein, wenn sie seine neuen Figuren nicht nähme. Um nichts in der Welt wird sie ihre lieben alten Heiligen kränken. Und so bat sie den heiligen Sebastian, er möge der Pest sagen, sie solle dieses Haus und seine Bewohner verschonen.

Aber die Pest kam in das Haus des Bruders Buonarroto.

Und Caterina lag in ihrem Zimmer vor dem Abbild des heiligen Sebastian auf den Knien und weinte und klagte sich an: „Ich habe nur für uns gebetet. An seinen Bruder habe ich nicht gedacht. Von allen Brüdern war Buonarroto ihm der liebste. Und was soll aus seiner Frau und aus seinen Kindern werden?"

Und sie stellte sich vor, wie der kleine Lionardo verängstigt in einem Winkel hockt. Wie soll das verschüchterte Menschlein verstehen, warum der heilige Sebastian nicht besser aufgepaßt hat, wenn sie selbst, Caterina, es nicht begreifen kann, warum ihr lieber Herr Michelangelo so vom Unglück geschlagen wird.

„Man muß das Kleinchen aus dem dunklen Winkel holen", redete sie laut vor sich hin, während sie den heiligen Sebastian sorgfältig in ihr großes schwarzes Tuch einwickelte und zurücklegte in sein Versteck im Schrank.

Unten vor der Werkstatt wischte sie sich mit dem Saum ihres Rockes die Tränen aus den Augen. Dann erst trat sie ein. Und sehr behutsam sagte sie zu dem Mann, der reglos vor dem leeren Tisch saß:

„Vielleicht tut der Marmorstaub dem kleinen Lionardo gut. Wir holen ihn zu uns." Und da er nichts sagte, redete sie weiter: „Die Frau vom Buonarroto wird es schon schwer genug haben, mit der kleinen Francesca durchzukommen. Und für Ihren alten Vater Lodovico wird das alles bald zuviel. Der hat ja auch noch immer Last mit Ihren beiden jüngsten Brüdern, mit dem Giovansimone und dem Sigismondo. Sie sind ja selber fast noch wie Kinder." Und sie erzählte Michelangelo das erstemal von sich selber: „Ich war ganz allein und habe meine zwei Kinder durchgebracht und ordentlich verheiratet. Wenn sie acht Jahre alt sind, so wie jetzt der Lionardo, brauchen sie viel süßen Kuchen, und plötzlich, niemand weiß, warum, verlangen sie nach herben Oliven. Und dann muß einer dasein, der weiß, wieviel Oliven sie vertragen."

★

Also tauchte der kleine Lionardo ein in die Arbeitswelt des Michelangelo. Und von drei Menschen hing jetzt sein Tag ab.

Bei der alten Caterina hatte er bald herausgefunden, daß er ihr durch Schmeicheleien nichts ablisten konnte. Aber sie war leicht zu gewinnen, wenn er sie fragte, wie es damals gewesen war, als sie noch mit der Mutter in dem kleinen strohgedeckten Haus, weit weg von Florenz, gelebt hatte. Zum Beispiel die Geschichte von dem lieben rotbraunen Wolfshund Pompeo, dem sie, Caterina, heimlich einen ganzen runden frischen Kuchen in großen Brocken gegeben hatte, weil seine schönen Augen so traurig waren, und sie hatte so sehr gewünscht, Pompeo möge lachen.

Mit dem jungen, schlanken, dunkelhaarigen und sanftäugigen Gehilfen Antonio Mini durfte Lionardo manchmal in die Stadt, wenn er schwarze und rote Kreide zum Zeichnen kaufte. Antonio war ein richtig feiner Kerl, wie ein großer Bruder; der wußte genau, daß er, Lionardo, auch einmal ein neues Stück Kreide brauchte. Mit den Abfällen aus der Werkstatt konnte ja kein Mensch etwas Ordentliches zustande bringen. Und, das würde Lionardo dem Antonio nie vergessen, er hatte ihn eines Tages mitgenommen zu Assunta. Seitdem war Assunta die Märchenprinzessin des kleinen Jungen. Sie war hochgewachsen und dabei zart. Sie sah gleichzeitig zerbrechlich und hilfsbedürftig und sehr tapfer aus. Wenn sie ihr blasses Gesicht mit den verwirrend dichten dunklen Augenbrauen über den Kleinen neigte, dann wünschte Lionardo groß und stark zu sein wie Antonio und sie zu beschützen. Dabei war er gar nicht unglücklich, daß sie ihm wie eine Mutter über die Haare strich. Aber Lionardo hatte auch seinen Stolz; wenn Antonio ihn nicht wieder aufforderte, er würde nicht darum betteln, mitgenommen zu werden in die kleine Hütte an der Mauer der Stadt, dorthin, wo Assunta und ihre Mutter, die Witwe eines Händlers, lebten. Dann geht er, Lionardo, eben allein hin, in Gedanken. Und aus der häßlichen Hütte, in die an Tagen des Regens Wasser tropft, macht er sich ein weites goldenes Schloß, dort sitzt Assunta auf einem hohen rotsamtenen Stuhl. Und er geht zu ihr und bringt ihr als Geschenk einen rotbraunen Wolfshund, und der wird lustige Augen haben.

Jeden Tag ging Lionardo mit Michelangelo zur Arbeit in die Kapelle San Lorenzo. Sehr still und mit großen Augen betrachtete er die Marmorblöcke, die, noch roh, kaum behauen, auf die Meißelschläge warteten. Ein einziges Mal hatte er sich erklären lassen, was sie werden sollten, und er hatte es gut verstanden. Tag und Nacht. Abend und Morgen. Hier, bei Michelangelo, wollte er zeigen, daß er schon fast erwachsen war.

Darum war es nicht leicht, dem Kind zu antworten.

„Warum gehen wir nicht mehr in die Kapelle?"

Der gewohnte Tagesablauf war zerbrochen. Unbeschäftigt und ungeduldig hockte Lionardo auf dem Schemel, nahe bei dem Arbeitstisch in der Werkstatt. Die Frage des Kindes klang einfach, aber sie war schwer zu beantworten. Michelangelo wußte, der Junge würde nicht zufrieden sein, wenn er antwortete: Innen sind die Gerüste abgerissen. Und die Tür ist versiegelt. Doch er sagte es trotzdem.

Lionardo war wirklich nicht zufrieden, fragte weiter:

„Du hast immer gesagt, das ist deine Kapelle. Warum nehmen wir dann nicht einfach das Siegel weg und machen weiter?"

Das Kind, dunkelhaarig und dunkeläugig, für sein Alter etwas zu klein, etwas zu hager und viel zu klug, war sprunghaft und sehr geduldig. Es wollte alles erforschen und alles genau wissen. Sonst hatte sich Michelangelo über diese Gründlichkeit des kleinen Lionardo gefreut, hatte sich mit heimlichem Stolz gesagt: Genauso war ich, wißbegierig, zäh und schnell. Heute aber hätte er lieber gehabt, der Kleine wäre verspielter gewesen, daß er ihn mit einem Stück Papier und mit einem Stück Kohlestift beschwichtigen könnte. Da, nimm, setz dich hin, sei still und zeichne einen Mann oder einen Baum oder ein Haus. Es war seine eigene Schuld, daß er den Kleinen nicht so abspeisen konnte, weil er ihn viel zu oft fast als Mann behandelt hatte, weil er ihn immer ernst genommen und gewissenhaft auf jede Frage erschöpfend Auskunft gegeben hatte.

Nun also fragte das Kind:

„Wann gehen wir wieder zusammen in die Kapelle?"

Es war nur möglich zu antworten:

„Ich weiß es nicht."

Und Lionardo blickte ihn aus seinen dunklen Augen vorwurfsvoll an.

„Jetzt sprichst du zu mir wie alle Erwachsenen zu Kindern."

★

Michelangelo Buonarroti hatte sich auf die erste Sitzung des Verteidigungsausschusses sorgfältig vorbereitet. Neun Männer waren berufen worden, die Stadt vor den Angriffen der Feinde zu bewahren. Und er war einer von ihnen. Er kannte die anderen acht Männer nicht genau. Aber er wußte, er ist der einzige, der sich auf die Kunst des Festungsbaues versteht. Er hat es bei Giuliano da Sangallo, dem alten Baumeister, dem Freund, mit dem er lange in Rom war, gelernt. Insgeheim jedoch hatte er die ein wenig verachtet, die aus ihrer Fähigkeit, mit ruhiger Hand zeichnen zu können, ein Handwerk machten, anwendbar für den Krieg. Seit er, Michelangelo Buonarroti, angefangen hatte zu zeichnen, hatte er nie etwas für Kriegsleute angefertigt. Keine einzige Karte mit der Darstellung von Bergen und Pässen und Buchten und Meerhäfen, keine Befestigungsanlage mit Mauern und Toren, keine Kriegsmaschinen. Nicht einmal ein ordentliches, herzerhebendes Kampfbild von einer Schlacht hatte er geliefert, als es die Konsuln der Wollweberzunft und der Seidenzunft von ihm verlangten, damals, als Pisa erobert werden sollte. Jetzt aber hatte er tagelang nichts anderes getan, als genaue Pläne herzustellen. Jedes Stück der Stadtmauer war nun aufgezeichnet, mit allen Toren und Türmen, die Zugangswege zur Stadt, das Flußbett, die Hügel vor der Stadt mit den Landhäusern und den Gärten.

Und in diese Pläne hatte er genau eingetragen, was zur Verteidigung getan werden mußte, wo die Gräben gezogen werden sollten, wo Kanonen aufzustellen waren, wo die Mauern verstärkt werden mußten.

Er arbeitete mit berechnendem Verstand und mit glühendem Herzen. Es war ihm zu einer heiligen Sache geworden, seine Heimat zu bewahren. Kein verschwommenes Gefühl von Begeisterung beherrschte ihn, die nicht wußte, wohin und wofür, und er machte keine großen, schwärmerischen Worte über seine Aufgabe. Dafür war er zu alt, dafür hatte er zuviel erfahren. Er gab vor sich selbst zu, daß er zunächst mit Widerwillen an die Arbeit gegangen war; es war ein ähnliches Gefühl der Unwilligkeit gewesen wie damals bei der Decke. Damals hatte er Papst Julius gesagt: Das Malen ist für mich nichts, ich muß Marmor unter den Händen haben. Dann aber, als er endgültig ja gesagt hatte, als er die Aufgabe übernommen, hatte er all seine Kraft, sein Herz, seinen Mut, sein Wissen und seine Liebe einschmelzen lassen in diese seine Arbeit; es war kein Raum mehr dagewesen für andere Gedanken, sogar der Marmor war vergessen. Es war ein triumphaler Sieg geworden, auch über sich selbst. Hier nun, als sie ihn fragten, ob er seine Kenntnisse hergeben wolle für die Verteidigung der Stadt gegen die Familie Medici, die die Freiheit der Republik ersticken wollte, da sagte er schließlich dieses, sein Ja, und niemand wußte so gut wie er, daß er in dieses Ja sich selbst eingeschlossen hatte, ganz und gar.

Von nun an würde es also nichts anderes für ihn geben, als Tag und Nacht für die Verteidigung der Stadt zu arbeiten. Und alle Gedanken, die bisher zu den angefangenen Marmorwerken in der Kapelle von San Lorenzo gegangen waren, wurden weggeschnitten, von ihm selbst. Und auch für Überlegungen, wie der Kampf zwischen Herkules und dem Riesen Antäus darzustellen sei, war kein Raum mehr. Denn es war nicht nur das Vertrauen der Regierung der Republik, das auf ihm lag, ihm war aufgegeben, das Leben der Bewohner der Stadt zu beschützen. Es ging nicht, Zeit wegzustehlen für einen Meißelschlag am Marmor; denn wehe, sollte durch sein Versäumnis der Atemzug eines Kindes auch nur unruhiger werden, weil es Angst haben mußte vor den Stiefeln der Landsknechte.

Mit derselben Gewissenhaftigkeit und Zähigkeit, mit der er damals alles auf sich genommen hatte, um das Werk in der Sixtinischen Kapelle zu Ende zu führen, mit Gründlichkeit, so wie er damals die Decke in Felder aufgeteilt hatte, ging er jetzt an die Berechnungen. Und bei dieser ersten Sitzung im Verteidigungsausschuß erklärte er den acht Männern seine Grundforderung: Alle Landhäuser und Gärten vor den Toren der Stadt auf den Hügeln müssen in die Verteidigung einbezogen werden. Das bedeutet Zerstörung der mit reichen Kunstwerken ausgeschmückten Häuser, Vernichtung der Gärten, damit der Angreifer keinen Unterschlupf in den Gebäuden finden konnte. Er sollte sich nicht in Nestern vor der Stadt festsetzen können. Und seine zweite Sorge galt der Höhe von San Miniato; hier waren die Mauern alt und bröckelig geworden, hier war die schwächste Stelle der Stadt und gleichzeitig für einen Angriff die günstigste. Ohne Zweifel würde der in allen Belagerungskünsten erfahrene Gegner versuchen, von hier aus anzugreifen und in die Stadt einzudringen.

Fast verstört kam Michelangelo von der ersten Sitzung des Verteidigungsausschusses zurück in sein Haus. Er wollte sich einschließen, wollte allein sein, wollte nachdenken. Die acht Herren hatten sich alle seine Zeichnungen angesehen, höflich, interessiert, sie hatten zu seinen Forderungen nicht ja und nicht nein gesagt, die längste Zeit der Sitzung war darauf verwendet worden, ob es nicht zweckmäßig sei, ein Protokoll über diese Zusammenkünfte zu führen, und ob man von der Regierung nicht eine angemessene Entschädigung für die auf den Sitzungen vertane Zeit verlangen müßte. Sehr sorgfältig hatten sie alle seine Zeichnungen wieder zusammengelegt und ihm mitgegeben, hatten seine fleißige Arbeit gelobt. Es war so entmutigend, daß es besser wäre, mit keinem Menschen darüber zu sprechen. Aber Giovan Battista della Palla war gekommen wie jeden Abend. Buonarroti wollte den Freund nicht kränken und ihn wegschicken, aber er wußte, es würde schwer sein, ihn zu ertragen. Und da saß der kahlköpfige, schmalgesichtige Mann auch schon wieder wie immer, eingehüllt in eine wärmende Decke, frierend. Michelangelo ärgerte sich, weil sich der andere die Hände rieb, es sah so selbstzufrieden aus; dabei wußte er, daß der andere krank war.

„Also du hast dich von ihnen entmutigen lassen!" rief ihm Battista entgegen, statt einer Begrüßung. So war es immer mit ihm, er sagte unerwartete Dinge, und er sagte sie rücksichtslos geradeheraus.

Michelangelo antwortete nicht.

„Du bist erstaunt oder entsetzt oder verzweifelt, weil sie zu deinen Vorschlägen nicht ja und bravo gerufen haben."

„Sie haben mir alles wieder mitgegeben, sie haben gesagt, ich solle die Pläne gut aufheben. Ich hatte gedacht, wir würden nun anfangen zu arbeiten, und es war nur Geschwätz. Ich weiß nicht, warum."

„Hast du sie gefragt, ob sie Florenz wirklich verteidigen wollen?"

„Natürlich wollen sie." Michelangelo setzte sich, er ärgerte sich über den Freund.

Battista merkte, daß Michelangelo nicht sprechen wollte, doch er spürte, daß er ihm helfen mußte. Es hatte keinen Sinn, sich über die Unzulänglichkeit der anderen aufzuhalten. Die Gründe mußten untersucht werden.

„Gut, gehen wir davon aus, wie du selbst sagst, Michelangelo, daß sie die Stadt verteidigen wollen. Aber sie denken dabei an die Folgen."

„Was gibt es darüber zu reden?" sagte Michelangelo, „sie wissen genau, wenn wir verlieren, dann sind wir den Medici ausgeliefert. Sie haben doch alle feierlich geschworen, daß die Stadt niemals wieder einer Familie ausgeliefert werden soll; einer allein soll niemals wieder Tyrann über die Stadt sein."

„Nein, sie denken an die Folgen, an einen Sieg. Das ist für sie vielleicht eine noch größere Gefahr als eine Niederlage."

„Ich verstehe kein Wort." Michelangelos Ärger über den Freund wuchs.

Battista setzte die schmalen, blassen Finger gegeneinander, atmete tief. Es war zu spüren, er hatte Schmerzen, aber er sagte nichts darüber. Er überlegte, wie er es erklären sollte.

„Es gibt ein Wort dafür, und du wirst mich begreifen. Der Schatten des Wollkämmers liegt über uns allen. Aber das wagt niemand auszusprechen." Battista schüttelte die Decke von seinen Füßen, sprang auf. „Und daran wird unsere ganze Verteidigung scheitern. Frage sie doch, warum sie davor zurückzucken, wenn von der Zerstörung der Landhäuser gesprochen wird. Ich kann es dir beantworten. Weil sie dann die große Villa der Familie Medici auch abreißen müßten. Frage sie, warum das Vermögen und die Einkünfte der Medici unangetastet bleiben, warum das Geld nicht genommen wird, um den Krieg zu bezahlen, den die Medici uns aufgezwungen haben. Frage sie, warum sie sich weigern, eine echte Miliz zu bilden, bei der alle bewaffnet werden, bis hin zum letzten Wollkämmer. Sie würden aufschreien wie getroffene Hunde."

„Du sagst, am Ende ist eine Herrschaft der Medici für sie erträglicher als …"

„Als was?" unterbrach Battista della Palla. „Du wolltest sagen, als die Freiheit. Aber was für eine Freiheit? Glaubst du vielleicht, sie meinen Freiheit für Wollkämmer?"

Michelangelo sagte nichts.

„Ich denke es nur zu Ende. Diese acht Männer, die da mit dir im Ausschuß sitzen, haben im Grunde nur die Wahl, von ihren Positionen in der Herrschaft der Stadt durch die Medici verdrängt zu werden oder durch Wollkämmer, Färber, Weber. Beides ist für sie keineswegs angenehm. Aber sie können mit Recht von den Medici mehr Entgegenkommen und Verständnis erwarten als von Wollkämmern. Darum wundert es mich nur, wenn du nicht verstehst und darüber verzweifelt bist, daß die Herren von unserem Verteidigungsausschuß die Güter der Medici, zum Beispiel ihre Villa draußen vor der Mauer auf dem Hügel, erhalten wollen. Sie machen damit schon einen Anspruch geltend: Wir haben dafür gesorgt, daß euer Gut erhalten bleibt, also habt ihr, Medici, gefälligst auch danach zu trachten, daß unser Gut erhalten bleibt. Das ist eine sichere, berechenbare Grundlage. Aber ihre Unsicherheit kommt aus der Erinnerung. Ihre Angst wurde damals geboren, als ein Wollkämmer Bannerträger der Gerechtigkeit war: Michele di Lando. Das Bild werden sie nie mehr wegwischen können. Barfuß stand er vor der Menge im erstürmten Regierungspalast, und er fragte die Schlechtgekleideten: ‚Ihr seht, dieser Palast gehört euch, die Stadt ist in euren Händen. Was, denkt ihr, soll jetzt geschehen?' Und immer haben die Gutgekleideten die Angst, daß eines Tages die Antwort kommt: Es soll aller Besitz gerecht verteilt werden."

„Ja, so saßen diese acht Leute am Tisch; es war Unsicherheit in ihnen, wie sie auf meine Zeichnungen schauten", sagte Michelangelo langsam. „Sie wollen nicht den Sieg und nicht die Niederlage."

Battista della Palla lief nicht auf Buonarroti zu und packte ihn auch nicht an den Armen, er redete nicht beschwörend auf ihn ein, er sagte sachlich, mit vom Frieren geschwächter Stimme:

„Du bist der einzige, der sie zwingen kann, sich zu einem klaren Entweder-Oder zu bekennen. Aber du kannst es nur, wenn du selber weißt, was du willst."

„Ich habe mir genau angesehen, warum Rom verlorenging. Es ist nicht vergleichbar mit Florenz. Ich kann unsere Stadt uneinnehmbar machen. Ich weiß, wie weit ihre Kanonen schießen können, unsere Mauern sind stark genug, die Einschläge zu ertragen. Wenn wir uns mit Geschick verteidigen und alle unsere Mittel einsetzen, ich sage alle, dann können wir auch Ausfälle wagen, und wir können ihren Angriffen standhalten. Mein Verteidigungsring hält. Ebensogut können wir auch eine lange Belagerung ertragen. Ich weiß, die Vorräte in unserer Stadt reichen für ein Jahr."

„Aber du darfst nie vergessen, Michelangelo Buonarroti, auch wenn du die Stadt uneinnehmbar gemacht hast von außen, innen, sogar bei dir im Ausschuß zur Verteidigung, hier sitzt unsere kranke, schwache, faule Stelle, da kann der Feind zuschlagen. Darum wird es nötig sein, die kranke Stelle auszubrennen. Das wird weh tun. Und sie werden dem, der ihnen die Schmerzen bereiten will, die Instrumente aus der Hand schlagen. Es ist zum Verzweifeln, daß ich krank und schwach bin und in der Stunde der Entscheidung mit meinen Händen nicht so eingreifen kann, wie es mir mein Kopf sagt. All meine Liebe zur Stadt verbrennt zu nichts." Ohne Übergang brach Spott in seine Stimme. „Liebe, wie groß das klingt. Aber wer weiß, was das Wort wiegt. Niemand. Es ist der Sinn verloren. Also gibt es auch keine Liebe in der Welt." Battista della Palla setzte sich auf seinen Platz am Kamin, ungeduldig.

Michelangelo spürte seine Unruhe, er merkte, Battista

wollte jetzt die Decke nicht über die Füße gelegt haben. Also ging er nicht zu ihm.

Der andere redete weiter, als wäre er allein:

„Wir haben den Geschmack nicht mehr dafür. Was wissen wir von der Süße, die auf der Zunge bitter wird, was von dem Herben, das dich lächeln macht, und was von der Weichheit, die dir Kraft gibt. Früher haben es die Menschen gewußt. Sie nahmen sich als Sinnbild für ihre Liebe die Blüte des Granatbaums. Glühend rot. Sie meinten nicht die leise, demütige, fragende, sondern die vollkommene Liebe, gewaltig, verzehrend wie Feuer. Und die Frucht umschloß alle Geheimnisse, den Anfang, das Dasein und das Ende. Es war, wenn man so will, ein wüster Baum mit Stacheln und mit Flammen als Blüten und mit Blut als Farbe für die Früchte. Dieses also war der Baum der Liebe, dunkel, geheimnisvoll, begehrenswert, auch furcherregend. Dann aber haben sich unsere lieben Kirchenväter den sündigen Granatbaum genau angesehen und für ihre Zwecke brauchbar gemacht. Mit viel Fleiß haben sie alles Gefährliche eingefangen, das Wilde gezähmt, ein für allemal, das Dunkle aufgehellt, das uralte Zeichen des Lebens, der vollkommenen Liebe hat nicht mehr den lauten Schrei: Ich will mich hingeben für andere, ich will verbluten für andere, damit das Leben nicht aufhört. Diese wüste Großartigkeit, die jeden Menschen treffen kann, dich und mich, ist nun ausgestrichen. Unsere lieben Kirchenväter sagen: ‚Der Granatapfel bedeutet die Erwartung der Mutter Maria auf den Sohn Gottes.‘ Jetzt gibt es höchstens dann und wann einmal Streit darüber, ob es nicht vielleicht doch ein Granatapfel war, damals im Paradies. Und sie haben sogar die geheimnisvolle Macht des Granatbaums so weit gebändigt, daß Weber und Sticker für die Ornamente auf den Gewändern unserer hohen Geistlichkeit der Muster von Granatblüte und Granatapfel nehmen. Der Atem des Lebens wohnt nicht mehr in dieser Frucht. Es ist vergessen. Wer satt ist, vergißt schnell. Und nun haben uns ja auch die Spanier durch ihren Handel die Orangen geschenkt. Und wir geben uns alle Mühe, die Goldäpfel zu vervollkommnen. Sie haben nicht so viele Kerne, sie sind süßer und saftiger. Sie sind ohne Geheimnis. Gold oder Liebe. Wir haben uns für das Gold entschieden."

Es wäre billig gewesen, den Freund mit Worten zu trösten, Michelangelo wußte es. Und doch hätte er ihm gern gesagt:

Wie ein Liebender die Geliebte verteidigt, so will ich meine Hände über die Stadt halten.

★

Republik Florenz – das bedeutete nicht nur die Stadt, das Gebiet war größer, es ging hin bis zum Meer, bis zum Hafen, nach Pisa, es erstreckte sich über das ganze Arnotal mit seinen Bächen und Nebenflüssen.

In diesem Bereich waren die wichtigsten Außenplätze auf einen Angriff vorzubereiten. Malatesta Baglioni, der Feldherr, die Hoffnung von Perugia, verlangte genaue Berichte über die Waffenlager und den Zustand der Befestigungsanlagen. Der Große Rat der Republik machte Michelangelo darauf aufmerksam, daß es seine Pflicht sei, Florenz auch in Pisa zu verteidigen.

Also bereitete er seine Reise nach Pisa vor.

In den Jahren, da Caterina bei Buonarroti war, hatte sie schon oft monatelang das Haus allein hüten müssen, noch nie war es ihr unbehaglich dabei gewesen. Aber an diesem Abend holte sie vor den Augen des Hausherrn ihre sechs Heiligen aus den Verstecken. Sie sollten sie beschützen.

Michelangelo lachte sie nicht aus. Er tröstete sie sogar ein wenig, sagte, das nächste Mal nähme er sie bestimmt mit, dann könnte sie endlich mit eigenen Augen das Jüngste Gericht dort sehen, das hundert Jahre alte Wandgemälde von der Errettung und von der Verdammnis der Menschheit.

„Kann ich nicht morgen schon mit, ich will Ihnen keine Last sein. Wer soll Ihnen die Stiefel ausziehen?" Als sie sah, daß er den Kopf schüttelte, versteckte sie ihre Angst. „Ich kann ja gar nicht weg. Wer soll dem jungen Burschen

Antonio Mini und dem Kind Lionardo das Essen kochen?"

Und als Buonarroti ihr beim Abschied alle Schlüssel gab, den für die Werkstatt und auch für die Truhen, fühlte sie sich wieder stark. Ich habe zwei Kinder durchgebracht und ordentlich verheiratet und mich nicht vor den Medici und vor nichts gefürchtet, warum sollte ich jetzt Angst haben.

„Wenn ich in einem Monat nicht zurück bin", sagte Michelangelo, „dann schließ die helle Truhe auf. Ganz oben, zusammengeschnürt, sind die Pläne für den Verteidigungsring um die Stadt. Die gibst du Francesco Carducci. Er ist der Erste der Regierung, er wird es verstehen und sich danach richten, wenn ich unterwegs einen Unfall habe. Alles andere verbrennst du. Hast du das verstanden?"

„Ja", sagte sie nur, nichts weiter. Sie fand kein Wort, ihm ihre Liebe und ihre Sorge zu sagen, aber sie wird zu ihren Heiligen beten, daß ihm unterwegs nichts zustößt und daß sie die helle Truhe nicht aufzuschließen braucht.

Zwei Tage nach seiner Abreise, unvermutet, kam Malatasta Baglioni, sorgfältig gekleidet wie immer, feierlich schwarz, und er begrüßte sie höflich wie immer:

„Meine Hochachtung."

„Es ist niemand da", sagte sie.

Auch Antonio Mini war weggegangen zu seiner Assunta, und er hatte sogar den kleinen Lionardo mitgenommen.

„Ich weiß", antwortete er. „Leider, das ist etwas unglücklich für mich. Aber ich hoffe, Sie werden mir helfen."

„Gerne", sagte sie und sah nicht zu ihm hin, weil sie sich ein wenig vor seinen Augen fürchtete.

„Sie wissen sicher, wo die Pläne liegen. Ich brauche sie. Kein Tag darf verlorengehen. Ich muß wieder zurück nach Perugia."

Caterina blickte auf ihre Hände. Darüber hatte ihr lieber Herr Michelangelo nichts gesagt, was sie tun sollte, wenn der Herr Malatasta Baglioni selbst ins Haus käme und nach den Plänen fragte. Sie stand unschlüssig.

Malatasta lächelte freundlich.

„Sicher hat er den Schlüssel zur Werkstatt mitgenommen. Daran habe ich nicht gedacht."

„Nein", sagte sie eifrig, „er hat mir alles hiergelassen. Natürlich können wir in die Werkstatt." Und sie ging voran und schloß auf.

„Aber es liegt ja nichts auf dem Tisch." Er sagte es enttäuscht.

Sie wunderte sich über seine Enttäuschung.

„Nein", sagte sie langsam, „es liegt jetzt nie etwas auf dem Tisch."

„Und wissen Sie, wo es liegt?" fragte er.

Sie hatte vergessen, daß sie ihn nicht ansehen wollte; sie wurde hilflos unter seinen Augen und sagte leise, aber mit schlechtem Gewissen:

„Ja, in der hellen Truhe." Doch unerwartet für Malatasta Baglioni erklärte Caterina: „Aber den Schlüssel für die Truhe hab ich nicht. Und auch wenn ich ihn hätte, ich würde die Truhe nicht aufmachen, das gehört sich nicht, das darf nur der Hausherr selber."

Malatasta Baglioni fluchte nicht, er versuchte nicht, die Frau zu überreden, und er wendete keine Gewalt an. Er war sicher, sie hatte den Schlüssel. Aber er sagte nur:

„Dann wollen wir hoffen, daß er zurückkommt." Als er ihr Erschrecken sah, setzte er hinzu: „Rechtzeitig."

Er vergaß nicht, sich höflich wie immer zu verabschieden, mit freundlichen, ehrenden Worten, und er gab auch diesmal kein Trinkgeld.

Caterina hatte Herzklopfen, und sie fühlte sich so schwach, daß sie sich noch in der Werkstatt setzen mußte. Hätte sie nicht doch aufschließen und dem Feldherrn das Bündel mit den Plänen geben sollen? Langsam ging sie zu der hellen Truhe, schloß sie auf, nahm die zusammengebündelten Blätter heraus, schloß die Truhe wieder ab, riegelte auch die Werkstatt sorgfältig zu; oben in ihrer Kammer versteckte sie die Zeichnungen unter ihren Sachen. Sollte morgen wieder jemand kommen und sie zwingen, die Truhe aufzuschließen, dann könnte sie in aller Ruhe den Deckel anheben.

Aber es kam am nächsten Tag und auch am übernächsten Tag niemand zu ihr.

✱

Einer steigt durchs Fenster. Das ist nicht schwer, denn das Fenster liegt tief, und er hat sich vorher genau angesehen, daß dieses hier nur mit Pappe verkleidet ist. Fast geräuschlos kommt er herein, und er ist sehr stolz auf seine Kunst. Ein Mißgeschick widerfährt ihm, ein Schemel fällt um, als er sich durch den dunklen Raum tastet. Er bleibt stehen, wartet; in der Nacht sind alle Geräusche doppelt laut. Er weiß es, er weiß auch, nur die alte Caterina ist im Hause und das Kind. Der Gehilfe Antonio Mini ist diese Nacht bei seiner Assunta geblieben. Sollte die Frau das Geräusch gehört haben und kommen und nachsehen und schreien, so wird er sie zum Schweigen bringen. Er ist jung und stark, und seine Hände können fest zugreifen. Das ist sein Beruf.

Es ist nicht nötig, seinen Namen zu kennen, bei seiner Beschäftigung braucht er sich auch nicht vorzustellen. Wichtig ist nur, daß er denen, die ihn ausgeschickt haben, das bringt, was sie haben wollen. Sie bezahlen gut, sie haben genug Geld. Es ist ihm gesagt worden, die helle Truhe. Aber in dieser verdammten Dunkelheit kann er nicht erkennen, welche von den drei Truhen die richtige ist. Ein Hund bellt draußen, er fährt zusammen. Sonst nichts. Die Frau scheint einen guten Schlaf zu haben. Er hebt sogar den Schemel wieder auf und geht an die Arbeit. Da er nicht genau weiß, welche Truhe es ist, bricht er alle drei auf, nimmt aus jeder einen Haufen Zeichnungen, steckt sie vorsichtig in einen Sack. Zur Sicherheit packt er noch fünf, sechs Tonmodelle dazu. Da schlurfen Schritte heran. Vielleicht haben die Truhen beim Aufbrechen geknarrt. Soll kommen, wer will; er hat, was er braucht. Er windet sich durch das Fenster, läuft lautlos davon, den Sack auf dem Rücken.

✱

Als Buonarroti zurückkehrte aus Pisa, hatte er keinen Grund, sich über den Einbruch zu beschweren, denn es geschah etwas höchst Seltsames.

Der Mensch, der die Zeichnungen und Tonmodelle in einem Sack davongetragen hatte, brachte in der Nacht heimlich alles wieder zurück, legte die Zeichnungen übereinander auf den Tisch, daneben die Tonmodelle. Es war das erstemal, daß er, der Meister in der Kunst, durch fremde Fenster zu steigen, etwas an denselben Ort zurückbrachte, von dem er es genommen hatte. Es ging ihn nichts an, warum seine Auftraggeber nicht zufrieden waren mit den Zeichnungen von Köpfen und Beinen und Händen, aber er hatte für diesen ungewöhnlichen Auftrag auch ungewöhnliche Bedingungen gestellt: Sollte er jemals wieder bei anderen, eigenen Sachen ertappt werden, so verpflichteten sich die Auftraggeber, beim Großen Rat dafür zu sorgen, daß er nicht bestraft würde.

★

Der Große Rat spendete Michelangelo Lob und Anerkennung für seine Pläne, die Befestigungen von Pisa auszubauen und den Arno zu regulieren. Für die Versorgung von Florenz mit Getreide war es notwendig, daß der Zufahrtsweg vom Meer her gesichert wurde.

Auch hatten die Herren vom Kollegium für die Verteidigung seinen Vorschlägen zur Verstärkung von San Miniato jetzt mehr Aufmerksamkeit geschenkt, denn Malatasta, der Feldherr, hatte aus Perugia gemeldet: Das feindliche Heer rückt an.

Florenz atmete schneller. Erwartungsvoll. Unduldsam. Zuversichtlich. Die Menschen achteten sorgfältiger als sonst in diesem Sommer auf außergewöhnliche Zeichen, aus denen sie erkennen könnten, ob Gott und die Heiligen für Florenz wären oder für das verbündete Teufelspaar Clemens und Karl. Jeder Regenbogen wurde ausführlich begutachtet; sie zählten die Körner am Halm, und sie wurden sehr nachdenklich, wenn eine unselige ungerade Zahl herauskam. Sie liefen beim Morgengrauen auf den

Richtplatz, um aus dem letzten verständlichen Wort eines zum Tode verurteilten Verbrechers die Zukunft herauszuhören. An diesem Morgen wurden sie enttäuscht.

Der Verurteilte sprach kein Wort. Nur in seinen weit aufgerissenen Augen stand staunendes Entsetzen. Er hatte das Wort des Feldherrn Malatasta Baglioni, daß der beim Großen Rat dafür sorgen wollte, daß er, der Meister in der Kunst des Öffnens fremder Fenster, nie bestraft werden sollte. Noch jetzt, angesichts des Galgens, glaubte er an das Versprechen seiner Auftraggeber. Und er hielt Ausschau, stumm und voll dringender, verzweifelter Hoffnung.

Als er endlich begriff, begann er zu schreien. Er will ihnen erklären, daß er ein ehrlicher kleiner Einbrecher sei, daß er sich habe verführen lassen. Er will bitten, sie sollten doch nicht auf so billige Weise wieder einmal den Spruch wahrmachen: Die Kleinen hängt man ... Und es war für ihn zu spät.

In der Stadt redete plötzlich alles von einem Treffen der beiden Teufel Clemens und Karl. Die Gerüchte hielten sich, daß Bologna als Platz für die Begegnung ausersehen sei.

Den Besorgten, die da fragten, wie denn wohl Florenz sich behaupten wolle gegen die weltweite Macht der verbündeten Häuser Habsburg und Medici, hielten die Gutunterrichteten entgegen: Wir haben den König von Frankreich, der wird uns Truppen schicken. Wir haben den König von England; er ist ein Feind des Papstes, der bewilligt ihm nicht die Ehescheidung. Wir haben, nicht zu vergessen, die Kirchenspalter im Norden Deutschlands, die lähmen den Kaiser. Wir haben, sagt es ruhig laut und schämt euch nicht, denn Gott lenkt ja am Ende auch die Schritte der Ungläubigen, wir haben die Türken, und sie rücken mit ihren überaus schnellen, ausdauernden, reich geschmückten kleinen Pferden voran nach Wien. Gott möge die geschickten, schwarzhaarigen, bärtigen, grausamen Reiter nicht straucheln lassen. Jeder siegreiche Schritt der Türken, sei es im sagenhaften fernen Krakau oder sei es gar in Sizilien, bindet die Hände des Kaisers immer fester, und er kann sie nicht gegen uns rühren.

Wir haben immerhin noch Venedig; der Doge sieht auch nicht ungern zu, wie die kleinen türkischen Pferde die Äcker Habsburgs zertreten.

Wir haben den unvergleichlichen Feldherrn Malatasta Baglioni, die Hoffnung von Perugia, unseren Nachbarn im Süden.

Und wir haben, das vergeßt nicht, im Norden unseren Nachbarn, den Herzog Alfonso von Ferrara, vor allem seine Kanonen.

Der Große Rat hielt es für erforderlich, Michelangelo zum Herzog von Ferrara zu schicken, er sollte dort Einblick nehmen in die neueste Entwicklung des Festungsbaues; Herr Alfonso war unumstritten der führende Mann in allen Fragen der Belagerungs- und der Verteidigungskunst.

Also machte sich Michelangelo auf die Reise über die Berge in die weite Ebene des Po nach Ferrara.

Es ist unnötig, den Herzog Alfonso aus dem Haus Este zu beschreiben, sein Gesicht und seine Augen und seine Stimme; gleichgültig, wen er zur Geliebten nimmt, es sind verschiedene, und er holt keine zu sich ins Bett, die nicht vorher in Ziegenmilch gebadet hat. Es ist auch unwichtig, welche Speisen er bevorzugt, denn er will nichts anderes als seinesgleichen: seine Besitz erhalten.

Mit seinem Vertrauten, dem Herrn Rosinelli aus landreicher Familie, empfing er Michelangelo Buonarroti.

Und der Herzog gab sich gastfreundlich.

„Aber ich bitte Sie, nehmen Sie bei mir im Schloß Quartier."

„Danke", entgegnete Buonarroti mit einem schmalen Lächeln. „Sie machen mich glücklich, aber ich bin es nicht gewöhnt, in Schlössern zu leben. Ich wäre glücklicher, wenn Sie mir erlaubten, daß ich im Gasthof in der Stadt bleiben darf."

Und bevor der Herzog seinem Gast die berühmten Ka-

nonen zeigte, führte er ihn durch seine Gemäldesamm-
lung.

„Ich fürchte, Sie werden mich sehr einseitig finden, ich
habe alle Malarbeiten dem Venezianer Tizian aufgegeben.
Die Familienbilder, Lucrezia Borgia, meine Frau, sie starb
vor genau zehn Jahren."

„Ja, es war im Sommer 1519", bestätigte der Herr Rosinelli.

„Und hier ist Laura, meine andere Frau. Und weiter das
Fest der Venus, und sehen Sie hier, Bacchus und Ariadne.
Und noch einmal Venus."

„Er übertrifft, möchte ich sagen, in diesem Bild den ein-
zigartigen Meister Giorgione, den Zauberer von Venedig", sagte der Herr Rosinelli aus landreicher Familie, und
er war stolz auf seinen Kunstsinn. „Diese Art zu malen
wird schließlich doch obsiegen; wer heute gelten will,
muß weggehen von den strengen Umrißlinien, denn", so
redete Herr Rosinelli weiter, „schließlich gibt es in der
Natur auch keine festen Umrisse. Und so bekommt ein
Bild den Ausdruck höchster Lebendigkeit nicht durch die
Klarheit der Zeichnung, sondern allein durch die Wirkung der Farbe. Es sind ja, wie schon mindestens seit dem
großen Meister Lionardo da Vinci bekannt ist, die gewissen Luftschichten da, die einen sachten Schleier um alles
legen, Menschen und Dinge. Und die Vollendung in der
Kunst zeigt sich dort, wo es gelingt, jenen Schleier auszu-
breiten, allerdings gehört es dazu, sich nicht vor der Farbe
zu fürchten. Der flimmernde Schmelz kommt ja auch aus
dem glutvollen Rot, sehen Sie hier das Tuch, auf dem die
Venus ruht, je kräftiger die Hauptfarben ausgeführt sind,
achten Sie auf das satte Grün der Eiche, desto sichtbarer
kommt die Leuchtkraft an den Grenzen der Körper heraus, der Übergang wird gleitend, mühelos, ohne die Härte
einer Zeichnung, die jene Schleier weghackt."

Buonarroti lächelte nicht, er fragte den Herrn Rosinelli
sehr ernsthaft:

„Sie wissen so gut, wie es gemacht wird, es wundert
mich nur, warum Sie keine Bilder herstellen."

Der Herzog merkte den Spott, nahm seinen Vertrauten in Schutz, sagte:

„Mein Rosinelli versteht wirklich alles von der Kunst. Er weiß genau, was ich brauche, um mich aus den Plagen des Tages herauszuheben. Glauben Sie doch nicht, daß es mir in den Schoß gefallen ist, die beiden Städte Parma und Reggio zu bekommen. Das kostet Kraft, den rechten Zeitpunkt zum Erobern zu wählen. Sicher habe ich es bedauert, daß der Heilige Vater monatelang eingeschlossen in der Engelsburg saß, aber dieses war für mich der gegebene Augenblick, zuzugreifen. Und es kostet Kraft, täglich die neuesten Berichte zu verfolgen über die gemeinsamen Absichten von Kaiser und Papst. Beide wollen mir Parma und Reggio wieder wegnehmen. Und wie gehässig reden meine Feinde über mich, über meine Frauen, die zu früh gestorbene Lucrezia Borgia. Kübel voll Dreck werfen sie auf mich. Neider sind da, sie gönnen mir nicht meinen Ruhm und meinen Reichtum und meine Macht. Ich bin meines Lebens nicht mehr sicher. Auf meinen Sohn ist letzten Sonntag erst, nach der Frühmesse, am hellen Tage, ein Mordanschlag verübt worden. Die Sorgen zerreißen mein Herz. Dann, in den Stunden der Erschöpfung, ist es süß und erquickend, durch die Bilder des Meisters Tizian wegzuwandern in eine bessere Welt. Die Gedanken werden von allem Bedrückenden auf unserer unvollkommenen Erde gelöst. Und meine Sinne sind von den angenehmsten Empfindungen berauscht. Die Stirn glättet sich. Ich lächle. Ich bin glücklich. Was wollen Sie mehr? Das ist die höchste Bestimmung der Kunst."

„Das mag zutreffen für den einen oder den anderen, aber nicht für mich", entgegnete Buonarroti ohne sein schmales Lächeln. „Ich bekenne, daß ich alles von den Geheimnissen weiß, die dazu gehören, einen Schleier herzustellen. Aber ich will nicht zaubern, und ich will niemanden verzaubern und einschläfern. Ich will aufwecken. Denn die Welt ist, wie Sie sagen, unvollkommen. Nur der wache Mensch kann tätig eingreifen."

Da Buonarroti mit ungewöhnlich harter Stimme sprach,

fürchtete Herr Rosinelli, der Gast sei beleidigt und der Herzog könne ihm, Rosinelli, die Schuld geben. Und er berührte Buonarroti sacht an der Schulter, bat ihn, mit hinüberzukommen in das Arbeitszimmer des Herzogs, dort hänge ein besonderes Kleinod. Und Buonarroti sah das nicht sehr große, auf Holz gemalte Bild vom Zinsgroschen. Das in Farben umgesetzte Wort aus dem zweiundzwanzigsten Kapitel des Matthäus-Evangeliums: „Gebt dem Kaiser, was des Kaisers ist."

Und es stimmte alles, was Herr Rosinelli gesagt hatte, es war atmendes Leben in diesem Bild von Jesus und dem Pharisäer.

Der Wunsch kam ihn an, Tizian, den fast Gleichaltrigen, zu sehen, ihm zu sagen, wie groß seine Kunst sei, ihn zu fragen, warum er gerade das Thema vom Zinsgroschen genommen habe.

„Tizian ist leider nicht in Ferrara. Er ist dem Kaiser entgegengegangen. Ihn zu begrüßen. Alles drängt sich jetzt zur ‚Sonne der Menschheit'. Er hat", so erklärte der Herzog, „für sich schon den Ausweg gefunden. Er gibt dem Kaiser, was des Kaisers ist." Und während sie hinausgingen, um die berühmten Geschütze zu besichtigen, sagte der Herzog zu Buonarroti: „Ich will nicht länger als einseitig gelten. Ich bin beeindruckt durch Ihre Auffassung von der Kunst. Ich will jetzt auch Ihre Richtung genau kennenlernen. Machen Sie mir die Freude, malen Sie mir ein Bild mit Ihren schönen, klaren Linien."

„Wir zeigen Ihnen ja schließlich auch bereitwillig die Pläne von den allerneuesten Bastionen", erinnerte der Vertraute des Herzogs.

„Nicht doch, Rosinelli", der Herzog schüttelte den Kopf, „so kann man nicht mit einem Künstler sprechen. Das eine hat mit dem anderen wirklich nichts zu tun."

Draußen, in der hellen, heißen Julisonne, gleißten die Körper der Geschütze. Jedes zeigte eine besondere Verzierung. Jedes hatte seinen Namen.

„Dieses hier ist Giulia." Und der Herzog legte beide Hände auf das sonnenwarme Kanonenrohr. „Sie kennen die Geschichte von Giulias Wandlung." Trotzdem erklärte es der Herzog genau. „Dieses Erz war also einmal das Abbild des Papstes Julius. Und es stand in Bologna. Aus Ihrer Hand, verehrter Meister Buonarroti. Damals galt er als ‚die Sonne der Menschheit‘. Alle haben sie vor Julius II. ihre Verbeugung gemacht. Nur nicht ich und die Tauben von Bologna; die waren allerdings die ersten, die auf Papst Julius geschissen haben."

✳

Der Große Rat von Florenz schickte einen Boten zu Michelangelo nach Ferrara mit dem Befehl, unverzüglich zurückzukommen.

Der Traum von Perugia war zerstört.

Am 9. September 1529 hatte die vereinigte kaiserlich-päpstliche Armee die Bergstadt am Tiber im Norden von Rom erreicht.

Am 10. September hatte Malatasta Baglioni kapituliert.

✳

Mehr als dreißig lange Sommertage war Michelangelo von Florenz weggewesen. Jetzt, zurückgekehrt aus Ferrara, merkte er mit Entsetzen, daß in dieser Zeit einer hier gearbeitet haben mußte, der stärker war als er. Mit einer unheimlichen Genauigkeit war alles, was er, Michelangelo, vor seinem Weggang nach Ferrara angeordnet hatte, zerstört. Seine Gräben auf der Höhe von San Miniato waren zugeschüttet, die Ausbesserungsarbeiten an der Mauer waren eingestellt. Er ritt hinunter zum Fluß und sah, daß die Wälle, die er für das Aufstellen von Kanonen berechnet hatte, wieder eingeebnet waren. Nirgendwo fand er seine Arbeiter. Er begriff es nicht, jagte sein Pferd wieder hinauf auf den Hügel von San Miniato, wo die Bastionen leer und verlassen lagen. Draußen, jenseits seines Verteidigungsringes, entdeckte er endlich einen Menschen. Er sprang vom Pferd, lief hin und sah noch mehr. Sah etwas, das ihn laut aufschreien ließ. Die Kanonen, die wenigen Kanonen, die die Stadt zur Verteidigung besaß, waren hinausgeschleppt worden, vor die Wälle. Hier standen sie frei und unbewacht. Der Angreifer brauchte nur die Hand auszustrecken, konnte die Kanonen nehmen und umwenden, gegen die Stadt.

„So dumm kann kein Mensch sein", schrie Michelangelo den Franziskaner an. „Das ist Absicht. Verrat. Und was machen Sie hier, so ganz allein? Wollen Sie allein mit Ihrer Kutte alle unsere Kanonen vorm Feind schützen?" Er sah den Mann mitleidig und spöttisch zugleich an. Da bemerkte er, daß der andere seine Hände auf dem Rücken versteckt hielt, nicht zum Gebet; er hatte noch nie einen Menschen gesehen, der dabei seine Hände auf den Rükken legte.

Der Franziskaner wußte nicht, daß dieser Festungsbaumeister unerwartet schnell sein konnte. Er hatte auf den Respekt vor seinem Ordenskleid gerechnet. Jetzt aber packte ihn Michelangelo bei den Armen, und ehe er auch nur das erste Wort des Vaterunsers aussprechen konnte, hatte Buonarroti ihm den schweren Hammer aus der Hand gewunden.

„Ein merkwürdiges Kreuz, mit dem Sie die Kanonen segnen wollten. Und wo ist das andere?"

Aus den Falten seiner Kutte holte der Franziskaner die Eisenkeile heraus, wortlos gab er sie Michelangelo. Das ergebene Schweigen, durch das Haß schwang, traf Buonarroti; er schaute auf, dem anderen ins Gesicht. Der war jung, hatte die Lippen verspannt, Feindseligkeit stand in seinen Augen.

„Das lernt man also bei Ihnen im Kloster", sagte Buonarroti bissig, „Kanonen vernageln. Das ist Ihre abgewandelte Lehre von der Kreuzigung, ja?"

Der Franziskanermönch sagte nichts.

„Ich bin doch neugierig, ob Ihre Lehrmeister auch logisch sind. Hat man Ihnen auch beigebracht, eine vernagelte Kanone wieder in Ordnung zu bringen?"

„Nein", sagte der Mönch hart und unwillig.

„Dann will ich Ihnen diese Lehre erteilen. Es gibt drei Methoden: eine langsame, eine etwas schnellere und eine sofort wirksame. Wenn ein Kanonier viel Zeit hat, dann klebt er um das Zündloch, in das der Feind den Nagel getrieben hat, Wachs, dann gießt er warmes Olivenöl hinein. Er muß drei Stunden warten, dann nimmt er das Wachs ab, schüttet ein wenig Pulver auf und brennt das Zündloch aus."

Der Franziskanermönch schaute sich um, ob ihm niemand zu Hilfe komme; es war niemand da. Michelangelo hielt ihn fest am Handgelenk, redete weiter:

„Die zweite Methode, bei der es etwas schneller geht, verlangt Scheidewasser. Das ist Salpetersäure, die Wolle gelb färbt, aber auch deinen verdammten dreckigen Eisenkeil im Zündloch auflöst, ohne das Metall der Kanone anzugreifen."

Der Mönch versuchte zu entkommen, er wehrte sich gegen den umklammernden Griff.

„Es hat keinen Zweck", sagte Michelangelo, „ich bin zwar älter als Sie, aber Sie brauchen nicht damit zu rechnen, daß ich ein langsamer Mensch bin. Sie werden sehr ruhig hierbleiben und, wenn ich Ihnen die dritte Methode erklärt habe, mit mir kommen, ich möchte Sie den Herren der Regierung vorstellen."

Er ließ den Mönch los, ergriff mit der rechten Hand den Hammer, schwang ihn hochauf. Der Mönch brach in die Knie.

„Um Gottes willen, Hilfe!"

„Stehen Sie auf, Mensch, machen Sie sich nicht lächerlich, sehen Sie genau zu, ich demonstriere Ihnen jetzt die dritte Methode. Es ist die schnellste. Es kann sie aber nur einer anwenden, der ein sicheres Auge und eine sichere Hand hat."

Michelangelo setzte einen zweiten Keil an das Spundloch und trieb mit einem Schlag den Nagel heraus. Dann gab er dem Mönch den Hammer zurück.

„Man soll mir nicht nachsagen können, daß ich mich an Klostereigentum bereichere." Und sehr sachlich setzte er hinzu: „Wenige schaffen das. Es muß ein kräftiger Schlag geführt werden; wenn man Pech hat und trifft daneben und das Eisen ist spröde, dann springt es, und die Kanone ist hin."

Unterwegs, bis zum Palast der Regierung, redete er mit dem Franziskanermönch kein Wort. Es lohnte nicht, ihn zu fragen: Warum haben Sie das getan? Er wußte die Antwort im voraus: „Ich will nicht, daß diese Kanonen gegen den Papst schießen. Es ist seine Stadt, er soll sie haben." Dieser Mann hier neben ihm war ein offener Feind, man konnte ihn erkennen, und darum war er nicht so gefährlich.

*

Michelangelo hatte ums Wort gebeten. Es war eine außerordentliche und erweiterte Sitzung des Großen Rates. Auch Gäste waren anwesend, Männer, die nicht zum Großen Rat gehörten. Jede Zunft hatte mindestens einen Beauftragten geschickt, es war also die ganze Stadt vertreten, bis auf die Menschen, die nicht mehr ihre eigenen Zünfte hatten. Das waren die Leute, die vor etwa achtzig Jahren einmal einen Monat lang regiert hatten. Die Leute, von denen seither nie mehr gesprochen wurde, und doch beeinflußten sie jeden Entschluß der Regierung der Republik, ohne selbst einzugreifen. Die Leute aus der zweiundzwanzigsten, dreiundzwanzigsten und vierundzwanzigsten Zunft. Damals nach dem Aufstand hatten die beiden großen Innungen der Wollweber und der Seidenweber diese letzten drei Zünfte geschluckt.

Also sah es jetzt in dieser außerordentlichen, erweiterten Versammlung des Großen Rates sehr einmütig aus: Da sich der Sohn des Herzogs von Ferrara nach der Kapitulation von Perugia geweigert hatte, den Oberbefehl über die Florentiner Truppen zu übernehmen, war Malatasta Baglioni in allen Ehren zum Generalissimus über die Stadt eingesetzt. Er nahm als Gast an dieser Sitzung teil, im Grunde war sie nur seinetwegen als erweitert angesagt worden.

Hier nun saß er im großen Saal, dessen Wände bis auf einige Teppiche beinahe nackt waren. Dem reichen Kaufherrn Soderini, der vor fünfundzwanzig Jahren die Republik Florenz regiert hatte, war es nicht gelungen, die Wände zu schmücken. Das Unternehmen, Kriegsbilder aus den Händen von Lionardo da Vinci und Michelangelo Buonarroti zu erhalten, war gescheitert.

Nun aber saß Generalissimus Malatasta Baglioni erhöht auf einem feierlichen Ehrenstuhl. Er allein hatte das Recht, seine Kopfbedeckung aufzubehalten. Und auf seiner rechteckig zugeschnittenen schwarzen Kappe war weithin sichtbar das große goldene Medaillon, eigens für ihn angefertigt. Auf seinen besonderen Wunsch war in dieses ehrenvolle Zeichen seiner Macht nichts weiter eingezeichnet als die acht Buchstaben: Libertas. Freiheit.

Als Michelangelo aufstand und vor die versammelten zweihundert Menschen trat, begann er nicht sogleich zu sprechen. Er schaute auf dieses goldene Zeichen an der Mütze des Generalissimus und schwieg und dachte nach. Es dauerte lange. Freiheit. Was ist die Freiheit des Malatasta Baglioni? Warum hat er Perugia ohne Kampf verlassen? Und er erinnerte sich an die Worte, die Malatasta gesagt hatte: „Ich verteidige das Haus meiner Väter. Und damit verteidige ich mein Herz."

Im Saal wurde es unruhig.

„Ich habe nicht die Absicht, eine Rede zu halten. Wir haben in diesen Tagen schon genug große Ansprachen gehört über das, was wir zu verteidigen haben. Wir haben uns angewöhnt, es Freiheit zu nennen."

Einmütiger Beifall unterbrach ihn. Es klatschte der Bannerträger der Gerechtigkeit und Erste der Regierung, Francesco Carducci, es klatschte Malatasta Baglioni, es klatschte der junge, feurige Gaetano, rechte Hand des Bannerträgers der Gerechtigkeit. „Bravo", riefen die Vertreter der einundzwanzig Zünfte.

Michelangelo redete weiter:

„Es steht mir nicht zu, die Frage zu stellen, was jeder unter uns mit diesem Wort meint. Viele tragen es auf den Lippen, manche stecken es sich an den Hut ..."

Zischen und Lachen, Rufe wie „unerhört", „sehr richtig" kamen zu Buonarroti. Mit einer Handbewegung wischte er alles weg, rief laut:

„Hätte ich nicht den Glauben, daß genug von uns hier sind, in deren Herzen die Liebe für unsere Stadt brennt und der entschlossene Mut, sie zu verteidigen ..."

Wieder wurde er von Beifall unterbrochen, aber es war zu spüren, daß nicht alle klatschten.

„Hätte ich nicht diesen Glauben, würde ich heute schweigen. So aber gestatten Sie mir eine einzige Frage, eine Frage, die ich aus der Verantwortung meines Amtes in aller Öffentlichkeit stellen muß. Ich habe bei San Miniato auf dem Mauernkranz Kanonenbetten herrichten lassen. Wir haben mit aller Sorgfalt darauf geachtet, daß sie freien Lauf haben. Warum stehen jetzt die Kanonen vor den Mauern?"

Francesco Carducci, der Erste der Regierung, antwortete selbst:

„Weil die Erschütterung beim Abfeuern der schweren Stücke die Mauern einreißen würde. Ich hoffe, meine Antwort befriedigt Sie und alle hier im Saal. Wir fahren nun in der Tagesordnung fort. Das Wort hat ..."

„Ich bitte um die Erlaubnis, eine weitere Frage stellen zu können."

Carducci mußte abstimmen lassen. Die Mehrheit war dafür, die Frage anzuhören.

„Ist es dem Ersten der Regierung und dem Verantwortlichen im Verteidigungsausschuß nicht bekannt, daß ich genaue Berechnungen ausgeführt habe, um die Kanonenbetten auf der Schanze gegen den Rückschlag abzusichern?"

Ein Zwischenruf kam:

„Sie waren ja nicht da!"

Malatasta Baglioni ergänzte den Zwischenruf:

„Pläne sind auch nicht da! Wo sind denn die Berechnungen?"

„Woher wollen Sie so gut wissen, daß keine Pläne da sind? Sie haben wohl nachts in meinem Haus suchen lassen?"

„Unterstellung!" schrie Malatasta Baglioni empört.

„Gut, Sie nennen das Unterstellung. Und wie nennen Sie das? An der schwächsten Stelle im Verteidigungsring der Stadt, bei San Miniato, sind in meiner Abwesenheit alle Befestigungsarbeiten eingestellt worden. Und wie nennen Sie das? In meiner Abwesenheit sind die Gräben im Südosten vor der Stadtmauer zugeschüttet worden. Und wie nennen Sie das? Die Räumungsarbeiten auf den Hügeln vor der Stadt machen halt bei den Besitzungen der Medici."

Während Michelangelo Buonarroti an seinen Platz zurückging, brach die Einmütigkeit im Saal auseinander.

Francesco Carducci konnte sich nur mit Mühe verständlich machen:

„Meine Herren, aber meine Herren, Bürger, Freunde, ich bitte um Ruhe. Ich bitte um Ruhe." Es gelang ihm nicht, Aufmerksamkeit zu bekommen. So führte er die Sitzung fort, und er erteilte dem jungen Mann, seinem Sekretär Gaetano, das Wort.

Gaetano, der sehr schlanke Mann, hatte Feuer, und er konnte reden. Es war tapfer, anzugehen gegen die aufgebrachten Menschen, die in diesem Augenblick nicht mehr die Einmütigkeit der Stadt Florenz repräsentierten. Es war hohe Kunst, wie der junge Mann, allein schon mit der Geste seiner Hände, die streitenden Menschen zwang, innezuhalten und zu ihm hinzuschauen. Sein ebenmäßiges Gesicht konnte kein Mensch anders beschreiben als einfach mit dem Wort edel. Die Stirn war hoch, die Schläfen schmal, die Augen endeten in anmutiger Mandelform, die Nase zeigte im Profil einen angenehm männlichen Schwung, der Mund verriet eine erregende Süße, das Kinn mit dem energischen Einschnitt fügte zu der Süße das Herbe. Seltsamerweise zeigten die bläulichschwarzen Haare über der Stirn schon einen Streifen Grau, das verlieh seiner Jugend Würde und Ernsthaftigkeit.

Nun, da er vor der erregten Menge stand, schweigend, nur beide Arme erhoben wie ein Priester, brachte er die wogenden, schreienden Stimmen zum Abklingen.

„In unseren Satzungen steht, daß die Gäste nur Zuhörer sind. Malatasta Baglioni, unser Gast, achtet unsere Regeln. Er wurde hart angegriffen; noch nie, solange unsere Republik besteht, ist das in einer Sitzung des Großen Rates einem Gast geschehen. Er aber achtet die Würde unseres Hauses und schlägt nicht zurück, wie jeder es hier verstehen würde."

Battista della Palla, der kahlköpfige Mann, rief dazwischen:

„Er hat nicht geschwiegen. Er hat Buonarroti unterbrochen."

Gaetano ließ den Zwischenruf unbeachtet, zumal er nicht laut genug gewesen war; nicht alle im Saal hatten die schwache Stimme des ewig frierenden Battista della Palla verstehen können.

„Ich weiß, Generalissimus Malatasta Baglioni hat es nicht nötig, verteidigt zu werden. Seine Person ist zu makellos, zu erhaben über alle Anwürfe. Jedoch unsere Ordnung verlangt, hart mit allen denen abzurechnen, die gegen unsere Regeln verstoßen. Niemand will die Verdienste des von uns Bevollmächtigten für die Festungsarbeiten schmälern. Wir alle achten den Bürger unserer Stadt Michelangelo Buonarroti viel zu sehr, um nicht seinen Eifer und seine Mühe anzuerkennen. Das hätte ich noch vor einer halben Stunde gesagt, aber jetzt sind erschreckende Dinge offen zutage getreten. Michelangelo Buonarroti arbeitet unseren Feinden in die Hand."

Protestgeschrei, nicht von allen Seiten.

„Jawohl, ich wiederhole, er arbeitet unseren Feinden in die Hand. Er bringt Verwirrung in unsere Reihen. Er stellt die absurde Behauptung auf, Malatasta Baglioni, der von uns einstimmig gewählte Generalissimus, sei ein Verräter, ein verkappter Mann der Medici."

Wieder Protestrufe.

„Michelangelo Buonarroti war klug genug, das nicht auszusprechen; jeder hat ihn verstanden. Es mag sein, daß seine Fragen, gewisse Abschnitte unseres Verteidigungsringes betreffend, berechtigt sind. Warum hat er sie in aller Öffentlichkeit gestellt? Aus verletzter Eitelkeit? Ich wünschte für uns alle, daß es so wäre, aber es sitzt ja bei ihm viel tiefer. Es ist keine Eitelkeit, es ist eine Unzufriedenheit mit allen unseren Anordnungen. Er wagt es, über das geheiligte Medaillon am Haupt unseres Malatasta Baglioni zu spotten, geheiligt durch das große Wort Freiheit. Und er schämt sich nicht, uns des Lippenbekenntnisses zu zeihen. Er nimmt als härtesten Vorwurf die Tatsache, daß wir draußen vor den Mauern die Häuser der Medici haben stehenlassen. Was aber mag in Wahrheit in seinem Herzen vorgehen? Wer unter uns hat denn jahrelang an einer Kapelle zu Ehren der Medici gearbeitet? Wir oder er? Wer sagt uns denn, ob sein Herz nicht noch den Bissen nachtrauert, die sein Magen am Tisch der Medici bekommen hat? Es ist eine zu alte Geschichte, und ich schäme mich fast, sie in diesem erlauchten Haus vorzutragen: Wie oft hat einer schon gerufen: Haltet den Dieb, und dabei war er selber derjenige, der gestohlen hatte. Ob so ein Mann, der andere bezichtigt, nicht selber der Verräter ist? Warum hat er denn sogar eben in aller Öffentlichkeit die Schwächen in der Verteidigung unserer Stadt herausgeschrien? Haben die Spione der Medici nicht überall ihre Ohren, besonders in so einer großen Sitzung? Muß man da seine Worte nicht doppelt und dreifach wägen? Ob so ein Mann also geeignet ist, Verantwortung für die ganze Stadt zu tragen, möchte ich bezweifeln."

Pfiffe unterbrachen ihn. Der selbstsichere junge Mann schaute sich erstaunt um. In diesem hohen Haus hatte noch niemand gewagt zu pfeifen. Aber er fing sich.

„Man mag mir vorhalten, ich sei ohne Respekt gegenüber einem Großen, der von aller Welt anerkannt wird, sogar von den Türken. Doch lastet denn nicht sein Ruhm wie ein undurchdringlicher Nebel über unserer Stadt? Er hat den David gemacht, das Zeichen der Freiheit, und er wird auch unser neues Zeichen schaffen, den Kampf des Herkules gegen den Riesen Antäus. Seine Werke sind großartig und über alle Zweifel erhaben, einmalig auf dieser Welt. Also ist auch er großartig und über alle Zweifel erhaben und unantastbar? Ich glaube, heute wurde der Nebel weggeblasen. Ja, er mag sich auch auf die Kunst verstehen, Festungen zu bauen, auf die Kunst, die Auswirkungen des Rückschlags bei Kanonen genau zu berechnen; aber er soll sich nicht verrechnen. Wir werden ihm auf die Finger schauen und, sollte er seine Grenzen nicht kennen, gehörig auf die Finger klopfen." Gaetano ging zurück an seinen Platz. Der Beifall kam deutlich nur von einer Seite des Saales, von dorther, wo die Vertreter der alteingesessenen Familien saßen.

Michelangelo meldete sich zu Wort.

Francesco Carducci sagte in die große Stille hinein:

„Ich erachte es als recht und billig, wenn wir Michelangelo Buonarroti noch einmal das Wort geben. Aber machen Sie es kurz, es stehen noch viele andere Punkte zur Beratung."

Buonarroti redete sehr langsam:

„Der Herr Sekretär Gaetano hat mir das Angebot gemacht, mir auf die Finger zu klopfen, weil ich, wie er meint, meine Grenzen überschritten habe. Ich habe Angst um ihn, daß seine Kräfte nicht ausreichen werden, denn das, was er als Grenzen, als das Äußerste ansieht, sind noch lange nicht die Grenzen, zu denen wir gehen müssen, wollen wir diesen Verteidigungskampf siegreich bestehen. Ich verlange Zerstörung des gesamten Besitzes der Medici innerhalb und außerhalb der Stadt; die Erträgnisse aus ihren Woll- und Seidenmanufakturen sollen nicht mehr, wie bisher, für sie aufgespeichert werden. Ich beantrage, daß sie voll und ganz eingesetzt werden für den Krieg, der uns aufgezwungen wurde."

Es war sehr still im Saal. Und wie unter Zwang schauten die Versammelten hin zu dem Mann mit dem entstellten Gesicht. Es ging eine wilde Kraft von ihm aus; das war kein Feuerwerk, das aufzischte und dann verglomm so wie die kühnen Worte des jungen Mannes Gaetano, das waren gewichtige Mühlsteine, die er ihnen hinschleuderte. Er hob nicht seine Hände hoch wie ein Priester, er packte mit seinen Worten die Menschen im Saal an den wunden Stellen, es nahm ihnen den Atem. Es gab ihm eine ungeheure Überlegenheit, daß er nicht beleidigt aufgeschrien hatte, sondern daß er, erfüllt von heiliger Verantwortung, das aussprach, wovor sie sich alle gescheut hatten. Allein seine ruhige Stimme machte jedes Wort des Sekretärs Gaetano gewichtlos.

Ein schmales Lächeln kam in sein Gesicht, da er wußte, wenn er jetzt aussprächte, was er dachte, würde ein großes Gelächter sein, und Lachen konnte mehr verletzen als ein beleidigendes Schimpfwort. Und er sagte, was er dachte:

„Ich schlage vor, den Palast der Medici im Herzen der Stadt völlig abzutragen und die Steine für die Befestigungsarbeiten zu verwenden. Der so gewonnene Platz sollte den Namen Mauleselplatz tragen."

Und sie lachten. Auch Malatasta und Carducci. Der junge Mann Gaetano lachte nicht mit. Er bekam einen roten Kopf. Sicher, Buonarroti meinte damit das Haupt der Familie Medici; Papst Clemens war außer der Ehe geboren. Aber es traf auch ihn, Gaetano, er tat ihn ab als einen starrköpfigen, dümmlichen Schreihals, denn kann es ein Mensch deutlicher aussprechen als Buonarroti, daß er mit der Familie Medici gebrochen hat? Seine schöne Geschichte, daß der Magen das Herz erinnert, wie gut es am Tisch der Medici gewesen ist, war zerstampft worden. Der traurige Verdacht auf Verrat zerging unter dem Lachen im großen Saal des Rathauses. Der Mann, den er angegriffen hatte, hatte nicht aufgeschrien und die erwartete Forderung vorgebracht, einer muß gehen, entweder Malatasta Baglioni oder ich, Michelangelo Buonarroti. Dieser Mann hatte ihnen unerwartet neue Forderungen für den Verteidigungskampf hingeworfen. Und die Menschen jubelten ihm zu, besonders die aus den kleinen Zünften. Und der andere ging noch immer nicht zurück an seinen Platz, er war noch nicht zu Ende, er stand da wie die Gerechtigkeit selber, er lachte nicht einmal mit. Selbst das schmale Lächeln war aus seinem Gesicht weggegangen. Und merkwürdig, Gaetano konnte sich nicht entziehen, ihm war, als stände da ein Zauberer. Und der junge Mann begann Unsicherheit zu spüren, ganz unten, tief aus dem Verborgenen kam sie in ihm auf.

„Und ich verlange", Buonarroti redete hart in das Lachen hinein, „eine Bewaffnung aller waffenfähigen Männer."

Niemand wußte so gut wie Battista della Palla, daß Michelangelo Buonarroti die Grenze jetzt wirklich überschritten hatte. Es war der gefährlichste Zündstoff, den er ihnen hingeworfen hatte, es konnte ihn selber zerreißen. Es war nicht maßvoll, nicht überlegt von Michelangelo gewesen, aber Battista hatte gewußt, daß Buonarroti es ihnen sagen würde, und er war stolz auf den Freund; er bekämpfte die Tränen der Rührung, versuchte, sich durch das wütende Geschrei der anderen bemerkbar zu machen.

„Ich kämpfe nur mit ausgebildeten Landsknechten, ich brauche keine Schlosser und Schneider und Kesselflicker und Schuster", rief Malatesta, der Feldherr, der einmal die Hoffnung von Perugia gewesen war.

Vom Platz der Vertreter der Wollweberzunft war die Stimme eines Konsuls deutlich zu hören:

„Er will die Färber bewaffnen; na, lieber schlage ich mir doch meinen Kopf gleich selber ab."

Niemand achtete auf Battista. Schließlich stieg er unter unsäglichen Schmerzen auf einen Stuhl, damit der Vorsitzende Carducci ihn sehe.

„Ich stelle einen Antrag, ich stelle einen Antrag", rief er so lange, bis er endlich gehört wurde. „Ich beantrage, daß ein Untersuchungsausschuß eingesetzt wird; es muß festgestellt werden, wie es zu der groben Verletzung der Verteidigungskraft oben bei San Miniato kam. Weiterhin schlage ich vor, daß dieser Untersuchungsausschuß während der Dauer der Vorbereitungen zur Verteidigung im Amt bleibt, er soll gleichzeitig als ein Schlichtungsausschuß wirken und alle Anordnungen gegenzeichnen, bevor sie ausgeführt werden. Sowohl die Anordnungen des Befehlshabers der Truppen als auch die Anordnungen des Festungsbaumeisters. Ob wir wollen oder nicht, wir müssen zusammenarbeiten ..."

„Da kann ich drei Tage warten, ehe ich einen Befehl bestätigt bekomme", sagte Malatasta Baglioni. „Und bevor die Herren von dem Ausschuß meine Anordnung unterzeichnet haben, sitzt der Feind schon auf den Mauern. In meinem ganzen Leben als Söldnerführer ist mir das noch nicht zugemutet worden. Ich soll mir selbst beide Hände binden."

Battista della Palla stieg vom Stuhl, er konnte nicht mehr, er war erschöpft, seine Kräfte reichten nicht aus, weiterzusprechen, aber er hatte wenigstens den Sprengstoff entschärft; er lächelte wehmütig. Schade.

Francesco Carducci nahm den Vorschlag auf.

„Bilden wir zunächst den Untersuchungsausschuß, über den Schlichtungsausschuß können wir später beraten."

Sie stritten erbittert über die Zusammensetzung des Ausschusses. Es dauerte bis in die Nacht, und die Sitzung mußte ohne Resultat vertagt werden.

Nach langem Hin und Her gelang es schließlich, geeignete Männer für den Untersuchungsausschuß zu bestimmen.

Der Bannerträger der Gerechtigkeit, Francesco Carducci, ließ Michelangelo Buonarroti das Ergebnis der Nachforschungen mitteilen. Es war eine Ehre für Buonarroti, daß er ihm seinen ersten Mann, den Sekretär Gaetano, schickte; es sollte eine Art Versöhnung oder Entschuldigung sein.

Allerdings war Gaetano auch zum Generalissimus Malatasta Baglioni geschickt worden, mit dem gleichen Auftrag. Der Untersuchungsausschuß erklärte:

Erstens: San Miniato ist in der Tat die schwächste Stelle im Befestigungsgürtel um die Stadt. Geeignete Maßnahmen zur Stärkung sind unverzüglich einzuleiten.

Und zweitens: Der bei den Kanonen aufgegriffene Franziskanermönch hat seine Schuld eingestanden. Er ist ins Gefängnis gebracht worden. Seine Strafe muß noch festgesetzt werden.

Gaetano war neugierig, wie es im Haus dieses berühmten Mannes aussehen würde. Und im geheimen hoffte er, ihn in der Werkstatt zu überraschen, bei Arbeiten am Grabmal der Medici. Er hätte so gern eine Rechtfertigung für sich selbst gehabt. Viele hatten ihn getadelt wegen seines Angriffs auf Michelangelo, selbst Generalissimus Malatasta Baglioni hatte gesagt:

„Lieber junger Freund, mit dem Wort Verrat sollte man sehr sparsam umgehen."

Es wäre ein Triumph für ihn gewesen, hätte er jetzt im Haus des Michelangelo Buonarroti einen belastenden Beweis entdecken können.

Frau Caterina öffnete.

„Es tut mir leid, der Herr Michelangelo ist nicht da."

„Dann werde ich hier auf ihn warten. Ich habe wichtige Mitteilungen für ihn."

„Da würden Sie umsonst warten."

„Ich verstehe Sie nicht."

„Ich sage doch, junger Mann, Sie warten hier vergeblich. Seit der langen Sitzung, die bis in die Nacht ging, ist er nicht wieder hier gewesen."

„Das sind schon fünf Tage", dachte Gaetano laut. Und er überlegte: Er hatte keinen Auftrag, die Stadt zu verlassen, niemand hat ihn weggeschickt nach Pisa oder Livorno, es ist also wahr, das ist der Beweis, den er selber liefert. In dem Augenblick, als ich ihn entlarvte und beim rechten Namen nannte, Verräter, da wurde ihm der Boden unter den Füßen zu heiß, da ist er verschwunden. Zurück zu den Freßnäpfen der Medici. Nicht wie ein Hund, nein, wie ein Schwein.

„Ja, genau fünf Tage. Aber das schlimmste sind doch die Nächte. Er hat nicht mal ein ordentliches Bett. Ich weiß gar nicht, ob er genug Decken hat. In den Nächten ist es doch schon mordskalt. Ich darf ihm nicht einmal warmes Essen bringen. Er hat es verboten. Und Antonio Mini, den hat er auch weggeschickt."

„Wer ist Antonio Mini?" fragte Gaetano verwirrt. Dabei wollte er das gar nicht wissen, er wollte etwas ganz anderes fragen.

„Junger Mann, den hübschen Antonio Mini, den kennt doch nun jeder, das ist sein Gehilfe. Wissen Sie, der ist vor ein paar Jahren zu uns gekommen, niemand hat ihn hier in der Stadt haben wollen. Aber ich will nicht ungerecht sein, ich glaube, er wollte auch zu niemandem anders als zu unserem Herrn Michelangelo. Ich seh es noch wie heute, wie der ankam, die Füße schwarz von Staub und abgerissen und müde und hungrig, das war alles eins. Man muß es dem Antonio lassen, er hat sich schnell herausgemacht; er ist ja verträumt und manchmal ohne Grund traurig und dann plötzlich wieder lustig, aber er ist bestimmt fleißig. Ich habe zugesehen, wenn er gezeichnet hat, aber ich kann mir nicht helfen, wissen Sie, junger Mann, ich denke oft, Gott läßt so unendlich viele Leute malen, damit wir ganz genau erkennen, wie hoch über allen der eine ist."

Da war sie bei ihrem Thema, bei ihrem lieben Herrn Michelangelo, und wer sie hier unterbrechen wollte, der mußte erst noch geboren werden. Der junge Mann Gaetano war gewiß nicht dazu imstande.

„Also ich denke, das ist so wie mit den Tauben. Immer sitzen viele zusammen, und sie hinterlassen einen ziemlichen Dreck, und dabei sehen sie immer zufrieden aus. Haben Sie schon einmal eine unzufriedene Taube entdeckt?"

„Und dagegen der Adler, ich weiß", sagte Gaetano. Es war ein Versuch, ihren Redefluß aufzufangen.

„Ah ja, Sie sind ein kluges junges Herrchen. Ihre Mutter hat sicher schon viel Freude mit Ihnen gehabt, wie schnell Sie alles begreifen. Im Grunde genommen gehörte ja jetzt das Bild des Adlers zu den Tauben, aber wissen Sie, ich mag das ganz und gar nicht leiden, diesen Vergleich, angewendet auf unseren Herrn Michelangelo. Früher ja, aber seit Rom, da ist dieser königliche Vogel zu einem Haustier der Deutschen geworden."

„Liebe Frau, der Adler war nie ein königlicher, sondern immer ein kaiserlicher Vogel, zugehörig unseren alten römischen Kaisern."

„Seien Sie nicht vorlaut, junger Mann, jedes Kind kennt heute nur noch den Adler der Barbaren. Er ist kein Zeichen des Sieges mehr, er ist ein Zeichen des Todes. Und ich finde, es hat keinen Zweck, sich ein Tier zum Vergleich für einen Menschen auszusuchen. Es ist nicht passend, es gehört sich nicht. Ich will Ihnen im Vertrauen sagen, ich habe es ja trotzdem versucht, aber wenn ich mir unseren Herrn Michelangelo da oben vorstelle, so ganz allein, und wenn du noch so stolz bist auf seine Stärke und auf seinen Mut, du hast doch Angst um ihn." Sie schaute sich um, ob der Gehilfe Antonio vielleicht zuhöre, sie flüsterte: „Wissen Sie, wenn er es nicht so streng verboten hätte, ich möchte ihm doch helfen. Ich habe sechs wundertätige Heilige, die haben schon meiner Mutter geholfen und meiner Großmutter. Ich würde ruhiger sein, wenn er wenigstens einen davon hätte, vielleicht die heilige Klara, daß sie seine Augen schützt. Es würde mir ja in der Seele weh tun, die Heiligen auseinanderzureißen, aber alle brauche ich ihm doch nicht zu geben. Das würde er auch gar nicht haben wollen, meinen Sie nicht auch?"

Gaetano konnte es nicht mehr mit anhören, er unterbrach sie, fragte unvermittelt:

„Also wo ist er?"

Caterina ließ ihn los, sie war beleidigt.

„So einer sind Sie, Sie mißachten die Heiligen. Vielleicht ein versteckter Ketzer. Aber was rege ich mich auch noch über Sie auf. Ich habe Sorgen genug."

„Ich achte die Heiligen." Gaetano beeilte sich mit dieser Erklärung. „Ein Mißverständnis, bitte, geben Sie mir die heilige Klara mit, ich will sie ihm bringen, aber Sie müssen mir nun endlich sagen, wo er ist."

„O nein, das ist mir zu unsicher. Meine Heiligen gebe ich in keine fremden Hände. Aber wenn Sie zu ihm gehen, sagen Sie ihm, er braucht sich keine Sorgen zu machen, die alte Caterina hält sein Haus in Ordnung. Sie finden ihn oben, bei San Miniato." Sie schloß die Tür.

Sehr langsam stieg Gaetano auf die Höhe von San Miniato. Er schämte sich vor sich selbst, er mußte erst damit fertig werden. Ich bin einem alten Waschweib nicht einmal gut genug, eine Heiligenfigur zu ihm zu bringen. Aber das war es nicht, er wollte das andere nur vor sich selber verwischen. Ich habe gesagt, er ist ein Verräter, ich habe gedacht, er ist ein Schwein. Ich habe selbstherrlich in meinem schönen Zimmer im Rathaus gesessen, zur rechten Hand des Bannerträgers der Gerechtigkeit. Und wir empfanden es als eine großmütige Geste, daß ich mich bereit erklärte, zu ihm hinzugehen. In der Zeit, in der wir reden, Ausschüsse einsetzen, Entschließungen abfassen, handelt er. Während wir uns die Köpfe zerbrechen über eine angemessene Formulierung, daß in der Tat San Miniato die schwächste Stelle im Verteidigungsring ist, geht er hinauf und wacht an dieser Stelle, Tag und Nacht. Er ist unbequem, aber er hat recht.

Und jetzt erst, hier oben, erkannte Gaetano, wie kleinmütig die Mitteilung war, die er Michelangelo zu überbringen hatte. Eben noch, unten vor dem Haus in der Stadt, war sie ihm gewichtig vorgekommen. Es war ihm unbehaglich zumute. Michelangelo würde ihn mit Spott empfangen. Er war bekannt und gefürchtet wegen seiner treffenden, bissigen Worte. Er, Gaetano, würde dastehen wie ein dummer Junge. Sein Herz war wundgeschlagen, alles, was er bisher in heißer Begeisterung für die Stadt getan hatte, kam ihm sinnlos vor, klein, nichtig. Er hatte fest geglaubt, daß der Bannerträger der Gerechtigkeit, Francesco Carducci, Vorbild für ihn sei. Er hielt es für hohe Staatskunst, durch eine weiche, nachgiebige, kluge Lenkung alle Gegensätze zu vereinen, und er hatte es als seine Aufgabe angesehen, überall für einen Ausgleich zu wirken. Und so hatte es für ihn den Anschein, als sei jeder Bürger der Republik Florenz gleichmäßig erfüllt von einer heißen Liebe zu der gemeinsamen Sache. Erst der Angriff Michelangelos auf den Feldherrn Malatasta Baglioni hatte ihm gezeigt, daß sein Bild von einem einmütigen Zusammenwirken der Menschen in Florenz falsch gewesen war. Und mit Haß hatte er sich vor aller Öffentlichkeit auf den Mann gestürzt, der ihm dieses schöne Bild zerschlagen hatte. Er war aus seinem beruhigenden Gleichmaß herausgestoßen worden, nun mußte er sich ein neues, brauchbares Bild zurechtmachen.

Michelangelo begrüßte ihn mit Zurückhaltung. Er verschloß sein Gesicht vor dem anderen. Gaetano konnte nichts herauslesen. Keinen Spott, keinen Triumph bei der Nachricht, daß der Franziskaner bestraft werden sollte, keine Zufriedenheit über die Bestätigung: die Höhe von San Miniato muß verstärkt werden.

Buonarroti forderte den Sekretär Gaetano auf, einzutreten in die schmale Stube unterm Glockenturm von San Miniato. Sehr sachlich zeigte er ihm seine Berechnungen und seine Pläne. Er erklärte ihm jedes Blatt. Die Befestigungen am Arno, von der Stadt bis hin zur Mündung bei Pisa, die Grundrisse von den Festungsanlagen bei Ferrara, Versuchsblätter, wie das System von Ferrara angewendet werden könnte in Florenz. Gaetano war unerwartet in eine Welt der Arbeit versetzt worden, so wie er es noch nie erlebt hatte. Sinnvoll griff eins ins andere.

Michelangelo wurde von draußen gerufen; er entschuldigte sich, wies auf die Pläne und Zeichnungen, die der andere noch nicht gesehen hatte. Er finde sich gewiß allein zurecht.

Gaetano betrachtete Blatt für Blatt, und er erkannte die tiefe Verantwortung, die aus jedem Federstrich zu lesen war. Ein Blatt fiel ihm in die Hände, nur beschrieben, ohne Zeichnungen. Gaetano glaubte, es sei eine Erklärung zu einem Plan, und er begann zu lesen:

> Eine unendlich große Liebe ist in mir.
> Sternenhoch. Was war ich vorher?
> Ohne diese Liebe?
> Einige hassen mich.
> Andere loben mich.
> Aber jeder weiß es:
> Ich bin da.

Meine Augen sind klein. Es ist ein Wunder, wie dein schönes Bild in mich hineinkam. Vielleicht so, wie Wein in den Bauch der Flasche durch einen schmalen Hals. Deine Größe zwingt auch mich, groß zu werden. Oder wie ein Ball, der durch einen schmalen Spalt mit Luft gefüllt wird. So ist durch meine Augen, wie in den Ball die Luft, deine Kraft in mich eingeströmt. Und werde ich geschlagen, so springe ich hochauf wie der Ball, beflügelt durch deine Kraft.

Und in kleiner Schrift hatte Buonarroti darunter geschrieben:

Gedanken zu einem unernsten Gedicht über eine große Liebe.

Gaetano schämte sich, daß er alles gelesen hatte bis zum Ende; rasch legte er das Blatt beiseite, nahm ein neues: Berechnungen über den Rückschlag großer Kanonen mit einem Querschnitt durch ein Bronzestück, gegossen in Ferrara. Aber Gaetanos Gedanken gingen zu dem Bild vom schmalen Auge und der zum Himmel stürmenden Kraft. So hatte er, Gaetano, die Stadt noch nie gesehen. Er kannte viele Lieder von Florenz, in denen sie besungen wurde als schöne Frau. Immer aber hatte er Verse dieser Art als unverbindlichen Zeitvertreib empfunden, zur Laute zu singen beim Wein. Dieses Gedicht hier würde man nicht als Scherzlied in einer Gastwirtschaft singen können.

Buonarroti kam zurück, erregt.

„Feldhauptmann Orsini kommt mit einem Befehl von Malatasta Baglioni. Es sollen zehn von meinen Erdarbeitern hier abgezogen werden, sie sollen einen Vorratskeller ausschachten."

„Und was haben Sie geantwortet?"

„Was soll ich schon antworten, gar nichts, ich mußte die zehn Männer hinschicken. Malatasta Baglioni beruft sich auf den Ersten der Regierung. Das sind alles Nadelstiche, die mich verletzen sollen. Ich habe noch nie unter so widerwärtigen Umständen gearbeitet. Und das will schon etwas heißen, denn im Grunde waren meine Arbeitsumstände immer unangenehm."

„Ich werde Abhilfe schaffen. Ich gehe noch heute zu

Malatasta und frage ihn, ob er sich nicht endlich zu einer vernünftigen Zusammenarbeit mit Ihnen entschließen kann. Der Ball soll nicht zerplatzen. Er soll hochauffliegen."

Jetzt hatte er verraten, daß er die Gedanken zu dem Gedicht gelesen hatte. Es war ihm peinlich.

Michelangelo ärgerte sich. Er hatte vergessen, daß das Blatt mit seinen unernsten Betrachtungen zu einer sehr ernsten Sache zwischen den anderen Plänen gelegen hatte. Er sah nicht die Bewunderung in den Augen des jungen Mannes und nicht die Begeisterung.

Gaetano war unzufrieden mit sich, es war plump gewesen. Er spürte, so leicht und einfach konnte er das Vertrauen dieses Mannes nicht bekommen.

Es half Buonarroti wenig, daß er da oben auf der Höhe von San Miniato saß und auch nachts nicht wegging. Vor seinen Augen wurden alle Hilfskräfte abgezogen. Nach und nach. Erst waren es zehn Männer gewesen, die dringend zur Hilfe unten in der Stadt gebraucht wurden, dann überbrachte noch einmal jemand die Anweisung vom Ersten der Regierung, von Carducci, weitere zehn Mann sollten herunterkommen in die Stadt; es wurde Michelangelo in dem Schreiben versprochen, nur für einige Stunden. Aber auch nach zwei Tagen stellten sie sich nicht wieder bei ihm ein. Schließlich kamen unter der Führung eines Hauptmanns Leute von Malatasta Baglioni mit einem Karren und luden die Arbeitsgeräte auf, die Schaufeln und Hacken. Selbstverständlich hatten auch sie einen schriftlichen Befehl, unterzeichnet von Carducci.

Das waren keine Nadelstiche mehr, das waren gezielte Schläge. Er sollte gezwungen werden, die Befestigungsarbeiten hier oben aufzugeben.

Seit dem Besuch von Gaetano war niemand vom Großen Rat oder vom Verteidigungsausschuß bei ihm gewesen. Es war unbegreiflich. Es war beunruhigend, unheimlich. Wie konnte das zusammenstimmen: Der Untersuchungsausschuß bestätigt, San Miniato ist die wichtigste Stelle im Verteidigungsring der Stadt, und gleichzeitig werden von dieser Stelle alle Arbeitskräfte weggezogen. Sie können doch nicht so verantwortungslos sein, überlegte Michelangelo. Und dann: Vielleicht hat Malatasta die Unterschrift von Carducci gefälscht. Es waren ja immer seine Hauptleute, die zu ihm gekommen waren. Das muß geklärt werden.

Also ging er hinab in die Stadt. Und merkwürdig, hier unten, am hellen Tag, zeigte sie sich gar nicht als eine schöne, liebenswerte Frau. Jetzt war deutlich zu sehen, wie an ihren schönsten Stellen Läuse und Wanzen saßen und sich ihr Blut gut schmecken ließen.

Im Palast der Regierung saß Francesco Carducci. Er ließ Michelangelo eine Weile warten. Er hatte wirklich zu tun, er las die Protokolle der verschiedenen Ausschüsse. Mit besonderer Aufmerksamkeit studierte er das Protokoll von der Sitzung des Ausschusses für die Vorbereitung des dritten Jahrestages der Vertreibung der Medici aus der Stadt Florenz. Es war zwar noch ein halbes Jahr Zeit bis dahin, aber es sollte ein sehr großes Fest werden, also mußte man rechtzeitig mit den Vorbereitungen beginnen. Und vielleicht könnte Michelangelo Buonarroti in dieser Zeit doch noch den Herkules fertigstellen. Dann wäre auch der leidige Streit mit Malatasta Baglioni beendet, wenn der Bildhauer endlich wieder in seine Werkstatt ginge. Er rief Gaetano in sein Zimmer, bat dann Michelangelo herein.

„Inzwischen sind Sie ja so etwas wie ein Stadtheiliger geworden", begann Carducci die Unterredung. Er stimmte den Ton mit Absicht leicht und heiter, ein wenig nachlässig an.

„Mir ist die Lust zum Scherzen längst vergangen. Wissen Sie, daß ich da oben ganz allein gelassen werde, angeblich auf Ihren Befehl?"

„Das mit dem Heiligen, verehrter Freund Buonarroti, war vielleicht ein wenig voreilig, entschuldigen Sie. Ehe ein Mensch heilig wird, muß er ja erst tot sein. Ich sollte eher sagen, wie ein Einsiedler haben Sie da oben gelebt. Im übrigen, eine bedauerliche Mitteilung, Ihr Franziskaner ist geflohen."

„Aus dem Gefängnis?" fragte Michelangelo.

„Ja, leider; das ist nicht schön, aber erklärlich. Die Gefängniswärter sind mit ihm geflohen. So ist das Leben. Und warum sind Sie gekommen?"

„Haben Sie die Anordnungen unterschrieben, daß mir nach und nach alle Leute von San Miniato weggeholt werden, oder ist das eine Fälschung von Malatasta Baglioni gewesen?"

„Mein lieber Freund Buonarroti, Ihr Haß auf unseren Generalissimus Malatasta Baglioni ist beinahe krankhaft. Selbstverständlich habe ich diese Anordnungen unterschrieben."

Michelangelo sprang auf.

Francesco Carducci ließ ihn nicht zu Wort kommen.

„Regen Sie sich nicht auf, verehrter Freund, es hat schon alles seine Richtigkeit. Ich habe Ihnen durch Gaetano mitteilen lassen, daß der Untersuchungsausschuß in Ihrem Sinn entschieden hat, nur müssen Sie bitte uns überlassen, wann wir die Arbeiten an den verschiedenen Verteidigungsabschnitten durchführen. Schließlich: Wir machen die Politik."

„Das habe ich schon einmal gehört", fuhr Buonarroti auf. „Das hat damals Ihr Vorgänger Soderini zu mir gesagt, wortwörtlich dasselbe, und er ist von den Medici jämmerlich verjagt worden. Aber so billig werden wir diesmal nicht davonkommen. Begreifen Sie denn nicht, es geht um Leben oder Tod. Nicht nur von uns. Von einer ganzen Stadt, das sind Tausende von Menschen."

„Lassen wir die großen Worte beiseite, lieber Freund." Carducci behielt seinen Ton bei, den er zu Beginn der Unterredung angeschlagen hatte, leicht und nachlässig. „Ich wollte Ihnen einen Vorschlag machen. Gehen Sie jetzt in Ihre Werkstatt und meißeln Sie für uns, für die Republik Florenz, den Herkules. Das wäre ein schöner Triumph für uns alle, wenn wir dieses Siegeszeichen am dritten Jahres-

tag der Einsetzung unserer Regierung enthüllen könnten."

Michelangelo schüttelte den Kopf.

„Das sind Ihre Sorgen?" fragte er. Dann, jäh begreifend,
sagte er: „Sie meinen, das ist eine sehr anständige Art,
mich loszuwerden. Sie meinen, ich bin so verantwortungslos und lege alles hin, nur um eine schöne Puppe zu formen. Ich bin rechtmäßig in den Verteidigungsausschuß
gewählt worden. Auch darum kann ich nicht einfach mit
den Arbeiten aufhören, wann es mir paßt und wann es
Ihnen paßt. Aber ich bin bereit, mein Amt sofort nieder-
zulegen, wenn es Ihnen gelingt, mir Pflichtverletzung
nachzuweisen, und wenn die Mehrheit in der Regierung
zugestimmt hat."

„Ich glaube nicht, daß wir dafür die Mehrheit bekommen werden. Die Zünfte der Schmiede und Schlosser und
überhaupt die Handwerker sind seit der letzten großen
Sitzung sehr mißtrauisch geworden. Ihre Liebe zu uns, die
wir den Woll- und den Seidenkonsuln näherstehen, ist
keineswegs größer geworden", sagte Gaetano, der junge
Sekretär mit der grauen Haarsträhne.

„Jaja, Sie haben den Leuten schönes Futter gegeben mit
Ihren Vorschlägen: Gebt allen Waffen und reißt den Palast
der Medici nieder. Beinahe ein Savonarola. Aber jetzt
möchte ich Sie erinnern, dieser Mann nahm ein noch viel
jämmerlicheres Ende als Soderini, mit dessen Geschick
Sie mir soeben drohten. Er wurde verbrannt."

Gaetano schaute erschrocken auf Francesco Carducci.
Der Erste der Regierung hatte das leichthin gesagt, in un-
verändert unverbindlichem Ton, aber es klang gefährlich.
Und der junge Mann fühlte sich hilflos. Auch bei Malatasta Baglioni hatte er nichts erreicht, wie er damals bei seinem Besuch Michelangelo versprochen hatte. Darum war
er nicht wieder zu Buonarroti hingegangen. Der Generalissimus hatte beim Abschied nur lachend zu ihm, Gaetano, gesagt: „Wenn unser lieber Festungsbaumeister
jetzt auch nachts da oben ist, dann soll er sich nur in acht
nehmen, daß er im Dunkeln nicht von der Mauer rutscht.

Er hat ja gute und tiefe Gräben davor anlegen lassen. Nach dem Rezept: Wer andern eine Grube gräbt, na, Sie wissen schon." Gaetano hatte damals mitgelacht. Jetzt fiel es ihm wieder ein, weil Francesco Carducci gesagt hatte, beinahe ein zweiter Savonarola. Sind das alles Scherze, oder sind es Andeutungen? überlegte Gaetano angestrengt. Erst haben sie ihn gerufen, und nun wollen sie ihn wieder loswerden. Weil er nicht so ist, wie sie sich vorgestellt haben. Gaetano wußte, der Erste der Regierung wäre glücklich gewesen, hätte Buonarroti den Vorschlag angenommen: Ich gehe zurück in meine Werkstatt, ich arbeite am Herkules. Solange Michelangelo Buonarroti zu den neun verantwortlichen Männern für die Verteidigung der Stadt gehörte, würde er nicht aufhören, seine beiden Forderungen zu stellen: Zerstört den Besitz der Medici, bewaffnet alle, auch die Niedrigen, die Männer von ganz unten. Und, Gaetano wußte es sehr gut, nie würde Francesco Carducci auch nur eine Beratung darüber zustande kommen lassen.

Und nun saß dieser Michelangelo Buonarroti schon seit Tagen wie ein lebendiger Vorwurf oben bei San Miniato. In den Straßen erzählte man sich Wunderdinge von ihm. Man traute ihm zu, daß er mit seiner großartigen Festungsbaukunst die Stadt unverletzbar mache. Plötzlich redeten alle von ihm. Sie liebten ihn. In diesen Zeiten, da man schon meinte, die Stiefel der barbarischen Landsknechte herandröhnen zu hören, verlangten die Leute in den kleinen Stuben und engen Gassen nach Vorbildern, die das Herz erheben könnten. Es war dem Generalissimus Malatesta Baglioni nicht gegeben, große Begeisterung für sich zu wecken, von einigen Damen abgesehen, denn leider hatte er als Feldherr noch keine sehr glänzenden Taten vollbracht. Im Gegenteil, drei florentinische Grenzstädte hatte er ohne Gegenwehr aufgegeben. Genau wie Perugia. Er ließ den Feind nah herankommen.

„Also schön, lieber Buonarroti, Sie wollen nicht auf mich hören, Sie wollen die Statue, den Herkules, nicht meißeln. Sie wollen weiter oben bei Miniato den Einsiedler spielen. Ich kann Sie nicht hindern. Tun Sie, was Sie für richtig halten, aber hören Sie auf, uns die Zeit zu stehlen mit Ihren Haßgesängen auf den Generalissimus Baglioni. Ich sage es ganz offen, ich habe mir unsere Zusammenarbeit anders vorgestellt, ganz anders."

Gaetano geleitete Michelangelo bis zum großen Tor, das auf den Platz führte. Eine unerklärliche Sorge hatte ihn erfaßt. „Nehmen Sie diese Nacht wenigstens Ihren Gehilfen mit hinauf", sagte er unvermittelt.

„Warum?" fragte Michelangelo verwundert. „Solange ich lebe, habe ich noch nie Angst vor der Nacht gehabt."

★

Alle Lichter sind gelöscht. Es ist Herbst, aber die Nacht ist warm. Die Erde ist noch durchtränkt vom Sonnenstrahl, die Luft ist erfüllt vom Duft überreifer Kräuter. Ein Mann liegt auf seinem Mantel auf der Erde, und er denkt nach über sein Tagewerk.

Was bleibt?

Wie viele Geschöpfe habe ich entworfen? Puppen. Leblos. Wozu? Durch ein Meer der Qual mußte ich hindurch. Wozu?

Hier liege ich unter freiem Himmel. Ich wollte aufsteigen zu den Sternen. Sie sind mild und freundlich. Aber so weit. Meine Hände sind machtlos geworden. Und meine Worte werden verlacht.

Ich sehe, wie sie das Tor öffnen. Und sie lecken mit ihren Zungen die Stiefel der Barbaren blank. Sie begrüßen die Feinde in ihren Mauern und geben ihnen Blumen. Und gemeinsam mit den Siegern schänden die Verräter die Stadt. Da ist kein Platz und kein Haus und keine Kirche vor ihrem entehrenden Zugriff sicher.

Und die Kinder werden abgerichtet, für die Verräter zu beten. Und man wird ihnen beibringen: Jetzt ist die richtige Freiheit da. Und es gibt Menschen, die brauchen sich dann nicht einmal nach außen hin zu verändern. Sie tragen weiter dieselbe Kappe, wie vorher.

Und ich? Ich liege hier und atme den Geruch der Erde

und weiß, sie kommen. Und sie werden mich töten. Denn ich habe ihren Verrat beim Namen genannt.

Habe ich Angst?

Ja, ich habe Angst. Vor einem Geschehen. Nicht davor, daß mein Leben ausfließen wird, hier oben auf dem kräuterduftenden Hügel. Angst vor meinen Augen.

Wenn ich das sehen muß: Die Frau, über alles andere geliebt, liegt unter den Händen eines Eingedrungenen, Fremden.

Ich stehe dabei, aber meine Hände sind gefesselt, und mein Mund ist geknebelt. Nur meine Augen sind frei.

Und ich sehe, wie sie, noch sich wehrend, hinsinkt, beglückt.

Und ihre Wandlung vom Widerwillen zum Gewöhnen. Das ist meine Angst.

*

„Michelangelo Buonarroti hat die Stadt verlassen!"

Gaetano glaubte es nicht. Er nahm sich ein schnelles Pferd, jagte hinauf zu der Höhe von San Miniato, sprang ab, lief in die Stube unterm Glockenturm. Kein Lebenszeichen war zu entdecken, kein Stück Papier, auf dem etwa eine Nachricht stand. Oh, wie gerne hätte Gaetano jetzt hier oben den Zettel gefunden: Mörder sind gekommen, diese Nacht, ich habe die Mörder besiegt und bin entflohen. Er ging aus der Stube, taumelte fast, die Enttäuschung schlug ihn. Aber Hoffnung flackerte erneut auf. Natürlich, er wird in seinem Haus unten in der Stadt eine Nachricht zurückgelassen haben. Es kann nicht sein, daß er in der Nacht entweicht wie einer, der ein schlechtes Gewissen hat. Wie ein Verräter. Damals in der großen Sitzung habe ich ihn so genannt, aber dann habe ich seine Gerechtigkeit erkannt. Und ich sah vieles, was in der Stadt geschah, heller und klarer. Und jetzt soll plötzlich alles um ihn unsicher, unklar, dunkel geworden sein? Warum hat er nicht mit uns gesprochen? Oh, gebt mir unten in seinem Haus einen Brief in die Hand. Und wenn es nur wenige Worte sind. Gebt mir die Antwort: Warum ist er gegangen? Hat ihn jemand gewarnt? Ach, wäre ich mit ihm auf den Hügel von San Miniato gegangen und hätte diese Nacht bei ihm gewacht, dann hätte ich seine letzten Worte gehört. Und was sagt Caterina, die Alte, Geschwätzige?

„Ich weiß nichts. Ich habe geschlafen. Ich habe nichts gesehen. Ich habe nichts gehört."

Vielleicht ist er zu seinem Vater geritten, um ihm zu erklären, warum er geht, um sich zu verabschieden, um zu sagen, wohin er geht. Vielleicht auch will er sich nur einige Tage ausruhen dort auf dem kleinen Landgut des Vaters, ein wenig entfernt von den undankbaren Menschen in der Stadt.

Waren wir undankbar?

Lodovico, der alte Vater, der Freund der Katzen, hörte nicht mehr gut. Es war mühselig, ihm auseinanderzusetzen, daß sein Sohn Michelangelo die Stadt und sein Amt als Festungsbaumeister verlassen hatte.

„Warum?" fragte er schwerfällig und wehrte die Katzen ab, die ihm schreiend auf den Schoß sprangen. Es war ihre Futterzeit. „Zwei Söhne sind mir gestorben", begann der Alte sein Klagelied, „und ihr habt mir den dritten getötet. Er war die Freude meines Alters, der Stab meiner müden Schritte. Ihr habt mir die Stütze weggeschlagen. Was habt ihr mit ihm gemacht?" schrie er Gaetano an. „Sein Leben lang hat er seine Pflicht erfüllt, und jetzt kommen Sie, junger Mann, und wollen Schimpf auf den Namen Buonarroti werfen, wollen sagen, er hat sein Amt im Stich gelassen. Er ist geflohen. Das glaube ich nicht. Er hat mit den Bannerträgern der Gerechtigkeit nie Glück gehabt. Schon damals hat ihn einer loswerden wollen aus der Stadt. Ich glaube, er hieß Soderini. Es ist nicht einfach mit meinem Sohn Michelangelo. Auch ich bin schon oft hart aneinandergeraten mit ihm, aber er ist nicht schlecht. Nicht so schlecht wie manche, die in der Stadt auf einem hohen Posten sitzen und vielleicht jetzt froh und zufrieden darüber sind, daß er gegangen ist, daß sie ihn hinausbekommen haben. Ich habe so meine eigenen Gedanken, aber wer hört schon auf einen alten Mann. Meinen ersten Sohn haben sie im Kloster verdorben. Und er ist jämmerlich umgekommen. Meinen zweiten Sohn hat die Pest geholt. Und was habt ihr mit meinem dritten Sohn gemacht?"

„Ich weiß es nicht", sagte Gaetano hilflos.

Und er wußte es wirklich nicht.

*

Francesco Carducci, der Erste der Regierung, hatte die beiden Freunde Michelangelos zu sich gebeten, den Maler Giuliano Bugiardini und Battista della Palla. Aber er war ein gerecht denkender Mann, und so hatte er auch von der Gegenpartei zwei Männer zu dieser Unterredung gebeten, den Feldherrn Malatasta Baglioni und den Sekretär Gaetano, den jungen Mann, der den Festungsbaumeister Buonarroti am härtesten angegriffen hatte, damals in der Sitzung des Großen Rates.

Also saßen sie zu fünft in seinem Arbeitszimmer. Und es geschah etwas Seltsames. Nicht der Gegner beschimpfte den Abwesenden, sondern der Freund. Es muß zugegeben werden, der lustige Giuliano Bugiardini hatte Angst, nackte, gemeine Angst.

Ich habe mich mein ganzes Leben lang nicht eingemischt in die Dinge der Politik, so überlegte er, wie er da im Regierungspalast vor dem Bannerträger der Gerechtigkeit saß, und nun hat es mich hineingezogen, wider Willen. Er kam sich vor wie ein Angeklagter, wie ein zu Unrecht Angeklagter. Er mußte sich verteidigen, er mußte glaubhaft machen, daß er nichts zu tun habe mit dem Verrat des Michelangelo Buonarroti. Denn man konnte es nun drehen und wenden, wie man wollte, es war Verrat, es ließ sich kein beschönigendes Wort dafür finden. Es war töricht von Buonarroti gewesen, aufzuhören mit der Arbeit an seinen Kunstwerken, er hätte niemals die Aufgabe übernehmen dürfen, für die Befestigung der Stadt zu sorgen. Oft genug hatte er, Bugiardini, ihm gesagt: Das eine verträgt sich nicht mit dem anderen. Aber natürlich hatte der Ehrgeiz den Freund gepackt, und er mußte aller Welt zeigen, daß er sich auch auf die Arbeit eines Festungsbaumeisters verstehe.

Nun hatte er ja selbst den Beweis geliefert: Das eine vertrug sich nicht mit dem anderen. Er, Giuliano Bugiardini, hatte recht behalten. Der Freund war davongelaufen. Aber was half ihm, der jetzt mit den vier anderen in dem Palast der Regierung saß, diese Genugtuung? Der sonst so lustige Mann kam sich elend und verlassen vor wie damals in Rom, als Michelangelo ihn und andere Florentiner gerufen hatte. Er sollte ihm beim Ausmalen der Sixtinischen Kapelle helfen. Ohne ein Wort zu sagen, schließt Buonarroti die Tür zur Kapelle vor ihnen zu, zeigt auf diese Weise, er wünscht ihre Mitarbeit nicht weiter. Aber er, Bugiardini, ist nicht so einer, der lange übelnimmt, also sieht er ein, daß Michelangelo die Tür zugeschlossen hat aus Verlegenheit, weil der Freund sich schämt wegen der schlechten Arbeit der anderen.

Jetzt aber war Giuliano Bugiardini nicht als Maler durch Michelangelo in Schwierigkeiten gebracht worden, sondern als Bürger der Republik Florenz. Und er wehrte sich, er wollte nicht ins Gefängnis eingeliefert werden wegen freundschaftlicher Beziehungen zu einem Verräter der Republik Florenz. Ungefragt begann er, sich zu verteidigen:

„Ich gebe zu, ich habe manchen Ratschlag von ihm angenommen, jedoch immer nur auf dem Gebiet der Malerei. Ich habe nie mit ihm über Politik gesprochen. Wenn ich nun seine Kunstwerke übersehe, dann muß ich mich fragen: Ist er eigentlich zuverlässig? Er hat so vieles angefangen, er hat so vieles versprochen. Vielleicht zu viel. Und vielleicht hat er sich nun auf diesem anderen Gebiet, als Festungsbaumeister, genauso übernommen. Aber ich weiß es nicht, ich kenne ihn, wie ich schon sagte, nur als Bildhauer und nur als Maler, mit allem anderen habe ich nichts zu tun und wollte auch nie etwas zu tun haben."

Francesco Carducci hob die Hand, bedeutete Bugiardini, er solle aufhören.

„Wir werden später darauf zurückkommen", sagte er.

Jetzt sprach Malatasta Baglioni, und seine Augen wurden groß und dunkel und wild:

„Von Halbheiten und Unzuverlässigkeiten habe ich bei ihm nichts gemerkt. Im Gegenteil. Alles, was er in die Hand nahm, war immer rund. Ich will es so sagen, er tat es ganz und gar. Wir haben ihm wertvolle Hinweise für die Verteidigung zu danken. Es ist schade, daß er weggegangen ist. Ich war sehr erstaunt, in der Tat, wirklich sehr erstaunt. In dieser harten Zeit ist es wirklich schade um jeden Mann, den wir verlieren. Und ich gäbe was drum, wäre er wieder da."

Battista della Palla hatte hier im Palast der Regierung nicht seine gewohnte Decke über die Füße bekommen, darum fror er mehr als sonst; es war ihm jammervoll zumute, alle Glieder schmerzten, er hatte an zwei Stöcken herhumpeln müssen. Die Nachricht von der Flucht Michelangelos hatte ihn tief erschreckt, aber auch verletzt: Er hat mir nichts gesagt, er hat sich weggeschlichen in der Nacht wie ein Verbrecher. Warum hat er mir das angetan? Und er war trotz der großen Schmerzen sehr rasch zum Palast der Regierung gegangen, weil er hoffte, Antwort zu finden. Nun hörte er die Beschuldigungen des Freundes und das Lob des Feindes, und er dachte nicht mehr an seine Schmerzen, und er unterdrückte auch den Wunsch, den Sekretär Gaetano um eine Decke zu bitten.

„Warum sagen Sie nicht, was Sie meinen?" redete er mit ungewöhnlich schroffer Stimme zum Generalissimus Baglioni. „Es ist Ihnen doch sehr recht, daß Michelangelo Buonarroti weggegangen ist."

„Ich habe gesagt, daß ich es bedaure", entgegnete Malatasta Baglioni hart.

„Ja, das haben wir alle gehört", sagte der kahlköpfige Mann verdrießlich. Und er dachte: Buonarroti kann nur darum weggegangen sein, weil er sich bedroht fühlte. Er ist kein Verräter. Aber was, um Gottes willen, kann ich tun, um ihnen das begreiflich zu machen? Selbst Giuliano Bugiardini, der ihn viel länger kennt als ich, zweifelt.

Und Battista della Palla erklärte:

„Wohin auch immer Michelangelo Buonarroti gegangen ist, ich werde ihn finden. Ich verpflichte mich, ihn zurückzuholen. Wenn ihm gewisse Garantien gegeben werden, dann kann ich dafür eintreten."

Durch dieses unerwartete Angebot verlief die Sitzung anders, als Francesco Carducci geplant hatte. Er hatte mit Gaetano, seinem Sekretär, besprochen, daß die beiden Freunde des Abtrünnigen sehr genau ausgefragt werden sollten, dabei wäre vielleicht eine gewisse Mitschuld zutage getreten. Es wäre dann nicht mehr nur ein Fall Michelangelo Buonarroti gewesen, man hätte von einer ganzen Verrätergruppe sprechen können. Bevor der überraschte Bannerträger der Gerechtigkeit, Francesco Carducci, zu Worte kam, rief Generalissimus Malatasta Baglioni:

„Ausgeschlossen. Ich finde das unerhört. Wir sollen ihm auch noch nachlaufen. Wir sollen auf den Knien zu ihm heranrutschen und ihn bitten, er möge so gnädig sein, wieder zu uns zu kommen. Ich bin ganz entschieden dagegen."

„Sie haben ja Angst, daß er wirklich zurückkommt." Battista della Palla stellte es fest, mit Befriedigung.

Francesco Carducci klopfte mit den Fingern auf den Tisch, Ruhe verlangend.

„Sie sprachen von gewissen Garantien. Was meinen Sie damit?" fragte der Bannerträger der Gerechtigkeit.

„Damit meine ich", entgegnete Battista della Palla rasch und spürte zum erstenmal seit langem nicht mehr, daß er fror, „damit meine ich, daß die Machtbefugnis zwischen dem obersten Befehlshaber unserer Truppen und zwischen dem Festungsbaumeister genau abgegrenzt werden muß." Und er überlegte, ob er sich noch weiter vorwagen könnte, und er sagte es: „Und der Große Rat muß ihm persönliche Sicherheit garantieren. Solange der Verdacht besteht, daß Michelangelo Buonarroti durch Mord beseitigt werden könnte, muß er einen wirksamen Schutz bekommen."

„Und Sie meinen, dann würde er zurückkommen?" fragte der Bannerträger der Gerechtigkeit.

„Eine schöne Republik! Verräter werden belohnt", sagte Malatasta Baglioni bissig. „Wir machen uns lächerlich vor der ganzen Welt. Ich warne Sie, meine Herren, das ist schlimmer als eine verlorene Schlacht, wenn Sie diesen Mann zurückbitten."

„Vorhin haben Sie bedauert, daß er gegangen ist", warf Gaetano, der junge Sekretär, ein. Es klang bescheiden, aber ein leichter Hochmut war herauszuhören. „Dann müßten Sie im Grunde jetzt froh sein, wenn sich ein Weg findet, ihn zurückzuholen." Bisher hatte Gaetano geschwiegen, und er nahm sich vor, auch weiter zu schweigen; er war zu verwirrt, er wußte nicht, was er wünschte und was er fürchtete. Er war unsicher. Und dann: Sollte Michelangelo Buonarroti wirklich wiederkommen, wie müßte man ihm gegenübertreten? Wäre es nicht peinlich?

„Malatasta Baglioni hat recht, wir müssen auch an die Ehre unserer Stadt Florenz denken. Wer sich so deutlich von uns geschieden hat, darf nicht belohnt werden. Das beste wäre, man überginge den ganzen Fall mit Stillschweigen", sagte der verängstigte, sonst so lustige Maler Bugiardini.

„Nein", rief der Feldherr Baglioni, „ich bin dagegen. Er muß in aller Öffentlichkeit als Verräter angeprangert werden. Vor dem Großen Rat, vor allen Zünften soll der Bann über ihn ausgesprochen werden. Er soll ausgeschlossen sein aus unserer Gemeinschaft für die Zeit seines Lebens, er soll seine Ehre verlieren und alle seine Güter. Und sollte er wagen, jemals wieder seinen Fuß in unsere Stadt zu setzen, dann sollte er gehenkt werden. In der härtesten Zeit hat er uns verlassen. Glauben Sie denn, ich könnte eine schlagkräftige Truppe zusammenhalten, wenn die Männer sehen, daß Disziplinlosigkeit auch noch belohnt wird? Wenn ich einen Überläufer von meinen Leuten erwische, dann lebt der nicht mehr vierundzwanzig Stunden."

„Es sind in den letzten Tagen auch noch andere Bürger geflohen", sagte Francesco Carducci überlegend. „Man sollte von diesen Abtrünnigen eine Liste zusammenstellen, sie öffentlich anschlagen. Auf einer allgemeinen Liste fällt der Name Buonarroti nicht zu sehr ins Gewicht. Ich fürchte, eine Überbewertung dieses Falles könnte dem Feind nur nützen."

„Ohne den Beschluß des Großen Rates werden Sie die Liste nicht aufsetzen lassen", Battista della Palla sagte es drohend, „und die Mehrheit im Großen Rat wird es ablehnen, den Namen Michelangelo Buonarroti auf diese Liste zu setzen, wenn ich mich verpflichte, ihn noch in diesem Monat zurückzuholen."

„Sie sind krank, Battista, schonen Sie sich", sagte Bugiardini. „Und Sie wissen ja auch gar nicht, wo er ist. Und wenn Sie das erfahren, dann wissen Sie noch lange nicht, ob er zurückkommen will."

„Da er nicht freiwillig gegangen ist, da man ihn gezwungen hat, wird er kommen!" sagte Battista della Palla. Aber seine Stimme klang nicht so fest, wie er es jetzt gewünscht hätte, seine Kräfte nahmen ab, das Frieren setzte wieder ein, und jetzt bat er Gaetano, den jungen Sekretär: „Bitte, holen Sie mir eine Decke."

Gaetano war froh. Einen Augenblick konnte er allein sein, konnte nachdenken. Woher nahm dieser Battista della Palla die Sicherheit? Er wünschte sich, er könnte auch so zuversichtlich wie dieser kranke Mann sagen: Ja, er kommt. Doch bei allem Zweifel spürte er ganz leise eine Freude, daß nicht mehr nur von dem Verrat gesprochen wurde, sondern auch von der Möglichkeit, den Mann zurückzurufen. Er war Battista della Palla dankbar, daß er ihm, Gaetano, Hoffnung gelassen hatte. Und mit besonderer Sorgfalt hüllte er ihm die Füße ein. Battista merkte es verwundert.

★

Am 30. September 1529 veröffentlichte der Große Rat die Namen derer, die unrechtmäßig die Stadt verlassen hatten. Es wurde verfügt: Wer nicht bis zum 7. Oktober zurückkehrt, ist ein Feind der Republik und wird wie ein Feind behandelt.

Auf der Liste stand auch der Name Michelangelo Buonarroti.

III. KAPITEL

Nacht

Niemand war bei Michelangelo Buonarroti, als er Venedig erreichte. Die beiden Begleiter und sein Gehilfe Antonio Mini waren unterwegs umgekehrt. Er hatte sie nicht gebeten, weiter mit ihm zu gehen. Also war er allein. Er spürte kein Gefühl des Triumphes, daß er ungehindert das Ziel erreicht hatte. Als er nach langen Jahren wieder die tiefe, feierliche Glocke von San Marco hörte, überkam ihn unendliche Traurigkeit.

Was ist jetzt noch mein Leben? Ich habe den Klang meines Namens ausgelöscht. Ich habe meine Wurzeln selbst ausgerissen. Von nun an wird man mich zu den Verrätern und zu den Feiglingen zählen, und es wird heißen: Das ist der Mann, der seine Vaterstadt in der höchsten Gefahr verlassen hat. Und er wird auch das anhören müssen: das abgegriffene Wort von der Ratte und dem sinkenden Schiff.

Er wollte niemand sehen, er hätte kein Wort eines anderen ertragen können. Was sollte er anfangen mit fremdem Mitleid, fremden Fragen, mit fremdem Leben?

Zu Hause in Florenz begann das Fleisch knapp zu werden, das Brot wurde eingeteilt. Hier aber in Venedig sah es aus, als gäbe es nur strahlenden Sonnenschein und Überfluß und Lachen und Glück ohne Furcht. Und den weiten Atem des offenen Meeres.

Der einsame Mann ging über den Markt und sah die Mengen an Fischen, er sah, wie sich eine Frau vom Händler zehn Fische zeigen ließ und sich nicht entschließen konnte, auch nur einen zu kaufen; der eine war ihr zu lang, der andere zu kurz, jener hatte schon ein eingedrücktes Auge, diesem fehlte ein Stückchen aus der Schwanzflosse zur Zierde. Es wurden auf dem Markt nicht nur Fische angeboten, es gab Hühner und Granatäpfel, Tauben und Feigen, süße und saure Brote. Es war unsinnig, sich zu überlegen: Ach, könnte doch dieser Markt durch ein Zauberwort nach Florenz versetzt werden. Er hielt es nicht mehr aus auf dem belebten Platz, es störte ihn alles, das leise Gleiten der Gondeln durch die schmalen Kanäle, die vielen Katzen. Alles in dieser Stadt erschien ihm satt und selbstzufrieden. Und er floh abermals.

Er ließ sich übersetzen. Ging in den verlassensten Teil der Stadt, in den verrufensten.

Die Insel Giudecca.

Es war diese zweite Flucht jedoch kein Verkriechen. Die Wahl seiner Behausung hier in Venedig war gleichzusetzen einem Bekenntnis: Ich will mich nicht an die Seite der Satten in die Sonne setzen. Mehr verbunden fühle ich mich denen, die von den Satten in den Schatten gedrängt werden. Nur hier, in der Abgeschiedenheit der Vergessenen und Verachteten, kann ich versuchen, mein Leben noch zu achten.

Denn das Ende ist nicht die Flucht. Aber wie kann ich ein Weiterleben ertragen? Wäre es nicht größer gewesen, ich hätte mein Leben hingegeben für die Stadt? Mein Name wäre bestehen geblieben als ein Symbol der Freiheit. Aber der Tod wäre nicht gekommen wie bei Savonarola. Kein Scheiterhaufen hätte mich beleuchtet. Nicht einmal der Schein einer Fackel. Der Tod wäre im Dunkeln gekommen.

Jetzt aber bin ich losgelöst von allem wie ein vom Sturm abgerissenes Blatt.

Er saß in diesem leeren Haus auf der Giudecca, und nichts anderes war bei ihm als seine Gedanken. Es war kein Warten; denn er wußte, nichts würde geschehen, wenn nicht er selbst den Anstoß dazu gäbe. Nur wenn er erklärte, ja, ich bleibe hier, ich baue für euch Paläste, Brücken, macht mich zum Bürger eurer Stadt, dann würden sie ihn zum Bürger der Stadt machen. Nur wenn er erklärte, heute sind meine Tage in Venedig zu Ende, nun will ich weiter, dann würden sie ihm ein Pferd geben und gute Ratschläge für die Reise. Aber er erklärte nichts. Er sagte nicht, daß er für immer bleiben wolle, und er sagte nicht, daß er morgen gehen möchte. Er verlangte nichts, wartete auf nichts, erwartete nichts. Es war nur da der Atem der Stadt. Er war in diesen Duft eingesunken, fast betäubt. Nur Venedig war dieser besondere Hauch zu eigen, eine leichte, süße Fäulnis, doch nicht abstoßend, sondern geheimnisvoll. Nicht schwer und stickig jetzt im Herbst, sondern betörend, lockend.

Auch diese Stadt hier am Meer war vergleichbar mit einer Frau, so wie Florenz. Aber ganz anders. In Florenz kam der Duft aus den Gärten, die vom Fluß herauf hügel-an stiegen; er hatte das Herbe der Erde an sich. Die Luft konnte auch betäubend geheimnisvoll sein, aber selbst in den Augenblicken der größten Lieblichkeit, im Frühling, war hinter all dem hingebenden Schmelz eine Härte zu spüren, reizvoll und gefährlich.

Buonarroti nahm kein Papier für ein Gedicht, er wollte nicht schreiben. Es war keine Sehnsucht in ihm. Nichts mehr zählte. Nicht eine von allen seinen Arbeiten. Denn was ist der Mensch, wenn er große, himmelstürmende Werke schafft und daneben klein und erbärmlich handelt? Was zählen die tausend Gründe für diese Flucht? Was zählt der letzte, vielleicht der gewichtigste: Ich mußte mein Leben erhalten? Für den Vater und für die Brüder. Sie wären hilflos ohne mich.

Es ist nichts anderes da als der Atem dieser Stadt, her-kommend aus unergründlichen Weiten. Und der Duft der Gewürze aus aller Welt vermischt sich mit dem scharfen Geruch der Beizen vom Schiffsbau, vermengt sich mit dem Gestank fauler Fische, die mit anderem Unrat zurück in die Kanäle geworfen werden. Es ist kein heißer Atem, es ist ein saugender Atem. Und vieles erscheint angesichts des weiten silbrigen Meeres gleichgültig. Beim Gesang der großen Glocke von San Marco kann ein Fremder alles ver-gessen. Und er kann auch vergessen werden.

*

Es war nicht möglich, zu vergessen, daß Michelangelo Buonarroti auf der Giudecca saß. Er war nicht einfach ein fremder Zuwanderer, einer unter ungezählten Menschen, die Zuflucht in der freien Stadtrepublik Venedig suchten, einer unter den vielen Abtrünnigen, Andersgläubigen und Irrgläubigen, die fast aus dem ganzen Abendland hierherkamen. Dieser Mann, der sich auf die Giudecca zurückgezogen hatte, der alle Einladungen zu Empfängen abgelehnt hatte, mußte beachtet werden.

Der Doge kam nicht selbst, aber er schickte die ersten Männer seiner Regierung, Prokuratoren, Leute von hohem Adel. Vier Herren. Es war schwer, sie zu unterscheiden, es schien, als hätten sie nur ein Gesicht und eine Stimme. Sie sagten dasselbe:

„Geben Sie uns die Ehre, bleiben Sie hier in Venedig. Sie können bei uns arbeiten, was Sie wollen. Wünschen Sie unsere Stadt mit Ihrer Malerei zu bereichern, gern stellen wir Ihnen unseren schönsten Saal im Dogenpalast zur Verfügung. Möchten Sie aber lieber Werke in Marmor gestalten, an Aufträgen wird es nicht fehlen. Auch wir haben große Plätze, auf denen wir ein Bildwerk aus Ihrer Hand aufstellen können. Würde es Ihnen jedoch mehr zusagen, die Kunst des Bauens auszuüben, so wären es hier bei uns in Venedig vor allem die Brücken, an denen Sie Ihren Scharfsinn und Ihr Gefühl für Schönheit zeigen könnten."

Die vier Herren sprachen leise. Sie waren nicht erfüllt von unwägbarer Vornehmheit, sie waren auch nicht etwa beseelt von lässigem Hochmut. Das alles hatten sie nicht nötig. Sie fühlten sich einfach als die Vollkommenen. Sie, die Vertreter der uralten venezianischen Adelsfamilien, waren die einzigen Menschen in der Welt, die nichts Barbarisches an sich hatten. Selbst die Vergnügungen der Könige und Fürsten in den anderen Städten der Erde betrachteten sie mit leise lächelnder Verachtung. Was diese Leute in den festen Städten als ihr edelstes Spiel ansahen, den Wettlauf zu Pferde, das war in ihren Augen nichts anderes als lärmende, grobe Plumpheit. Sie empfanden sogar ein wenig Mitleid mit den unwissenden Menschen, die Genuß empfinden konnten beim Geräusch des Hufschlags. Nein, es gab keinen Vergleich. Ihre Spiele, die venezianischen Spiele, waren einmalig in der Welt. Und alles geschah leise, unaufdringlich und doch erregend: der Wettlauf der Gondeln. Ja, dieses Spiel war vollkommene Lust. Das fast schwerelose Gleiten auf dem Wasser, das Beherrschen dieses geheimnisvollen Elementes war größere Kunst als das Einherstampfen mit Tieren auf staubigen Straßen. Ganz zu schweigen vom venezianischen Karneval, dem Fest der Sinnenlust und des Reichtums.

Dabei waren diese vier Prokuratoren, die auf die Giudecca gekommen waren, keineswegs zart besaitet. Es kostete Kraft, ein weltweites Reich des Handels zusammenzuhalten gegen den Papst, gegen den habsburgischen Kaiser, gegen die Türken, gegen die Portugiesen, die um Afrika herum nach Indien segelten, und gegen die Spanier, die aus ihren Gebieten in den neuentdeckten Ländereien Gewürze in den Handel brachten. Die Prokuratoren hielten sich nicht nur für die vollkommensten, sondern auch für die vernünftigsten Menschen der Erde. Ihre Einblicke in alle Angelegenheiten der Welt waren so tief, daß sie nichts mehr erschreckte. Sie waren die ersten des Abendlandes, die mit dem Antichrist, mit dem Türken, paktiert hatten. Sie gaben das Beispiel, daß eine Regierung nicht beherrscht werden dürfe von einer Familie oder von einem Tyrannen. Sie hatten ein sehr gut durchdachtes und seit Jahrhunderten erprobtes System: Alle vornehmen und reichen Familien hatten Anteil an der Ausübung der Staatsgeschäfte. Und sie machten durch die geordnete Handhabung ihrer Gesetze diese Stadtrepublik zu einem Ziel der Sehnsucht für alle Verfolgten. Für die vier Herren war es keine Frage: Venedig ist das Herz der Welt. Aber mit ihrer auf Jahrhunderte gegründeten Erfahrung wußten sie sehr genau, daß dieses Herz der Welt todkrank war. Und alles, was sie taten, konnte nur noch dazu gut sein, den Todeskampf zu verlängern. Seit die Portugiesen mit ihren Schiffen südwärts um Afrika herum zu den indischen Häfen gelangt waren, schlug das Herz mit Mühe und unter großen Schmerzen. Es hatte keinen

Sinn, darüber zu jammern oder zu schreien, diese vier Herren wußten, sie begannen bei lebendigem Leib abzusterben. Aber sollte man darum zimperlich sein? Nein, solange das Herz noch schlug, solange ein Klopfen spürbar war, mußte man zugreifen und aller Welt zeigen: Seht her, das sind wir, Söhne der Republik Venedig, die sich zu ihrem Schutzheiligen den Evangelisten Markus genommen haben; Markus mit dem geflügelten Löwen und dem Buch, Zeichen der Kraft und Zeichen der Weisheit. Noch ist die Nacht nicht da, und wenn sie kommt, dann nehmen wir Lichter, sie zu erhellen. Und jedes gelungene Kunstwerk umgibt uns mit Glanz.

Sie redeten vor Michelangelo Buonarroti nicht viel. Sie nannten sachlich eine hohe Summe, die er monatlich ausgezahlt bekommen sollte. Sie erklärten auch, daß der Mann aus Florenz selbstverständlich seinen Vater herrufen könne, sie hätten Raum für die ganze Familie, auch für die Brüder und die Kinder der Brüder.

Buonarroti hörte sie an mit unbewegtem Gesicht, verschlossen. Er sagte nicht ja und nicht nein, er konnte es nicht. In ihm war unendliche Trauer und Müdigkeit, eine Dumpfheit, die ihn tief geschlagen hatte: Verzweiflung über sich selbst.

Und diese Verzweiflung war so groß, so undurchdringlich, daß es von einer fast lächerlichen Aussichtslosigkeit war, dagegen neue Aufgaben zu stellen, etwa Bildwerke aus Marmor oder Malereien oder Brücken. Die vier Herren drangen mit ihren Worten nicht bis dahin vor, wo irgendein Echo herkommen könnte, eine Antwort.

Sie waren nicht beleidigt, daß sie keine klare Erwiderung auf ihr ehrenvolles Angebot bekamen. Sie waren auch nicht erstaunt, sie nahmen es nur zur Kenntnis. Da sie erhaben waren über die nichtigen Dinge des Alltags, verübelten sie ihm seine Unentschlossenheit nicht. Gewissenhaft erkundigten sie sich, ob ihm in diesem Haus auf der Giudecca auch nichts fehle. Versprachen wiederzukommen.

Als sie gingen, grüßten sie ihn mit Ehrerbietung. Aber sie verneigten sich nicht vor dem leidenden, gehetzten, geflüchteten Mann, sie grüßten ohne Mitleid.

★

Buonarroti konnte nicht verhindern, daß Besucher kamen.

Aretino ließ fragen, ob er ihn sehen dürfe. Michelangelo sagte nicht ja und nicht nein. Also kam Pietro Aretino, der Dichter. Pietro Aretino begriff im ersten Augenblick, da er Michelangelo sah, alles: seine Einsamkeit, seine Verzweiflung, die Trostlosigkeit. Und hier drinnen, mit einem Male, spürte er fast schmerzhaft deutlich: Es stirbt wieder ein Jahr. Furcht vor der Vergänglichkeit überkam ihn. Er schaute sich in dem Zimmer um; es war fast leer, kein Bild an den Wänden, kein Teppich, nur ein paar Stühle, ein Tisch, ein Bett, und der Mensch in diesem Raum trug einen einfachen dunkelbraunen Mantel ohne jedes schmückende Beiwerk an Stickereien oder Pelzen. Aretino fragte sich, hat er diesen Mantel an, weil er gehen will oder weil er gerade gekommen ist, oder friert er nur einfach? Und der Dichter schämte sich heute zum ersten Male, daß er sich so herausgeputzt und mit Goldflitterwerk und Pelzen behängt hatte. Sonst war es sein großer Stolz gewesen, den anderen seinen Reichtum zu zeigen: Seht her, das bin ich, Sohn eines Schusters, aber besser gekleidet als selbst der Doge. Für diesen Besuch bei Michelangelo hatte er sogar die goldene Ehrenkette der Republik Venedig umgelegt, die er sonst nur an hohen Feiertagen trug. Er hatte lange und sorgfältig gebadet, hatte sich mit wohlriechenden Ölen aus dem fernen Orient einreiben lassen, hatte seinen langen, vollen dunklen Bart und sein ein wenig angegrautes, aber noch dichtes dunkles Haupthaar mit duftenden Wassern in Wellen legen und auf einen angenehmen Glanz bringen lassen. Er hatte mit seinem golddurchwirkten Purpurmantel einen gewissen Hochmut angetan: Dieser Michelangelo Buonarroti ist es gewohnt, mit Päpsten umzugehen und mit den reichsten

Kaufleuten der Erde. Er soll merken, daß ich mindestens ebensoviel wert bin.

Mochte der Mann aus Florenz seinen Ruhm auf seinen Meißel gründen und auf seine Farben, so war der andere im Grunde doch nur ein Nachfolger von denen, die vor ihm auf ihre Art Bilder und Marmorwerke geschaffen hatten. Er aber, Pietro Aretino, hatte sich herausgehoben aus der Reihe aller, die je vor ihm die Feder geführt hatten. Er war nicht mehr der schreibende Diener für irgendeinen Fürsten. Er hatte als erster gezeigt, daß in diesen Tagen der Mensch, der die Kunst des Schreibens beherrschte, nicht mehr gleichzusetzen war Hofnarren und Spaßmachern und albernen Zwergen, denen die Aufgabe zukam, die Gäste der Reichen zum Lachen oder zum Weinen zu bringen. Nein, er würde sich angesichts des sagenhaften Ruhmes des Geflüchteten nicht zu schämen brauchen. Auch sein, Pietro Aretinos, Name hatte guten Klang.

Nun aber schämte er sich, weil er sich für diesen Besuch hergerichtet hatte wie ein Geck. Dieser Mann hier redete nicht von sich selbst, nicht von seinen Kunstwerken, er redete auch nicht von seinem Unglück, auf der Flucht zu sein.

Michelangelo holte Wein und Becher aus Tonerde, die leider etwas angeschlagen waren. Pietro Aretino konnte nicht verhindern, daß er ein wenig mit Widerwillen trank. Er benutzte nur noch goldene Becher. Doch sogleich tadelte er sich selbst, dachte: Ich muß auf mich achten, daß ich nicht überheblich werde. Aber können denn kluge Menschen auch überheblich werden? Ich glaube, bei mir ist es mehr Übermut.

Durch das offene Fenster wehten die Klänge eines Liedes herein, gesungen von hellen Stimmen. Da Michelangelo nach einem höflichen Trinkspruch seinen Becher schweigend beiseite stellte, da die große Stille im Raum den lebhaften Pietro Aretino bedrängte, redete er:

„Das ist ein seltsames Lied. Es wird nur im Herbst gesungen und nur von jungen Leuten und vielleicht nur in Venedig. Ich habe es nirgendwo anders bisher gehört."

Da Michelangelo nichts fragte, mußte der Besucher weiterreden:

„Es ist das Lied von der häßlichen Alten. Sie hat keine Zähne mehr, dafür bekam sie viele Falten, sie wurde triefäugig, und kein Mann schaut sich mehr nach ihr um. Und wollen Sie wissen, warum nur die Jungen dieses Lied singen? Manchmal denke ich, es geschieht aus Angst. Denn es ist nur im Herbst zu hören, wenn das Jahr beginnt, Abschied zu nehmen. Aber in Venedig wird aus allem ein Spiel, auch aus der Angst, und nur wer uns ganz genau kennt, der weiß: Nicht die Alten werden verspottet, sondern die Jungen machen sich gegenseitig Mut. Es ist das Spiel: Seht es euch an, die Zeit nagt, aber noch haben wir alle Zähne und können beißen, noch haben wir keine Falten und können lächeln, noch riecht unser Atem nicht verfault, also schmecken die Küsse."

Pietro Aretino war froh, daß Buonarroti wenigstens mit dem Kopf nickte. Das ermutigte ihn, die etwas schwierige Unterhaltung weiterzuführen:

„Unser unvergeßlicher, leider viel zu früh gestorbener Zauberer Giorgione hat dieses Spiel oft gewagt. Er konnte das Angesicht seines geliebten, unwahrscheinlich schönen Mädchens umwandeln in das einer alten, verfallenen, neidvollen Frau. Es waren ihre Lippen, ihre Augen, so würden sie werden – mit der Zeit."

Bisher hatte er, Pietro Aretino, sich immer sehr stark gefühlt bei diesem Lied. Er hatte sich zu den Jungen gezählt, und er hatte das Lied auf verschiedene Art abgewandelt. Manchmal war die häßliche Alte bei ihm ein Kardinal, dem er gedroht hatte, die Maske der ehrbaren Keuschheit wegzuziehen, nun zahlte der aus Angst. Schweigegeld. Manchmal war es ein Herzog oder ein Graf. Und sie zahlten alle. Freunde und Feinde nannten ihn „Geißel der Fürsten".

Jetzt, in diesem kahlen Raum auf der verrufenen Insel Giudecca, begann er zu überlegen, daß eines Tages dies Lied ihn treffen wird. Und er gehört zu den Alten, Verbrauchten, Verdorbenen. Die Zeit nagt.

Er schüttelte die unangenehmen Gedanken ab. Das Lied von der häßlichen Alten hatte für ihn bisher immer bedeutet: Pietro, nutze deine beste Zeit, jetzt bist du stark, jetzt kannst du Gerechtigkeit üben auf deine Weise, bewahre deinen höchsten Ruhm: Geißel der Fürsten zu sein und Anwalt der Armen.

Eine Welle tiefen Mitgefühls für alle Leidenden und in Not Geratenen ergriff ihn. Gut sein zu den Menschen. Und gleichzeitig war es Glück, zu wissen: Er, Pietro Aretino, hatte die Macht, Bedrängten zu helfen. Und ihm fiel ein: Vielleicht habe ich Michelangelo Buonarroti gekränkt. Und er sagte schnell:

„Ich fand auch etwas von diesem ‚Seht es euch an, wie die Zeit nagt' in Ihrer Cumea an der Decke der Sixtinischen Kapelle. Es ist, als hätten Sie dieses Spiel unseres unvergessenen Giorgione gekannt."

„Ja, ich kenne das", sagte Buonarroti. Und er dachte: Es ist kein Spiel. Es ist ein Gleichnis, in das ich unlösbar einbezogen bin. Das andere Gesicht, das eines Propheten oder einer Sibylle, war ein Stück von mir. Ihr Mut war mein Mut. Ihr Lachen war mein Lachen. Und ihre Traurigkeit war meine Traurigkeit. Jetzt aber ist alles vertan. Es gibt für mich kein Gleichnis mehr.

Nur der große Zweifel war da: Hätte ich nicht bleiben müssen? Wäre dieser unaufhörlich nagende Zweifel nicht gewesen, oh, wie schön hätte er dann Gedichte schreiben können über die Einsamkeit. Meine Speisen sind Seufzer, Tränen sind mein Getränk, ich bin so verlassen, daß nicht einmal Gott weiß, wo er mich finden könnte.

Aber der Zweifel saß zu tief, er lähmte die Gedanken, er ließ es nicht zu, daß sie sich zu einer Perlenkette schöner Worte formten.

Aretino spürte die Not des anderen und wollte helfen. Es war keine Eitelkeit, wenn er jetzt von sich sprach, es war notwendig zu erklären, über welche Möglichkeiten er verfügte.

„Auch ich gehöre zu den Umhergetriebenen", begann er. Er redete sachlich und ohne Pathos. „Ich will Ihnen nichts vorjammern von der Zeit, da ich verspottet und beschimpft wurde: ‚Dreckiger Schusterjunge.‘ Heute sagen dieselben Leute aus adligen Familien von mir: ‚der Göttliche‘ und ‚Tempel der Dichtung‘ und ‚Wald der Worte‘ und ‚Meer der Vergleiche‘ und ‚die Ehre Italiens‘ und ‚ein neues Wunder der Menschheit‘. Ja, ich bin der Sohn eines Schusters, und ich habe nichts gelernt. Es gab niemanden, der mir Griechisch beigebracht hätte oder Latein, denn wie soll ein Schuster das bezahlen? Ich möchte Ihnen nicht zumuten, meine Geschichte anzuhören von dem Weg aus dem Schusterhaus in Arezzo bis hierher in mein Haus am Canale Grande in Venedig. Sie sollen nicht einen Augenblick denken, daß ich vor Ihnen prahlen will, wenn ich sage, heute kommen zu mir Türken und Juden, Inder, Franzosen, Deutsche und Spanier. Ach, und meine Italiener: Soldaten, Studenten, Priester. Jeder, der in Not geraten ist, fragt nach mir. Der König von Deutschland hat mir angeboten, ich sollte zum Ritter geschlagen werden. Ich brauche keine Titel, ich brauche keine Orden, es würde billig und immer lächerlich klingen, wenn es hieße: ‚der Ritter Aretino‘ oder ‚der Graf Aretino‘ oder ‚der Fürst Aretino‘. Der Unterschied zwischen denen, die Orden und Würden und Titel verleihen, und mir ist zu groß. Ich will meinen Ruhm von niemandem borgen. Mein Name soll groß sein nur durch meine eigenen Schöpfungen, durch nichts anderes. Ich will Dinge schreiben, die Italien, ja die ganze Welt in Erstaunen setzen. Aber es werden alles meine eigenen Gedanken sein. Da gibt es Dichter, die arbeiten alte Stoffe um, das kommt mir so vor wie die Arbeit eines Schneiders, der alte, abgetragene Lumpen flickt und neu aufputzt …“

Pietro Aretino brach ab. Er ärgerte sich über sich selbst; er wollte von Michelangelo nicht für geschwätzig gehalten werden. Aber mußte er nicht alles von sich berichten, um dem anderen zu beweisen, daß er ihm wirklich helfen könnte?

„Wir beide, ja, wir haben vieles gemeinsam. Wir verachten das Haus Medici. Und in Wirklichkeit hat Clemens, der mißratene Medici, Rom verderben lassen, unser schönes, großes, ewiges, heiliges Rom."

Er machte eine Pause, aber Buonarroti sagte nichts. So redete Aretino weiter:

„Und er schämt sich nicht, dieselben fremden Landsknechte, die Plünderer und Mordbrenner von Rom, einzusetzen gegen Florenz. Und natürlich wird er siegen, denn wer wollte sich halten können gegen das Bündnis von Kaiser und Papst. Florenz ist schon jetzt verloren. Es bleibt uns nichts anderes, als die Stadt zu beweinen, und ich teile Ihren Schmerz. Gleichzeitig aber preise ich Sie glücklich, daß Sie sich herausgelöst haben aus diesen unwürdigen Händeln mit dem unsicheren Malatasta, von dem die Rede geht: Um das Schloß seiner Väter in Perugia mit allen Ländereien unzerstört zu erhalten, hat er ein Abkommen mit dem feindlichen Feldherrn getroffen. Und ich darf noch einmal wiederholen: Willkommen in Venedig. Ich wage nicht, zu sagen: Genießen Sie das Leben. Ich weiß, Ihre Seele ist verwundet. Ich weiß, Sie leiden an unserer Zeit, und es wäre abgeschmackt, Ihnen zu empfehlen: Seien Sie glücklich hier in einer Stadt, wo man frei sein kann und wo man satt sein kann. Aber ich muß Ihnen versichern: Auch ich leide an dieser Zeit. Und ich bitte Sie, lassen Sie sich nicht von denen beirren, die Ihnen erzählen, der Aretino trinkt nur aus goldenen Bechern, er geht nur in Samt und Seide, er hat es vergessen, daß er der Sohn eines Schusters ist.

Nein, ich habe es nicht vergessen, und ich werde es nicht vergessen, solange ich lebe. Aber ich kann die Welt nicht verändern, sie ist ungerecht und hart, und der Wert eines Menschen wird gemessen an seinem Geld und an seinen Gütern. Und das wird immer so bleiben. Es ist sinnlos, sich dagegen aufzulehnen. Wie sinnlos es ist, hat mir das Ende des deutschen Bauernpredigers Thomas Müntzer gezeigt. Ich habe mir seine Predigten besorgt und übersetzen lassen. In Venedig bekommt man alles, müssen Sie wissen, Schriften der Ketzer, Rezepte der Araber und jedes Buch, das auf dem Index steht. Nur ganz wenige echte Freunde wissen von mir, daß ich die Schriften, die auf dem Index verzeichnet sind, fast lückenlos gesammelt habe. Es ist eine bitter-süße Lust, darin zu studieren und nachzuforschen, wovor unsere Väter in Rom sich fürchten. Es ist faszinierend, die Forderungen des Bauernpredigers Thomas Müntzer zu verfolgen. Er will nicht mehr und nicht weniger, als eine große Gerechtigkeit für alle in der Welt schaffen. Aber das geht nicht. Verzeihen Sie, ich komme ins Reden und finde kein Ende, und ich weiß gar nicht, ob ich Sie nicht langweile."

„Nein", sagte Buonarroti, „ich langweile mich nicht."

Und Aretino redete weiter:

„Es geht nicht einmal mit Gewalt. Manchmal sagt mir mein Herz, schade, daß es dem Mann da jenseits der Alpen nicht gelungen ist. Aber meine Vernunft sagt mir, Gewalt ist für mich zu unbequem, zu mühsam, und, ich gebe zu, auch zu gefährlich, also für mich nicht das richtige Mittel, die Not der Armen zu lindern. Denn Gewalt schlägt – betrachten Sie das als meine, Aretinos, und nicht als allgemeingültige Erkenntnis – am Ende immer nur auf die Armen zurück. Es geht nur mit List, und nur in einzelnen Fällen kann ich helfen. Nicht alle Menschen kann ich glücklich machen. Wenn ich mir am Ende meines Lebens sagen kann, ich habe nur einigen wenigen Menschen wirklich geholfen, so daß sie den Mut zum Leben nicht verloren haben, dann will ich schon ganz zufrieden sein. Und, ich gebe auch das zu, mir schmeckt das Leben zu gut, als daß ich es wagen würde, die Mächtigen so herauszufordern wie Bruder Girolamo Savonarola in Florenz oder der Bauernprediger Müntzer jenseits der Alpen. Meine Kämpfe mit den Mächtigen sind nicht so laut und nicht so pathetisch. Aber ich gewinne sie meistens, denn das ist mein Geheimnis: Die Mächtigen müssen mir helfen, ich zwinge sie dazu, ganz ohne Gewalt. Sie tun es aus Angst, und sie bieten mir auch noch Geschenke; die einen, weil ich sie mit meinen Worten prügele, und sie bitten, ich möge aufhören, die anderen, weil sie wissen, ich könnte sie mit meinen Worten prügeln, und diese bitten, ich möge nicht erst damit anfangen.

Und alle zahlen. So kann ich an jedem Ostertag in meinem Haus achtzehn Kinder speisen, so kann ich fünfundzwanzig Bettlern zu Weihnachten warme Mäntel geben, so kann mein Haus die Kosten tragen, wenn eine arme Frau ein Kind bekommt oder wenn einer meinesgleichen krank wird. Ich schicke zu meinem Doktor und zu meinem Apotheker. Und das ist der Witz, der Doktor muß die Leute, die nur Schuster oder Flickschneider oder Kesselschmiede sind, genauso behandeln wie mich. Und mich behandelt er wie den Ersten Mann in der Regierung.

Sagen Sie selbst, verehrter Michelangelo Buonarroti, lohnt so ein Leben nicht? Sicher, das sieht nicht sehr heldenhaft aus, und meine Siege über die Mächtigen sind nur wie seltene Blumen in einer großen Wildnis. Aber ist es nicht ein beglückendes Erlebnis, plötzlich so eine strahlende Blume zu finden? Nun also sind Sie hier bei uns in Venedig. Ich stehe zu Ihrer Verfügung. Was kann ich für Sie tun?"

Mit Zurückhaltung hatte Pietro Aretino gesprochen, seine großen Worte sollten nicht zu groß klingen.

„Nichts", entgegnete Buonarroti, „ich sehe nichts, was Sie für mich tun könnten."

„Ich kenne das", sagte Pietro Aretino, „das ist die Betäubung nach der Reise. Sie werden sich erholen, und Sie werden sich bei uns in Venedig wohl fühlen."

„Ich bin nicht so sicher", sagte Michelangelo zögernd.

„Ich kenne auch das", sagte Aretino. „Das ist die Sehnsucht. Ich konnte nächtelang nicht schlafen, weil mir einfach die Geräusche von Rom fehlten. Aber nun ist die Sehnsucht schon lange tot, und ich verachte wie die Venezianer den Lärm der Landbewohner, ratternde Wagenräder und stampfende Hufe. Hier ist man gut zu mir, man achtet mich, und man ehrt mich. Also habe ich mich auch nicht dagegen gewehrt, als die Sehnsucht anfing zu sterben. Das ist jetzt meine Stadt, und ich rate Ihnen, hören

Sie auf, an Florenz zu denken. Vergessen Sie, daß es ein Florenz gibt, so wie ich vergessen habe, daß es ein Rom gibt. Und denken Sie immer daran, wenn Sie irgendeinen Wunsch haben, Pietro Aretino, Sohn eines Schusters, ist da. Und wer ihn ruft, dem hilft er."

★

Es begann für Buonarroti unerträglich zu werden, das quälende Nichtstun. Der Geflüchtete wußte nur einen Menschen, dessen Worte ihn aus dem Tal der Hoffnungslosigkeit führen könnten.

Giovan Battista della Palla, der kahlköpfige, rücksichtslose Mann. Der Freund.

Und er wünschte, jetzt müßte er dasein, mit seinem langsam schleppenden Gang hier hereinkommen in die trostlose Leere der Stube. Und mit dem schweren Atem eines Kranken, der seine quälenden Schmerzen verbirgt, setzt er sich und wartet mit geduldiger Ungeduld auf das erste Wort.

Ich will, daß du mich verstehst, Battista, höre.

Aber es war niemand da. Von draußen wehten nur die Klänge des Liedes herein: Seht es euch an, so nagt die Zeit. Leute klatschten dazu im Takt.

Wirst du kommen, wenn ich dich rufe, Battista?

Aber wie soll ich dich rufen? Einen Brief lesen tausend fremde Augen. Und ich kann nicht schreiben, erklären, warum ich gegangen bin und wohin ich gehen wollte. Was sagt denn schon das schwache geschriebene Wort auf weißem Papier?

Und doch versuchte er es. Er wollte sich vor dem Freund rechtfertigen. Er schrieb ihm also auch von seiner letzten Hoffnung: „Ich will nach Frankreich." Und er fragte: „Wird es dir möglich sein, mit mir zu gehen?" Und er bat: „Antworte mir schnell, denn ich verzehre mich danach, endlich weiterzugehen. Und auch, wenn du nicht mit mir kommen willst, laß es mich wissen, damit ich einen Entschluß fassen kann."

Und er schickte den Brief ab, obwohl er wußte, wie unklar und ungenau seine Worte Auskunft gaben über das, was geschehen war, und über das, was er wollte.

Ist Battista wirklich der vertraute Freund, dann wird er alles begreifen:

Wenn ein Feldherr seine eigene Stadt Perugia von einem auf den anderen Tag den Feinden aufschließt, wenn er ungewöhnliche Kapitulationsbedingungen zugestanden bekommt, dann fange ich an zu fragen: Warum? Und ich werde meine Gedanken an die Zugeständnisse der Medici für diesen Feldherrn nicht mehr los.

Sie gestatten ihm freien Abzug aus der Stadt, mit allen seinen Söldnern und seinen Kanonen.

Sie versprechen ihm, das Schloß seiner Väter und alles dazugehörende Land nicht anzutasten.

Und sie erlauben ihm, seine Dienste als Feldherr der Stadt-Republik Florenz zu leihen.

Und er trägt inmitten unserer Versammlung des Großen Rates das teure Wort Freiheit an seiner Kappe, dabei ist er schon gebunden.

Mit seinen Gütern, die er dem Feind anvertraut hat.

Wem wird er nun in Wahrheit dienen? Wem nur kann er dienen?

Oh, verfluchte Kappe mit den verfluchten goldenen Buchstaben.

Darum, Battista, bin ich gegangen, weil er uns den Medici ausliefern wird. Ausliefern muß.

Und ich sah die letzte große Hoffnung: Ich eile nach Frankreich und bitte den König um Hilfe und komme dann mit den rettenden Truppen von draußen. So wird der umklammernde Belagerungsring aufgebrochen.

Unterwegs aber schlug mich der lähmende Zweifel: Es ist zu spät. Und jetzt brauche ich dein bestätigendes Wort, Battista, sage du, es ist nicht zu spät.

★

Michelangelo wartete, und er betete täglich die vorgeschriebene Messe in der kleinen Kirche auf der Giudecca. Eines Tages kam dort aus dem Dunkel einer Seitenkapelle ein Theatiner zu ihm. Er erkannte den Bischof Gian Pietro Carafa, den hochgewachsenen, hageren Mann aus Neapel, den Gleichaltrigen. Sie gingen zusammen bis ans Ufer. Nur das Meer war da und die beiden Männer. Carafa sprach heftig und mit jener Wildheit, die andere damit zu erklären suchten: Das Jähe und Unbeherrschte kommt von dem Berg seiner Heimat, dem Vesuv, der im Verborgenen das Feuer hat.

„Das alles, die Zerstörung und Plünderung Roms ist auch meine Schuld. Ich habe es kommen sehen, aber ich habe meine Stimme nicht laut genug erhoben. Da und dort habe ich mich beschwert, doch immer nur im kleinen Kreise.

Ich müßte mir ins Gesicht spucken, daß ich päpstlicher Kammerherr war am Hofe des Alexander Borgia, inmitten der Verkommenheit. Ich müßte mir ins Gesicht spucken, daß ich immer und immer wieder in den Vatikan gegangen bin und mitgemacht habe. Mitgewirkt am Niedergang der Kirche. Wer fragt denn danach, was ich für Absichten hatte. Jeder sieht jetzt nur, was geworden ist.

Ich habe kein Mitleid gehabt mit dem Papst Medici, ja ich habe auch nicht für ihn gebetet, als er mitsamt der Engelsburg in die Luft gejagt werden sollte.

Ich kann nicht einmal Genugtuung empfinden, daß alles eingetroffen ist, was ich vorausgesehen habe. Ich wünschte, ich hätte geirrt. Jahrzehntelang haben wir immer nur genommen und genommen. Nein, wir haben nicht schlecht gelebt. Wir, die Diener unserer Kirche. Aber wir haben die anderen mißachtet. Wir haben sie abgetan mit den Worten: Irrgläubige, Heiden, Ketzer. Wir haben Schimpfworte aus diesen Bezeichnungen gemacht. Und mit dem Verteilen der Schimpfworte waren wir sehr freigebig. So freigebig, daß diese Worte schon abgenutzt sind.

Und jetzt kommen die anderen, und jetzt sind sie daran, zu nehmen. Sie haben ja von uns gelernt, wie man das macht.

Der Wittenberger Professor zählt mehr und mehr Anhänger, man nennt ihn jetzt schon den Papst von Deutschland, und der König von England fragt bei ihm an, ob er die Scheidung nicht zulassen könne. Damals, als der König von Frankreich sich scheiden lassen wollte, hat er sich noch den Untersuchungen des Heiligen Vaters unterworfen. Die Kirche hat zwar die Nichtigkeit der Ehe ausgesprochen, aber doch wenigstens das Gesicht gewahrt, und der König von Frankreich hat sich vor Seiner Heiligkeit verbeugt und hat ihm die Pietà gestiftet. Aber auch Sie sind schuldig geworden, und Sie haben sich bezahlen lassen für eine schlechte Tat des damaligen Papstes. Ja, Sie sind schuldig, denn mit dieser Pietà haben Sie Zwist in unsere Reihen getragen, und so wurde aus dem Dankgeschenk des französischen Königs ein Streitobjekt der beiden größten Orden, der Franziskaner und der Dominikaner. Sie haben nichts daraus gelernt, Sie haben nur mit jeder neuen Arbeit Zweifel unter die Gläubigen getragen."

Und es war wie damals, als Buonarroti diesen Mann zum erstenmal gehört hatte; seine glühende Kraft nahm ihn gefangen. Und er hörte zu. Ohne Widerspruch. Heute fand er kein Wort der Entgegnung, sein Herz war wund geschlagen. Und er wehrte sich nicht.

„Es wäre ungerecht, wenn ich Ihnen zu großen Anteil beimesse an dem Untergang Roms. Niemand von uns ist ohne Schuld. Sie haben mir einmal gesagt, die Heiligenscheine sind Krücken, Sie brauchen das nicht für Ihre Bilder, und Sie brauchen auch nicht die Flügel der Engel. Man mag das vielleicht noch gelten lassen, wenn man zustimmt, daß durch solche Dinge die Wirkung eines Bildes gestört werden kann. Aber es gab andere, die haben das, was Sie von den Bildern weghaben wollten, im lebendigen Leben beseitigt. Ich habe selbst gesehen, wie bei der Plünderung Roms unsere heiligsten Reliquien in den Dreck getreten wurden, und mit den ermordeten Menschen zusammen hat man unsere Heiligtümer zerstört. Ich habe von Anfang an Einspruch erhoben gegen die Art, wie Sie Gottvater an der Decke der Sixtinischen Kapelle darstellten. Ich will nicht sagen, daß mich Genugtuung erfüllte, als ich hörte, unsere Feinde haben einen Stall aus dieser

Stätte Ihres Wirkens gemacht, einen stinkenden Pferdestall. Ich sehe da einen furchtbaren Zusammenhang, denn bevor die Feinde ihre Pferde dort hineinführten, hatten Sie das Heiligtum schon entweiht. Jetzt aber ist Ihnen die Gelegenheit gegeben, Einkehr und Umkehr zu halten. Setzen Sie einen Strich unter alles, was Sie bisher gearbeitet haben, und beginnen Sie ganz neu. So wie wir von Venedig aus die Reform voranbringen wollen. Besinnen Sie sich auf die Urquellen Ihrer Kunst. Sie kommt von Gott, und also muß sie auch für Gott sein. Solange wir leben, ist noch nichts verloren, wenn wir Mut haben. Mut, unsere Schuld einzusehen, Mut, unsere Fehler zuzugeben, Mut, noch einmal zu beginnen. Glauben Sie mir, Ihre Kunst ist für unsere Kirche so wichtig wie das reine Quellwasser für das Leben der Menschen. Hüten Sie sich davor, diese Quelle zu vergiften."

★

Und Buonarroti wartete, er wußte, es gab niemanden, der ihm die Frage beantworten könnte: War es richtig, daß ich Florenz verlassen habe? Also stellte er die Frage nicht. Es hätte nur nutzlose Redereien gegeben. Zu oft schon hatte er erfahren, daß der Gesprächspartner nur von sich selbst redete: Damals ging es mir ähnlich, und damals habe ich das und das getan. Und im Grunde hatten alle, mit denen er in Venedig gesprochen hatte, ihre Antworten schon gegeben. Die vier Prokuratoren: Bauen Sie uns Brücken und Paläste zum Ruhme Venedigs. Also bleiben Sie. Aretino: Lassen Sie uns beide ein Bündnis schließen, den Menschen zu helfen. Also bleiben Sie.

Und Carafa: Beginnen Sie neu zum Ruhme der Kirche, tragen Sie Ihre Schuld ab, so wie wir in Venedig neu beginnen. Also bleiben Sie.

Aber habe ich auf die alte Schuld, die von Carafa gemeinte Schuld, nicht neues Vergehen gehäuft? Es waren viele in Florenz, die mir vertraut haben. Ich habe in aller Öffentlichkeit erklärt: Mit meinen Befestigungen ist die Stadt uneinnehmbar. Und ich habe ihnen nicht einmal einen Plan dagelassen, wo die Mauern zu verstärken sind.

Ich habe nur in der Sitzung des Großen Rates öffentlich verkündet: Bewaffnet alle, auch die Handwerker und die letzten Arbeiter. Ich habe Hoffnung in diesen Menschen erweckt und dabei vergessen, daß es Menschen sind. Ich habe an diese Leute nicht anders gedacht als an eine Reihe von Zahlen in meinen Berechnungen für die Festungswerke. Hier wäre Platz für zwanzig Leute und eine Kanone, hier an den Schießscharten für zehn Leute. Die Ablösung müßte bereit sein, dann sind es wieder zwanzig.

Er saß in seiner.großen, leeren Stube auf der verrufenen Insel Giudecca und zeichnete auf ein leeres Blatt den Plan seiner Verteidigungswerke von Florenz. Er schrieb kein Gedicht, und er malte auch keine Figuren. Er zog strenge und klare Linien, sternförmig. So wie er es in Ferrara gesehen hatte, aus der Mauer vorspringende, spitz gezogene Bollwerke. Er zerriß das Papier. Wozu dieses Zeichnen? Sinnlos, vertan. Aber es nützte ihm nichts, das Papier zu zerreißen. So wie er früher, wenn er in der Arbeit befangen war, das vollendete Bildwerk schon im rohen Marmorblock erkannte und wie er dann dieses Bild in sich bewahrte und täglich an ihm weiterformte, so daß er arbeiten konnte ohne Modell, so bedrängte ihn jetzt das Befestigungswerk.

Und hier, in der Ferne, in Venedig, geschah ihm etwas Seltsames. Die Zahlenreihen – an dieser Stelle zehn hinter den Schießscharten – lösten sich auf und verwandelten sich in die Bilder lebender Menschen. Einen großen, breitschultrigen Mann sah er, mit harten, verarbeiteten Händen; immer erinnerte er sich zuerst an die Hände. Und das Gesicht des Mannes war nicht schön gewesen, sehr eckig, und die kurzen, wie Borsten nach oben stehenden schwarzen Haare ließen das Gesicht keineswegs freundlicher und weicher erscheinen. Buonarroti erinnerte sich noch genau daran, wie überrascht er jedoch war, als er die Stimme des Kesselschmiedes hörte; sie war melodisch und tief, von einer Klangfülle, als beschäftige sich dieser Mann mit nichts anderem, als den ganzen Tag in der Kirche zu singen.

„Erlauben Sie mir, daß ich mich bei Ihnen bedanke, von Mann zu Mann", hatte der andere mit der klangvollen Stimme zu ihm gesagt. „Sie sind der erste Mensch, der in der Öffentlichkeit sagt, man kann Vertrauen zu uns haben. Ich wollte Ihnen nur sagen, von Mann zu Mann, wir haben auch Vertrauen zu Ihnen."

Das waren drei Sätze gewesen, hingesagt nach einem langen, anstrengenden, erregenden Tag. Michelangelo hatte die drei Sätze schon am Abend vergessen. Jetzt aber, mit dem Zweifel und mit der Sehnsucht, waren sie wiedergekommen. Ja, es war seine Schuld, er hatte dieses Vertrauen getötet. Es würde nicht leicht sein, eines Tages diesem Kesselschmied gegenüberzustehen und ihm in die Augen sehen zu müssen. Viel einfacher wäre es, hier das Bündnis mit dem Sohn des Schusters zu schließen. Und wäre das Gewissen dann nicht befriedigt: er wird anderen helfen?

∗

Endlich brachte ein Bote den Brief. Enttäuschung schlug Buonarroti. Ich komme nicht, schrieb der andere. Er las nicht weiter. Er ging zum Fenster, nichts anderes war da als das endlos graue Wasser. Langsam ging er zurück in die leere Stube. Die Frau von nebenan brachte, wie immer um diese Zeit, Brot und Wein. Er dankte, ohne hinzusehen. Die Tür schlug zu. Sonst war Stille. Um diese Stunde sang auch niemand das Lied.

Schließlich nahm er den Brief und las weiter: So ist es jetzt in Florenz, das Heer der Feinde liegt vor den Toren. Sie werfen Gräben auf und richten sich auf eine Belagerung ein. Sie wollten stürmen, sie haben das Feuer auf die Höhe von San Miniato eröffnet. Aber die Befestigung hat standgehalten. Das hat uns Mut gegeben. Und unten in den Gassen, bei den kleinen Leuten, die nicht glauben, daß Michelangelo Florenz verlassen hat, geht ein Wort um: Ein Engel schützt die Stadt. Michael, der Gerechteste von allen.

∗

Giovan Battista della Palla bekämpfte seine Rührung und seine Freude. Ja, er weinte vor Freude.

Der verloren geglaubte Freund ist nicht verloren. Michelangelo kehrt nach Florenz zurück.

Sehr behutsam wie etwas ungeheuer Wertvolles hielt der schmächtige, kahlköpfige Mann den Brief aus Venedig in beiden Händen, und er schloß einen Atemzug lang die Augen, um das Glück zu genießen: Ich habe einem Menschen vertraut. Alle haben ihn aufgegeben. Wie einen Aussätzigen.

Ich möchte ihm entgegengehen. Ihn begrüßen. Ihn umarmen.

Denn der Freund will nicht wie ein reuiger Sünder behandelt werden. Und er will sich nicht in seine Werkstatt zurückziehen, zu seinen Marmorblöcken. Er will am Kampf teilnehmen. Und er fordert: Setzt mich wieder ein als verantwortlichen Baumeister für die Befestigungen.

Battista war nicht nur rücksichtslos gegen andere, er schonte sich selbst nicht, er löschte die überschwenglischen Gedanken aus. Wird nicht immer Mißtrauen gegen Buonarroti bleiben? Was kann der Zurückgekehrte antworten, wenn er gefragt wird: Was ist der Grund für deine unerwartete Heimkehr?

Und Battista hörte schon die Reden der Mißgünstigen: Schließlich, hätte er sich nicht besonnen, wäre ihm auch das Landhaus in Settignano weggenommen worden wie die Häuser der anderen Feinde der Republik, die mit ihm auf der Liste standen. Der Buonarroti ist nur gekommen, um seinen Vater davor zu bewahren, daß dem der Stuhl vor die Tür gesetzt wird.

Langsam faltete der kranke Mann den Brief zusammen, überlegte mit gewohnter Klarheit: Buonarroti hat die Frist, die allen Geflüchteten gestellt war, um mehr als vierzehn Tage überschritten. Trotzdem hat der Große Rat noch nicht ein Stück von Michelangelos Habe beschlagnahmt.

Die Herren im Großen Rat haben also gewartet. Aber wie lange werden sie noch warten? Niemand kann von ihnen verlangen, daß sie monatelang erklären, der Buonarroti ist ein Ausnahmefall. Und jetzt hat der Freund auch nur geschrieben, daß er bereit ist zu kommen, nicht aber, wann er eintreffen wird. Darum war es doch richtig, daß er, Battista della Palla, der alten Caterina einen heimlichen Hinweis gegeben hat, sie solle das, was wertvoll ist im Haus des Michelangelo, irgendwo anders hinbringen.

Und was auch immer geschehen mag, überlegte Battista, ich werde nichts unterlassen, dir den Weg zu bereiten hierher, zu uns zurück. Ich will mir das Glück verdienen, das mir in diesem Augenblick geschenkt wurde, als mir der Brief sagte: unsere Freundschaft lebt.

Mit seiner zupackenden, überlegenen Art, die in seltsamem Widerspruch stand zu seinem ausgezehrten Körper, ersuchte Battista den Großen Rat um Urlaub.

„Ich will Michelangelo Buonarroti entgegengehen; erlauben Sie mir die Ausreise aus der Stadt."

„Sie leiden, Sie haben Schmerzen, schonen Sie sich", riet ihm Gaetano, der junge Sekretär, und er bewegte seine schönen schmalen Hände ausdrucksvoll. „Schicken Sie einen anderen." Wie gern wäre er, Gaetano, hinausgeritten zu dem einmal verachteten, dann tief verehrten, dann wieder verachteten Mann. Im Gespräch unter vier Augen bei der Freude des Wiedersehens zu ergründen, wie der andere nun eigentlich wirklich war.

Aber der junge Sekretär kam nicht an gegen die Härte des Battista, der über seinen eigenen gebrechlichen Leib nur verächtlich sagte:

„Ich habe mich mein Leben lang nicht dem Willen fremder Menschen unterworfen. Warum soll ich mich nun zum Sklaven meiner selbst machen? Wenn das feindliche Heer die Belagerung aufgehoben hat und die Söldner abziehen, dann mag vielleicht Zeit sein, daß ich mich schone."

Battista schrieb in aller Eile einen ausführlichen Brief an Buonarroti, und er warf sein ganzes Herz in die beschwörenden Worte: „Komm zu uns. Komm und laß es nicht so spät werden!" Dann, mit seiner nüchternen Sachlichkeit, teilte er mit: „Du kannst nicht mehr vom Norden her in unsere Stadt gelangen, nimm nicht den direkten Weg von Ferrara hierher. Bei den Bergen von Pistoja liegen Söldnerhaufen. Nur der Weg durch das Arnotal ist noch frei. Darum erwarte ich dich in Lucca!"

Es war November, und es regnete in Lucca, von den Bergen her kamen von allen Seiten die grauen Wolken. Battista aber, erfüllt von ungeduldiger Vorfreude, lief zum äußersten Stadttor, damit er den Augenblick des Wiedersehens so früh wie möglich genieße.

Der Wächter dort, mürrisch und müde vom Wetter, meinte nur, er friere auch, bei diesem ewigen Regen sei das kein Wunder, Decken habe er keine im Torhaus, schließlich sei das hier ja keine Gaststube. Nun werde es ja auch sowieso bald aus sein mit der Florentiner Großmäuligkeit. Und er, persönlich, habe es schon immer gewußt, daß die Zunftherren der Seidenweber von Lucca mit Recht großes Mißtrauen gehabt haben gegen die Herren der Seidenmanufaktur in Florenz. Und war es in Ordnung, so ereiferte sich der Torhüter, daß sich Florenz den Hafen Pisa genommen hat? Lucca ist viel näher an Pisa gelegen. Der Hafen ist von Natur aus für uns bestimmt. Und nicht einmal erobert in ehrlicher Feldschlacht, sondern gekauft. Muß man nicht in Lucca großes Mißtrauen haben, was die reichen Herren in Florenz noch alles kaufen wollen? Niemand will ja für Florenz so etwas wie ein Sacco di Roma wünschen, aber immerhin ist es gut, zu wissen, daß Gott auch dafür sorgt, daß die Florentiner Bäume nicht in den Himmel wachsen.

Battista della Palla versuchte es nicht, dem Torhüter zu erklären, was das Bündnis von Kaiser und Papst bedeutete. Es hatte wenig Sinn, einem Menschen, der nicht über die Berge rings um Lucca hinaussehen wollte, vorzutragen, daß es sich in diesen Tagen bei dem Kampf um Florenz auch entscheidet, ob spanische Truppen Herr sein werden in ganz Italien.

„Ihr Mann läßt aber auf sich warten", meinte der Torhüter. „Bei dem Wetter wird er's sich wohl überlegt haben. Und sowieso, ich verstehe jeden, der aus Florenz weg will. Wer will schon gern hinein in eine so gefährdete Stadt. Wenn die Belagerung sich hinzieht, gibt es Pest. Und Hunger. Ich weiß Bescheid. Damals, als Lucca belagert wurde … Sie hören mir ja überhaupt nicht zu. Na, wie Sie wollen. Dann werd ich mal das Tor dicht machen. Es wird Nacht. Hierbleiben können Sie nicht. Gehen Sie nur ruhig schlafen. So spät kommt niemand mehr."

Es war auch sinnlos, dem Wächter zu versichern: Er kommt bestimmt, jeden Augenblick kann das sein. Battista ging durch die dunklen Gassen zurück in das Gasthaus. Er ließ die Öllampe in seinem Zimmer brennen, wachte und horchte hinaus in die Nacht. Aber niemand kam. Schließlich schlief er doch ein. Und auch am anderen Tag kam Michelangelo Buonarroti nicht.

Sorge überfiel Battista. Vielleicht hat er doch nicht genug auf den Weg achtgegeben, und er ist in die Hände der Feinde gefallen? Aber er tröstete sich. Buonarroti ist nicht der Mann, der sich von Söldnern einfangen läßt. Wer zurückkehrt in seine Vaterstadt, um sie zu verteidigen, der ist besonders achtsam, daß er sein Ziel erreicht.

Am dritten Tag wartete Battista wieder vergeblich. Und sein Verstand hatte Mühe, das unruhig-ängstliche Herz zu beschwichtigen. Er mied das äußerste Stadttor, er konnte das Gerede des Wächters von der Zeit der Gerechtigkeit, die nun anbrechen würde für die Stadt Lucca und ihre Seidenmanufakturen, die so lange unter dem Schatten von Florenz gelitten hatten, nicht mehr ertragen. Er konnte es auch nicht aushalten, die langen Abende in der Gaststube zu sitzen; die Spekulationen der Bürger, die dort am Abend ihren Wein tranken, kannte er auswendig. „Wenn sich Florenz den Winter über hält, muß der Feind abziehen. Immerhin ist es sehr schwierig, ein Heer von dreizehntausend Söldnern mit ausreichendem Proviant zu versorgen." – „Die Ernte war zwar gut." – „Aber das ist ja den Verteidigern auch zustatten gekommen. Und wir in Lucca kennen den Florentiner gut genug, er hat sich mit

Nahrungsmitteln bis zur Halskrause hinauf versorgt." – „Die Aussichten stehen also halb und halb." – „Man hört, daß der Medici die Stadt lieber aushungern als stürmen will." – „Aber das ist immer eine zweischneidige Sache. Kein Söldner liebt eine lange Belagerung. Das zermürbt den Geist der Truppe." – „Zwar reibt das auch die Kraft in der Stadt auf. Aber immerhin, im Winter sitzt man doch besser in festen Häusern. Wer lagert schon gerne wochenlang im dreckigen Erdgraben vor einer Stadt?" – „Am Anfang hat ja der Spanier mit dem Deutschen versucht, die Stadt im Sturm zu nehmen." – „Das war nichts, weil sie nicht genug Kanonen hatten." – „Aber es soll Verhandlungen gegeben haben, der Papst will seine Stadt nicht zerschießen." – „Die lassen sich in der Stadt doch auf nichts ein. ‚Wir wollen lieber sterben‘, sagen sie, ‚als Knechte des Medici sein.‘"

Battista ging ruhelos durch die Gassen. Am vierten Tag, seit er in Lucca wartete, war der Freund immer noch nicht gekommen. Es hörte auf zu regnen, Sonne zerteilte die Wolken, die Welt war schön hier.

Und auch am siebenten Tag kam Buonarroti nicht.

Zorniger Zweifel überfiel den Wartenden. Warum zerstörst du das heilige Vertrauen? Warum hast du meinen Glauben an den Menschen erst gefüttert, wenn du ihn dann mit Füßen trittst? Bist du denn einer, der sich an sein eigenes Wort nicht hält?

Und Traurigkeit schlug den Mann, der voll Hoffnung und Zuversicht sieben Tage in der fremden Stadt ausgeharrt hatte. Der kahlköpfige Mann saß sehr einsam da oben in der Gaststube, und der Schein der Öllampe zeichnete lange Schatten an die Wand. Der Gedanke, allein nach Florenz zurückreisen zu müssen, lähmte ihn. Und er wehrte sich nicht mehr gegen die Schmerzen. Die Enttäuschung war so unsagbar groß. Und was wird es ausmachen, wenn er, der Kranke, ewig Frierende, nicht mehr zurückkehrt nach Florenz? Wer wird sich noch an Battista della Palla erinnern? Niemand wird ihn suchen, wenn er jetzt auf schmalem Wege weggeht in die Berge über Lucca.

Da beginnt der Niedergeschlagene mit dem zerbrechlichen Leib unter Schmerzen zu lächeln. Über sich selbst. Wehleidigkeit ändert nichts. Und weglaufen über verlassene, erhabene Pfade nützt nur dem Feind. Und sehr aufrecht ritt er zurück nach Florenz, um dort beim Verteidigungskampf seine Pflicht zu tun.

★

Es gab einige Leute, die sich in den Weg von Venedig nach Florenz stellten. Sie hielten den eilig Reisenden auf.

Es begann in Ferrara. Der Herzog begrüßte ihn, als hätten sie ihr Gespräch erst gestern unterbrochen:

„Die Sonne der Welt hat sich mit dem Mond getroffen. Und das geschieht in meiner Nachbarstadt. Kaiser und Papst wohnen friedlich unter einem Dach zu Bologna im Palazzo Publico. Und beide schauen aufmerksam auf mich, als wäre ich der Mittelpunkt der Welt. Genießen wir also diese seltene Stunde; ich bitte Sie, verweilen Sie bei mir, um das Naturwunder aus nächster Nähe und in ruhiger Sicherheit zu betrachten."

Buonarroti stand da mit schmal verspannten Lippen.

„Ich bin auf Sie angewiesen. Sie wissen, ohne Ihren Geleitbrief komme ich nicht weiter. Nutzen Sie das nicht aus."

„Ja wollen Sie denn wirklich weiter? Es gibt Menschen, die man zu ihrem Glück zwingen muß. Wischen Sie die Verachtung von Ihrem Gesicht weg. Verachtung steht Ihnen nicht zu. Ja, ich habe das Bündnis mit Florenz aufgegeben, weil ich keinen Geschmack an Selbstmord finde. Wie ist die Lage? Kann ich den Kaiser besiegen? Nein. Warum? Die Türken haben die Belagerung von Wien aufgegeben, sie sind auf dem Rückzug. Der Kaiser hat Truppen freibekommen. Er kann mich jetzt vom Norden und vom Süden angreifen. Da ich meinen Gegner nicht vernichten kann, muß ich ihn umarmen. Lieber Freund, das sage ich trotz der abweisenden Härte in Ihrem Gesicht, bleiben Sie hier. Und wenn nichts sonst Sie bewegen kann, dann sicher das: Ferrara ist neben Venedig noch der einzige Platz in Italien, an dem nicht spanisch gesprochen wird."

„Sie haben Florenz vergessen", entgegnete Buonarroti, und seine Augen waren dunkel, fast schwarz. Er brannte darauf, weiterzukommen.

Und der Herzog mußte schließlich den Geleitbrief unterschreiben.

Da Buonarroti nicht heimlich in der Nacht reiste, blieb es den Spähern von Sonne und Mond nicht verborgen, daß er Bologna, den Treffpunkt von Papst und Kaiser, mied. Er nahm den Umweg über Modena.

Vor den Toren der Stadt, die noch zum Bereich des Herzogs von Ferrara gehörte, wartete ein junger Mann auf Michelangelo. Herren aus der nächsten Umgebung des Kaisers hatten ihm nahegelegt, sich um den Reisenden zu bemühen.

„Was ich kann, das habe ich von Ihnen gelernt. Ich bin Ihr Schüler. Darum müssen Sie mich anhören. Ich bin überzeugt, der Name Giorgio Vasari sagt Ihnen nicht viel, aber ich habe die Ehre, auch im Namen des Kaisers zu sprechen und Sie einzuladen nach Bologna."

Der junge, selbstbewußte, überaus begabte Maler Vasari ließ dem anderen keine Zeit zum Nachdenken. Er führte das Gespräch wie ein Belagerer.

Jetzt habe ich schon mit dem ersten Schuß eine Bresche geschlagen. Es war richtig, mit dem stärksten Geschütz zu beginnen, mit der Einladung zum mächtigsten Mann der Welt.

Und nun kam ein pausenloses Feuer; die Menge der kleineren Kugeln würde den stummen, zögernden, widerstrebenden Mann am Ende doch zermürben, auch wenn nicht jeder Schuß saß.

„Ihre dreifache Kunst hat mir in Bologna zu höchstem Ruhm verholfen. In Ihrem Sinne war ich hier Maler, Bildhauer und Baumeister. Und unter meinen Händen ist ein Wunder gewachsen: Bologna hat sich verwandelt. Es ist Rom geworden."

Buonarroti schwieg.

So redete Vasari weiter:

„Sie werden mit mir kommen, und Sie werden mit eigenen Augen sehen, was wir Künstler leisten können. Die Triumphstraße für Karl." Da sagte er es hin, mit jener Gelassenheit, die vertraulich klang und doch unterwürfig war.

Und er begann aufzuzählen, was alles er für den Einzug des Herrschers aus dem Haus Habsburg geschaffen hatte: Triumphbogen mit dem kaiserlichen Adler und Neptun, sitzend auf einem gewaltigen Meerespferd, und Scipio Africanus auf einem langschweifigen Landpferd und Bildnisse der großen Imperatoren Caesar, Augustus, Traianus, Titus.

Als er jedoch in das Gesicht des Reisenden blickte, brach er ab, das traurige Lächeln beunruhigte ihn. Aber er versuchte weiter, den schweigsamen Mann einzufangen.

„Sie mögen sich gegen mich wappnen mit Ihrem Spott oder auch mit Ihren dreißig Jahren, die Sie an Erfahrung mir vorausbaben. Mag sein, Sie haben im echten Rom manche Triumphzüge der Päpste gesehen. Das aber, was hier geschah, als Karl durch das Tor von Bologna ritt, hat es in unserem Land noch nie gegeben. Die Leute auf der Straße fielen in einen Taumel von Begeisterung. Und es waren keineswegs gekaufte Sprechchöre, die immer wieder riefen: ‚Kaiser und Reich!' Die von Hunger und Seuchen und Kriegen geplagten Menschen erwarten von diesem Mann den Frieden. Er ist für sie nicht der Fremde, der Spanier. Er ist wie ein Gott gekommen. Jung und strahlend. Und Sie hätten den Jubelschrei hören sollen, als der Kaiser den Papst küßte. Und dieser Mann hat den Wunsch, Sie zu umarmen."

Buonarroti war müde, und er wehrte sich nicht gegen die lockenden Worte des anderen.

„Haben Sie nicht oft gesagt", redete Vasari weiter, „Sie seien ein Knecht der Päpste. Jetzt ist die Gelegenheit da, sich für immer aus dieser Knechtschaft zu lösen. Nie wieder ein Kniefall. Und nie wieder ein Kuß auf einen roten Pantoffel. Sie können schaffen, was Sie wollen. Sie werden frei sein."

Da tauchte Buonarroti auf aus dem bitter-süßen Traum; sehr deutlich sah er vor sich in der Erinnerung einen Mann mit einer schwarzen Kappe, auf der acht goldene Buchstaben standen: Freiheit, eingeschrieben in die Kopfbedeckung des Feldherrn Malatasta. Ja, es wird seine Aufgabe sein, genau achtzugeben, was der Verantwortliche für die Verteidigung von Florenz darunter versteht.

Ungeduldig verabschiedete er sich von dem jungen, erfolgreichen Maler; er nahm sich nicht einmal Zeit, ihm zu erklären, warum das angebotene große Wort von dem „Freisein" ihn mißtrauisch gemacht hatte. So sagte er nur:

„Ich kann dem Kaiser nicht geben, was des Kaisers ist. Ich bin nicht Maler und nicht Bildhauer und nicht Baumeister. Ich gehöre zu den Verteidigern von Florenz. Und wir anerkennen als Herrn nur den Sohn Gottes und niemanden sonst."

Und noch in Modena kam zu Buonarroti der einzige Mensch, der ihn bewegen konnte umzukehren. Der Mann, auf den er in Venedig vergebens gewartet hatte. Der einstmals Vertraute in den fast vergessenen Zeiten, als er die Decke in der Sixtinischen Kapelle gemalt hatte. Der sanfte, kluge Gasparo Contarini, Sohn aus dem goldenen Palast am Canale Grande in Venedig.

Wenn einer das stolze Wort des Freundes Battista „Christus allein ist Herr" anfechten könnte, dann dieser Mann, der sich tief eingefühlt hatte in die Welt seiner Geschöpfe. Unvergeßlich klang ihm Contarinis Wunsch in den Ohren: „Vollenden Sie zur Ehre für ganz Italien die Marmorbildwerke der Sklaven. Und jeder sollte die besetzten Provinzen darstellen. Zeigen Sie die Trostlosigkeit und die Hoffnungslosigkeit der unterdrückten Provinzen. Zeigen Sie aber auch die Kraft der Sklaven, man muß ahnen, daß sie ihre Ketten zerreißen können."

Er, Buonarroti, war nicht sicher, ob er stark bleiben würde vor Contarini.

Der Vertraute aus alten Tagen gehörte zur engsten Umgebung des Papstes. Die Republik Venedig hatte den hochgebildeten Mann bevollmächtigt, bei den neuen Friedensverhandlungen zwischen Papst und Kaiser mitzuwirken.

Und Buonarroti fürchtete sich vor dem auffordernden Wort Contarinis: Kommen Sie mit mir, ich will auch Frieden stiften zwischen Papst Medici und Ihnen. Er wollte jedes Reden darüber abschneiden, und so sagte er dasselbe, was er Vasari entgegengehalten hatte:

„Wir in Florenz anerkennen nur Christus als Herrn." Und er setzte hinzu: „Mein Ohr ist taub für den Ruf des Papstes Medici."

Und wie damals, in jenen Tagen vor der Plünderung Roms, redete der Vertraute mit seiner angenehmen, sanften, leisen Stimme. Es ging nicht, sich ihm zu entziehen.

„Sie sagen, Sie anerkennen nur Jesus Christus und keinen irdischen Vermittler zu Gott. Das ist, wenn Sie es bis zum Ende denken, der Weg Luthers."

Buonarroti wehrte sich.

„Nein, nicht so. Das ist zu billig. Sie wissen genau, ich gehöre nicht zu jenen, die sich Protestanten nennen. Aber ich frage Sie", und er verteidigte sich, er verteidigte auch den Freund Battista, „wie können wir in Florenz einen Menschen bekämpfen und ihn gleichzeitig anerkennen als höchste, heiligste Autorität?"

„Ich begreife Sie", sagte der Bevollmächtigte von Venedig. Und der Zauber aus den Tagen, da er noch Student war, diese scheue Anmut in seinem Wesen, lag noch immer über ihm. „Ich sehe den schrecklichen Kreis, in dem Sie gefangen sind. Weil unser Heiliger Vater auch ein weltlicher Fürst ist, mit Ländereien und Besitzansprüchen. Nun ist es so weit gekommen, daß gute katholische Christen den Papst bekriegen. Und so geschieht es, daß der Heilige Vater in seinem eigenen Land den Abfall vom Papsttum fördert."

„Sie sagen dasselbe wie Carafa, Sie beklagen sich über die Unzulänglichkeit des Papstes. Sie alle reden. Wir aber in Florenz handeln."

„Ich bin kein Priester wie Carafa, aber ich sehe: Die

weltliche Macht des Papstes mag eine Quelle unserer Zerrissenheit sein. Aber noch schlimmer ist, daß die Städte und die Fürsten in unserem Land sich aus Eigensüchtigkeit landesfremde Herren zu Hilfe holen. Im Bruderkrieg. Wir werden gegen Spanien, Frankreich und Deutschland nicht bestehen, solange es diese Stadtstaaten gibt und solange wir uns nicht einem Fürsten, der unsere Sprache spricht, unterordnen."

„Einem Medici?"

„Ja, auch einem Medici. Ich will Sie davor bewahren, daß Sie Ihre Kraft und Ihren Mut für eine aussichtslose Sache verschwenden."

„Wir werden uns halten", entgegnete Buonarroti hart.

„Ich muß Ihnen Ihre unglückselige Verstrickung bis zur letzten, bittersten Neige zeigen. Ihr Standbild richtet sich gegen Sie. Der Herzog von Ferrara hat dem Heiligen Vater Kanonen zur Verfügung gestellt. Auch das, was ehemals das Bildnis eines Papstes war, rollt jetzt über die Berge. Und es droht mit seiner Mündung auf Ihre Stadt. Erlösen Sie sich selbst aus diesem gnadenlosen Kreis. Gehen Sie nicht weiter. Kommen Sie mit mir."

„Und wohin?" fragte Buonarroti. „Sagen Sie auch: in die Freiheit?"

„Nein, Sie werden immer gebunden sein. Wie denn auch niemand unter uns ohne eine Verpflichtung sein kann. Ich biete Ihnen keine schönen Worte. Ich zeige Ihnen einen Weg, den Sie gehen können. Und Sie verlieren dabei nichts von Ihrer Würde und nichts von Ihrem Ruhm. Wollen Sie mich anhören?"

Und Buonarroti sagte ja. Er sagte es ohne Furcht, er glaubte nicht, daß es jetzt noch irgend etwas geben könnte, das ihn weglocken konnte von seinem Weg nach Florenz.

Er wußte nicht, wie genau der Vertraute aus den alten Tagen sein Herz kannte.

„Es gibt eine große Aufgabe", so begann der Sohn aus dem goldenen Palast behutsam. „Vor zwei Jahren hat der Papst, der jetzt in Bologna auf Sie wartet, ein Gelübde getan: An der großen Altarwand der Sixtinischen Kapelle soll von der Hand Michelangelos das Jüngste Gericht geschaffen werden." Contarini sah die Bewegung in Buonarrotis Gesicht, und er schwieg. Er fragte den anderen nicht: Werden Sie die Arbeit übernehmen? Er drängte nicht. Er spürte, wie der hagere bärtige Mann schon hineingestürzt war in eine Welt der Überlegungen. Und er wartete auf die Entscheidung.

Dann, endlich, schaute Buonarroti auf, dem anderen mitten in die Augen, und er redete langsam:

„Sie sagen, Gasparo Contarini, jeder ist gebunden. Ich bin gebunden an mein Wort, an meine Stadt, an meine Familie."

Und er umarmte den Vertrauten aus den vergangenen Zeiten, denn er wußte nicht, ob sie sich in diesem Leben wiedersehen würden.

★

Buonarroti kehrte auf seinen Platz bei der wichtigsten Bastion, San Miniato, zurück. Er nahm widerspruchslos die Maßregelung der Regierung hin: Für drei Jahre darf er nicht in den Großen Rat gewählt werden. Auch die auferlegte Bußzahlung von eintausendfünfhundert Dukaten entrichtete er ohne Murren.

Und Florenz hielt sich den Winter über. Es kämpfte.

In dieser Zeit setzte der Papst dem Kaiser im Dom zu Bologna die Krone auf. Im Gotteshaus, das wie die Peterskirche zu Rom hergerichtet war, knieten neben dem Gefolge von Sonne und Mond auch der Maler Tizian, der Dichter Aretino und der Herzog von Ferrara.

Und Florenz kämpfte. Es hielt sich auch in den Monaten des Frühlings. Der Traum des Medici-Papstes, von Bologna aus als Sieger einzureiten in seine Stadt, erfüllte sich nicht.

So mußte er zurück nach Rom und sich immer noch begnügen mit der kleinen plastischen Nachbildung von Florenz. Und da ging er denn in diesem Werk bildnerischer Kunst mit dem Finger spazieren, durch die winzigen Gassen, vorüber an den Häuserchen, und jede Einzelheit stimmte zum Weinen genau. Sogar der David des Michelangelo stand als winziges Püppchen neben der Zwergentür zum Palazzo Vecchio. Aber dort saßen ja leider noch immer die anderen.

Es gab einen Beschluß, aufgesetzt im Palazzo Vecchio im Juli des Jahres 1530. Für den Fall der Niederlage:

„Florenz darf nicht lebend in die Hand des Feindes fallen. Ehe der Fuß eines Söldners unseren heiligen Boden betritt und unsere Frauen und Kinder antastet, löschen wir uns selbst aus. Feuer über unsere Stadt und alle unsere tapferen Menschen. So soll das im Flammenmeer zum letzten Male aufblühende Florenz für ewige Zeiten im Gedenken der Menschheit weiterleben."

Es geschah an einem der ersten Tage des Monats August:

Auf Anordnung des Generalissimus Malatasta Baglioni und im Einverständnis mit den vornehmen Familien wurden auf allen Bastionen die Kanonen herumgeschwenkt. Ihre Mündungen waren gerichtet auf die Stadt unten im Flußtal. Sie zielten mitten hinein in das heiß schlagende Herz.

Als das Tor geöffnet wurde und an der Spitze der Söldner Obrist Bemmelberg einritt, an seiner Seite der Ritter Schertlin, atmete die Stadt nicht mehr.

★

In das dumpfe Schweigen des brütenden Augusttages hinein wurde vom Balkon des Rathauses verkündet:

„Der Kaiser erläßt eine Generalamnestie für alle, die am Kampf teilgenommen haben."

Sehr zaghaft, sacht und ungläubig begann die getretene Stadt zu zeigen, daß in ihr noch Leben war.

Zunächst vorsichtig, dann immer vertrauensvoller gingen die Leute auf die Straße. Sie öffneten ihre Läden, schlugen auf dem Markt schon da und dort einen Verkaufsstand auf, und die Fleischerbuden auf der alten Brücke über dem Arno füllten sich wieder mit Waren. Nach langer Zeit gab es auch wieder Fische. Vom Meer.

Eine neue Verordnung wurde vom Balkon des Rathauses verlesen:

„Der Kaiser übergibt dem Statthalter Christi auf Erden, Seiner Heiligkeit Papst Clemens aus dem Haus Medici, die Herrschaft über die Stadt Florenz. Im Namen des Papstes spricht Recht und erteilt Befehle der Kommissär Baccio Valori."

Noch während der Ausrufer den letzten Satz herunterlas, wurde in der Stadt ein Galgen errichtet. Und die Knechte des päpstlichen Kommissärs drangen in alle Häuser und durchsuchten jeden Winkel. Sie hatten den Befehl, alle Männer vom Großen Rat, die gegen Papst Medici gekämpft hatten, gefangenzunehmen.

Als erster wurde Battista della Palla gegriffen. Er stand auf der alten Brücke. Er hatte sich nicht verborgen. Er hätte fliehen können.

Jetzt aber, da sie ihn, an Händen und Füßen gefesselt, mit sich schleppen, weiß er, sein Leben ist zu Ende.

Auf dem Platz vor dem Galgen hatte sich eine Menge Leute versammelt.

Und Battista steht erhöht unter dem Galgen. Das Zittern und das Frieren sind von ihm gewichen. Ihm ist nicht kalt. Er fühlt sich nicht krank und nicht schwach. Eine heiße Liebe zu den Menschen schlägt in sein Herz. Und mit großen Augen schaut er auf die Männer und Frauen und Kinder.

Einige waren aus Neugierde gekommen, und als sein Blick sie traf, brannte Scham auf in ihnen. Sie senkten ihre Gesichter und liefen davon.

Am anderen Tag fanden die Knechte des päpstlichen Kommissärs des Scharfrichter ertränkt im Arno. Auf der Todesstätte aber unter dem Galgen lagen Blumen. Die Knechte warfen die Sträuße beiseite. Am anderen Morgen lagen neue Blumen dort.

Und auch Gaetano, der junge Mann mit dem edlen Gesicht und der grauen Locke im schwarzen Haar, fiel in die Hände des Henkers. Getötet wurde der Bannerträger der Gerechtigkeit. Und alle Männer vom Großen Rat, deren

Namen auf einer Liste angekreuzt waren, wurden als Rebellen vom Leben zum Tod gebracht.

Und die Wächter des päpstlichen Kommissärs kamen auch in das Haus des Bildhauers Michelangelo Buonarroti. Sie hatten den dringenden Befehl, ihn herbeizuschaffen. Sie fanden ihn nicht. Sie bedrängten und bedrohten die alte Caterina, aber sie sagte kein Wort. Nicht, ob er tot war oder geflüchtet oder ob er sich versteckt hatte. Sie kamen jeden Tag wieder, forschten nach einer Spur von ihm; sie konnten nicht das geringste entdecken.

Nach einem Monat mußte Baccio Valori dem Papst melden, daß er versagt hatte.

Aus dem Vatikan kam der Befehl an den Kommissär, Michelangelo Buonarroti mitzuteilen, daß Seine Heiligkeit ihm alles verziehen habe, er möge nur wieder an die Arbeit gehen.

Es blieb Baccio Valori nichts anderes übrig, als der alten Frau selbst das Handschreiben und das Siegel des Papstes vorzuweisen. Und er mußte Caterina bitten, diesen Brief dem zu überbringen, für den er bestimmt war.

IV. KAPITEL

Leda

Der Kommissär des Papstes kam in die Werkstatt.

„Sie haben sich vor uns versteckt, wie ich höre. Sie hatten Angst?"

Michelangelo antwortete nicht.

„Haben Sie Grund zur Angst vor uns?"

„Was wollen Sie von mir?" fragte Buonarroti grob. „Ich habe keine Lust, mich von Ihnen quälen zu lassen. Sagen Sie, was Sie wollen, aber machen Sie es kurz. Wenn ich gehängt werden soll wie Battista della Palla, dann erledigen Sie das lieber heute als morgen. Sonst habe ich mit Ihnen nichts zu reden."

„Also, Sie haben doch Angst. Es war auch ein wenig unvorsichtig von Ihnen, in aller Öffentlichkeit den Vorschlag zu machen, der Palast unseres hochverehrten Heiligen Vaters solle abgerissen werden. Es war, verzeihen Sie mir die Bemerkung, nichts anderes als dumm, auch noch den Namen Mauleselplatz für die dann entstehende freie Stelle vorzuschlagen."

„Ich habe Ihnen gesagt, ich will nicht mehr mit Ihnen reden. Glauben Sie, ich werde dem Henker meines Freundes schöne Worte machen?"

„Sie werden dem Henker Ihres Freundes, wenn Sie mich damit meinen, verehrter Michelangelo Buonarroti, nicht schöne Worte machen, aber Sie werden ihm ein schönes Bildwerk machen."

Buonarroti drehte sich um, ließ den anderen stehen. Der Beauftragte des Papstes ging nicht, er setzte sich, schlug die Beine übereinander, wippte mit dem Fuß und wartete.

„Hören Sie auf, vor mir damit zu prahlen, daß Sie den gleichen Weg gehen wollen wie Giovan Battista della Palla. Hätten Sie sich nicht versteckt, nun, wer weiß, vielleicht hätte auch Sie in den ersten Wirren nach der Einnahme der Stadt das gleiche Schicksal ereilt. Doch jetzt, nachdem sich in der Regierung alles gut eingespielt hat … Wir sind keine Mörder, wir sind die gerechten Sieger. Natürlich mußten wir die Verräter beseitigen, Leute, die sich Bannerträger der Gerechtigkeit nannten, und die Mitarbeiter. Aber sind Sie denn ein Verräter?"

Es war erniedrigend und beschämend, aber es stimmte, was der andere sagte. Nein, er, Michelangelo Buonarroti, hatte sich nicht danach gedrängt, als Held der letzten Republik Florenz zu sterben. Und er konnte nicht ein Wort gegen den Hohn des anderen setzen. Er war gedemütigt, weil er sich selbst gedemütigt hatte. Ohnmächtig, wie ein verlaufenes Kind verängstigt und voll Zorn und sehr allein. Doch das hier war kein kindliches Spiel, aus dem sich vielleicht noch irgendein Weg gefunden hätte. Hier saß der Beauftragte des Papstes in seinem Haus und sagte zu ihm:

„Der Heilige Vater hat als Beweis seiner übergroßen Milde und Freundlichkeit Ihnen völlige Absolution erteilt. Die Sünde, die Sie gegen ihn und sein Haus begangen haben, soll null und nichtig sein, wenn Sie den Meißel wieder in die Hand nehmen und unverzüglich in die Kapelle der Familie Medici zur Arbeit gehen."

„Und wenn ich den Meißel nicht in die Hand nehme?" fragte Buonarroti.

Der Beauftragte des Papstes lächelte nur. Er sagte kein Wort. So fragte Buonarroti noch einmal:

„Und wenn ich den Meißel nicht in die Hand nehme?"

„Es gibt hier, wie wir wissen, in der Stadt ein Kind, das Ihnen so viel gilt, als wäre es Ihr eigenes. In diesem Fall würden wir uns ein wenig um das Kind kümmern. Um den Sohn Ihres verstorbenen Bruders."

„Was bedeutet das?" fragte Buonarroti leise, betroffen.

„Er könnte vielleicht besser in einem Kloster erzogen werden. Aber es ist einzig und allein Ihre Sache. Ich gebe Ihnen nur den dringenden Rat, versuchen Sie nicht, die Stadt zu verlassen. Im übrigen haben Sie ja die Erfahrung gemacht, daß Ihnen am Ende jede Flucht mißglückt."

Buonarroti atmete schwer.

Der Kommissär fragte:

„Sind Sie jetzt bereit, mit mir über eine Arbeit für mich zu sprechen? Ich bin ein bescheidener Mensch, ich verlange nicht gleich ein großes Marmorbildwerk. Ein kleineres Stück, irgendein Gegenstand aus Bronze täte es auch."

Buonarroti schwieg.

„Ich verstehe nicht, was es da zu überlegen gibt. Sie haben doch noch einen Vater? Wie alt ist er? Ich an Ihrer Stelle würde ihm jede Aufregung ersparen."

Da Michelangelo Buonarroti noch immer nicht redete, meinte der Beauftragte des Papstes, Baccio Valori: „Natürlich habe ich mir schon genau überlegt, was ich von Ihnen für mich haben möchte. Es könnte ja etwas aus Marmor sein, aber nicht zu groß, daß es in meinen Speiseraum paßt, ein Apoll könnte das sein. Vielleicht, wie er den Pfeil aus dem Köcher zieht? Unser Heiliger Vater ist damit einverstanden, wenn Sie das neben der Arbeit in der Kapelle Medici für mich machen. Selbstverständlich werde ich zahlen, und nicht kleinlich. Ich will Sie nicht erpressen."

Baccio Valori stand auf, wandte sich zum Gehen.

„Ich begreife, Sie wollen jetzt allein sein und mit sich ins reine kommen. Bitte, ich will Sie nicht weiter belästigen, Sie sollen mir nicht sagen, Sie hätten nur einer Bedrohung nachgegeben. Morgen wird jemand zu Ihnen kommen, um Ihre Entscheidung zu erfahren. Da Sie offensichtlich mit mir nicht reden wollen, so gebe ich Ihnen auch hierin nach und schicke einen meiner Beamten. Guten Abend."

Er ging. In der Tür drehte er sich noch einmal um.

„Übrigens, das hatte ich vergessen: Da ist noch eine Angelegenheit, die ich im Namen des Heiligen Vaters, unseres allverehrten Papstes Clemens, zu regeln habe. Es handelt sich um den großen Block, der als Gegenstück für Ihren unvergleichlichen David verwendet werden soll. Unter den gegebenen Umständen kann der Heilige Vater natürlich nicht verantworten, wenn so einem verdienstvollen Künstler wie Bandinelli dieser Stein entzogen wird.

Natürlich soll das keine Handlung gegen Sie sein, und der Heilige Vater bittet Sie, das keinesfalls so aufzufassen. Aber es wäre einfach ungerecht, wenn wir vor den Augen der ganzen Welt einen Mann zurücksetzen würden, der sich um das Haus Medici sehr verdient gemacht hat. Sie, verehrter Michelangelo Buonarroti, würden das allgemeine Vertrauen am ehesten wiedergewinnen, wenn Sie dem Befehl des Heiligen Vaters Folge leisten und unverzüglich die Arbeit in San Lorenzo wiederaufnehmen würden."

Lionardo, dachte Buonarroti, kleiner Lionardo.

An diesem Abend begann er Masken zu zeichnen. Gesichter mit schmalen Augen, mit großen Augen, mit weit aufgesperrtem Mund. Hohn des Siegers und immer wieder Hohn des Siegers, ungezählte Male. Sie werden dem Henker Ihres Freundes keine schönen Worte machen, aber Sie werden ihm ein schönes Bildwerk machen.

Battista della Palla, der gesagt hatte: Wer weiß noch, was das Wort Liebe wiegt? Es ist der Sinn verloren: sich hingeben für andere, verbluten für andere, damit das Leben weitergeht. Was für ein Leben? So eines, in dem sich die Henker Kunstwerke bestellen? Und das Blut des Freundes ist vertan? Und Buonarroti zeichnete die Schale des Granatapfels. Die Frucht bricht auf, und der Hohn des Siegers schaut auf sein Opfer. Also enthält diese bittersüße Frucht nicht den Anfang und nicht das Dasein und nicht das Ende. Und es wohnt in dieser Frucht auch nicht die Erwartung der Mutter Maria auf den Sohn Gottes. Schmutz bricht heraus. Das Gift des Lebens: Verrat. Die Flamme der Liebe hat umsonst gebrannt. Nun ist die Schale aufgebrochen, und was heimlich in der Frucht nistete, liegt aller Welt offen vor Augen. Die Gesichter der Angst, des Schreckens, des Grauens. Aber über ihnen lastet die Schale des Granatapfels, und jeder weiß, seine Farbe ist Blut.

Michelangelo Buonarroti vergaß nicht einzuzeichnen in seinen Maskenfries die Stacheln des Granatbaumes.

★

Seine Majestät Karl V. aus dem Haus Habsburg hatte Befehl gegeben, in der Stadt Florenz bis auf weiteres einen Truppenteil seiner Armee als Besatzung zurückzulassen. Zur Sicherheit der neuen Regierung, wie er dem Papst mitteilen ließ. Das Haus Medici konnte es sich nicht leisten, Einspruch dagegen zu erheben.

Schertlin, der Ritter, hatte gehofft, daß er zu Weihnachten bei seiner Hausfrau sein würde, aber auf persönlichen Wunsch des Obristen Bemmelberg, des verantwortlichen Besatzungskommandanten, hatte Seine Majestät bestätigt: Der Ritter Schertlin bleibt bis auf Abruf bei der Besatzung zu Florenz. Es war eine Auszeichnung, es war auf die Dauer langweilig.

Man wollte keine Verfeindung mit der Bevölkerung. Jedoch seit dem bedauerlichen Zwischenfall mit dem Obristen Hubertus aus Danzig, der aus einem gewissen Haus am Ufer des Arnos nicht mehr lebend herauskam, war allgemeine Vorsicht geboten. Es gab zwar eine strenge Untersuchung bei den Frauen im Haus Bellavista, doch konnte bis heute noch nicht recht geklärt werden, ob der Obrist Hubertus wirklich einem verbrecherischen Anschlag zum Opfer gefallen oder ob er nur ein Opfer seiner eigenen Schwäche geworden war.

Aber nun war die Uferstraße am Arno mit den kleinen verrufenen Häusern von den Landsknechten abgeriegelt, und den Männern von Florenz war das Betreten der Straße und der Häuser untersagt.

In diesen Häusern am Arno hatte Sebastian Schertlin ein wenig Italienisch gelernt, das half ihm bei seinen Streifzügen durch die Stadt.

Und so war es gar nichts Außergewöhnliches, daß der Ritter Schertlin, der überall Zutritt hatte, mit dem oft bestaunten Schritt eines gut geübten habsburgischen Söldners eintrat in die Kapelle San Lorenzo. Und es war sehr beachtlich, wie er sein „Guten Tag" und das „Na, wie geht's?" im fließenden Italienisch hinsagte, mit leichtem toskanischem Einschlag. Dann aber wurde es schwer. Was er dort in den Häusern gelernt hatte, war hier leider nicht verwendbar. Er hätte so gern die beiden Marmorbildwerke der italienischen Feldhauptleute gesehen. Mit den eitlen Augen eines Siegers. Es sollte da irgendein sehr freches Wort des Bildhauers zu diesen Figuren geben. Schertlin war neugierig.

Es war aber das hochfahrende Wort des Michelangelo über die Herzöge aus dem Hause Medici nicht in Vergessenheit geraten:

„Nach tausend Jahren wird kein Mensch mehr wissen, wie diese beiden Herren ausgesehen haben."

Und dieses Wort war keineswegs geeignet, ihn in ein besseres Licht zu setzen, ihn heute zu einem Freund der Medici zu machen. Es mochte vielleicht nun ein Trost sein für die vielen Namenlosen, die mit der ganzen Glut ihres Herzens in den Tagen der Belagerung gegen die Medici gekämpft hatten. Diejenigen, die Michelangelo für die Medici retten wollten, nannten es beschwichtigend einen Scherz, in der Verlegenheit hingesagt.

In diesen Tagen arbeitete Michelangelo an den vier Figuren, die auf den beiden Sargdeckeln ruhen sollten. Morgendämmerung, Tag, Abend, Nacht. Der Tag eines Menschen. Und diese Arbeit war ein Kampf gegen sich selbst. Er wollte nicht erliegen, nicht der Traurigkeit, nicht der Ohnmacht und nicht der Angst. Er wollte sich nicht einem dumpfen Brüten über die Niederlage der Stadt Florenz hingeben. Es hatte keinen Sinn, wenn er sich tausendmal fragte: Ist das nicht auch meine Schuld, daß nun der Atem der Republik erloschen ist? Es gab nur ein Mittel, gegen die niederdrückenden Gedanken anzukommen: Arbeit. Und wenn Menschen aufträten und sagten: Seht her, schon hat er sich unterworfen und arbeitet am Denkmal für die Sieger, so wußte er es besser. Das da, was in diesen Wochen entstand, war nicht das Denkmal einer siegreichen Familie, es war sein Leben. Die Sehnsucht nach Schönheit und auch nach der Sanftheit eines friedvollen Abends mit Freunden. Aber das alles zählt nicht mehr. Keine Hoffnung ist da beim Aufwachen früh am Morgen. Kein Freuen. Nur unermeßliche Traurigkeit.

Er arbeitete ungeheuer schnell, so wie es noch nie jemand bei ihm erlebt hatte. Aber nicht mit blindwütender Hast, sondern mit sorgsam wägendem Verstand. Er arbeitete, um nicht zu weinen.

Damals, bei der Arbeit an der Decke hatte er erfahren, wieviel er aushalten konnte. Rücksichtslos gegen sich selbst, gegen den schmerzenden Rücken, die tränenden Augen, die Übelkeit im Magen. Doch das war fast ein Spiel gewesen, gemessen daran, wie er es jetzt hielt. Er schlief wenig, er verspürte keinen Hunger, also nahm er auch kaum mehr als einen Happen Brot, ein Stückchen Käse und einen Schluck Rotwein zu sich. Er geriet in einen seltsamen Zustand, er nannte ihn bei sich gläsern. Sehr hell, sehr zerbrechlich. Der Verstand war scharf wie immer, aber er spürte, wie der Körper ausgezehrt war. Er ließ sich jedoch nicht die Zeit, auf die Zerbrechlichkeit seines Leibes zu achten. Er war reizbar, das gab er auch vor dem Freund Giuliano Bugiardini zu. Da er jetzt jedoch wenig mit Menschen zusammenkam, fand die Reizbarkeit kaum Nahrung. Aber wenn das Kind, Lionardo, bei der Arbeit zusah, dann füllte sich sein Herz mit zaghafter Freude.

Er hatte die Nächsten in seiner Umgebung schon so eingeschüchtert, daß niemand mehr wagte, ihm zuzureden, er möge sich schonen. Außer Antonio Mini lebte jetzt noch ein Gehilfe in seinem Haus, Francesco, genannt Urbino. In den letzten Tagen der Verteidigung von Florenz hatte er mit seiner Feuerbüchse neben anderen Männern auf der Bastion gestanden. Der großgewachsene Junge mit den wässerigen Augen in dem etwas groben Gesicht war eigentlich nicht dazu gemacht, eine Waffe in die Hand zu nehmen. Freude hatte er am Untersuchen von Farbelementen, am Austüfteln von besonders gut zusammengesetzten Mischungen. Das Spiel der Umwandlung von zwei Farben in eine dritte ließ ihn immer wieder aufs neue erstaunen; das Experimentieren mit Farben konnte ihn ganz und gar der Welt entrücken. Gleichzeitig jedoch war er ein sehr nüchterner, gerecht denkender Mensch, und er konnte von einem Atemzug zum anderen den Zauber beiseite wischen. Dann aber schaute er sich nicht verwirrt um, sondern er begriff sogleich, was zu tun war. Mit beiden Händen, das hatte er sich angewöhnt, glättete er in diesen Augenblicken sein ohnehin glattes, graublondes, glanzloses Haar.

Er war selbstsicher, doch ohne Überheblichkeit. Bisher hatte er alles geschafft, was er wollte. Nur vor den Frauen fürchtete er sich ein wenig. Es war dies aber keine Unbeholfenheit, sondern eher eine Angst, sich zu verlieren. Er wollte nicht Liebe da und dort kosten, er wollte sich verschwenden, ganz und gar. Aber niemand wußte das, und er sagte es auch niemandem. Also wußte Assunta auch nicht, daß ein Mann in der Stadt Florenz war, der immer wieder seine Gedanken zu ihr hingehen ließ. Ernst und spielend, verzweifelt und glücklich.

Assunta war hochgewachsen, mit einer gar nicht hohen, aber überraschend klaren Stirn. Ihre Lieblichkeit kam nicht aus einer dünnen, zarten Zerbrechlichkeit, sie sah nicht hilfsbedürftig aus. Alles an ihr war lebensvoll. Die flachen Bögen der Augenbrauen verlangten Bewunderung, weil sie von einem dichten, lockenden Schwarz waren. Die Haut zeigte, von den Schultern bis unter die Haarspitzen, eine verwirrende Makellosigkeit, nicht durchsichtig und blaß, sondern fest und etwas kühl. Selten geschah es, daß Assunta errötete. Ebenso vollendet wie ihr Angesicht war auch ihr Leib, nicht ihre Schlankheit war das Erregende, sondern das maßvoll Ausgeglichene. Es gab nichts Aufdringliches an ihr. Und dieser Assunta war Francesco, genannt Urbino, verfallen.

Es war eine Liebe ohne Hoffnung. Er wußte es. Er litt darunter. Aber es machte ihn auch stark, weil er ganz im verborgenen, ganz im geheimen ein winziges, tröstendes Licht nicht verlöschen ließ: Alles, was ich tue, geschieht für sie. Und eines Tages wird sie es merken, vielleicht.

Assunta war dem sanftäugigen Antonio Mini versprochen, daran gab es für Urbino nichts zu deuten. Und eher hätte er seine rechte Hand abgehackt, als daß ein anderer von seiner Liebe auch nur etwas geahnt hätte. Er, der Gerechte und Gewissenhafte, dachte nicht daran, mit Antonio Mini um das Mädchen zu streiten.

Und so wurde Assunta für ihn mehr. Er begehrte sie, und sie stand gleichzeitig außerhalb jeder Begierde. Sie trieb ihn an, ohne daß sie je ein Wort mit ihm gesprochen hätte. Und so begann er, scheu und mit Eifer, den Marmor anzugreifen. Vielleicht würde es ihm glücken, Schöpfer von Figuren zu werden, die Assunta eines Tages einmal lächelnd anschauen würde.

Aber er beneidete den Antonio Mini, dessen Träume würden sich erfüllen. Manchmal konnte er, Urbino, es nicht ertragen, gleichzeitig mit ihm in der Werkstatt zu sein. Auch heute nicht. Er fragte Buonarroti und strich dabei mit beiden Händen etwas verlegen über sein graublondes Haar, ob er nicht in der Medicikapelle nach den Zimmerleuten sehen sollte, wie weit das neue Gerüst sei. In den Tagen der Verteidigung war das Holz verbrannt worden. Urbino ging.

Während Michelangelo arbeitete, fast eingehüllt in eine Wolke von Marmorstaub, träumte Antonio vor sich hin: Ich müßte mich ein wenig mehr üben, im Malen und im Zeichnen. Michelangelo hat es ja selbst gesagt, ich hätte die Hand dazu, aber noch nicht den richtigen Mut. Eigentlich wäre es doch schön, wenn ich Porträts zusammenbrächte, dann könnte ich mich selbständig machen und heiraten. Aber warum so lange warten? Assuntas Mutter ist einverstanden, und der Buonarroti täte mir sicher eine ganz hübsche Hochzeit ausrichten. Für die erste Zeit kann ich ja noch bei ihm bleiben. Vielleicht gibt er mir für die Frau noch eine Kammer, dann könnten wir zusammen hier wohnen, das Haus ist groß genug.

In seine angenehmen Überlegungen hinein kamen Bemmelberg und Schertlin, der Obrist und der Ritter.

„Wo ist Ihr Meister?" fragte Bemmelberg in nicht ganz einwandfreiem, aber doch verständlichem Italienisch. Mit dem Daumen zeigte Antonio Mini dorthin, wo Michelangelo arbeitete.

„Können Sie ihm sagen, daß wir gekommen sind", forderte Bemmelberg auf.

„Sagen kann ich das schon", meinte Antonio Mini und ging zu Michelangelo.

„Feldhauptleute sind da", sagte er.

Michelangelo setzte den Meißel nicht ab, er beantwortete die Bitte Antonios, aufzuhören und mit den Herren zu sprechen, mit einem deutlichen Fluch.

Antonio Mini ging zurück zu den Feldhauptleuten.

„Mein Herr", so sagte er und verbannte das Lachen über den wüsten Fluch aus seinen Augen, „ist hoch geehrt durch Ihren Besuch. Leider jedoch ist seine Arbeit so wichtig, daß er sie nicht unterbrechen darf. Sie müssen verstehen, der Heilige Vater selbst wacht über die pünktliche Ausführung, und wir müssen ihm Rechenschaft geben über jede Minute. Mein Herr also darf sich gegen den Wunsch und gegen den Willen des Heiligen Vaters nicht vergehen. Er bittet Sie, an seiner Stelle über mich zu verfügen. Ich soll Ihnen den einen Capitano und den anderen Capitano zeigen."

Also betrachteten der Obrist und der Ritter die Figuren. Schertlin schüttelte den Kopf.

„Ich bin enttäuscht. Zu weich, zu lasch, verträumt, verspielt. Ein Krieger soll nicht denken, er soll handeln. Mit solchen Männern hätten wir Rom niemals erobern können. Das hier zeigt nicht die heldische Lust am Kriegführen. Eine faule Bande ist das. Sag das diesem Menschen hier", forderte Schertlin den Obrist Bemmelberg auf. Der übersetzte alles.

Der verträumte Antonio Mini war nicht dazu geschaffen, diese beiden Figuren vor den Fremden zu verteidigen. Trotzdem unternahm er es.

„Wer sagt denn, daß Buonarroti Kriegshelden schaffen wollte?"

„Also geschlagene Krieger?" fragte Bemmelberg.

„Es sind überhaupt keine Krieger", entgegnete Antonio Mini.

„Was dann?" fragte Bemmelberg.

„Menschen", antwortete Antonio Mini.

„Sie sind zu klug, junger Mann. Krieger sind auch Menschen", sagte der Obrist.

„So", meinte Antonio Mini nur. Und in diesem einen Wort klang alles mit, was er wußte über die Art, wie die kaiserlichen Krieger in Rom gehaust hatten. In diesem So stand auch die Verachtung über den Verrat, wie diese Feldhauptleute mit ihren Söldnern sich nachts in die Stadt geschlichen hatten und wie sie in den Straßen allabendlich herumgrölten, besoffen. Antonio Mini und die seines Alters, die damals bei der Plünderung Roms sechzehn, siebzehn Jahre zählten, hatten es nicht leicht gehabt. Als ihr Verstand begann zu erwachen und sich von kindlichen Spielen zu lösen, da bekamen sie als ersten Unterricht in der Welt der Erwachsenen genauen Aufschluß über das wahre Gesicht des Krieges. Nach dem Fall von Rom war es nicht mehr möglich, diesen jungen Leuten etwas von strahlenden Kriegstaten zu erzählen. Sie hatten alle Flugblätter gesehen mit genauen Beschreibungen über das Morden, sogar im Petersdom. Dann hatten sie in Florenz die Pest erlebt, dann die Belagerung, dann die Niederlage. Antonio und die seines Alters waren waffenklirrenden und marktschreierischen Menschen gegenüber sehr empfindlich geworden. Sie wollten keine großen Worte mehr, sie wollten zufriedengelassen werden, sie wollten zur Besinnung kommen, sie wollten denken.

Antonio Mini hatte zu den beiden Marmorbildwerken, die er jetzt den Fremden zeigte, eine besondere Beziehung. Als er anfing bei Buonarroti zu arbeiten, waren diese Figuren fast vollendet, auch das Wort über die fehlende Ähnlichkeit mit den Medici-Herzögen war schon ausgesprochen. Nie aber hatte Antonio Mini gefragt: Wer sind diese beiden denn nun wirklich? Er wollte es nicht wissen, es war nicht nötig.

★

Der Herzog von Ferrara ließ bei Michelangelo anfragen: Wo bleibt das versprochene Gemälde?

Von weit her, aus den Tiefen der Seele, wo das Unbehagen neben dem Vergessen wohnt, kam ein Bild herauf. Wüst und traurig. Das Bild seiner Angst. Die Geliebte erleidet Gewalt. Damals, als er oben bei San Miniato Florenz verteidigte, hatte er es zum erstenmal gesehen: die Wandlung vom Widerwillen zum Gewähren und Gewöhnen.

Damals war es noch ein Traum gewesen. Jetzt aber ist es geschehen vor seinen Augen, und er hat nichts tun können, die Geliebte zu bewahren. Die Sieger wurden von den Vornehmsten der Stadt mit Blumen begrüßt; denn in Florenz gibt es immer Blumen.

Also malte er auch auf sein Bild Blumen, aber sehr gedämpft, fast unscheinbar, und es ist viel Bitterkeit in diesen Blumen. Und sie sind nur Beiwerk, das achtlos zertreten wird. Denn hier geschieht die uralte Geschichte von Leda und von dem Schwan. Aber das, was Buonarroti in diesem Herbst nach der Einnahme der Stadt malt, ist ein Gleichnis von seiner Angst. Er arbeitete nicht mit der Wut der Verzweiflung, was er hier in deutlich abgesetzten Umrissen in seiner unverwechselbaren Art schuf, geschah mit scharfem Verstand. Mit weinendem Herzen.

Verachtung und gleichzeitig Liebe schwingt um die vollen Lippen der Frau, die aufgetan sind, den Fremden zu küssen. Verzeihen und Schmerz ist hingegossen über das gebeugte Gesicht. Es ist gezeichnet von der erschreckenden Süße der Selbstvergessenheit. Der schmale, junge, liebliche Kopf mit der sehr geraden schönen Nase wird gekrönt von schwerem Kopfschmuck über glattem Haar. Diese hier ist kein zartes Mädchen, sondern eine wissende, schöne Frau mit gutgewachsenen, kräftigen Schenkeln und mit Bauchfalten im nackten Leib. Sie ruht auf Kissen und Tüchern, und der Schwan ist da. Aber das alles ist noch nicht genug, die ungeheuerliche Wandlung vom Widerwillen zum Glück deutlich zu machen. Wieder sind es die Hände, die Vollendung des Vollkommenen bedeuten. Die Rechte ruht schlaff auf dem nackten Schenkel. Aber die linke Hand wiederholt noch einmal alles:

die Angst, das Weinen, das Begehren, das Gewöhnen, das Verzichten. Weit nach hinten gelehnt ist dieser linke Arm, dann plötzlich im Ellbogen eingewinkelt, abwärts, senkrecht zur Erde. Und sichtbar wird die Fläche der linken Hand: Verlassenheit und Verlockung zugleich.

Der Gehilfe Antonio Mini bekam das vollendete Bild als erster zu sehen. Und er sagte mit seiner verträumten, spielerischen Klugheit:

„Das werden Ihnen die Leute sehr übel anrechnen. Warum haben Sie es den Kritikern so leicht gemacht, daß sie es mit einem Wort abtun können: schamlos?"

Buonarroti antwortete nicht. Er sah auf seine Arbeit und fand sie gut. Was er sagen wollte, war ausgesprochen. Und wer es nicht erkennen konnte, wer nur das nackte Fleisch sah und die Wollust, der mochte nachrechnen, ob aus dieser Begegnung zwischen Zeus und Leda ein Kind oder drei Kinder entstanden waren. Wer hier nur eine Schilderung aus alten Zeiten Griechenlands sah, der sollte sich in aller Ruhe Homer vorlesen lassen, die Geschichten der drei Leda-Kinder: Helena, Kastor und Polydeukes. Nie aber würde einer mit von Wollust verschleierten Augen und von angelesenem Wissen getrübtem Blick erkennen können, wann das Herz eines Menschen aufschreit. Und nie würde er verstehen, welche Sprache es wählt.

★

Und noch einmal bildete er das gleiche Gesicht wie das der Leda. Es war keine selbstgefällige Spielerei, anderen zu beweisen, seht her, wie ich beides beherrsche, die Farben und den Marmor. Es war auch kein Versuch, darzulegen, was ist wirksamer: Malerei oder Bildhauerei. Es war nichts anderes als ein bitteres Gespräch. Und er allein fragte und gab Antwort. Mir liegt der Tod in der Seele, und ich muß leben. Warum? Mein Herz kann nicht mehr heiß glühen in heiliger Begeisterung. Ich meine, mein Herz ist kalt und starr, ausgebrannt und erstarrt, und trotzdem schlägt es. Wozu?

Also ich lebe. Vernunft will in mir ankämpfen gegen Trauer.

Und da ich nun lebe, sagt mir der Verstand: Arbeite!

Es war schwer, dieses Erwachen an jedem Tag, da er nichts hatte, worauf er sich freuen konnte. Und keine Hoffnung.

Es gab eine Zeit, da hatte ich geglaubt, die Welt sei zu verändern durch Werke der Kunst. Und heute will mir scheinen, das war ein Kinderglaube. Wie war ich da noch einfältig. Ich zeigte, was ich dachte, geradezu, ohne mich in ein Versteck zu verkriechen. Engel ohne Flügel, Heilige ohne Heiligenschein. Sie gestatteten mir das alles. Sie duldeten auch, daß ich die Vorfahren Christi malte als einfache, ärmliche Menschen, manche umhergetrieben, als seien sie auf der Flucht. Aber als ich ihnen Sklaven zeigte, sagten sie nein.

Sie sagten es ihm durch die Worte des Erzbischofs von Florenz:

„Alle glorreichen Themen der Kirche stehen Ihnen offen. Sie wissen genau, daß Sie es verstehen, mit Ihren Werken die Herzen der Menschen zu bewegen. Aber nein, Sie bringen keine neue Blüte hervor. Mit bewundernswertem Fleiß haben Sie sich das Erbärmlichste aus der menschlichen Gesellschaft ausgesucht: Sklaven."

Das also ist die Grenze, mehr ist nicht erlaubt. Ihr wollt keine Sklaven sehen. Gut. Aber ich weiche nicht aus. Ich gehe noch einen Schritt weiter. Doch ohne Einfalt und ohne Kinderglauben. Wie ein Schauspieler nehme ich jetzt als Hilfsmittel, mich verständlich zu machen und gleichzeitig zu verstecken, die Maske. Und setze sie meinen Sklaven auf. Und so werdet ihr dann, beglückt durch die Maske, sagen: Seht an, das hier ist der Morgen und das der Tag und das der Abend und das die Nacht. Ihr werdet sagen: Ja, so ist es, die vier Tageszeiten, die vier Jahreszeiten, das Leben.

Also bildete er noch einmal das gleiche Gesicht wie das der Leda. Das Gesicht der leidenden und liebenden Frau.

Das Gesicht der gepeinigten Stadt. Und er gab ihr die unverwechselbaren Kennzeichen der Nacht. Wie eine Krone
trägt sie in ihrem Haar die Mondsichel mit dem siebenge-
zackten Stern. Auch ihr Gesicht ist gebeugt, und es
scheint, als schlafe sie. In ihr Gesicht eingeschrieben sind
noch alle Zeichen des Schmerzes und der Pein, und doch
ist es von einer seltsamen Ruhe erfüllt. Denn die Tage der
Ungewißheit sind vorüber. Es ist nicht mehr nötig, Ausschau zu halten nach irgendeinem Ausweg. Verrat und
Schande sind geschehen. Sie liegt da, als sei sie eine genaue
Wiederholung der Leda, die wissende, schöne Frau mit
gutgewachsenen kräftigen Schenkeln und mit Bauchfalten
im nackten Leib.

Es ist nicht dieselbe Frau, er hat sich nicht wiederholt.
Nicht darum, weil er ohne Modell arbeitet, sondern weil
seine Gedanken weitergegangen sind, noch tiefer. Dieser
Leib hier ist nicht mehr jung und fest, die Zeit hat ihn gezeichnet. Nach der Hoffnung, der Erwartung, der Angst,
der Wandlung zum bitteren Glück, danach beginnt der
Verfall. Aber es ist zu billig, nur das Vergehen des Flei-
sches zu predigen, das Hingehen zum Tode. Dagegen, gegen den Jammer, der alles im reißenden Sog niederzieht,
gegen die eigene Mutlosigkeit erhebt er Einspruch. Er
braucht dafür keine große Geste, kein Aufbäumen dieser
Marmorgestalt, keine Bewegung des Zornes: nur das Gesicht. Es ist unberührt geblieben von allem. Es ist das Un-
zerstörbare des Menschen. Das, was stärker ist als Verrat
und Schande: Güte und Freundlichkeit wohnen in den
Mundwinkeln dieser Frau. Der Schmutz des Verräters hat
keine Spuren hinterlassen.

Aber es kann nicht weggelogen werden, daß der Verräter noch da ist, und sei es nur im Traum. Und so zeigt
Buonarroti das Gesicht des Verräters. Unmittelbar neben
dem Leib der Frau liegt die Maske. Gar nicht abschrek-
kend und nicht teuflisch grinsend und nicht geil und doch
tief erschreckend, eben weil es sich nicht ankündigt durch
außergewöhnliche Häßlichkeit: Seht her, hier wohnt der
Verrat. Es ist das Gesicht eines alten Mannes. Aber die

Züge dieses Mannes zeigen kein Lächeln, er ist von einer Ernsthaftigkeit besonderer Art umfangen, er braucht nichts anderes mehr zu tun, als zu warten. Die Beute seines Verrates ist ihm zugefallen. Nun kann er sie aufzehren, langsam, Stück für Stück, Tag um Tag. Die scharfen Vorderzähne sind ihm noch geblieben. Und mit nagender Gleichgültigkeit wird er also die Schönheit dieser Frau zerstören.

Antonio Mini, der Gehilfe, sah es. Es erschreckte den Verträumten. Buonarroti hatte ihm noch vor wenigen Tagen erklärt: Das hier ist das Gesicht eines Verräters. Sieh ihn dir genau an. Und Antonio hatte gefragt: So einer wie der Feldherr Malatasta Baglioni? Und Buonarroti hatte nicht nein gesagt. Heute jedoch, im trüben Grau des schon früh hereinbrechenden Oktoberabends, schien sich die Maske auf eine eigenartige Weise zu verwandeln. War dieses Gesicht hier wirklich ein gleichgültiges? Standen nicht vielmehr Entsetzen und Trauer in den Zügen? Und quälende Schuld, Weinen, bei geöffnetem Mund ersticktes Schreien? Es war Buonarrotis eigenes Gesicht. Die Nase an der Wurzel eingedrückt. Antonio erkannte es deutlich, aber er wagte nicht, davon zu sprechen, er hütete sich, danach zu fragen. Denn am anderen Tage schon, in der hellen, lichten Sonne sah diese Maske wieder anders aus. Und Antonio Mini vermied es auch, nach der Eule zu fragen. In dem spitzen Winkel des steil aufgestellten Beines hatte die Eule ihren Platz bekommen wie in einer Höhle. Und ihr Gefieder war prächtig und lieblich zugleich, die Flügel noch ein wenig gelockert, als wäre sie eben hergeflogen oder als wolle sie gerade wegfliegen. Aus fast menschlich freundlichem Gesicht schauten die großen Augen der Eule, mißtrauisch und klug. Das kleine gefiederte Geschöpf war neben der wehmuterfüllten Frau und der erschreckenden Maske wie ein Lächeln.

Antonio Mini fragte also nicht, ob die breitgeschlagene Nase im Gesicht der Maske hinweisen sollte auf ihn, Buonarroti, und er fragte auch nicht, ob der Eule nur ihre eine Bedeutung zugewiesen war als Tier, der Nacht zugehörig, oder ob sie etwa hier stehen sollte als ein geheimes, verbotenes Symbol: das Zeichen des Irrglaubens.

★

Es war Sonntag, nach der Messe. Michelangelo Buonarroti ging allein zurück in seine Werkstatt. Er ging langsam mit gesenktem Kopf, er dachte nach über sein Bildwerk: die Nacht. Lange hatte er nichts geschrieben. Jetzt in der Dunkelheit dieses Herbstabends bedrängten ihn Worte, die sich nicht umsetzen lassen würden in Figuren aus Marmor. Es waren Worte, die gesungen werden müßten, in dunklen, sehr leisen Tönen, fragende Worte: Was ist, wenn unter der erstarrten Maske doch noch Glut da ist, das heiße, liebende Herz? Was ist aber, wenn es nicht weiß, wofür?

Er achtete nicht darauf, daß durch die engen dunklen Gassen einer hinter ihm herlief. Blieb Buonarroti stehen, wartete der andere, bis er weiterging. Endlich aber redete er Buonarroti an:

„Bitte, ich will Sie nicht stören. Und ich will nicht aufdringlich sein. Ich bin Ihnen schon ein Stückchen nachgegangen, ja. Ich habe eine große Bitte an Sie. Ich bin Simone, der Maultierhändler."

Buonarroti blieb stehen. Ein wenig ungeduldig besah er den kleinen, schmächtigen Mann, der jetzt seine Kappe vor ihm gezogen hatte. Das graue Haar darunter sah liederlich aus. Alles an diesem Menschen wirkte ärmlich, erbärmlich. Buonarroti ärgerte sich. Ein Bittsteller. Wäre ich doch schneller nach Hause gegangen. Dabei kam ihm dieser Mensch bekannt vor, er wußte jedoch nicht, wo er ihn schon einmal gesehen haben mochte.

„Sie brauchen sich nicht anzustrengen, Sie werden sich nicht an mich erinnern. Bei den Befestigungsarbeiten habe ich Steine gefahren. Auch zu Ihnen hinauf nach San Miniato. Aber dann haben mir die Leute vom Verräter, dem Feldherrn Malatasta Baglioni, meine beiden Maulesel weggenommen. Und auch den Wagen. Ich habe mich beschwert, bei dem Bannerträger der Gerechtigkeit, aber sie haben mich nicht einmal ausreden lassen. Das war ja kein Geschäft für mich, wissen Sie. Und vielleicht werden Sie mich jetzt für einen verrückten Kerl halten oder für einen, der vor Ihnen prahlen will. Es ging seltsam mit mir, damals habe ich überhaupt nicht ans Geld gedacht. Ich wachte auf am Morgen. Ging gewohnheitsmäßig, verstehen Sie, in den Stall, und da war der Stall leer. Und da hat mich die Wut gepackt, weil ich sah, wie die Herren vom Großen Rat alles falsch machten. Die Stadt mußte ja verlorengehen. Wer weiß, wozu sie meine Maultiere benutzten. Vielleicht wollte irgend so ein Dämchen vom Malatasta spazierenreiten. Damals gab's ja wenig Pferde. Es war viel weggeschlachtet worden. Sie wissen's ja selbst. Jedenfalls, die Ziegelsteine für die Befestigung da oben bei San Miniato blieben liegen. Ich sag Ihnen das alles nur, um meine Wut zu erklären, daß Sie mich nicht für verrückt halten. Ich ging aus dem leeren Stall zurück in die Stube zu meiner Floretta. Wissen Sie, meine Frau. Und nun müssen Sie meine Frau kennen, ja, sie ist eine großartige Frau. Ich kann sie nicht beschreiben. Aber es gehört dazu, wenn ich Ihnen sage, daß wir uns noch nie zerstritten haben. Dabei habe ich schon einen erwachsenen Sohn. Aber das gehört nicht hierher, ja, und der Bursche ist auch nicht bei mir zu Hause. Ich bin schon Großvater, merkwürdig, ja, aber auch das wollte ich Ihnen gar nicht sagen. Nur, Sie müssen ein wenig von uns allen kennen, ich meine von meiner Familie, damit Sie begreifen, was ich von Ihnen will."

Michelangelo Buonarroti griff behutsam in seine Tasche, suchte nach Geldstücken. Natürlich mußte man etwas geben, wenn dieser Mann in Not geraten war. Aber er konnte ihm auch nicht das Wort abschneiden. Zwar war Buonarroti ungeduldig, doch nicht unhöflich.

Simone redete schnell, er spürte, der andere wollte weitergehen, zumindest mit seinen Gedanken war der Bildhauer schon weggegangen. Der aufmerksame Simone merkte, wie der andere in seiner Tasche irgend etwas suchte. Simone war nicht schwächlich, aber sehr empfindsam. Und er begann schon zu verzweifeln, ob es ihm je gelingen würde, sich dem Michelangelo Buonarroti verständlich zu machen. Es ging nicht anders, er mußte viel vorbringen. Er sprach hastig, dabei überlegte er sich jedes Wort sehr genau:

„Und als ich da aus dem leeren Stall zurückkam zu meiner Floretta in die Stube, sagte sie: ‚Simone, jetzt tragen wir die Ziegelsteine selber.‘ Es kann aber auch sein, daß ich es sagte: ‚Floretta, jetzt tragen wir die Ziegelsteine selber, auf unserem Rücken.‘ Wahrscheinlich aber war es so wie immer, daß wir beide gleichzeitig auf denselben Gedanken gekommen sind. Das ist immer so bei Menschen, die lange zusammen waren und sich lieben. Und da hab ich die Futtersäcke aus dem Stall genommen, ja, und wir sind hingegangen und haben sie mit Ziegeln gefüllt und haben uns aufgemacht über die Brücke den Berg hoch, nach San Miniato zu. Ich vornweg, ja, zuerst ging es gut, und es war fast leicht unten in der Stadt, und die Wut hat mich sehr stark gemacht und meine Floretta auch. Aber dann, am steilen Weg zum Berg, schon weit weg vom Fluß, ist mir die Floretta zusammengebrochen. Und sehen Sie, so närrisch waren wir damals, sie hat gesagt: ‚Geh weiter, Simone, kümmere dich nicht um mich, ich komm schon wieder hoch. Geh schon, sie brauchen die Steine.‘ Und so bin ich gegangen. Nichts weiter, das war alles, was ich Ihnen sagen wollte über meine Floretta. Aber glauben Sie nicht, daß ich Sie darum angehalten hätte, mitten auf der Straße, nach der Abendmesse am Sonntag. Aber vielleicht finden Sie meine Bitte nun nicht mehr so unverschämt, weil Sie Floretta schon ein bißchen kennen. Ich habe ihr nämlich erzählt von Ihnen. Sie müssen wissen, bei dem Unfall damals am Berge ist sie ziemlich schlecht gefallen. Das Bein ist nie wieder so richtig geworden. Sie ist zwar noch beweglich, aber sie kann nicht mehr weit gehen und nicht lange stehen. Und sie hat immer Schmerzen. Und Sie könnten ihr eine so große Freude machen. Daß Sie mich nicht falsch verstehen, sie weiß das nicht, daß ich jetzt mit Ihnen spreche, sie hat mich nicht geschickt. Es wäre eine Überraschung für sie.

Vielleicht ist es Ihnen unangenehm, wenn ich jetzt etwas über Sie sage, aber es gehört dazu. Gestern wurde ich in den Medicipalast gerufen, da waren plötzlich zwei Maulesel abzugeben. Der Herr Rosinelli vom Hofe des Herzogs Ferrara brauchte sie nicht mehr für einen gewissen Bildtransport.

O ja, der Herzog von Ferrara. Der Herr über die besten Kanonen. Erst hat er sie uns geben wollen, zur Verteidigung, und er macht ein Bündnis mit Florenz. Und dann, weil er sieht, alle sind gegen uns, Kaiser und Papst, zuckt er zurück. Ein erbärmlicher Verräter. Hätten wir damals die versprochenen Kanonen gehabt … Aber was soll ich Ihnen sagen, Sie wissen es selbst.

Und nun sein Hofbeamter, der Herr Rosinelli. Sie hätten dabeisein müssen. Was hat der geschimpft auf Sie."

Der Maultierhändler Simone bemühte sich, die etwas träg singende Stimme des Mannes aus Ferrara nachzuahmen:

„,Der Buonarroti, das ist ein ganz unverschämter Kerl', hat er gesagt. ,Dieser Steinhauer hat mich, einen Rosinelli aus der uralten, landreichen Familie, mich, den Vertrauten des Herzogs von Ferrara, weggejagt wie einen Hund. Ich habe nur gesagt: Schade, daß Sie nicht doch ein wenig von dem Schmelz des Tizian mit hereingenommen haben. Und da hat er mir nachgerufen: Jeder Fürst hat die Schranzen, die er verdient. Ein stumpfsinniges Schwein hat in der Schwanzspitze mehr Gefühl für Kunst als Sie. Dieser Steinhauer ohne Rang und Adel hat mich verhöhnt. Er hat damit meinen Herzog verhöhnt.'"

Unvermittelt redete Simone in seiner Art weiter, ohne Hast, mit tiefer Genugtuung in der Stimme:

„Das war gestern. Heute weiß es ganz Florenz, daß Sie Ihr Bild von der Leda nicht herausgegeben haben. Und Sie hätten sich dafür eine goldene Kutsche mit sechs spanischen Schimmeln einhandeln können. Sie müßten es eigentlich wissen, wie stolz wir auf Sie sind. Die ganze

Stadt. Aber ich will Ihnen nicht schmeicheln, ich will Sie nur fragen. Würde es Ihnen sehr unangenehm sein, wenn ich Sie jetzt bitte: Kommen Sie mit mir. Kommen Sie in mein Haus. Machen Sie mir die Freude, daß Sie Floretta besuchen. Sie möchte sich bei Ihnen bedanken. Das hat sie gesagt, ja, aber sie hat es nur vor sich hin gesagt, wissen Sie, so wie man manchmal über seine unerfüllbaren Wünsche spricht. Nie hätte sie gewagt, mich zu Ihnen zu schicken, denn wir wollen nicht aufdringlich sein und niemandem zur Last fallen. Sie dürfen nicht erschrecken, wenn Sie Floretta sehen, sie ist nicht mehr schön, sie ist dick geworden, ja, und sie ist nicht mehr jung."

Langsam zog Michelangelo seine Hand aus der Tasche, und er schämte sich, daß er sich über den schmächtigen Mann mit dem ungeordneten Haar geärgert hatte, und gleichzeitig ärgerte er sich schon wieder über ihn.

„Warum reden Sie solch einen Unsinn von Ihrer Frau, um sie vor mir zu entschuldigen? Wie kann sie häßlich sein mit so einem Herzen!"

Floretta war tief beglückt und tief verstimmt zugleich. Doch sie sagte ihrem Simone nicht: Was bist du für ein Mann, lädst mir einen Gast ein, ohne mir ein Wort vorher zu sagen. Und es ist Sonntag, und ich kann nicht weg, um irgend etwas zu holen. Was soll ich auf den Tisch bringen? Aber es ist gut, daß es Sonntag ist und Abend, so bin ich wenigstens ordentlich angezogen und brauche mich nicht zu schämen. Wie dünn er ist, dieser Buonarroti. Und dabei habe ich nur zwei Fische im Haus. Die sollte es heute abend geben. Einen für Simone und einen für mich. Wenn ich nur den Männern die Fische hinstelle, dann wird es ihnen nicht schmecken. Simone wird schimpfen. Und dieser Buonarroti sieht auch nicht aus, als ob er essen würde, wenn andere dabei zusehen. Es wird nur unnützes Gerede geben, und ich bin selber daran schuld. So eine seltene Freude, so eine Ehre. Und da sind nur zwei elende Fische, und mein Glück wird zerredet werden. Aber unsereins soll eben nie ganz froh sein können. Ich werde mein Lebtag die Schande nicht verwinden können.

Was für eine Hausfrau ist das? wird der Buonarroti denken. Und er wird meinen, der Simone hält mich kurz. Sicher, viel zu leben haben wir nicht, es reicht immer nur von der Hand in den Mund.

Doch ihr Gesicht zeigte nichts von ihrem Kummer. Geschäftig, die Schmerzen und das Hinken verbergend, lief sie in der Stube umher, brachte dem Gast ein Kissen, stellte Gläser auf den Tisch, holte den roten Landwein. Und zwischendurch schaute sie aus ihren großen dunklen Augen glücklich hin zu ihrem Simone. Was du aber auch für einer bist. Schleppst den Buonarroti hierher. Und da wußte sie sich nicht mehr anders zu helfen, sie rief ihren Simone beiseite in den Winkel der Küche.

„Hast du denn vergessen", flüsterte sie, „daß wir nur zwei Fische im Hause haben?"

„Ich habe es nicht vergessen", sagte er. „Ich habe mir gedacht, du wirst schon machen."

„Er hat beim Papst gegessen. Er wird es gewöhnt sein, einen ganzen Fisch auf den Teller zu bekommen. Ich könnte sie zerhacken und in kleine Stücke schneiden, aber ich glaube, das ist nicht fein, und es sieht nicht schön aus."

„Du wirst schon machen", sagte Simone noch einmal, ein wenig hilflos jetzt. „Wir wollen den Gast nicht allein lassen."

Da stand nun Floretta mit den beiden Fischen und legte sie vorsichtig in das kochende Wasser, fügte mit Sorgfalt Lorbeerblätter, Pfefferkörner und Salz hinzu, achtete darauf, daß sie auf sachtem Feuer gar wurden. Und wußte sich zu helfen. Sie nahm den einen Fisch, schnitt ihn vom Kopf über den Bauch bis zur Schwanzflosse der Länge nach in zwei Hälften. Und sie legte jede Hälfte mit der Haut nach oben, brachte drei Teller an den Tisch. Es sah aus, als seien es drei ganze Fische.

Hochaufatmend setzte sie sich. Die Täuschung war ihr gelungen. Ohne zu zögern, langte der Gast zu. Und Floretta schaute zu Simone, und Simone blickte auf Floretta, und beide waren glücklich.

Unvermutet schlug Buonarroti mit der Faust auf den Tisch.

„Was ist das für eine Wirtschaft hier? Glaubt ihr, ihr könnt mich betrügen?" Er redete hart und grob. Das glückliche Lächeln im Gesicht der Floretta war ausgelöscht. Hatte sie denn um Gottes willen den Fisch falsch zubereitet? Hätte er ihn lieber gebraten gegessen?

„Ihr setzt mir hier einen dicken ganzen Fisch vor und legt euch schmale Hälften hin und meint, der Alte merkt nichts."

„Sie sind unser Gast", sagte Floretta ängstlich.

„Ich lasse mir das nicht gefallen", schimpfte Buonarroti. „Wenn ihr es ehrlich meint mit eurer Gastfreundschaft, dann müßt ihr auch ehrlich teilen."

„Aber Sie sind doch ..." Simone wurde von Buonarroti unterbrochen:

„Ich bin ein Mensch, der von Freunden auch wie ein Freund behandelt sein will."

Und er zerteilte die Hälfte seines Fisches in drei Stücke, und er gab Floretta und Simone, was ihnen zukam.

★

Buonarroti begann die beiden anderen Bildwerke. Als Gegenstücke zu den Figuren Tag und Nacht setzte er Morgen und Abend, auch wieder Mann und Frau. Die Arbeit ging gut voran, trotzdem quälte ihn Unzufriedenheit.

Es gab damals Leute, so überlegte Michelangelo, die den Lionardo da Vinci verspotteten, weil er ein Reiterstandbild nur angefangen hatte. Und die Spötter hatten nicht ganz unrecht, ja, so war es, einer, der mit großen Versprechungen eine Arbeit anfängt und dann nicht bis zum Ende ausführt, ist verächtlich. Und wenn ihn andere nicht verachten, wenn sie sagen, es ist nicht so schlimm, denn er hat inzwischen wieder etwas Neues angefangen, so schafft das doch die unvollendeten Werke nicht aus der Welt.

Die vier angefangenen Figuren der Sklaven stehen da in meiner Werkstatt wie ein Vorwurf, und ich muß mich selbst verachten. Ja, ich kann mich damit entschuldigen, daß ich am Weiterarbeiten gehindert wurde. Bei Strafe der Exkommunikation. Ich will nicht ausgeschlossen werden aus der Gemeinschaft der Gläubigen. Und hätte ich es ihnen damit nicht auch zu leicht gemacht? Dann hätten sie sagen können: Der Ungehorsame, der irrgläubige Michelangelo. Was aber soll mit der Arbeit werden, mit dem Grabmal für den Papst Julius? Ich habe mein Wort gegeben, daß ich es zu Ende führen werde. Aber wie kann ich es zu Ende führen, wenn sie sagen, wir wünschen keine Sklaven? Ohne die Sklaven stimmt der Plan nicht mehr, und es wäre ein armseliges Machwerk. Diese Figuren schließlich sind es, die an der Hauptlast zu tragen haben, auf ihren Schultern soll der Papst ruhen. Wenn ich mich nach ihren Anordnungen richte und nicht weiterarbeite, dann bin ich vertragsbrüchig, und dann bin ich ein Betrüger, denn ich habe von ihnen schon Geld bekommen, und ich habe das Geld genommen.

Sie werden mir einen Prozeß machen. Und wenn ich dann aussage: Aber Papst Clemens VII. hat mir damals, als er noch Kardinal Giuliano war und Erzbischof von Florenz, verboten, an diesen Figuren weiterzuarbeiten, dann werden sie fragen: Wo sind die Zeugen? Und ich kann ihnen keine Zeugen nennen. Papst Leo, der mit dabei war, ist tot. Und die beiden anderen aus der Familie werden sich an nichts erinnern. Und es wird bei denen, die mir den Prozeß machen, ein ungeheures Gelächter losbrechen. Wer soll Ihnen das Märchen von dem Verbot glauben? Halten wir uns an die Tatsachen: Sie haben den Erben aus dem Haus Rovere versprochen, bis etwa zum Jahre 1520 das vollendete Grabmal mit vierzig Figuren zu liefern. Sie hätten also vor mindestens zehn Jahren mit dieser Arbeit längst fertig sein müssen. Sie hätten uns allen einen großen Gefallen damit getan, dann wäre uns dieser traurige Prozeß erspart geblieben. Nun sehen wir uns einmal an, was Sie, das war im übrigen der dritte Vertrag, den Sie nicht eingehalten haben, also sehen wir uns doch einmal an, was Sie für die großen Geldsummen, die Ihnen die Familie Rovere schon dreimal vorgeschossen hat, geleistet haben. Vierzig Figuren sollten es sein. Und was ist da? In Rom ein Moses, unfertig, zwei Sklaven, davon einer unfertig, und in Florenz vier angehauene große Blöcke, darstellend vier Sklaven. Alles andere sind nur Luftgebilde, zusammengesetzt aus Ihren schönen Worten, und Papierbildwerke, aufgeschrieben in Verträgen, die Sie offensichtlich nicht ernst nehmen. Nicht einmal ordentliche Tonmodelle sind da, nach denen sich andere Bildhauer richten könnten. Und da wollen Sie uns erzählen, ein Verbot hätte Sie verhindert. Und ausgerechnet ein Verbot aus dem Munde eines Mannes, der weltbekannt ist für seine Kunstliebe und für seine Bereitwilligkeit, die Künstler zu fördern und zu unterstützen.

Jeden Tag malte er sich den Prozeß anders aus. Drohender. Das Ende der Familie Buonarroti. Alles, was er seit dreißig Jahren mühsam aufgebaut hatte, würde mit einem Schlage eingerissen sein. Und es wird keinen Menschen mehr geben, der mit Achtung und Ehrfurcht von dem Bildhauer und Maler Michelangelo Buonarroti spricht, sondern alle werden nur noch sagen: Seht ihn euch an, das ist der Betrüger Michelangelo Buonarroti. Und meinen alten Vater wird die Schande umbringen, und meine Brüder werden mittellos auf der Straße stehen und nicht aus noch ein wissen.

Und wenn er nicht an den Prozeß dachte und an das Unglück, das er über die Familie bringen würde, dann begann es wieder von vorn, und die Gedanken gingen zu den vier angefangenen großen Marmorblöcken in seiner Werkstatt. Er konnte es drehen und wenden, wie er wollte, es gab für dieses Werk keinen anderen Ausweg: Entweder das Grabmal mit den Sklaven oder gar kein Grabmal.

Aber wenn ich die Arbeit aufgebe, dann werde ich den Erben alles zurückzahlen, was ich jemals von ihnen bekommen habe. Bis auf den letzten Scudo. Ich will nichts von ihnen geschenkt haben. Und sollte ich als Lastträger zu den Schiffern am Arno gehen.

Doch er fühlte sich stark genug, neben dem Grabmal für die Familie Medici auch das Grabmal für den Papst Julius zu beenden. Trotz der Angst. Auch wegen der Angst.

Und er nahm die Tücher von den Marmorblöcken und begann aufs neue an den Sklaven zu arbeiten.

Bandinelli, der Bildhauer, hatte sich geirrt. Er schämte sich, daß er in den Tagen der Verzweiflung, damals bei der Plünderung Roms, auf die Colonna gesetzt hatte. Und jene Nächte bei der alternden Isabella hätte er am liebsten als einen unglaublichen, bösen Traum angesehen. So ließ er in sich das Gefühl wachsen: Ich muß für meine Untreue an der Familie Medici Buße tun.

Sein Eifer zeigte sich jeden Tag. Er schrieb ausführliche Briefe an Papst Medici nach Rom über die Stimmung der Bürger in der Stadt:

Der neue junge Regent von Florenz, Alessandro aus der Familie Medici – Gottes Segen über ihn –, sei leider dem zwar versteckten, aber doch spürbaren Spott der Leute aus den Gassen ausgesetzt. Die Feder sträube sich, die Gemeinheiten niederzuschreiben. Aber seine, Bandinellis, Arbeit an dem Marmorblock, der einmal in Michelangelos Werkstatt gestanden habe, gehe zu Ehren der neuen Regierung gut voran.

Der Bildhauer unterbrach sein Schreiben. Es war ärgerlich mit diesem Stein. Immer klang das Gerede in seinen Ohren: Ja, der Michelangelo, der hätte ein großartiges Bildwerk geschaffen: Herkules überwindet Antäus. Und dieses Vergleichen würde nie mehr aus der Welt zu schaffen sein. Und immer hört er den Vorwurf heraus: Das ist der Stein des anderen.

Aber er, Bandinelli, wird es den Mißgünstigen, die ihm seine Freundschaft mit der Familie Medici neiden, beweisen: Mein Werk Herkules und Cacus wird alle Arbeiten Michelangelos schlagen. Denn mein Riese, dieser Cacus, ist ein viel gefährlicheres Wesen als der Antäus, der sich nur an die Erde klammert. Meiner ist ein feuerspeiendes Ungeheuer. Und es ist viel wirksamer, das Erschlagen mit der Keule zu zeigen als das Ringen mit den blanken Händen.

Trotzdem, so überlegte Bandinelli, möchte ich gern wissen, wie es der andere angefangen hat. Vielleicht kann ich seinen ersten Versuch, den kleinen Marmorblock, sehen.

Und er ging in die Werkstatt des Michelangelo. Doch nur Urbino war da. Aber er sah die Sklaven, sie waren abgedeckt, und frische Marmorsplitter lagen zu ihren Füßen. Offensichtlich wurde an den Figuren gearbeitet.

Bewunderung kam in Bandinelli auf, er staunte über die Kraft des anderen. Gleichzeitig erfüllte ihn ein tiefer Verdruß. Ich werde nie aus dem erniedrigenden Kreis der Vergleiche herauskommen. Seht, der Bandinelli hat nur den Herkules mit dem feuerspeienden Riesen fertiggebracht. Und in der Zeit schafft der andere die Grabkapelle der Medici und dazu noch das Grabmal für Papst Julius. Dabei sind meine Arbeiten mindestens so gut wie seine. Man läßt ja nicht zu, daß ich meine volle Kraft entfalte. Ja, würde man mir die Bildwerke in der Medicikapelle überlassen …

Und er wartete zu Urbinos Verwunderung nicht mehr auf Buonarroti, er eilte nach Hause und schrieb seinen Brief an den Papst zu Ende.

Er mache sich Sorgen um Michelangelo, so setzte er die Worte, der habe anscheinend nur noch einen Gehilfen, jedenfalls habe er nur den Urbino in der Werkstatt gesehen und nicht den Antonio Mini. Wie dem auch sei, der Mann mute sich zuviel zu. Denn er habe jetzt auch wieder mit den Sklaven angefangen. Er, Bandinelli, sei gern bereit, noch genauere Auskünfte darüber zu geben.

„Was soll ich sagen, wenn Bandinelli wiederkommt?“ fragte Urbino.

„Zeig ihm, was er sehen will“, antwortete Buonarroti.

„Das halte ich für falsch“, meinte der gewissenhafte Urbino, und in seine wäßrigen Augen kam Besorgnis. Er fühlte sich verantwortlich. „Der andere wird etwas von Ihrem Bildwerk übernehmen.“

„Und wenn er es hundert Stunden ansieht, es wird ihm nichts nützen. Die Handfertigkeit allein hilft niemandem weiter. Und wenn er auch auf die Breite eines Fingers genau alles nachmacht. Auch wenn er es mit gutem Verstand ausführt. Er muß sein Herz hineinwerfen. Aber das tut weh. Und wer will schon Schmerzen ertragen, wenn er die Schmerzen vermeiden will."

Aber Bandinelli kam nicht wieder.

Jedoch eine Botschaft aus dem Vatikan traf ein, unerwartet. Ein Breve von Seiner Heiligkeit Papst Clemens VII. Es war ein Befehl unter Androhung der Exkommunikation: Wir verbieten dem Bildhauer Michelangelo Buonarroti jede Arbeit an anderen Werken, die nicht für den Papst oder die Familie Medici bestimmt sind.

„Soll ich Tücher über die Sklaven hängen?" fragte der gewissenhafte Urbino. Er hatte Angst um Buonarroti, er sah seine Augen, wie sie sich verdunkelten. Es war eine Demütigung. Auch wenn in dem Breve stand: aus Sorge um Michelangelos Gesundheit. Aber es war sinnlos, anzugehen gegen das Gewicht einer Exkommunikation. Urbino, der junge, gutmütige Gehilfe, hoffte, Buonarroti würde sich nicht auf einen aussichtslosen Kampf einlassen. So begann er, ohne die Antwort abzuwarten, die unvollendeten Sklaven zu verhüllen.

Und Buonarroti hinderte ihn nicht.

★

Über Nacht war Antonio Mini in Florenz bekannt geworden, und jeder nannte ihn den Glückspilz. Gestern noch war er nur ein unbekannter Gehilfe Michelangelos gewesen, heute war er Besitzer eines Bildes, das plötzlich die Aufmerksamkeit fast aller Fürsten des Abendlandes erweckt hatte. Und auch der Heilige Vater gehörte zu den Neidischen, die überaus gern die Leda gekauft hätten.

Die Leute in Florenz hatten schon fast vergessen, was Glück ist. Nun aber geschah da vor ihren Augen die rührende Geschichte der beiden Liebenden: Ein junger Mann, bescheiden und arbeitsam, möchte ein unendlich schönes, aber armes Mädchen heiraten. Antonio und Assunta.

Feinde der Liebe tauchen auf. Nicht plötzlich. Sie sind nur die Bestätigung, daß da ein Unterschied sein sollte zwischen Liebe und Ehe; jedenfalls verlangen das die Verwandten. Sie wünschen nicht, daß der junge Mann, die Hoffnung der Familie, sich wegwirft. Und sie haben auch schon eine richtige Braut, zwar ist sie nicht schön, doch wohlhabend.

Ein Onkel und zwei Tanten erscheinen in der Werkstatt und schreien herum: „Was hier in dem liederlichen Hause des Herrn Michelangelo Buonarroti alles geduldet und gefördert wird!" Sie rechnen vor, wieviel sie aufgewendet haben, den Antonio überhaupt am Leben zu erhalten, was alles sie sich vom Munde abgespart haben …

Da steht der hübsche Junge mit glutrotem Kopf, und der Zwang der Familie ist allmächtig. Er sieht nicht, wie er ihnen entgehen kann: Er muß die Liebe opfern.

Manchmal geschieht viel an einem Tag. Am Morgen hat Buonarroti den Gesandten des Herzogs von Ferrara aus seiner Werkstatt hinausgeworfen, und am Abend weinen die Tanten des Antonio an der gleichen Stelle, an der in der Frühe der Herr Rosinelli aus landreicher Familie stand.

Zum Glück gehört auch eigenes Dazutun.

Der Besitz des Bildes von der Leda bedeutet noch nicht, daß morgen Hochzeit sein wird. Es muß umgewandelt werden in Geld; nur das können Onkel und Tanten als greifbaren Beweis gelten lassen. Dann erlauben auch sie, daß die Liebe weiterleben darf.

Wer aber kommt als Käufer in Frage? Auf keinen Fall der Herzog von Ferrara. Auch nicht der Kaiser, der Rom hat schänden und Florenz vergewaltigen lassen. Auch nicht der Papst Medici. Es bleibt nur der König von Frankreich. Und es muß schnell gehen, daß nicht bewaffnete Diener vom Herzog von Ferrara vorher kommen und das Bild mit Gewalt verlangen. Es muß heute noch aus dem Hause.

„Aber Assunta ...", sagte der Liebende zögernd und will Zeit für den Abschied haben, viel Zeit, um alles zu erklären.

„Schreib ihr einen Brief. Sie soll warten."

Doch trotz der Eile schaute er bei ihr hinein, umarmte sie und küßte sie. Aber sie fürchtete sich, weil er so weit weg muß, und das Gefühl der Verlassenheit überwältigte sie.

Und Assunta weinte.

Der gewissenhafte Urbino war zu ihr in die schlechte Hütte am Ende der Stadt gegangen, mit dem Abschiedsbrief von Antonio Mini. Und sie beklagte sich mit der Rücksichtslosigkeit einer Frau gegen einen vertrauten, aber ungeliebten Mann:

„Gerade jetzt müßte Antonio bei mir sein." Und sie sagte sehr leise und scheu: „Es wird ein Kind kommen. Und er weiß es nicht. Ich hatte ja nicht einmal mehr so viel Zeit, es ihm zu sagen. Da schickt der Herr Buonarroti ihn weg. Er hat kein Herz. Er hat nicht an mich gedacht."

Ihre Tränen taten Urbino leid. Er durfte sie nicht tröstend streicheln, auch wenn seine Hände sich danach sehnten. Er wollte ihr sagen, wie ungerecht ihr Klagen war, da redete sie schon weiter:

„Auch Antonio ist nicht gut zu mir. Was muß er denn gehen, wenn andere es sagen. Die ganze Welt hat mich verlassen. Alle sind gegen mich."

„Wir nicht", entgegnete Urbino sehr bestimmt und erschrak. Er wollte sich doch nicht verraten, gerade jetzt nicht, da der andere aus der Stadt gegangen war. Und sehr langsam redete er weiter. „Buonarroti hat es getan, weil er an dich gedacht hat. Weil er weiß, was Liebe ist."

Unter ihren Tränen hindurch schaute sie verständnislos zu ihm.

„Antonio hat das Bild", berichtete Urbino sehr sachlich. „Und mit so einem Schatz wird er am Hofe des Königs von Frankreich wie ein Prinz empfangen werden."

„Vom König?" fragte Assunta. Und ihre Augen wurden groß.

„Vom König", bestätigte Urbino mit Stolz. „Und er wird an die große Tafel in einem mit Seide ausgeschlagenen Festsaal gebeten werden, Wein wird da sein und Kuchen, soviel er will." Beglückt sah Urbino, wie ihr Staunen das Weinen besiegte, und er malte die Reise des anderen aus, als wäre er es selbst, der da an der königlichen Tafel sitzt. „Und Musikanten werden kommen, und alle werden tanzen. Der König schenkt ihm einen Mantel aus Goldbrokat und ein schnelles Pferd für die Heimreise. Und alle Minister müssen hervortreten und sich mit großer Ehrfurcht verbeugen, vor dem Mann, der das Bild gebracht hat. Denn sogar der Kaiser wollte dieses Bild haben. Und dann erscheint der Schatzmeister. Mit einem ganzen Sack voll Geld. Zwei Maultiere sind nötig, die Dukaten fortzuschaffen."

„Zwei Maultiere?" fragte Assunta mit ungläubigem Lächeln.

„Zwei Maultiere", bestätigte er ernsthaft, und seine wäßrigen Augen strahlten. „Auch für die anderen Geschenke", gab er zu. „Und dann kehrt er zurück nach Florenz. Er fragt den Onkel, und er fragt die Tanten: Was habt ihr für mich ausgegeben? Und er bezahlt auf den Scudo genau auch das letzte Hemd, das die Tante ihm angerechnet hat, obwohl er es nicht genommen hat, damals, weil es, zum zweitenmal gewendet und neu genäht, ihm viel zu klein geworden war. Dann aber greift er wieder in seinen großen Geldbeutel und gibt ihnen die ganze Summe noch einmal. Da haben sie es doppelt. Denn er ist stolz, und sie sollen sehen, wie er ihre Kleinlichkeit verachtet."

„Und dann kommt er zu mir", sagte Assunta sehr leise. Nach einer Weile blickte sie Urbino in die Augen, fragte mit einem kleinen Mißtrauen: „Das ist kein Märchen?"

„Das ist kein Märchen", antwortete der Gewissenhafte, und er lächelte ohne Neid, aber mit jener Wehmut, die Freude ist, weil die geliebte Frau glücklich sein wird, und die Traurigkeit ist, weil er nicht teilhaben wird an diesem Glück.

*

Ein böses Lied ging in der Stadt um, das Lied von Wanze und Skorpion, von der Bettwanze, von dem giftigen Skorpion. Niemand wußte, wer den Text erfunden hatte, es war einfach da und wurde in den Gassen und engen Stuben gesungen, nicht nur zur Belustigung, es gab Mut, es war eine Bestätigung: Wir sind noch da. Und: Es ist nicht leicht mit uns, jedenfalls ihr werdet es nicht leicht haben.

Es waren vor allem die jungen Leute aus der Miliz, die dieses Lied sangen. Nach dem Einmarsch der Sieger in Florenz waren sie beschimpft worden als Hundesöhne und Verräter. Ihre Waffen waren ihnen aus den Händen geschlagen worden, sie wurden zurückgeschickt in ihre Handwerksstuben und Werkstätten, es gab keine Miliz mehr, und wer dieses Wort noch in den Mund nahm, der war schon verdächtig. Söldner patrouillierten jetzt durch die Straßen von Florenz. Fremde. So also war es: Die Familie Medici ließ sich bewachen von Fremden, von Deutschen, von Spaniern.

Der großgewachsene Gehilfe Urbino hatte damals schießen gelernt, und er hatte seine Feuerbüchse nicht abgeliefert. Noch heute lag sie oben in seiner Kammer im Hause des Michelangelo, verborgen unter dem Fußboden. Er wußte, viele hatten ihre Waffen nicht abgeliefert, sie warteten auf den Tag, an dem das Signal gegeben würde: Jagt die Familie Medici aus der Stadt. Sie wußten jedoch nicht, wer dieses Signal geben sollte. Zwar träumten einige von einem Wollkämmerer, der auferstehen würde von ganz unten und ihnen zum Recht verhelfen könnte, aber die meisten unter ihnen wußten, daß es unnütz war, sich solchen Träumen hinzugeben. Gegen die Allgewalt der Familie Medici waren die unteren Zünfte zu schwach, auch wenn sie sich einig gewesen wären. Man konnte dem Traum vom Vertreiben der Familie Medici noch andere Nahrung geben. Urbino kannte das alles. Jede Veränderung des Traumes.

Da Michelangelo Buonarroti sich in seine Arbeit vergrub und für niemanden und nichts zu sprechen war, so mußte er, der gewissenhafte Urbino, alle Wege für ihn übernehmen, zum Tischler, zum Schneider, zur Bank, zum Werkzeugmacher. Und manchmal ließ er sich Zeit auf seinen Wegen. Dann saß er beim Werkzeugmacher im Arbeitsraum, wartete, bis der bestellte Hammer fertig wurde, schaute ins Feuer und beredete mit dem anderen die Aussicht auf die Verwirklichung ihres Traumes. Vielleicht wird es gehen, wenn man sich der Hilfe einer anderen Familie bedient. Vielleicht der Strozzi.

Und sie hofften auf einen neuen Bannerträger der Gerechtigkeit. Und sie hörten nicht auf, davon zu reden. Doch wenn schon drei oder vier zusammen waren, dann kamen die Knechte der Wanze. Niemand nannte die Wächter, die der Familie dienten, anders. Die Knechte der Wanze waren keineswegs besonders grausam. Sie waren unberechenbar, das machte sie so verhaßt. Sie kamen plötzlich, durchsuchten Häuser nach Waffen, meist nachts, jedoch auch am Tage; sie verbreiteten Unsicherheit und Schrecken. Das Gefängnis in der Stadt war überfüllt.

Aber das Lied von der Bettwanze, von dem giftigen Skorpion konnten nicht einmal sie aus der Welt schaffen. Beim ersten Hinsehen erschien der Text völlig harmlos. Es war nichts anderes als die genaue Beschreibung der Eigenschaften von Bettwanze und Skorpion. Da gab es die hinreißend ernsthaft und gleichzeitig komisch gehaltene Beschreibung von der häßlichen braunen Wanze, wie sie sich in die Betten einschleicht, wie die Frauen vergeblich versuchen, sie loszuwerden. Lüstern, schamlos und stinkend bleibt die ungebetene Wanze im Bett. Und sie belästigt nicht nur die Schönen, sie hat Zutritt zu jedem Haus, und am Ende quält sie jeden. So hockt sie da, satt und geil, ein ekelerregendes Wesen, das jeder loswerden will. Und das Lied beschreibt den entfernten Verwandten der Bettwanze, den gefährlichen, schnellen Skorpion mit seinem giftigen Stachel. Immer angriffslustig, immer auf der Suche nach einem Opfer, und wer sein Gift zu spüren bekommt, steht kaum wieder auf. Eine schöne Bescherung, die uns da ins Haus geraten ist; denn wo das eine Tier weilt, da hält auch das andere sich auf.

Ein hübsches Lied. Niemand würde etwas dabei finden, wenn nicht jeder wüßte, wer die beiden sind. Aber es ist schwierig für die Wächter, die der Familie dienen, hier zuzuschlagen, denn niemand spricht es im Zusammenhang aus. Niemand sagt: Herzog Alessandro Medici, das ist die Bettwanze, und Kardinal Ippolito Medici, das ist der Skorpion. Niemand braucht das zu sagen, weil jeder es weiß.

Urbino gehörte zu denen, die warteten, und er war jeden Augenblick gewärtig, daß einer zu ihm kommen, ihm sagen würde: Hol die Feuerbüchse aus dem Versteck. Es geht los. Und er wußte, auch Buonarroti wartete. Sie hatten zwar darüber nie in klaren, offenen Worten gesprochen, aber es war genau zu spüren für den, der sich auf scharfes Beobachten verstand. Der gewissenhafte Urbino hatte in seiner Kammer noch ein Säckchen Pulver stehen, wohlverwahrt unter alten Kleidern. Es mußte vor Feuchtigkeit gehütet werden. Im Grunde war es nicht Rache, was ihn ausfüllte, es war eher die Gewißheit, daß es so nicht weitergehen konnte. Einmal mußte es aufhören, daß man Angst vor dem Morgen hatte, Angst vorm Aufwachen, vor dem beginnenden Tag. Und zu diesem Traum gehörte auch Assunta: Ich will für sie kämpfen. Sie soll nicht mehr Angst haben müssen vor Bettwanze und Skorpion. Und vor den Knechten der Wanze, die plötzlich auftauchen.

Das Erschrecken tat bis zum Herzen weh, als die Wächter in der Werkstatt standen. Sie waren nicht unhöflich und nicht grob. Und doch begann Urbino zu spüren, wie seine Fingerspitzen kalt wurden und wie ihm gleichzeitig Schweiß ausbrach. Sie fragten nach Michelangelo, und er atmete auf: Sie wollen nichts von mir. Sie verlangten, daß Buonarroti sogleich mitkomme, der Herzog Alessandro wünsche ihn zu sprechen. Sie gestatteten ihm nicht, daß er sich umzog.

„Werden Sie zum Abendessen hiersein?" fragte Urbino,

und seine wäßrigen, unschönen Augen bekamen jenen rührenden Ausdruck, der an bittende Kinder erinnert.

Eine unsinnige Frage, denn seit dem Augenblick, da die Knechte der Wanze eingetreten waren, konnte Michelangelo nicht einmal über die Spanne Zeit verfügen, die das Umkleiden verlangt hätte. Urbino wußte, daß er keine genaue Antwort bekommen konnte, und trotzdem traf es ihn unerwartet, als Buonarroti zu ihm sagte:

„Ich gebe dir jetzt die Verantwortung für Lionardo und für meinen Vater."

Und als Urbino, der Gewissenhafte, allein war, wußte er nicht, was er anfangen sollte. Mit einemmal kam ihm alles sinnlos vor. Sollten die dort im Palast der Familie Medici Michelangelo nicht mehr zurück in seine Werkstatt gehen lassen, dann würde das Haus verschlossen werden. Aber er wird nicht unter einem anderen Meister weiterarbeiten; er kann es sich nicht vorstellen, wie es wirklich sein wird, wenn Buonarroti nicht mehr zurückkommt. So, bewegungslos vor sich hin schauend, fand ihn Caterina, als sie den Abendwein hereinbringen wollte. Sie war über Land gewesen und hatte noch nichts davon gehört, daß der Meister abgeholt worden war. Und nun mußte sie Urbino trösten wie eine Mutter. Dabei kamen ihr die Tränen, und sie sagte:

„Ach, wäre ich doch dagewesen, dann wäre ich mitgegangen. Er hat sich nicht einmal einen Mantel übergezogen, sagst du. Die ganzen Tage bin ich nicht weg. Aber dann ausgerechnet müssen sie kommen. Hätte ich ihm wenigstens einen meiner Heiligen mitgegeben, dann hätte er einen Schutz gehabt."

Und Urbino dachte: Hätte ich ihm nur nie das Versteck mit der Feuerbüchse gezeigt. Wenn sie ihn foltern, wird er es sagen, und wir sind alle verloren.

Der Palast der Medici war groß und hatte viele weite Zimmer. Der Raum jedoch, in dem Herzog Alessandro mit Leuten aus der Stadt zu sprechen pflegte, war überraschend klein. Es gab keine Teppiche an den Wänden, nur ein Sessel für den Herrscher war hingestellt. Wer also eingeladen wurde zu einer Unterredung in diesem Zimmer, mußte stehen. Der Raum hatte zwei Türen und ein Fenster, an jeder Tür und am Fenster stand ein bewaffneter Diener.

Der Herzog saß schon in seinem Sessel, als Michelangelo hereingeführt wurde. Der Besucher sollte keine Gelegenheit haben, in einem unbemerkten Augenblick eine Höllenmaschine unterzubringen. Das Mißtrauen war fast greifbar zu spüren, und es half dem Vorgeladenen nicht viel, wenn er kluge Überlegungen anstellte, daß ein solches Übermaß an Mißtrauen schon gleichzusetzen sei einer tiefen Unsicherheit. Und es war kein Trost, wenn der Besucher sich sagen konnte: Sieh an, was die Bettwanze für Angst hat. Nein, das war kein Trost und auch keine Ermutigung; denn dieser hier war ja nicht nur der zweiundzwanzigjährige jähzornige, sehr häßliche junge Mann, Sohn des Papstes – sie nannten ihn in der Stadt Doppelhurensohn, weil auch der Papst außer der Ehe geboren war –, dieser hier mit dem krausen schwarzen Haar und der sehr breiten Nase und den aufgewulsteten Lippen und der ungesunden gelblichbraunen Gesichtsfarbe war der Erbherzog. Er war also die Familie Medici mit ihrem ganzen Gewicht. Eine Armee von Söldnern stand ihm in Florenz zur Verfügung. Also hatte er die Stadt fest in der Hand. Das Haupt der Familie war Papst. Also war die höchste kirchliche Gewalt dem Haus Medici sicher. Aber das war noch nicht das ganze Gewicht dieses jungen Mannes mit den etwas hervorquellenden Augen. Zu der Gewalt der Waffen und der Macht der Kirche kam hinzu die Kraft und die Herrlichkeit der Handelshäuser, fast aller Handelshäuser. Auch die Fugger mit ihrer Hauptniederlassung und mit ihren vielen Zweigstellen reihten sich ein. Sie standen gut für das Haus Habsburg. Und das Haus Habsburg mit dem in Bologna rechtmäßig zum Kaiser gesalbten Oberhaupt stand dem Haus Medici zur Seite mit der gegenwärtig im Abendland stärksten Heeresmacht. Es wäre irrsinnig gewesen, jetzt, hier in diesem kahlen Raum

zum Beispiel das Lied von der Bettwanze und dem giftigen Skorpion vor sich hin zu pfeifen. Es wäre also auch
vermessen gewesen, Hohn zu empfinden über das Mißtrauen und die Ängstlichkeit dieses jungen Mannes mit
den großen Ohren und den geröteten Augenlidern, der
über seinen etwas zu lang und etwas zu dünn geratenen
Leib einen enggliedrigen goldenen Kettenpanzer gezogen
hatte.

Buonarroti, von seiner Arbeit weggeholt, begann erst
jetzt, da er nicht mehr Hammer und Meißel in den Händen hielt, zu spüren, wie müde er war. Unerwartet bat er
um einen Stuhl. Er sah elend aus, alt, verbraucht, kein gesunder Mann. Marmorstaub in den Haaren.

Ein Stuhl wurde gebracht. Buonarroti setzte sich und
wartete, daß der Erzherzog das Wort an ihn richte. Vor
drei Tagen war der zweiundzwanzigste Geburtstag des
Alessandro Medici gefeiert worden. Auf der Liste der ein-
zuladenden Gäste hatten tausend Namen gestanden. Der
Name Michelangelo Buonarroti war nicht darunter gewesen. Es konnte dies ein Versäumnis sein. Es konnte dies
aber auch Absicht sein. Jedoch darüber nachzudenken war
jetzt nutzlos.

Alessandro sprach laut, deutlich, scharf, etwas abgehackt:

„Stimmt es, haben Sie Festungen gebaut?"

Michelangelo, mit den Gedanken noch bei seiner Arbeit, eingefangen von einer lähmenden Müdigkeit, nickte
abwesend.

„Können Sie nicht sprechen, oder bin ich schwerhörig?"
fragte Alessandro. Verachtung lag um seinen Mund. Er
hatte alles, er war satt, und wäre diese verdammte Angst
nicht gewesen, Angst vor jenen vielen Namenlosen aus
den niedrigen Häusern und Hütten, dann hätte das Leben
eigentlich ganz hübsch sein können.

„Ja, es stimmt", sagte Michelangelo mit seiner tiefen,
metallenen Stimme, „und ich wundere mich, daß Sie mich
fragen. Sie wissen genau, daß mein Verteidigungsgürtel
um die Stadt sehr gut gehalten hat, und wäre nicht Ver-

rat gewesen, nicht eine Ratte wäre in die Stadt gekommen."

Es war eine gereizte, keineswegs eine kluge Antwort. Aber es war Genugtuung, den Sieger daran zu erinnern, auf welch jämmerliche Weise er in den Besitz der Stadt gekommen war. Vielleicht war es tollkühn, dem unberechenbaren jungen Mann Grund für einen Ausbruch des Jähzorns zu geben; der besorgte Freund Bugiardini hätte gewiß vor Angst die Hände gerungen.

„Querulantengeschwätz", sagte Alessandro. Er fühlte sich nicht angegriffen. Er war bei der Eroberung von Florenz nicht dabeigewesen. Erst als die Stadt wieder sicherer Besitz der Familie war, hatte er sich zurückgewagt in den Palast. „Sie geben es also selbst zu, Sie können Festungen bauen. Absolut sicher."

„Ich sagte es schon. Aber der Kampf ist ja nun vorbei."

„Der Kampf ist nicht vorbei. Sie sollen für uns arbeiten. Für die Familie Medici."

„Die Familie Medici hat dafür gesorgt, daß ich Beschäftigung habe."

„Ich bin Ihr Herzog, ich befehle."

„Und was befehlen Sie?" fragte Buonarroti zurückhaltend.

„Florenz braucht eine Zitadelle."

Langsam stand Buonarroti auf, langsam ging er zum Fenster; der bewaffnete Bediente wich ihm aus. Der hagere, alt gewordene Mann mit dem abgezehrten Gesicht und den von der Nachtarbeit geröteten Augen stand unbeweglich, lange. Er schaute hinaus auf die Dächer der Stadt, als sei niemand anderes in diesem schmalen Raum, nur er allein.

Niemand brauchte ihm zu erklären, daß die Eroberung Roms bewiesen hatte, wie notwendig eine Zitadelle war. In seinem Palast im Vatikan hätte der Papst kaum zu den Überlebenden gezählt werden können, ohne die Engelsburg wäre er verloren gewesen.

Aber in Florenz gab es den dichten Verteidigungsgürtel rings um die Stadt. Und er sagte:

„Jeder Festungsbaumeister und jeder Feldhauptmann kann Ihnen bestätigen: Der Bau einer Zitadelle ist nicht nötig. Und sollten die Türken kommen."

„Was wissen Sie von den Notwendigkeiten für die Familie Medici?" Der junge Mann schaute voll mitleidigen Hochmuts auf den anderen. „Was weiß einer, der einmal von unserem Tisch gegessen hat, von den Schwierigkeiten der Regierung? Das verstehen nur wir, weil wir schon immer regiert haben."

Und Buonarroti begriff. Da war es gesagt: Notwendigkeit für die Familie Medici. Also sollte diese Zitadelle nicht so sehr ein Werk für die Verteidigung gegen Angriffe von außen sein, sondern vor allem eine Zwingburg gegen die eigenen Bürger der Stadt.

Vieles schon hatte er in seinem Leben ertragen. Bisher hat ihm seine Arbeit noch nie Glück gebracht. Noch immer galt seine Pietà als ein zweifelhaftes Kunstwerk. Kein gläubiger Christ durfte davor anbeten. Seine Malereien an der Decke der Sixtinischen Kapelle waren Gegenstand heftigster Anfeindungen: heidnische Unzucht, verderblicher Irrglauben atme aus dieser Arbeit. Der Moses war verdächtig, weil Menschen aus der jüdischen Gemeinde Roms hingingen und das Bildwerk aus Marmor bewunderten. Seine Sklaven waren nicht erwünscht, verboten. Der Herkules für die letzte Republik war kaum im Marmor begonnen. Der Block wurde ihm weggenommen. Seine Arbeit in der Kapelle von San Lorenzo würde für Uneinsichtige immer mit dem Geruch des Verrates behaftet sein.

Ich wollte beweisen mit meinen Werken, daß die Welt zu verändern sei. Aber es ist lächerlich, jetzt darüber nachzudenken. Ich war bis zu jener Grenze gegangen, an der die Andacht aufhört. Und an die Stelle der Andacht mußte das Denken treten.

Und was war?

Florenz braucht eine Zitadelle. Dafür also hatte er alle Demütigungen, alle Beleidigungen und alle Verleumdungen auf sich genommen, um zu enden als Baumeister einer Zwingburg.

Er schaute aus dem Fenster, und er sah: Mitten in dem freundlichen, hellen, duftenden Garten hat sich die Spinne ein Netz gebaut. Exakt, sauber und zweckmäßig. Ein Meisterstück. Es ist so eingepaßt in den zauberhaft anmutigen Garten, daß es die Schönheit nicht stört. Wenn einer das kann, die Schönheit der Stadt durch den Bau einer Zitadelle nicht zu verletzen, dann nur er.

Auch ist mein Vater in der Stadt, alt, angewiesen auf mich. Und zwei Brüder leben noch hier. Sollte mir die Flucht gelingen, wird man sich an sie halten. Und man wird endlich einen Grund haben, das Kind Lionardo wegzuholen. Diese vier sind meine Entschuldigung. Sie sind bisher immer meine Entschuldigung gewesen. Ich sollte es wagen, mit vier Menschenleben zu spielen?

Er ging weg vom Fenster, setzte sich wieder, schweigend. Er hatte es aufgegeben. Es gab kein Entkommen. Kein Ausweg war da, keine Ausflucht. Es gab nur die eine Möglichkeit, ja zu sagen.

Ich habe schließlich auch ja gesagt zu der Arbeit an den Medicidenkmälern. Aber dabei stand am Ende die Überlegung: die Menschen werden kommen und sagen, das hier ist geschaffen von Michelangelo Buonarroti. Und sie werden vergessen, danach zu fragen, für wen denn sollte dieses Grabmal sein? Schon jetzt, noch zu der Zeit, da die Menschen sich an die beiden dahingegangenen Herzöge erinnern können, ist es gleichgültig geworden.

Aber nun sollen Bürger seiner Stadt von den Schießscharten seiner Zitadelle aus geschlachtet werden. Er selber soll gleichgesetzt werden einer eklen Spinne, verachtet wie Bettwanze und Skorpion, verachtet von jenen, deren Herz er immer wieder sucht.

„Was glauben Sie, was so eine Zitadelle kostet?" fragte der Mann im enggliedrigen goldenen Kettenpanzer ungeduldig.

Michelangelo Buonarroti wollte antworten: Blut wird sie kosten, sehr viel Blut.

Aber wozu? Sollte er ihn vielleicht bitten, die Zwingburg nicht zu bauen? Dieser Mensch dort ist nicht die

Bettwanze und nicht der Hurensohn und nicht der Häßliche und nicht der Herzog Medici, denn das alles ist zufällig, und es könnte ebensogut ein Mann aus einer anderen, aber ähnlichen Familie vor ihm sitzen. Dieser da ist nichts anderes als der Feind. Einer ohne Liebe zu den Menschen. Seine Eingeweide sind erfüllt von der Sucht nach Besitz und Gewalt. Und es ist sinnlos, ihn mit einer Bitte aufzuhalten.

„Ich erwarte, Sie beginnen sofort. Machen Sie Vermessungsarbeiten, machen Sie Pläne, mindestens dreitausend Menschen sollen darin Platz haben. Machen Sie es aber auch schön. Sie wissen, der Name Medici verpflichtet. Wir sind in der Welt bekannt als die Förderer der schönen Künste."

Und das Gesicht des Feindes sieht so aus: Er lächelt. Und dieses Lächeln zerstört Menschenleben.

Florenz braucht eine Zitadelle. Und ich, Michelangelo Buonarroti, soll meine Hände um den Hals der Geliebten legen und zudrücken. Nein, nicht so sehr, daß sie erstickt, sondern so kunstvoll, daß sie noch gerade atmen kann.

Dann aber sind meine Hände befleckt.

Wer eine Zwingburg baut gegen die Niederen und die Gedemütigten, der löscht sich selbst aus den Reihen der Künstler. Und sollten meine Hände dann später noch versuchen, das Gesicht des Menschen zu formen in Werken aus Marmor oder in Werken der Malerei, der Schatten der Zwingburg wird diese Gesichter immer verdunkeln.

Der hagere Mann stand auf. Und wenn er müde gewesen war, als er hier eintrat, so war das längst vergangen. Er war nicht schläfrig und auch nicht gelähmt durch schwere Träume. Er hatte alle seine Möglichkeiten hin und her überlegt, und er antwortete langsam, wissend um das ganze Gewicht seiner Worte:

„Ich baue die Zitadelle nicht."

Und er stand und wartete, daß die bewaffneten Diener ihn greifen und wegführen würden.

Verwirrtes Schweigen war. Alessandro Medici war nicht gewohnt, daß es Untertanen gab, die ihm ins Gesicht nein sagten. Er sah keineswegs vorteilhaft aus, wie er jetzt aus seinen vorquellenden Augen enttäuscht und überrascht auf den seltsamen Mann mit dem von Marmorstaub grauen Haar blickte. Aus dem Gesicht des jungen Mannes war nicht abzulesen, wie angestrengt er nachdachte:

Ein Lächeln von mir genügt, und er wird zertreten, zerquetscht, zermalmt, vernichtet. Weg. Ich brauche nicht einmal ein Wort zu sagen. Meine Diener kennen mich.

Aber er lächelte nicht. Er überlegte: Es wird sich in der Stadt herumsprechen, daß ich ihn erledigt habe. Leute werden kommen, die verdammten Quertreiber, und sie werden fragen: Wo ist er? Was soll ich machen, wenn es eine Empörung gibt? Jetzt müßte man die Zitadelle schon haben, fertig von den Laufgräben bis zum Fahnenmast auf der Turmspitze. Lachhaft, eine Empörung wegen Michelangelo Buonarroti.

Alessandro wußte, es war nicht lachhaft. Seit dem Tage, da Buonarroti sich geweigert hatte, dem verhaßten Herzog von Ferrara das Bild der Leda zu geben, war Michelangelo der Held der kleinen Leute von Florenz. Sie liebten diesen schweigsamen, zurückhaltenden, gar nicht strahlenden Mann mit der gleichen stolzen Heftigkeit, mit der sie auch hassen konnten. Sie vergaßen nichts. Nicht den Verrat des Herzogs von Ferrara und nicht den Mut des Michelangelo. Und die Mütter erzählten es ihren Kindern, wie Buonarroti das berühmte große Gemälde seinem armen Gehilfen geschenkt hat. Und sagten dazu: So mußt du werden, wie er, bescheiden bei dem Volk und stolz bei den Herren.

Alessandro, der Herr von Florenz, berechnete, wie viele Knechte er bei einem Aufstand einsetzen könnte. Der Gedanke war zu schön: Es kostet mich nur ein Lächeln. Aber noch waren bei den Leuten in der Stadt Waffen versteckt. Er konnte es sich nicht leisten, jetzt sein Lächeln zu zeigen.

Da nichts geschah, sagte Michelangelo Buonarroti:

„Dann kann ich wohl gehen. Meine Arbeit nimmt mir niemand ab." Und er verbeugte sich vor dem jungen

Mann, so wie es sich für einen Bürger vor dem Herzog gehörte.

Alessandro saß da mit unbeherrscht offenem Mund, die
volle Unterlippe hing häßlich herab.

Buonarroti wartete noch einen Augenblick, er wollte
sich nicht davonstehlen. Der andere sollte Gelegenheit
haben, die Überraschung zu verarbeiten. Er wartete auf
den Befehl an die bewaffneten Diener, die Türen zuzu-
sperren. Er machte sich darauf gefaßt, gequält zu werden.

Aber die Bettwanze wagte nicht, den Befehl zu geben.
Niemand hielt Michelangelo Buonarroti auf, als er aus
dem Palast ging.

✻

Er stand mit bloßen Füßen in seiner Werkstatt und arbeitete. Er fühlte den Marmorstaub unter den nackten
Sohlen, und er meinte, auf dem Berge zu stehen, hoch
oben bei Carrara, und die Luft schmeckt nach Marmorstaub. Es war nichts anderes auf der Welt als der Mann
mit den nackten Füßen und der Marmor.

Er führte den Meißel über die Figur schnell und sicher,
so stand er viele Stunden. Und im Feuer der Arbeit spürte
er nicht die Kälte des Steinbodens.

Ein Mann liegt da, und wenn die Kenner kommen und
dieses Bildwerk aus weißem Marmor betrachten, werden
sie sagen: Das ist der Tag. In den weit offenen Augen stehen ungezählte Fragen, und niemand ist da, der Antwort
geben wird. Darum ist Trostlosigkeit in dieses Gesicht
eingegraben. Ein Gesicht ohne Maske und mit breitge-
schlagener Nase.

Es ist mein Gesicht.

Mein Bruder Buonarroto hat im Sterben dieses Gesicht gestreichelt. Aber der Tod hat mich nicht haben
wollen.

Ich habe auf derselben Liste gestanden wie Battista
della Palla, der Freund. Der Henker hat ihn umgebracht.
Nicht mich. Ich habe mich geweigert, dem allgewaltigen
Herrn von Florenz zu dienen, und er hat mich nicht in
den Kerker geworfen.

Nichts mehr denken, verschmelzen mit der Arbeit, vergehen. Und darum die nackten Füße, nichts anderes spüren als Marmor. Das ist nicht der Tod, aber etwas sehr Verwandtes.

Spät am Abend fand die alte Caterina ihn reglos auf der Erde liegend vor dem fast vollendeten Marmorblock. Die alte Frau schrie nicht auf, sie überlegte auch nicht, ob sie Urbino zu Hilfe rufen sollte. Sie kniete bei ihm nieder, horchte angstvoll, ob er noch atme. Und während sie spürte, wie noch Leben in ihm war, kam ein großer Ärger in ihr auf. Sie sah alles, die bloßen Füße. Und sie redete wie mit einem kleinen ungezogenen Jungen, der weggelaufen und nun wieder aufgefunden war, den man eigentlich strafen müßte, doch vor Freude streichelt.

„Aber geh, wie kalt deine Füße sind. Hättest du mir nur ein Wort gesagt, ich hätte dir Strohmatten hingelegt. Der alten Caterina so einen Schrecken einzujagen."

Sie richtete seinen Kopf hoch, und da sie kein Kissen fand, band sie ihr großes schwarzes Schultertuch los; sie sah, wie eingefallen seine Backen waren, und sie weinte vor Zorn, weil er nie auf sie hörte und nichts essen wollte, und sie weinte vor Glück, daß er noch am Leben war. Jetzt erinnerte sie sich, daß sie ihm hatte Rotwein bringen wollen. Sie versuchte ihm zu trinken zu geben, aber es ging nicht. Da hob sie ihn auf wie eine Mutter ihren Sohn, und die Sorge gab ihr Kraft.

„Wie mager er ist", flüsterte sie vor sich hin. „Kaum zu spüren, wie eine Feder. Aber jetzt muß alles anders werden; wenn die alte Caterina sagt, iß, dann mußt du essen."

Sie brachte ihn zu einem Schemel, damit er nicht mehr auf dem kalten Boden liege. In ihrer Angst schimpfte sie weiter vor sich hin:

„Und Tag und Nacht die Arbeit. Das wird jetzt anders. Du siehst es ja, kein Mensch kann das aushalten. Und wenn du nicht auf mich hörst, auf den Freund wirst du hören. Ich gehe und sag's dem Bugiardini. Und wenn du auch nicht auf den hörst, dann gehe ich nach Rom. Ich werde den Weg schon finden, und ich werde schon wissen, wie ich bis zum Heiligen Vater komme. Sie müssen mich hinlassen zu ihm. Und dann werde ich ihm sagen, er soll dir befehlen, nur noch zehn Stunden zu arbeiten und nicht eine Minute mehr. Dir kann man eben nicht anders kommen als mit Gewalt. Und jetzt mach der alten Caterina keinen Kummer, ich bitte dich bei allen Heiligen, trink einen Schluck."

Aber da er mit seinen Sinnen weit weg war, konnte er ihre Bitte nicht erfüllen. Sein Kopf lag schwer auf dem Tisch. Hastig redete sie auf ihn ein, als verstände er sie:

„Hab keine Angst, wir schaffen das schon, wir beide." Sie redete sich Mut zu. Und sie lief zurück in die Küche und holte heißes Wasser und holte kaltes Wasser und Tücher und wickelte die Füße ein und strich ihm über die Stirn, umsichtig das heiße und das kalte Tuch wechselnd. Die Mutter hatte ihr das einmal gezeigt.

Da bewegte er sich, kaum merkbar. Sie nahm seinen Kopf, hielt ihn mit beiden Händen, rief ihn beim Namen und rief so lange, bis er die Augen aufschlug. Es traf sie, wie leer sein Blick war, und wieder stand Angst neben Freude. Und jetzt, mit der beschwörenden Güte in der Stimme, die nur eine Frau hat, sagte sie leise:

„Trink."

Und dann, als er getrunken hatte, wenig nur, sagte sie, in der Stimme tiefe Hoffnung, auch das möge gelingen:

„Komm."

Sie stützte ihn, sie bewältigten die Treppe, und sie konnte ihn zu Bett bringen. Sacht deckte sie ihn zu, und mit ihren alten, groben, knochigen Fingern strich sie ihm scheu über sein Gesicht. Und da er sie erstaunt anschaute, schämte sie sich ihrer Vertraulichkeit. Und sie weinte vor Glück, weil das Kind gerettet war.

Jetzt wird sie für ihn sorgen. Zuerst wird sie den Arzt holen. Dann wird sie ein Huhn kaufen und eine unvergleichliche Brühe kochen, sie weiß schon, wie. Sehr sparsam mit den Gewürzen, aber doch kraftvoll im Geschmack. Und dann wird sie gehen und das feinste Mehl in der ganzen Stadt suchen, denn sie will ihm jetzt sein

Brot selber backen, nach dem alten Rezept der Mutter, ganz leicht und kaum merkbar gesäuert. Und dann wird sie den Doktor fragen, welchen Wein er trinken darf. Und sie wird dem Urbino sagen, daß er den Bugiardini holen soll. Nicht heute. Heute muß er erst einmal schlafen, aber morgen und übermorgen, denn so, wie sie ihn kennt, wird er gleich aufstehen und zur Arbeit laufen wollen. Da muß sie ihn überlisten, da muß der Freund bei ihm sein, ihm Geschichten erzählen, damit er nicht der Traurigkeit verfällt.

„Es kommt kein Doktor ins Haus", sagte Michelangelo plötzlich mit heiserer Stimme, als habe er alles gehört, was Caterina nur dachte.

Er war aus dem Gleichmaß der Arbeit gerissen, er wollte nicht krank sein, und er warf den Doktor, den Caterina geholt hatte, mit groben Schimpfworten wieder hinaus.

„Ich kann mir selber helfen", sagte er. Aber er konnte sich nicht helfen. Er war so schwach, daß er nicht einmal bis zu der Treppe kam, die hinunter zu seiner Werkstatt führte. Kopfschmerzen, Übelkeit und Fieber nahmen ihm die Kraft.

Und zu der Schwäche kam die Verzweiflung. Was nützt es, daß ich mich geweigert habe, die Zitadelle zu bauen, andere werden sich beeilen, dem Herzog zu schmeicheln und zu dienen. Sie sind schon dabei, die Fundamente der Zwingburg zu errichten. Ich glaubte, ich hätte ihnen ein Beispiel gegeben, wie sie sich einem Zwingherrn entgegenstellen können. Es war alles vergebens.

Sonst hatte er sich mit der Arbeit betäuben können, jetzt aber lag er wehrlos, und die Gedanken schlugen ihn. Was nützte ihm das besorgte Zureden von Giuliano Bugiardini. Der Freund gab sich alle Mühe, ihn abzulenken und zu unterhalten. Aber es war eine Qual für Michelangelo Buonarroti, ihm zuzuhören. Bugiardini erzählte von seinen Erlebnissen beim Porträtieren der Damen aus den Kaufmannsfamilien, und er berichtete über das Leben in der Stadt mit einer Sorglosigkeit, als hätte es nie die Belagerung, den Verrat und das Ende der Republik gegeben, als seien keine Veränderungen in der Welt im Gange. Die Ahnungslosigkeit des Freundes war unerträglich, und Michelangelo mußte sich zusammennehmen, daß er ihn nicht genauso anschrie und wegjagte wie den Doktor.

Nur Battista della Palla hätte ihm helfen können, überlegte Michelangelo. Niemals wieder hatte ihm jemand alle Zusammenhänge erklärt wie der Freund Battista. Aber jetzt war niemand mit so klaren Gedanken als Helfer zur Stelle.

Und die Angst vor einem Prozeß mit den Erben des Papstes Julius II. kam wieder. Denn durch das Verbot des Papstes waren ja nicht die Ansprüche der Nachkommen aus dem Haus Rovere erledigt. Und die Krankheit änderte sich nicht. Er konnte nicht aufstehen. Aber es war nicht nur das Fieber, und es waren nicht nur die unerträglichen Kopfschmerzen, es war eine tiefe Verzweiflung. Das einfachste wäre, sich ganz hinabfallen zu lassen, sich nicht mehr zu wehren gegen die Krankheit. Mit allem aufhören. Und auch nicht mehr die Augen auftun, wenn einer hereinkommt.

Eine Hand berührte ihn zaghaft, und er sah hin. Aus großen, ernsthaften Augen schaute der kleine Lionardo ihn an, ein schmales, schwimmendes Lächeln, scheu und ungeduldig. Der Junge wollte flüstern, aber er vergaß es bald wieder. Kinder flüstern nicht gern.

„Die alte Caterina hat gesagt, ich soll nicht zu dir. Ich habe aufgepaßt, bis sie weg war, zur Messe ..."

„Du solltest nicht sagen: die alte Caterina", tadelte Buonarroti, und seine Stimme klang erschöpft und heiser und müde. So kam es, daß der kleine Junge sich sehr stark fühlte und klüger als alle die anderen, die dem Kranken nicht hatten helfen können. Er, Lionardo, wußte doch das Zauberwort. Wer sonst außer ihm und dem kranken Mann kannte das Geheimnis der sprechenden Geräte; die anderen, die Großen, waren alle außerhalb dieses Bannkreises. Bei ihm, Lionardo, hatte es immer gewirkt. War er hingefallen und war dann die ganze Welt für ihn versunken in

Schmerz und Tränen, dann hatte Michelangelo die Geräte sprechen lassen. Und die sprechenden Instrumente besiegten den Schmerz und die Tränen, und er, der kleine Lionardo, mußte lachen. Und im Lachen vergaß er seinen Kummer, weil die Instrumente ihm die Ehre erwiesen hatten, ihn zu beachten.

Immer hatten die sprechenden Instrumente nur ihm geholfen. Aber er, der kleine Lionardo, kannte ihr Geheimnis, und jetzt wollte er diesen Zauber anwenden auf den Kranken. Und der Kleine redete eifrig und erregt, in seinen Augen stand das schmale, schwimmende, erwartungsvolle Lächeln.

„Der schwere Hammer und der große Schlegel und die Meißel und die Feilen haben gesagt, sie hätten es satt. In den ersten Tagen haben sich alle Geräte zusammen sehr gefreut, und sie waren sehr lustig, daß sie nicht zu arbeiten brauchten, sie haben nur so vor sich hin gespielt, weißt du, das alte Spiel, wer der Wichtigste ist, und es ist so gegangen wie immer, jeder hat geschrien, ohne mich kommt ihr anderen ja doch nicht weiter. Die Feile hat immer noch ihre dünne Piepsstimme, sie fing zuerst an, weil die anderen alle viel lauter waren und behaupteten, sie könnten es beweisen, daß die Feile völlig überflüssig wäre. Nun liegt sie da und weint, und kein Mensch kann sie trösten. Und der Meißel ist beleidigt, weil ihn niemand bedauert, daß er so leiden muß. Er bekommt immer die Schläge, sagt der Meißel, er möchte es auch mal so gut haben wie der Hammer. Da hat der Hammer losgebrüllt, sie wären alle zusammen wehleidig und dächten nur an sich selbst. Der Hammer hat gesagt, sie sollten es alle anerkennen, daß er der Stärkste und Wichtigste ist. Sie sollten sich ihm unterordnen, sie wollen einen Beschluß fassen, es soll eine Abordnung zu dem kranken Michelangelo geschickt werden, sie wollen wissen, wann es endlich weitergeht."

Buonarroti lag mit geschlossenen Augen, aber er schlief nicht. Der kleine Lionardo merkte es, und er redete weiter:

„Und die Instrumente haben gesagt, wir müssen uns

schließlich unsere Zeit auch einteilen. Wenn es noch lange dauert, sagte ein Meißel, mache ich überhaupt nicht mehr hier mit, schließlich bin ich nicht dazu auf der Welt, um zu verrosten, dann gehe ich eben zu Bandinelli. Und da haben die anderen ihn angeschrien, vor allem der Hammer. Du willst dich also dazu hergeben, Schlechtes herzustellen. Ich dachte, es wäre die Hauptsache, ich roste nicht, hat der Meißel geantwortet. Da ist der ganz schwere Eisenhammer aus seiner Ecke herausgekommen, der allergrößte, aber er hat nicht geschrien, er hat nur ganz leise vor sich hin gefragt. Gibt es hier einen in unserer Gemeinschaft, der ausbrechen will? Wer hat gesagt, daß er übergehen will in eine andere Werkstatt? Da ist der Meißel ganz schmal geworden vor Angst und hat erklärt, alles wäre nur ein Irrtum, was er gesagt hat, das soll bedeuten, daß er den Beschluß unterstützt, eine Abordnung zu Michelangelo zu schicken. Und der große, schwere Eisenhammer, der allergrößte, hat nur ein wenig vor sich hin gelächelt und hat höflich erklärt, man sollte immer das sagen, was man meint. Und dann hat es gar keinen Streit mehr gegeben, weil der ganz große Hammer nicht wieder in seine Ecke zurückgegangen ist. Und sie haben sich sehr schnell geeinigt und haben die Feile als Abgesandten gewählt."

Und zum Beweis und um das Geheimnis der sprechenden Instrumente zu bekräftigen, holte er unter seiner Jacke eine Feile hervor. Es war gar nicht einfach gewesen, sie aus der Werkstatt unter den Augen der alten Caterina wegzunehmen, während sie dort saubermachte. Aber es war ihm gelungen, und beglückt über seine Geschicklichkeit, hielt er dem Kranken das Werkzeug hin. Der aber war eingeschlafen. Und in das Kinderherz zog Enttäuschung. Nicht einmal gelächelt hat er, dachte der kleine Lionardo und blickte traurig auf die Feile. Immer hat der Zauber bei mir geholfen. Es ist doch unser großes Geheimnis. Trotz kam in ihm auf, er wollte den Glauben an den kindlichen Zauber nicht verlieren. Unschlüssig stand er vor dem Bett. Dann, mit einer ärgerlichen, beschwörenden und sehr scheuen Bewegung, legte er das Werkzeug sacht auf die Decke neben die gefalteten Hände des Kranken. Und er redete dabei ernsthaft böse zu der Feile:

„Nun sag doch wirklich was."

Als am Abend die alte Caterina den Wein brachte, fand sie die Feile auf der Decke und schimpfte über die Unordnung.

Aber Buonarroti lächelte nur und sagte nichts.

★

In seinen Fieberträumen tauchte immer wieder dasselbe auf: eine kahle Stube mit einer Bettstelle, zwei Holzschemeln und einem Tisch. Und die vier Männer, die Prokuratoren von Venedig, sie reden auf ihn ein, und von draußen gleiten die leisen Töne des Liedes vom Weitergehen der Zeit heran.

Dann aber verwandeln sich die Gesichter. Der eifernde Carafa in der strengen schwarzen Kleidung der Theatiner steht vor ihm, doch bevor er, der Kranke, ihm antworten und die ungeheuerliche Anklage zerschlagen kann: nein, ich habe nicht schuld an der Zerstörung Roms und auch nicht schuld am Untergang von Florenz, da ist dieses Gesicht schon zergangen.

Vielleicht ist Weiterleben schon Schuld, vielleicht sind Märtyrer die brauchbarsten Menschen für sie. Aber Carafa ist ja nicht mehr da, und der sanfte Contarini, der Sohn aus dem goldenen Palast, der jetzt aus freundlichen, friedvollen Augen auf ihn schaut, wischt die Fragen nach der Schuld beiseite, er verlangt: Bringen Sie für uns Heutige das Jüngste Gericht in Farbe und Gestalt.

Der Schuldige soll Richter sein? Ich soll euch euer Gesicht vorhalten? Ich soll die Verdammten von den Seligen scheiden?

Ich kann nicht. Ich bin nicht Maler, nicht Bildhauer, nicht Baumeister, ich bin auch nicht mehr einer der neun Verantwortlichen für die Verteidigung der Stadt.

Der Traum vom Jüngsten Gericht zergeht, weil jetzt ein rundes, sehr männliches Gesicht erscheint. Und auf seiner Laute spielt dieser Mann das Lied vom Dahingehen der

Zeit. Auch ein Venezianer, der Maler Sebastiano, und er singt andere Worte zu der schmerzlichen, traurigen Melodie: Wir, die wir durch Feuer und Wasser hindurchgegangen sind, wir, die wir Sachen durchgemacht haben, die wir uns nie hätten vorstellen können, wir wollen Gott danken und das bißchen Leben, das uns noch bleibt, in Ruhe verbringen.

Ich bin jetzt soweit, daß das Weltall zusammenstürzen könnte, ich würde mich nicht darum kümmern, ich lache über alles. Manchmal denke ich, das bin ich nicht. War ich nicht anders vor dem Untergang Roms? Und ich finde nicht mehr zurück zu mir selber.

Das war kein Traum mehr, das stand in Sebastianos Brief. Und Buonarroti wehrte sich gegen den süßen Sog: Laßt uns unser Leben in Ruhe verbringen, abseits. Vielleicht auch war der Wunsch, auszulöschen in der Krankheit, nur eine andere Art von Lachen: Seht euch den schlauen Buonarroti an, der kümmert sich einfach um nichts mehr. Er entzieht sich den Anforderungen, die der Tag bringt. Aber ich will mich nicht entziehen. Das Weltall soll nicht einstürzen, ich werden aufstehen und beide Hände dagegenstemmen, auch dann noch, wenn ich weiß, meine Kraft ist zu schwach.

Urbino, der Gewissenhafte, versteckte seine Rührung hinter großer Geschäftigkeit, als Buonarroti endlich wieder in die Werkstatt kam. In seinen wäßrigen Augen standen die Tränen, als er sah, wie der alt gewordene, schmächtige Mann mit des Gehens noch ungewohnten Schritten auf die Steinblöcke der Sklaven zuging. Sehr langsam, die Bewegung mußte ihn unendlich anstrengen, nahm er die Tücher herunter. Und wortlos blickte er auf seine unvollendeten Bilder von Menschen.

Der Alte mit dem wirren Haar und Bart. Er neigt den Kopf zur Seite, er ist stark, aber er beugt sich.

Vorbei ist das Gespräch mit dem Alten. Nie wird seine linke Hand gelöst werden aus dem Stein.

Der junge Sklave mit dem noch unter der Last fast fröhlichen Kindergesicht.

Vorbei. Nie mehr wird der Meißel über das Gesicht gehen. Der Schmerz wird nicht genommen, und die Hoffnung wird nicht vergrößert.

Und der erwachende Sklave mit seinem aufgereckten Kopf. Mit dem Atem der Siegeszuversicht.

Sei gegrüßt.

Und weg mit dem verhüllenden Tuch auch von dem letzten Sklaven, dessen Gesicht noch im Stein verborgen ist.

Aber, vorbei.

„Du brauchst deine Augen nicht ängstlich aufzutun, Urbino, ich will nicht angehen gegen den Befehl des Papstes."

Es war gut, mit dem vernünftigen Gehilfen zu reden.

„Es ist entschieden. Ich soll diese Figuren so stehenlassen. Also werde ich die Arbeit am Grabmal niederlegen. Sollen andere es zu Ende bringen."

„Dafür brauchen wir einen neuen Vertrag", sagte Urbino sachlich. „Der Befehl vom Papst, mit der Arbeit auszusetzen, befreit uns nicht von den Ansprüchen der Erben."

„Dafür müssen wir nach Rom; das Hin und Her des Briefeschreibens führt zu nichts. Ich will dem Papst sagen, daß ich alles bezahlen werde, was die Erben verlangen."

„Dann müssen wir vom Papst die Erlaubnis bekommen, daß wir die Arbeit an seiner Kapelle unterbrechen." Urbino dachte an alles. Und es war auch so, daß er die Drohung: du bist exkommuniziert, ständig, fast greifbar über sich spürte. Er fühlte sich verantwortlich. Wie sollte denn Buonarroti weiterleben, ausgestoßen aus der Gemeinschaft der Gläubigen?

Er wird keine Stätte mehr haben, auf die er sein Haupt legen kann.

Es dauerte lange Monate, ehe der Bescheid aus dem Vatikan kam: Das Unterbrechen der Arbeit für eine Reise nach Rom ist gestattet.

Und Buonarroti schrieb dem Maler Sebastiano, den er fast zehn Jahre nicht gesehen hatte: Ich komme. Und er hoffte: Vielleicht finde ich doch den alten, den echten Sebastiano wieder, den ein wenig überheblichen, aber ehrlichen Menschen.

Sebastiano, der Venezianer, gehörte nicht mehr zu den Jungen, er war geachtet, und seit er von Papst Clemens das Amt des Siegelbewahrers bekommen hatte, fühlte er sich herausgehoben aus der Schar aller übrigen Maler, die nach der Plünderung und Zerstörung Roms wieder in die Stadt zurückgefunden hatten.

Was sie noch erstrebten, hatte er nun endlich erlangt: ein Ehrenamt, das er behalten würde bis zu seinem Tode. Das bedeutete, er brauchte sich nicht mehr abzuplagen mit Porträts für Kardinäle und andere reiche Leute, er konnte jetzt die Kunst betreiben: sich rar machen.

Es war nicht so, daß arbeiten nicht seine Sache gewesen wäre, im Gegenteil, hatte er einmal ein Bild unter seinen Händen, legte er all seinen Verstand und seine Liebe hinein, und er schaffte mit Hingabe. Aber es dauerte immer einige Zeit, bis er erst einmal so weit war, daß er die Farben mischte und die Pinsel prüfte und dann begann.

Der Entschluß, anzufangen, türmte sich vor ihm als ein riesiger Berg auf, und er scheute sich vor der Mühe dieses Anstiegs.

Es gab Leute, die sagten, er sei faul geworden, seit er ein regelmäßiges Einkommen vom Vatikan hatte. Sebastiano lächelte darüber, weil er wußte, er war nicht faul; er konnte alles, wenn er nur wollte. Aber es war zum Glück nicht nötig, daß er allzuoft erklären mußte, jetzt will ich ganz bestimmt etwas leisten. Und schließlich konnte es ihm gleichgültig sein, was die Leute sagten; einer wußte genau, was für Fähigkeiten in ihm ruhten, sein Freund Michelangelo Buonarroti. Der hatte ihm noch nie gesagt, er sei faul, und wenn er, Sebastiano, zu ihm gekommen war, dann hatte der andere immer Ratschläge für ihn, Hinweise für die Komposition eines Bildes, Zeichnungen.

Auch war das Leben noch lang genug. Warum sollte er jetzt in seiner besten Zeit sich schöne Tage verderben mit der Mühe, die Angst vor dem Entschluß, anzufangen, zu überwinden? Doch müßte er leider beim Arbeiten allein sein, und es tat ihm weh, sich von den Menschen dann jedesmal für eine Zeit zurückzuziehen, um seine Gedanken in Bildern auszusprechen. Er liebte die Gesellschaft. Und es war angenehm, im Kreise erlauchter Männer und Frauen zu glänzen mit dem Vortrag von Liedern, zur Laute gesungen.

Damals, als er sehr jung und sehr hoffnungsvoll von Venedig nach Rom gekommen war, hatte er sogleich Eingang gefunden in den Kreis Chigi. Die Feste dort im Hause des reichen Kaufmanns Agostino Chigi waren auch noch jetzt in der Erinnerung erregend.

Es war nicht so sehr der Genuß seltener Speisen gewesen, sondern eher die Art, wie sie angeboten wurden. Dabei dachte Sebastiano nicht einmal an die goldenen Schüsseln, die dann, auf dem Höhepunkt des Festes, in den Tiber geworfen wurden. Die schweren Bratenschüsseln wurden von buckligen alten Männern und Frauen hereingetragen, jeweils ein Paar. In langen weißen griechischen Gewändern. Jeder Gast war entsetzt über die Häßlichkeit der Diener. Dann aber, wenn sie die Platten auf die Tafel niedergesetzt hatten, richteten sie sich auf und begannen miteinander zu tanzen. Dabei schüttelten sie die langen Gewänder und die Gesichtsmasken ab, und siehe da, es tanzten junge, gutgewachsene Männer und Frauen miteinander, unbekleidet, und jeder Gast konnte bestimmen, auf welche Weise getanzt werden sollte. Das war jeweils Chigis Vorspeise, danach begann das eigentliche Fest. Auch Kardinäle und Bischöfe waren unter den Eingeladenen.

Schade, daß Buonarroti damals nicht zum Kreis Chigi gegangen ist, überlegte Sebastiano. Wer nie dabei war, wird es nicht verstehen, daß diese Welt großartig war, berauschend und stärkend wie ein heißes Bad mit kräftigenden, duftenden Ölen.

So einen Kreis kannst du jetzt umsonst meilenweit in Rom suchen, und wenn du das schärfste Augenglas hättest. Heute sagen alle, die Eroberung und Plünderung Roms sei die Strafe für die Sünden der verdorbenen Priester in der Ewigen Stadt gewesen.

Zugegeben, heute gibt es in Rom wieder einen Kreis, aber der läßt sich mit dem um Chigi überhaupt nicht vergleichen. Dort wird nicht der nackte Leib gezeigt, in aufreizenden Verrenkungen, der Geist wird bemüht.

Und Sebastiano fand auch das reizvoll; es wurden in diesem neuen Kreis Dinge ausgesprochen, die als gefährlich galten. Zum Beispiel die Schriften eines Wittenberger Professors. Das Untersuchen von verbotenen Gedanken war im Grunde ein viel erregenderes Spiel als die Lustbarkeiten bei Chigi. Auf Chigis Art konnte jeder tanzen, vorausgesetzt, daß er nicht altersschwach und vertrottelt war.

Aber zu dem Freundeskreis der Vittoria Colonna wurden nur Leute gebeten, die das Gespräch um den Sinn des Lebens wirklich bereichern konnten. Männer wie der beliebte Kapuzinermönch Bernardino Occhino mit seiner klangvollen, tiefen Stimme, der beste Prediger Italiens, schwärmerisch gefeiert und verehrt von einfachen Leuten, vor allem von Frauen, aber auch geachtet beim Vatikan. Oder Männer wie Contarini aus dem goldenen Palast zu Venedig, derjenige, der bei der Versöhnung zwischen Kaiser und Papst mitgeholfen hatte; jetzt suchte er den Weg eines Ausgleichs mit den Kirchenspaltern. Neuerdings sah man ihn zusammen mit einem Schüler, der auffiel durch sein helles Haar und die angewachsenen Ohrläppchen. Dieser neue Mann, Giovanni Morone, hatte beide Rechte studiert, das kirchliche und das weltliche, seine Klugheit war in sein längliches, scharfgeschnittenes Gesicht deutlich eingeschrieben. Dabei war er bescheiden.

Sie gaben sich griechische Götternamen, einerseits, weil sie sich wirklich erlaucht und herausgehoben über gewöhnliche Menschen glaubten, und andererseits, weil sie meinten, auf diese Weise würde kein Uneingeweihter unangebrachte Kenntnis von ihren Gesprächen bekommen. So nannten sie etwa die Witwe Colonna mit vertraulicher Ehrfurcht Nike, und das bedeutete Siegesgöttin.

Ihn, Sebastiano den Maler, hatten sie eingeladen, weil er es mit unvergleichlicher Kunst verstand, die vertonten Gedichte der Vittoria Colonna zur Laute vorzutragen.

Zum Freundeskreis der Vittoria gehörten auch begabte junge Leute aus angesehenen Familien Roms. Sie konnten sogar ohne Adel und Rang sein wie der auffallend schöne Sohn eines reichen Bürgers, der sanftäugige, verwöhnte Tomaso Cavalieri. Im Augenblick beschäftigte sich der großgewachsene, schlanke, aber in den Schultern breite Tomaso mit dem Zeichnen. Denn es war keineswegs leicht, sich im Nichtstun zu üben. Jeder Tag war unerträglich lang, und Essen und Trinken und auch das sorgfältigste Ankleiden füllten keineswegs alle Stunden aus. Jetzt war er darauf verfallen, Heiligenbilder zu zeichnen.

Sebastiano sollte sie nun begutachten. Der Venezianer war nicht sicher, ob wirkliches Können dahinterstand, auch war es nicht seine Art, sich in die Arbeiten anderer Leute so zu vertiefen, daß er sie hätte gerecht einschätzen können. Manchmal war er sehr voreilig und gab Erklärungen ab, für die er sich hinterher entschuldigen mußte. Gewöhnlich fand er, daß alles, was nicht er oder Buonarroti gezeichnet hatte, unnütz war.

Mit Zurückhaltung sagte er:

„Ich kenne nur einen, dessen Urteil unbestechlich ist." Und Sebastiano verpflichtete sich, Michelangelo in den Kreis einzuführen.

Buonarroti war nur auf einige Wochen nach Rom gekommen. Papst Clemens VII. hatte zugestimmt: Es sollte ein neuer Vertrag über das Grabmal für den verstorbenen Papst Julius aufgesetzt werden. Es sollte aber auch der Fortgang der Arbeiten an der Grabkapelle der Familie Medici in Florenz besprochen werden. Bald würde er wieder zurück nach Florenz gehen.

Michelangelo war nicht begierig, neue Menschen kennenzulernen. Unruhe erfüllte ihn. Noch wenige Tage vor seiner Abreise nach Rom war sein Vater krank gewesen, hatte fiebernd im Bett gelegen. Hoffentlich war das Fieber nicht wiedergekommen. Und das Kind Lionardo, der Neffe, wartete sicher schon dringend auf ihn, um ihm zu beweisen, daß er es jetzt auch versteht, aus Tonklumpen Modelle anzufertigen. Und seine beiden Brüder Giovansimone und Sigismondo werden gewiß schon längst wieder in Geldschwierigkeiten gekommen sein, aus denen nur er sie erlösen kann.

Und es gab noch etwas, warum er gerade jetzt in Florenz sein wollte: Sie sollten ihn dort in der Stadt sehen. Es durfte nicht heißen: Der Buonarroti ist ja weggegangen, und nur darum hat er die Arbeit an der Festung für Herzog Alessandro nicht erst begonnen. Es mußte ja ein anderer einspringen. Michelangelo war nicht gestimmt, ihnen auszuweichen. Die Leute um den Eroberer, um Alessandro, genannt Bettwanze, sollten begreifen: Der Buonarroti ist da, aber er baut die Zitadelle nicht, er gibt sich dafür nicht her.

Auch wollte er zugegen sein, wenn das Bildwerk Herkules und Cacus von Bandinelli aufgestellt wurde neben seinem David. Das Werk eines anderen aus einem Marmorblock, der ihm, Buonarroti, schon unter der Hand gelegen hatte. Er wollte wissen, ob Bandinelli, der Bildhauer, ihm in die Augen sehen könnte, der Mann, von dem inzwischen in aller Welt bekannt geworden war, daß ihn in den Tagen der Verwüstung Roms die beutegierige Dame Isabella von der Straße aufgelesen und in ihren zärtlichsten Stunden kleine Motte genannt hatte.

Es war Frühling, und er wünschte, er könnte noch in den schönen, kühlen Tagen zurückreiten. Er mochte den Geruch von trockenem, heißem Staub auf der Landstraße nicht. Wenn erst der sengende Sommer kommt, dann will er wieder im gartenreichen Florenz sein. Doch der Papst hatte ihn noch nicht zur Audienz gebeten.

Mit seinen Gedanken war Buonarroti schon jetzt zu Hause.

Aber hier in Rom wartete er nicht nur auf eine Vereinbarung mit den Erben über das Juliusgrab, er hoffte und fürchtete gleichzeitig: Jetzt kommt das Wort vom Heiligen Vater über das Jüngste Gericht.

Und obwohl er seit der Begegnung mit Contarini versucht hatte, seine Gedanken davon abzuziehen, ertappte er sich wieder dabei, wie er sich schon verfangen hatte.

Das schwierigste wird es sein, das Gesicht des Weltenrichters zu prägen, ohne herausfordernd gegen die Regeln zu verstoßen. Wenn schon damals bei seiner ersten großen Arbeit, bei der Pietà im Petersdom, die Kritiker gekommen waren und ein Mißverhältnis herausgefunden hatten zwischen dem Gekreuzigten und seiner Mutter und wenn sie seitdem mit seinen Werken immer unzufriedener geworden waren, dann wäre es doch im Grunde töricht von ihm, sich einer Arbeit zuzuwenden, von der die Auftraggeber gewiß schon vorher eine genaue Vorstellung hatten, wie sie gelöst werden sollte.

Sebastiano gab die Hoffnung nicht auf, Buonarroti doch noch zu bewegen, mit ihm den Freundeskreis der Vittoria Colonna aufzusuchen.

„Sie sprechen dort über die Unsterblichkeit", lockte er. „Ich sage nicht, daß dir die Frau gefallen wird, die Witwe Vittoria ist nicht schön, aber das, was sie reden, wird dir gefallen. Sie versuchen, in die Tiefen der Seele einzudringen, sie versuchen, Klarheit zu bekommen, warum so viele Menschen unzufrieden sind, warum besonders die Landleute und die Handwerker den Geistlichen mißtrauen. Sie untersuchen in dem Freundeskreis der Vittoria das Zauberwort Reform. Sie wollen ergründen, wie die Reform sein müßte, um die Lage der geringen Leute zu verbessern. Du brauchst nicht lange zu bleiben, wenn sie dich langweilen. Der junge Morone mit den angewachsenen Ohrläppchen kann manchmal sehr ausführlich werden. Sie wollen nur dein Urteil über die Zeichnungen des Tomaso haben. Du hast eigentlich zu solchen Bitten nie nein gesagt. Erinnere dich, damals, als Chigi noch lebte, hast du auch dein Urteil über Raffaels Sibyllen gesagt, für die der Gauner dem Raffael zuwenig zahlen wollte."

Buonarroti lächelte und ging mit. Er mochte Sebastiano gut leiden und wollte ihm den Gefallen tun.

Es hieß, die Witwe Vittoria habe eine Auseinandersetzung mit ihrer Familie, besonders mit ihrem Bruder Ascanio; sie sei plötzlich weggereist von Rom nach den Gütern der Colonnas.

Später konnte sich Buonarroti überhaupt nicht mehr erinnern, welche Leute ihm dort vorgestellt wurden. Es war gleichgültig.

Während der junge Tomaso Cavalieri mit seinen Zeichnungen auf Buonarroti zuging, war er ein wenig ängstlich, weil er Ehrfurcht verspürte vor dem berühmten Mann. Aber er war nicht ohne den Hochmut eines gutgestellten Nichtstuers einem anderen gegenüber, der hart arbeiten muß. Mit der verwunderten Überlegenheit des Gepflegten betrachtete er die Hände und die abgebrochenen Fingernägel, die tiefen Furchen im Gesicht und die geröteten Augen, durch Kerzenschein verdorben.

Buonarroti fand keine Zeit, sich seiner Häßlichkeit gegenüber diesem ausnehmend schönen jungen Mann bewußt zu werden.

Ein lebendiges Gesicht verwandelte sich unter seinen Augen zu einem unlösbaren Stück aus seiner Arbeit.

So wird er den Weltenrichter im Jüngsten Gericht malen, bartlos, mit unbeteiligtem, aber ungewöhnlich makellosem Gesicht, hart, aber nicht gewalttätig, und gleichzeitig weich, doch nicht schwächlich. Aber ohne Güte in den Augen, jenseits von allem Mitleid. Und nackt. Aber die helle Klarheit des Verstandes umgibt ihn. Das Gesicht, nach dem er sein ganzes Leben lang gesucht hat, ist da.

Und die Freude überwältigte ihn, und er fand für die Zeichnungen des verwöhnten Sohnes aus reichem Bürgerhause laute Lobesworte. Er redete ungewöhnlich viel, damit das Bild nicht vergehe.

Es war auch gleichgültig, daß die Zeichnungen große Schwächen zeigten. Er wird Tomaso alles erklären, notfalls wird er ihm die Zeichnungen selber anfertigen.

Dieses Gesicht durfte nicht wieder in die Vergessenheit zurücksinken wie die tausend anderen, denen er in allen seinen Tagen schon begegnet war.

Das Glück, seine erdachten Figuren durch einen lebendigen Menschen bestätigt zu sehen, konnte auch nicht ausgelöscht werden durch eine neue Demütigung, die vom Vatikan kam.

Am vorletzten Tag im April befahl Papst Clemens aus dem Haus Medici dem Bildhauer Michelangelo Buonarroti, Rom unverzüglich zu verlassen und nach Florenz an die Arbeit zu gehen. Es sei jetzt für eine Audienz keine Zeit.

An diesem Tag, als er schon unterwegs war, wurde der neue, der vierte Vertrag über das Juliusgrabmal mit den Erben des Hauses Rovere ausgefertigt.

Und die Erben und der Papst setzten fest: Die drei früheren Verträge sind ungültig.

Der Bildhauer anerkennt, bisher achttausend Dukaten erhalten zu haben.

Dafür wurde die versprochene Arbeit nicht geleistet.

Der Bildhauer verpflichtet sich, im Laufe von drei Jahren an die Erben zweitausend Dukaten zurückzuzahlen.

Auch trägt er alle noch entstehenden Kosten für die Vollendung des Grabes.

Hat der Bildhauer die Absicht, Gehilfen zu beschäftigen, geschieht dies auf eigene Rechnung.

Er hat ein neues Modell oder eine neue Zeichnung zu liefern.

Die bisher begonnenen sieben Figuren sind zu prüfen, ob sie für den neuen Plan geeignet sind.

Wenn der Bildhauer den Vertrag in allen Stücken einhält, bekommt er Haus und Werkstatt in Rom übereignet.

Der Vertragsabschluß geschah also in Abwesenheit des Mannes, der die Arbeit auszuführen hatte.

★

Aus Frankreich kam ein heiter-trauriger Brief von Antonio Mini:

Warum ist der König nicht in Paris? Weil er gerade dorthin reist, wo ich herkomme, nach Marseille. Ich habe mich entschlossen, ihm nachzureisen. Es soll eine Hochzeit dort sein. Der Sohn des Königs und die Nichte des Papstes werden zusammengegeben. Ich hoffe nur, daß ich noch zur rechten Zeit hinkomme und daß der König nicht an mir vorbeireist und das Spiel weitergeht: Warum ist der König nicht in Marseille? Weil er gerade dorthin reitet, wo ich herkomme, nach Paris. Ich traf hier in der Hauptstadt des französischen Königs einen sehr entgegenkommenden Kunsthändler, der will mir in allen Dingen helfen, er hat mir sogar Farben verschafft, so daß ich schon eine Kopie von der Leda anfertigen konnte. Ich will noch mindestens fünf weitere Kopien herstellen, die Nachfrage ist groß. Alles in allem bin ich zufrieden. Ohne Gepäck reise ich jetzt dem König nach, alle Bilder, Original und Kopien, sind bei dem freundlichen Kunsthändler.

Beigefügt war ein Gruß an Assunta mit der Bitte, Urbino möge ihn überbringen.

Urbino war keineswegs glücklich über den Auftrag; er meinte, der andere hätte längst zurück sein können. Das Spiel mit dem Nachreisen bezeichnete er als kindisch.

Solche Fragen: Warum ist der König nicht in Paris? kann ich stundenlang stellen. Warum ist der Kaiser nicht in Wien? Weil er nach Bologna gereist ist. Und warum ist der Papst nicht in Rom? Weil er erst zum Kaiser nach Bologna geht und dann zum König nach Marseille. Es wird für Assunta sicher sehr tröstlich sein, zu hören, daß ihr Antonio als ein eingeladener Gast bei einer päpstlichen Königshochzeit dabeisein will. Soll er lieber an seine eigene Hochzeit denken.

Noch während der gewissenhafte Urbino vor sich hin murrte, kam ein Bote aus dem Vatikan mit einem Schreiben, das den Vermerk trug: Sofort aushändigen.

Buonarroti brach das Siegel auf, las den Brief schweigend, gab ihn Urbino. Als der Gehilfe alles gelesen hatte, lag ein eigenartiger Stolz über seinem groben Gesicht mit den wäßrigen Augen.

„Er wagt es nicht, nach Florenz zu kommen", sagte er nur, nichts weiter.

Das erregte Glänzen in den Augen seines Gehilfen rührte Buonarroti, und er sagte sehr leise:

„Vielleicht ist es ein später, sehr bitterer Sieg, daß er einen Umweg um seine Stadt nimmt, daß er nicht bei uns einziehen kann wie ein Triumphator."

Und beide lächelten sacht.

Meldungen über die Unzufriedenheit in Florenz hatten eine Änderung der Reiseroute für Papst Clemens notwendig gemacht. Es war also Vorsicht geboten, zumal es über dieses Unternehmen im Kardinalskollegium Meinungsverschiedenheiten gab. Aus dreierlei Gründen erschien es nicht gerechtfertigt, daß der Papst gerade in diesen Tagen seinen Stuhl in Rom verließ: die Sorgen um die türkischen Eroberer, die Mühe mit den deutschen Abspaltern und der Kummer wegen des englischen Ehebrechers.

Einige besorgte Kardinäle meinten: Könnte der Heilige Vater nicht von Rom aus alle Völker des Abendlandes weit wirksamer aufrufen, der Türkennot durch den Türkenpfennig zu begegnen, als von einer Hochzeitstafel in einem anderen Land?

Andere wieder fragten: Ist es geschickt, gerade jetzt den Franzosenkönig durch einen Besuch auszuzeichnen, da der Kaiser ein Abkommen mit den deutschen Abspaltern geschlossen hat, sie nicht anzutasten, bis endlich auf einem allumfassenden Konzil sich zeigt, ob es möglich ist, sich zu einigen?

Diese mit der Entwicklung jenseits der Berge vertrauten Kardinäle wiesen darauf hin: Es besteht die Gefahr, daß der Kaiser auf diese Hochzeit mit einem eigenen Konzil antwortet. In Deutschland. Unter seinem Vorsitz. Ohne den Heiligen Vater.

Und es war der General der Theatiner, Gian Pietro Carafa, der öffentlich in einer Predigt warnte. Wenn es erst einmal ein deutsches Konzil gegeben hat, dann werden die anderen alle dasselbe verlangen: die Franzosen, die Engländer, die Polen, die Spanier, die Ungarn, die Böhmen.

Schließlich kamen die Sachverständigen für die englischen Angelegenheiten: Wenn schon der ganzen Welt gerade in dieser Zeit ein notwendiges Beispiel gegeben werden soll, daß der Statthalter Christi auf Erden der Richter über die Sitten ist, so darf vor allem die Unantastbarkeit des Sakraments der Ehe nicht aufgegeben werden. Der Papst darf nicht davor zurückschrecken, die Exkommunikation auch über ein gesalbtes Haupt zu verhängen. Es war damals von Papst Alexander aus dem Haus Borgia, unseligen Angedenkens, ein unverzeihlicher Fehler, dem König von Frankreich die Ehescheidung zu gestatten. Es zeigte ein Zurückweichen der Kirche. Soll die Macht der Kirche nicht ganz zum Gelächter der Abtrünnigen, Abspalter und Glaubensfeinde werden, so bleibt keine andere Möglichkeit, als den großen Bannfluch gegen Heinrich VIII. von England zu schleudern. Aber soll das von einem Hochzeitsgelage aus geschehen?

Allen, die ihn von der Reise zurückhalten wollten, hielt Seine Heiligkeit entgegen:

„Ich suche einen völligen Ausgleich. Der Kaiser, dem Spanien, Deutschland, die ozeanischen Länder und Italien auch, leider ja, untertan sind, soll mit dem französischen König versöhnt werden. Ich will auch ein Übereinkommen mit den sogenannten Protestanten, und ich will das Band zwischen der englischen Insel und der Mutterkirche nicht zerreißen. Dann, am Ende meiner Bemühungen, steht das Abendland geeint da, und in einmütiger Geschlossenheit können wir uns der Türken erwehren."

Auch die Ärzte warnten:

„Bedenken Sie, Heiligkeit, es kann sein, daß Sie von dieser Reise nie mehr zurückkehren. Jede Aufregung schadet, jede Anstrengung zehrt an der Lebenskraft."

Also wurde aus Gründen der Gesundheit der geplante Besuch von Florenz aufgegeben. Und der Maler und Bildhauer Michelangelo Buonarroti bekam den Befehl, den Heiligen Vater in San Miniato al Tedesco, einem kleinen Kloster auf halbem Weg zwischen Florenz und dem Hafen Pisa, zu erwarten.

Der Mann aus dem Haus Medici hätte zwar gern weiter auf seiner Anordnung beharrt, die Arbeit an der Familienkapelle habe Vorrang, aber nach der Warnung der Ärzte war es doch wohl jetzt an der Zeit, an das Gelübde zu denken. Die Anweisung mußte endlich ergehen: Zur Verherrlichung der Kirche soll in der Sixtinischen Kapelle unverzüglich das Jüngste Gericht gemalt werden.

Und Papst Clemens, der siebente seines Namens, betrachtete es als Genugtuung, daß wenigstens der Sieg über den Maler geglückt war.

V. KAPITEL

Das Jüngste Gericht

Die Römer nannten sie die Mittelmänner.

Noch als Papst Clemens lebte, hatten sie die Unterhandlungen begonnen, jetzt, da er tot war, blieben ihnen nur zehn Tage Zeit, dann mußte das Konklave beginnen.

Sie versammelten sich diesmal im Haus der Fugger an der Tiberbrücke. Sie kannten sich alle. Die Römer nannten das Haus an der Brücke den Hühnerstall, spotteten:

„Sie gackern und brüten dort über ihren goldenen Eiern. Aber weiß man, was ausschlüpft?"

Hauptbuchhalter Matthias Schwarz von der Firma Jacob Fugger und Brudersöhne in Augsburg führte die Verhandlungen; da er fünf Sprachen beherrschte, gab es keine Schwierigkeiten. Auf allgemeinen Wunsch einigten die Herren sich jedoch auf Französisch, das beschleunigte den Fortgang der Sitzung. Nur der Sonderbeobachter des streng katholischen Herzogs Georg von Sachsen protestierte, er machte geltend, daß sogar der Papst mit Kaiser Karl einige Worte deutsch gesprochen habe. Er verlangte, es solle deutsch verhandelt werden.

„Dieser Papst ist tot. Ob sein Nachfolger mit dem Kaiser deutsch sprechen wird, das steht dahin", gab der Resident der französischen Regierung zu bedenken.

Der ständige Berater Kaiser Karls V. war genau unterrichtet:

„Das Protokoll weist aus, daß nur spanisch gesprochen wurde."

Die anderen Unterhändler riefen dazwischen:

„Keinen Zeitverlust mit Nebensächlichkeiten, wir haben uns in diesem Punkt geeinigt."

Der Sonderbeobachter des katholischen Herzogs Georg von Sachsen fügte sich, beleidigt.

„Ich darf das Ergebnis unserer bisherigen Beratungen zusammenfassen." Hauptbuchhalter Matthias Schwarz hatte sich Notizen gemacht, aber er schob alle Zettel beiseite, stand auf, sagte: „Das alte Wort, wo Tod ist, da ist auch Hoffnung, hat sich wieder einmal bewährt. Gewiß, jeden von uns berührt der Tod Seiner Heiligkeit schmerzlich, aber wir sind doch zu eng mit dem Heiligen Stuhl verbunden, wir wissen leider zu genau, wie schlecht der Papst regiert hat."

Der Abgesandte der verbannten Republikaner aus Florenz klatschte Beifall, rief dazwischen:

„Hätten Sie ihm das mal zu seinen Lebzeiten ins Gesicht gesagt. Wir haben immer vor der Unfähigkeit der Familie Medici gewarnt. Aber wir wurden verbannt."

Der Prior der Wechslerzunft von Florenz ereiferte sich:

„Ich verlange, daß Sie die Behauptung von der Unfähigkeit der Familie Medici sofort zurücknehmen. Der glorreiche Herzog Alessandro von Florenz und sein Vetter, der Erzbischof von Florenz, Kardinal Ippolito, haben die Stadt und damit auch unsere Zunft der Geldwechsler zu neuer Blüte geführt. Die Zerschlagung der Republik war notwendig geworden. Nicht der Papst Medici hat schlecht regiert, sondern seine Berater waren das. Ich bin sicher, daß ich die Stimmen der italienischen Kardinäle für Kardinal Ippolito bekommen kann, bis auf wenige Ausnahmen ..."

Der Abgesandte der verbannten Florentiner begann das Lied von Bettwanze und Skorpion zu pfeifen. Hauptbuchhalter Matthias Schwarz gelang es, den Pfeifenden zum Schweigen zu bringen.

„Wir sollten wirklich nicht abgleiten in persönliche Dinge! Wo soll das hinführen? Es ist niemand unter uns, der die Nöte der verbannten Republikaner aus Florenz leichtnimmt. Aber wir sind hier nicht zusammengekommen, um uns über ihre Ansprüche auf die Heimkehr nach Florenz zu unterhalten. Meine Herren, wir müssen uns auf einen neuen Papst einigen, und zwar sehr schnell einigen, ob wir wollen oder nicht. Was ist unser Hauptproblem? Das Anwachsen der Ketzerbewegung in Deutschland."

Der Hauptfinanzagent des Herzogs Ascanio Colonna sagte:

„Es ist begreiflich, daß Sie Augsburg für den Mittelpunkt der Welt halten. Aber trotz allem, Rom ist und bleibt das Herz der Welt. Und wer hat das Herz in der Hand? Immer noch derjenige, dem das Gebiet rings um die Stadt gehört, derjenige, der die Getreidezufuhr in seinen Händen hat. Sie werden für keinen Papst, mit dem die Familie Colonna nicht einverstanden ist, die Mehrheit bekommen. Es werden Ihnen also aus der Gruppe der italienischen Kardinäle wichtige Stimmen fehlen, ich erinnere daran."

Der Sonderbeobachter des Herzogs Georg von Sachsen erklärte empört:

„Das ist die alte Leier, die wir unter dem Medici oft genug gehört haben. Getreidehändler und Wechsler bestimmen das Geschick der Kirche. Man muß mit diesem Denken endgültig aufhören."

Der Generalmakler der Reedereien aus Genua, außerdem Pächter der Alaungruben um Civitavecchia, meldete sich zu Wort:

„Ob der geehrte Sonderbeobachter des Herzogs Georg von Sachsen es will oder nicht, wir fordern, daß der neue Papst auch auf unsere Schiffe achtet. Wir halten die Bekämpfung der Seeräuber für wichtiger als die Auseinandersetzung mit den Irrgläubigen. Am Ende können Sie sich über den Schutz der Schiffahrtswege noch eher mit Ketzern verständigen als mit Seeräubern."

Der ständige Berater Kaiser Karls V. rief dazwischen:

„Was wissen Sie wirklich über die Seeräuber?"

Der Generalmakler aus Genua überhörte seine Frage, er wandte sich an den Sonderbeobachter des katholischen Herzogs Georg:

„Sie in Ihrem Sachsen haben kein Meer; Sie wissen nicht, was alles an einem einzigen Schiff hängt: das beste Holz aus Norwegen, Meßgeräte aus Nürnberg und die tausend anderen Dinge für die Ausstattung. Ganz zu schweigen von der Ladung. Was kennen Sie von den

Schwierigkeiten eines Sklaventransports? Lebendige Fracht schafft immer mehr Sorge als tote Ware. Wieviel Nächte habe ich schon wach gesessen und alle Heiligen im Gebet gerufen, sie möchten für sichere Überfahrt sorgen. Es schwimmen riesige Geldsummen in unseren Schiffen auf dem Meer. Eine Kauffahrteiflotte ist gar nicht zu vergleichen mit einem Kaufmannszug über Land. Es wird Ihnen schwerfallen, das zu verstehen, Herr Sonderbeobachter vom Herzog Georg von Sachsen, ein Schiff ist wie ein Mensch. Das mühsame Wachsen und Erziehen lohnt sich doch erst, wenn ein Mensch dann wenigstens einige Jahre arbeitet, bevor er stirbt. Uns gehen zuviel Schiffe schon auf ihrer ersten Fahrt verloren."

„Darum stimmt das Bild mit dem Menschen nicht." Der Beauftragte der Republik Venedig unterbrach den Generalmakler aus Genua: „Menschen gibt es viele, unzählige, aber Schiffe sind wenige da. Ich gehörte einmal vor dreißig Jahren zu denen, die ausrechneten, daß die Schiffahrt der Portugiesen und der Spanier in die weit entfernten Gebiete zum Erliegen kommen müßte, weil von ihren ausgelaufenen Kauffahrteiflotten jeweils nur ein Drittel der Schiffe zurückkehrte. Wir meinten, in wenigen Jahren würde es also den Portugiesen nicht mehr möglich sein, um die Spitze Afrikas herumzusegeln und die Gewürze in den indischen Häfen direkt zu holen. Wir in Venedig warteten auf den genau vorherbestimmten Tag, an dem ihre Flotte zusammenbrechen sollte. Wir waren gerüstet, den Handel um Pfeffer und die Gewürze im vollen Umfang wie früher wiederaufzunehmen. Venedig würde wieder sein, was es immer gewesen: Königin der Meere. Und wir jubelten über jeden glücklichen Handstreich der Seeräuber, durch den ein portugiesisches oder spanisches Schiff auf Grund gesetzt wurde. So schnell können sie keine Schiffe nachbauen, meinten wir. Aber wir hatten vergessen, daß sie auch Schiffe kaufen konnten. Sie, Herr Emissär der Firma Welser, können es dem Herrn Sonderbeobachter des Herzogs Georg von Sachsen vielleicht besser erklären. Die Schiffe kommen aus Amsterdam, Hamburg,

Dänemark und auch aus Schweden. Und es kommen genug. Unsere Rechnung stimmte nicht. Es ist schade, aber es ist doch wohl so, daß gewisse Räder sich nicht rückwärts drehen lassen. Und wenn ich über die Schiffe aus den Ländern im Norden rede, so spreche ich nicht davon, daß in diesen Ländern die Lehre der Irrgläubigen gesiegt hat. Es ist mir völlig gleichgültig, ob ein Irrgläubiger das Schiff zusammengefügt hat oder ein Rechtgläubiger. Und ich kann es Ihnen allen hier anvertrauen: Auch ich habe einige meiner Schiffe verpachtet an die Portugiesen. Also muß auch ich jetzt zittern wegen der Seeräuber. Ich unterstütze die Forderung des Generalmaklers aus Genua: Wir brauchen einen Papst, der die Sicherheit der Schiffahrtswege sehr ernst nimmt."

Der ständige Berater Kaiser Karls V. lächelte ein wenig, er redete sehr leise, er war sich bewußt, ein Reich zu vertreten, in dem die Sonne nicht unterging, er hatte es nicht nötig zu schreien.

„Vor allem muß der neue Papst der Ehescheidung des Königs von England zustimmen. Die Exkommunikation muß aufgehoben werden."

Der Sonderbeobachter des Herzogs Georg von Sachsen gab einen Laut von sich, der wie ein lüsternes, stöhnendes Kichern klang.

„Bettgeschichten. Also bitte, fangen wir an. Wer weiß eine besonders schreckliche Sache vom Lotterkönig von England?"

Der ständige Berater Kaiser Karls V. blickte mit mildem Mitleid auf den Mann, der sich darauf eingerichtet hatte, Geschichten von der Wollust in königlichen Betten mit Genuß anzuhören. Der Spanier redete wie immer leise:

„Ich habe Sie vorhin gefragt, was wissen Sie wirklich über die Seeräuber? Und niemand hat mir geantwortet. Aber ich werde Ihnen antworten. Es sind ja nicht nur die Türken. Es sind seit einiger Zeit kleine, schnelle und wendige Schiffe unterwegs. Sie haben mehr Kanonen an Bord als unsere großen Schiffe. Und sie haben auffallend starke Enterhaken aus einem außergewöhnlich guten Eisen. Es sind englische Schiffe. Unsere Neugier kreist nicht so sehr um die Bettfedern des Königs. Wir würden uns viel lieber einmal seine Eisengießereien anschauen."

Matthias Schwarz mit seinem gesunden Augsburger Verstand begriff, und er wiederholte sehr nachdenklich:

„Die größte Stärke Heinrichs VIII. ist also sein Eisen und nicht sein Fleisch."

Der Sonderbeobachter des katholischen Herzogs Georg von Sachsen redete dazwischen, mit Hohn:

„Ach, gehen Sie mir doch weg, auch in England wird, wie überall in der Welt, das Wasser mit Holz gekocht. Ich weiß, die Insel ist schon völlig abgeholzt. So viel Holz zum Eisenschmelzen und gleichzeitig zum Schiffbau können die dort gar nicht haben. Und bedenken Sie auch die Holzmengen, die allein für die Betten verbraucht werden."

Niemand lachte mit.

Sehr leise, aber deutlich für alle, sagte der Spanier:

„Der englische König hat sich in seinem Reich selbst als Oberhaupt der Kirche eingesetzt. Er hat sich nicht nur alle Kirchengüter genommen, er hat auch seine Untertanen vom Gehorsam gegen den Heiligen Vater losgebunden."

Matthias Schwarz war es gewohnt, die Dinge sachlich und klar auszusprechen. Und der Spanier nickte ihm zu, weil er die Sorgen des Hauses Habsburg klar aussprach.

„Also könnte für die Leute mit den schnellen Schiffen und den guten Kanonen auch die päpstliche Entscheidung über die Teilung der Erde nicht mehr bindend sein. Sie könnten versuchen, die große Trennungslinie vom Nordpol zum Südpol zu überqueren. Sie könnten beginnen, den großen Frieden in der neuen Welt zu zerstören."

Jetzt sprach der Sonderbeobachter des Herzogs Georg von Sachsen deutsch:

„Sie heißen nicht nur Schwarz, Sie sehen auch schwarz. Ich sage, die spanische Armada ist unüberwindlich. Und in England gibt es gewiß genug gute Katholiken, denen das Wort des Papstes heilig ist und bleibt. Und schließlich, meine Rede, auch die Bäume auf dieser Insel wachsen nicht in den Himmel, die Leute dort sind knapp dran mit Holz."

Ein außergewöhnlich großer breitschultriger Mann mit einem harten, klugen Gesicht ließ sich hören. Er stellte sich vor als Rektor der medizinischen Schule zu Salerno. Ernsthaft, eifervoll redete er:

„Wir sehen der Wahl eines neuen Papstes mit ganz besonderen Erwartungen entgegen. Unsere Schule war die berühmteste in der ganzen Welt, und leider muß ich sagen, war. Padua und Bologna haben uns überflügelt. Es ist hier nicht der Ort, zu untersuchen, warum. Wir erwarten von einem neuen Papst zweierlei: tatkräftige finanzielle Unterstützung und die Erlaubnis, mit den Gelehrten aller Länder in wissenschaftlichen Austausch zu treten. Wir fordern also, daß alle Einschränkungen, die vor allem die Doktoren aus hebräischen Familien treffen, aufgehoben werden. Und ich erinnere: Hätte man den Sohn des großen Rabbiners, Immanuel Bonet, rechtzeitig an das Krankenlager des Heiligen Vaters gerufen, vielleicht wäre manches verhindert und manches klargestellt worden." Der Rektor setzte sich, schaute abwartend in die Runde.

Es dauerte eine Weile, bis alle alles verstanden hatten. Der Hauptfinanzagent des Herzogs Ascanio Colonna sagte:

„Sie wagen es, in dieser Runde den Verdacht auf Giftmord auszusprechen, und mit Ihrem Helfershelfer, dem Sohn des Rabbiners, wollen Sie wohl sogar wissen, wer den Auftrag zum Giftmischen gegeben haben soll. Sie haben mich, den Hauptfinanzagenten der Familie Colonna, unverschämt angesehen während Ihrer Anschuldigung. Ich verbitte mir im Namen der Familie Colonna derart unflätige Anpöbeleien."

Der ständige Berater Kaiser Karls V. fragte sehr beherrscht, fast höflich:

„Wer hat eigentlich diesen Herrn von der Schule zu Salerno eingeladen? Was hat er in unserem Kreis zu suchen? Ich finde es immerhin bemerkenswert, wie er für hebräische Ärzte eintritt und wie er einen vom Papst gestatteten Verkehr mit türkischen Wissenschaftlern fordert. Es soll den Türken von der Kunst der Medizin her ein Hinterpförtchen geöffnet werden." Und sehr klar und sehr hart und sehr schroff und sehr zugreifend fragte er: „Was bezahlen Ihnen die Türken dafür?"

Der Rektor wehrte sich entrüstet.

„Es geht mir um den Austausch von medizinischen Erkenntnissen. Ich finde es lächerlich, wenn arabische Rezepturen verboten werden. Und jeder weiß dabei, wer ernsthaft krank ist, läßt insgeheim anfragen, haben die Türken nicht ein besseres Mittel gegen diese Leiden?"

Der Außerordentliche Botschafter des Königs von Portugal rief dazwischen:

„Er versteckt sich hinter dem Mäntelchen der Medizin, in Wahrheit meint er ganz andere Dinge: Herrschaft der Türken über das Abendland, weil ja unter den Türken alles viel besser ist als unter den Christen."

Der Außerordentliche Botschafter des Königs von Portugal überlegte: Man kann nicht vorsichtig genug sein mit den Beziehungen zu den Türken. Es soll mir eine Lehre sein, die Leute, die ich als Unterhändler zu den Türken schicke, besonders sorgfältig auszusuchen. Das müssen harte Männer sein, keine Schwärmer.

Der Abgesandte der verbannten Republikaner aus Florenz schaute mit Unbehagen auf den hochgewachsenen breitschultrigen Rektor aus Salerno. So darf es mir niemals ergehen. Unsere Verhandlungen mit den Türken dürfen nie so offen zutage treten, daß ich gefragt werde: Was bezahlt dir denn der Sultan? Ich weiß, sie haben alle ihre Boten unterwegs zu den Türken; die Herren von der Firma Fugger und von der Firma Welser, der Generalmakler aus Genua, der Hauptfinanzagent der Colonna, alle. Aber niemand wird sie aus dem Zimmer weisen, denn wir alle haben dem Rektor aus Salerno eines voraus: Jeder von uns hat Auftraggeber hinter sich, die genug Mittel zur Verfügung haben, die Kardinalsstimmen zu beeinflussen. Nur er allein kommt und fordert schlicht und plump Unterstützung für seine Schule. Ich frage mich, wer ihn eingeladen hat. Es muß ein Irrtum sein. Und der Abgesandte der verbannten Republikaner aus Florenz sagte laut:

„Sehen Sie nicht, Herr Rektor, daß Ihre Anwesenheit uns allen hier sehr peinlich ist?"

Und der Rektor, zitternd vor Empörung, stand auf, ging. Von der Tür her kam er noch einmal zurück, sagte mit seltsam heller Stimme:

„Peinlich ist, daß die Römer in den Gassen recht haben, dieses hier ist ein Hühnerstall. Aber seien Sie vorsichtig mit dem Brüten auf Ihren goldenen Eiern, daß keine Mißgeburt herauskommt."

Unerwartet sprang der Resident der französischen Regierung auf.

„Ich bedaure, daß es so weit kommen mußte, es ist schimpflich, den ehrenwerten Rektor der hochberühmten Schule zu Salerno ungerechtfertigt zu beleidigen und anzugreifen mit grundlosen Verdächtigungen. Aber bitte, meine Herren, wenn Sie darauf bestehen, daß er unsere Beratung verlassen soll, dann gehe ich auch unverzüglich. Ich brauche Ihnen nicht erst zu erklären, was das bedeutet. Ohne mich wird es Ihnen nicht möglich sein, die Stimmen der französischen Kardinäle zu gewinnen."

Auch der Prior der Wechslerzunft stand auf.

„Ich sehe keinen Grund, warum ich dableiben soll."

„Ein abgekartetes Spiel", erklärte der Hauptfinanzagent des Herzogs Ascanio Colonna. Er war ein Mann, der das aussprach, was er dachte. Bisher hatte er sich das immer leisten können. „Warum wurde der Rektor eingeladen? Und wer hat ihn eingeladen? Ich kann es Ihnen genau beantworten. Derjenige hat ihn eingeladen, der sich einen Gewinn davon verspricht. Sie wollen mich treffen, sie wollen überall, wo immer es nur geht, in die Welt hinausblasen lassen, die Familie, die zu vertreten ich die Ehre habe, sei nicht unbeteiligt an dem plötzlichen Ende des Heiligen Vaters. Und sie schämen sich nicht, diesen unschuldigen Rektor zu ihrem Werkzeug zu machen. Es ging die Rede davon, der Sohn des Rabbiners solle doch die Todesursache klarlegen. Wissen Sie wirklich nicht, was Sie da gesagt haben, ein Jude soll den Leib des Heiligen Vaters zerschneiden, einer, der schlimmer ist als ein Heide und ein Irrgläubiger, soll den Leib des Nachfolgers unseres Apostelfürsten zerlegen? Meinten Sie das? Wollten Sie das?"

Der Beauftragte der Republik Venedig kam dem Residenten der französischen Regierung zu Hilfe:

„Der Hauptfinanzagent der Familie Colonna hat sich da auf ein sehr gefährliches Gebiet begeben. Indem er die französische Regierung angreift, beschuldigt er sich selber. Aber der Resident der französischen Regierung sollte sich auch nicht zu eifrig für den Rektor von Salerno einsetzen. Die ganze Geschichte ist doch jetzt vorbei, wir sollten nicht mehr soviel von dem alten Papst reden. Die Zeit rinnt uns unter den Fingern weg, wir sind einfach gezwungen, zusammenzubleiben und uns über den neuen Papst zu verständigen."

Der Emissär der franzosenfreundlichen Firma Welser sprang dem Venezianer bei:

„Wir haben ja nun die Ansichten des Rektors von Salerno gehört. Ich sehe keinen Sinn mehr darin, daß er länger bei unserer Verhandlung bleiben soll, ich sehe aber auch keinen Zusammenhang, der den Residenten der französischen Regierung zwingen sollte, zusammen mit dem Rektor unsere Beratung zu verlassen."

Langsam setzte sich der Resident der französischen Regierung. Er war mit einem gewissen Gefühl der Stärke in diese Beratung hineingegangen, es war ihm leicht erschienen, die Stimmen für einen franzosenfreundlichen Papst zusammenzubekommen. Es gab viele Leute in Italien, die den alten Zustand des Gleichgewichts zwischen Spanien und Frankreich auf italienischem Boden wiederherstellen wollten. Mailand und Neapel in spanischer Hand schmeckte ihnen gar nicht. Seine Aufgabe war, dafür zu sorgen, daß Mailand wieder unter französische Verwaltung kam. Mit unendlichen Mühen war die Heirat seines Herrn, des Königs, mit Katharina Medici zustande gekommen. Mailand war schon zum Greifen nahe gerückt, da ausgerechnet mußte der Medicipapst wegsterben. Leider, der Rektor mit seiner Rede hatte keinen guten Eindruck auf die Unterhändler gemacht. Er mußte ohne weitere Worte den Rektor aus Salerno gehen lassen.

Auch der Prior der Wechslerzunft von Florenz setzte sich wieder.

„Vielleicht gehen unsere Vorstellungen von dem neuen Papst gar nicht so sehr weit auseinander", erklärte Matthias Schwarz. „Wir brauchen einen Mann, der tatkräftig und entschlußfreudig ist, wenn es gilt, Maßnahmen gegen die Irrgläubigen zu beschließen und durchzuführen, und dazu gehört auch eine kluge Haltung zur Ehefrage des englischen Königs. Denn über eines müssen wir uns vollauf im klaren sein, alle anderen Fragen, Kampf gegen die Seeräuber, Konzil, Reformen, Steuerauflagen für Salz und Getreide und auch Repräsentation, Bau von Kirchen, Aufträge für Kunstwerke, meinetwegen auch Sorgen für medizinische Schulen, sind gegenüber dieser Hauptaufgabe von untergeordneter Bedeutung. Der Emissär der Firma Welser wird mir beistimmen, von den überseeischen Unternehmen wird unser aller Bestand abhängen." Und er wandte sich beschwörend an jeden einzelnen. „Noch ist die Ordnung im Weltgefüge aufrechterhalten, noch gilt die Teilung der Welt, wie sie Papst Alexander ausgesprochen hat. Aber was dann, wenn die Irrgläubigen sich eine Schiffahrt schaffen, die größer ist als die vereinigte Kauffahrteiflotte der Spanier, Portugiesen, Genuesen und Venezianer, wenn sie uns aus dem Handel drängen? Es würde den Zusammenbruch des Hauses Habsburg bedeuten. Und dahinein, in diesen Strudel werden Sie alle gezogen, auch Sie, Herr Resident der französischen Regierung, weil wir ja alle ineinanderhängen. Und darum sind unsere kleinen Meinungsverschiedenheiten heute unerheblich. Wir müssen die Kirche unterstützen; denn wo ihr Einfluß verlorengeht, geht auch unsere Ordnung verloren. Es darf nicht einen Augenblick bei den Gläubigen überall in den Ländern das Gefühl der Unsicherheit aufkommen. Alle kirchlichen Angelegenheiten müssen ohne Unterbrechung weiterlaufen, die begonnenen Reformen in den Klöstern ebensogut wie der Bau des Petersdoms. In unserer bedrängten Lage hilft uns nur eins: keine gewagten Versuche. Wir brauchen einen neutralen Mann, zuverlässig und alt genug, daß er als Übergangspapst angesehen werden kann. Ich schlage vor: Alle stimmen für Alessandro Farnese. Er ist siebenundsechzig Jahre alt, Kardinal seit Alexander Borgia. Also mehr als drei Jahrzehnte hat er sich unter allen Päpsten am Vatikan einen guten Namen bewahrt."

Niemand hatte einen Einwand.

Der Prior der Wechslerzunft von Florenz machte geltend:

„Der neue Papst muß jedoch verpflichtet werden, daß er auf jedem Gebiet das Vermächtnis seines Vorgängers einhält. Und ich denke dabei begreiflicherweise an die Größe meiner Vaterstadt. Der Mann, der die Kapelle für die Familie Medici dort angefangen hat, soll nicht zurückgehalten werden, die Kapelle zu Ende zu führen."

Der Sonderbeobachter des Herzogs Georg von Sachsen redete dazwischen:

„Bildwerke sind nicht so wichtig wie Bücher. Uns liegt viel mehr daran, daß die Schriften von Luther und seinen Helfershelfern nicht mehr in allen Ländern und in allen Sprachen verbreitet werden. Ein Bild ist nicht so gefährlich wie ein Wort."

Und sie begannen darüber zu streiten, ob ein Buch oder ein Bild einen Menschen wirksamer zum Irrglauben anstiften könne.

Der Abgesandte der verbannten Republikaner aus Florenz beteiligte sich nicht an der Auseinandersetzung. Auch der Prior der Wechslerzunft von Florenz schwieg. Und obwohl sie sich tödlich haßten, blickten sie einander verständnisvoll an, mit Verachtung überhörten sie die Worte der anderen. Was verstehen die schon von Kunst. Der größte unter den lebenden Künstlern, so überlegte der Prior der Wechslerzunft, hat einen Geldwechsler als

Onkel gehabt, einen aus meiner Zunft. Und der andere dachte: Der größte unter den lebenden Künstlern ist auch weggegangen aus Florenz wie ich. Und sie dachten beide an denselben Mann.

★

Alles, was in der Stadt geschah, erfuhr Mendrini; sie nannten ihn in Rom den singenden Bettler. Er sang nicht für jeden, der ihm ein Geldstück hinwarf. Es konnte sogar geschehen, daß er ein Lied begann, wenn kein Mensch auf der Straße zu sehen war. Und er erfand selbst die Worte und die Melodie dazu. Er sang, weil er allein war und weil er Angst hatte, sich eines Tages dabei zu ertappen, daß er Selbstgespräche hielt.

Es gab niemanden mehr, der irgendwo in der Welt auf ihn gewartet hätte. Die Tage, da er gefürchtet, verfolgt und geächtet worden war als Räuber, als Ausgestoßener, waren sehr fern gerückt. Aber er wollte nicht verlöschen, er wollte Anteil haben am Leben, alles sehen, dabeisein, Menschen aus anderen Städten nach dem Neuesten fragen und seine Meinung dazu äußern. Er hatte nichts mehr zu fürchten, denn er hatte alles verloren. Was er in den Tagen der Plünderung Roms erbeutet hatte, war schon nach kurzer Zeit in Florenz zergangen. Er hatte hochkommen wollen, reich sein und angesehen wie die Kaufleute; Pferde und Kutschen und Diener und ein großes Haus. Einen ordentlichen Mann hätte er für die Schwester gefunden, eine Hochzeit hätte er ihr ausgerichtet, der Glanz der Medici wäre daneben blaß geworden.

All sein Geld hatte er in die Seide gesteckt. Und täglich war er in sein großes Seidenlager in einem Haus vor den Toren der Stadt gegangen und hatte auch schon Verhandlungen mit Käufern angeknüpft, aber der Krieg war ihm nachgekommen, und in den Tagen der Belagerung von Florenz war sein Seidenlager abgebrannt. Und da erst hatte er erfahren, wie erbärmlich er doch von den Medici abstach und von den anderen großen Kaufleuten. Sie hatten ihre Verbindungen in der ganzen Welt, handelten außer mit Seide noch mit Wolle, Alaun und Pfeffer und

Salz, und wenn der Krieg in eine Stadt kam, dann zogen sie weg, warteten auf das Ende der Kämpfe und kamen wieder. Nicht einmal die Pest konnte ihnen etwas anhaben; sie hatten schnelle Pferde und in reiner Luft ein schönes Schloß, in dem sie in aller Ruhe das Abklingen der Pest abwarten konnten. Sie wurden nie geschlagen.

Aber den Räuber Mendrini traf alles, Krieg und Pest. Mit dem Tod seiner Schwester war das Ziel seiner Pläne erloschen. Er sah keinen Sinn mehr darin, neue Reichtümer zu rauben und anzuhäufen, und es gab für ihn keinen Menschen mehr, der seinen Schutz gebraucht hätte.

So war er zurückgegangen nach Rom. Niemand erkannte ihn, und er wollte auch nicht erkannt werden. Als Namenloser tauchte er ein in die Menge der Bettler Roms. Er nahm für sich nur, was er am Tage brauchte; hatte er mehr bekommen, so gab er es den anderen, dem Einäugigen, dem Hinkenden, dem Buckligen.

Es ging mit Mendrini jetzt so wie damals zu der Zeit, als er Räuber war. Diejenigen, mit denen er zusammenkam, stritten nicht in seiner Gegenwart, sie achteten ihn wegen seiner Genügsamkeit, und sie hörten auf ihn wegen seiner unerbittlichen Gerechtigkeit.

Eine heitere Traurigkeit lag über allem, was er sagte und was er sang. Er war nicht unzufrieden, weil er für sich nichts mehr erhoffte, eine tiefe Genugtuung über die strafende Hand Gottes füllte ihn aus: Gott duldet keine Räuber, er schlägt die Großen und die Kleinen. Was hat es Papst Julius genützt, so redete er über den Mann, der ihn ausgestoßen hatte aus der Gemeinschaft der Gläubigen, daß er alles Land von Rom bis Bologna im Krieg bezwungen hat? Seine Eroberungen sind ihm unter den Händen zergangen, und die Menschen hassen ihn noch über das Grab hinaus, weil er Blut und Tränen brachte und nicht Brot und nicht Liebe. Und noch immer hat er sein Grabmal nicht bekommen. Obwohl es vierzig große Marmorbildwerke sein sollten. „Ja, den Ruhm", so sang Mendrini vor sich hin, „kann man nicht kaufen." Und die hochfahrenden Päpste aus der Familie Medici, die den Bannstrahl gegen ihn, den Räuber Mendrini, nicht zurückgenommen haben, sind dahingegangen, und die Erinnerung an sie ist schmal. Würde sie nicht künstlich aufgeblasen durch Dichter und Maler, dann wäre die Erinnerung schon jetzt zergangen. Und auch das Grabmal für die Familie Medici ist nicht bis zum Ende ausgeführt.

Mendrini, der alles erfuhr, was in der Stadt vor sich ging, wußte genau, daß der Mann, der die Bildwerke für Papst Julius und für die Medici schaffen sollte, sein Haus am Macel de' Corvi jetzt wieder zur Arbeit einrichtete.

Niemand ahnte, daß er, der zahnlose, wunderliche, singende Bettler, sein Leben Buonarroti verdankte. Der hatte ihn in der Werkstatt versteckt, damals, als der große Bann über ihn verhängt war. Er, Mendrini, wäre ja unendlich gern zu ihm hingegangen und hätte ihm nur einmal bei der Arbeit zugeschaut, ob er noch immer diese sichere, furchtlose Hand habe. Aber der abgemagerte Schlechtgekleidete schämte sich. Der Buonarroti wird denken, ich will bei ihm betteln.

Doch seine Neugierde nagte in ihm. So paßte er den Gehilfen des Bildhauers ab, er packte ihn am Ärmel und wandte all seine Beredsamkeit auf, den Mann mit den wäßrigen Augen zur Antwort zu bewegen. Wie geht es Buonarroti? Er wollte es ganz genau wissen.

Urbino, der Gewissenhafte, fühlte sich fremd und unglücklich in Rom. Der schnell sprechende zahnlose Bettler, der sonst selbstvergessen vor sich hin sang, erwies sich plötzlich als ein teilnehmender Mensch. Einer war da, der zuhörte.

Zu Hause in Florenz hatte ihn jeder gekannt; die Händler auf den Straßen grüßten ihn zuerst, riefen ihm zu: „Guten Tag, Herr Urbino." Und es lag der aufregende Zauber über den Dächern: Die gleiche Luft atmet auch die zärtliche, schöne Assunta.

Werde nicht ungeduldig, Mendrini, und höre zu. Hier, für dich erzählt, geschieht jetzt noch einmal das Unglück.

Wir waren drei. Assunta, der hübsche Antonio Mini

und ich. Aber sie liebte Antonio, nicht mich. Und Antonio bekam das Bild von der Leda geschenkt. Ich war nicht neidisch. Ich wartete nur genauso ungeduldig wie Assunta, der Antonio solle endlich zurückkommen. Es kann doch nicht so schwierig sein, ein von aller Welt begehrtes Bild an den König von Frankreich zu verkaufen.

Und dann endlich wird Hochzeit gehalten, und ich, Urbino, ein wenig blaß und verlegen und keineswegs so hübsch wie der Antonio, werde an der Tafel als Ehrengast an ihrer rechten Seite sitzen. Und ich werde unbeachtet von allen ihre Augen prüfen, ob sie glücklich sind.

Der zahnlose Bettler begann vor sich hin zu summen; er wiegte seinen Oberkörper dabei sacht im Takt. Ganz leise sang er nun das, was er auch an sich selbst erfahren hatte:

„Das Glück kann man nicht kaufen. Ja, es ist ein Jammer, daß an keinem Ort der Welt und in keiner Marktbude und von keinem wandernden Händler auch nur eine geringe Portion Glück verkauft wird. Ich würde mir jeden Bissen vom Munde absparen und Münze auf Münze legen, bis es reichen würde für ein schmales Stückchen Glück. Und ich würde es voll Freude allen Leuten zeigen, und die Mütter würden auf der Straße ihre kleinen Kinder hochheben, damit sie mich sehen könnten. Guckt ihn euch an, der hat es. Aber leider – man kann es nicht kaufen." Und mit müdem Lächeln fragte der Bettler: „Aber es hat eine Hochzeit gegeben?"

„Nein", sagte Urbino und strich mit schweren Händen über sein glattes, glanzloses, graublondes Haar. „Der Antonio hat den König von Frankreich nicht getroffen. Er hat das Bild einem Händler anvertraut, und der hat es dem König verkauft."

„Da waren das Tischtuch, die Löffel, die Teller und die Gläser für die Hochzeitstafel vertan." Und Mendrini seufzte, als wäre er selber der Betrogene. „Es ist für unsereinen nicht leicht, bis zu einem König zu gelangen. Wer gegen einen Backofen blasen will, der muß ein großes Maul und einen langen Atem haben."

„Nun ist Antonio tot. Die Leute sagen: Der Kummer hat ihm das Herz gebrochen."

„Und warum hast du Assunta allein in Florenz zurückgelassen?" fragte Mendrini geradezu.

Urbino wurde rot, und seine wäßrigen Augen füllten sich mit Tränen der Verlegenheit.

„Sie liebt mich nicht", sagte der etwas ungelenke Junge nur, nichts weiter, und er fürchtete, der zahnlose Mann würde jetzt anfangen zu singen, ein Lied über die wahre und echte und heiße und große, über die einzige Liebe, die man nicht kaufen kann.

Aber Mendrini sagte nichts und sang nichts.

„Ich dachte ja", so redete Urbino, aufgeregt von der nahen Erinnerung, „wir würden bald wieder zurückgehen und an den Medici-Gräbern weiterarbeiten. Denn bisher hat Papst Clemens dem Herrn Buonarroti immer nur erlaubt, für eine begrenzte Zeit in Rom zu sein. Das sollte auch nicht anders werden, wenn das Jüngste Gericht angefangen würde. Aber nun ist Papst Medici tot, niemand kann jetzt befehlen: Geh zurück nach Florenz!"

Mendrini versuchte Urbino Mut zu geben.

„Er wird sicher bald wieder zum Arno reiten, er hat sich immer um seinen Vater gekümmert, ich weiß es genau."

„Lodovico Buonarroti ist diesen Sommer gestorben, er war einundneunzig Jahre alt."

Nach einer langen Weile des Schweigens sagte Mendrini:

„Aber das Kind ist da, der kleine Lionardo, dein Herr Buonarroti wird sich sehr bald auf ein Pferd setzen und hinreiten und nach ihm sehen."

„Lionardo ist fast vierzehn. Und Buonarroti hat ihm gesagt: Als ich so alt war, habe ich meinem Vater das erste Geld gebracht, Lohn für mein Handwerk, vom Medici."

Mendrini fragte nicht, ob der so gewissenhaft berichtende Junge seine Assunta aufgegeben habe. Der wunderliche Alte begriff, daß er hier nicht helfen konnte, mit keinem Spruch und mit keinem Lied.

Aber trotzdem wollte er helfen, und er sagte – er hatte Mitleid mit dem Gehilfen, der sich im großen, weiten Rom fremd und unbehaglich fühlte –:

„Sei vorsichtig."

„Warum?" fragte Urbino und strich, das war seine Gewohnheit, mit beiden Händen über sein glattes Haar. Er tauchte auf aus dem Traum von Assunta.

„Und auch Michelangelo Buonarroti soll vorsichtig sein. Sage ihm das. Die Stadt ist anders geworden. Und verändert sich jeden Tag. Ich meine nicht die neuen Häuser und die Paläste, die auf den Trümmern aufgebaut werden. Es sind die Leute, die in die neuen Häuser einziehen. Sage Michelangelo Buonarroti, der General der Theatiner, Gian Pietro Carafa, ist aus Venedig zurückgekommen. Ein neues Haus ist für ihn und seine Leute eingerichtet. Auf unserem nördlichsten Hügel, dem Pincio. Sie haben sich zum Hüter über unseren Glauben gesetzt. Menschen werden nachts aus den Häusern geholt. Alle sind verdächtig. Aber es ist nicht allein der Glaube. Wer handelt, muß erklären, mit wem er handelt. Wer bettelt, muß nachweisen, bei wem er bettelt. Wer betet, muß darlegen, wofür er betet. Wer malt, lenkt besonders die Augen der Leute vom Pincio auf sich."

★

Es ging alles sehr schnell, das Konklave dauerte kaum drei Tage. Neuer Papst wurde Alessandro Farnese; er nannte sich Paul III.

Eine Sonderfinanzkommission wurde gebildet, es mußte geprüft werden, wo es noch Steuerrückstände gab, der Schwund in der päpstlichen Kasse war beängstigend. Die Reformkommission beschloß grundlegende Änderungen in den Nonnenklöstern. Die Konzilkommission arbeitete neue Vorschläge aus; zunächst galt es Klarheit zu schaffen, wo das Konzil tagen sollte. Die Korrespondenz mit dem französischen Hof und dem Haus Habsburg erforderte viel Umsicht. Da der Vatikan mit den abgefallenen Irrgläubigen nicht verhandeln wollte, mußten die Herren in Paris und Wien und Prag gebeten werden, auf die Kirchenspalter einzuwirken; schließlich sollten auch diese von der Herde weggelaufenen Schafe an den Konziltisch gebeten werden.

Es machte sich bemerkbar, daß der Peterspfennig aus Deutschland schmal geworden war. Die Kommission für die Angelegenheiten der Kunst befand sich in großen Schwierigkeiten. Die Arbeiten am Petersdom durften nicht ins Stocken geraten. Hier konnte man unter keinen Umständen nachgeben, denn die Angriffe der Irrgläubigen jenseits der Berge hatten sich immer wieder besonders gegen den Mißbrauch der Gelder gerichtet, die von den Gläubigen für den Bau des Petersdomes gespendet worden waren. Trotzdem durften aber auch die anderen Bauvorhaben nicht vernachlässigt werden, und die Kommission mußte Rücksicht nehmen auf den obersten Baumeister von Sankt Peter, Antonio da Sangallo. Seine Zeit war begrenzt, der Erbauer der Zitadelle von Florenz sollte jetzt auch Rom befestigen. Man mußte sich daran gewöhnen, daß auf dem Bauplatz von San Pietro eigentlich Nanni Werkmeister war, der Mann mit dem verführerisch gezeichneten Mund.

Und die Kommission für die Angelegenheiten der Kunst ging daran, das Vermächtnis des verstorbenen Papstes Clemens VII. aus dem Hause Medici zu prüfen, inwieweit Mittel und Möglichkeiten vorhanden waren, seinem letzten Willen gerecht zu werden: Michelangelo Buonarroti soll in der Sixtinischen Kapelle das Jüngste Gericht malen.

Neben diesem Wunsch des Papstes stand jedoch die nicht unberechtigte Forderung des Herzogs Alessandro, vom Volk Bettwanze genannt: Michelangelo Buonarroti möge in Florenz die Arbeiten in der Medicikapelle zu Ende führen. Und hinzu kam: Das Vermächtnis des Papstes Julius II. ist noch immer nicht erfüllt. Die Erben aus dem Hause Rovere meldeten sich und verlangten, nunmehr solle Michelangelo Buonarroti endlich freigestellt werden, um die Arbeiten am Juliusgrab vertragsgemäß auszuführen. Welchen Grund gab es, die Erben der Medici den Erben des Rovere vorzuziehen? Die Kommission war nicht imstande, diese Frage zu lösen. Sie ersuchte den Heiligen Vater, selbst eine Entscheidung zu treffen.

Der Sekretär der Kommission, Christophero, mit rötlich rundem Gesicht, bekam die Aufgabe, Michelangelo Buonarroti den Besuch des Heiligen Vaters anzukündigen. In den Tagen der Plünderung Roms war er Beichtvater der Dame Isabella im Hause Colonna gewesen. Jetzt eröffnete er Buonarroti: Es sei ratsam, auch die Entwürfe und Skizzen für das noch vom verstorbenen Papst gewünschte Bild vom Jüngsten Gericht zurechtzulegen.

Der gewissenhafte Urbino stand in der Werkstatt, und seine wäßrigen Augen glänzten vor Stolz und Genugtuung.

„Sagen Sie jetzt nicht, daß es Ihnen gleichgültig ist, daß es Sie nur von der Arbeit abhält, daß es der siebente Papst ist, den Sie erleben, nicht mitgerechnet die aus der Kindheit. Sagen Sie nicht, daß Sie mit Ihren sechzig Jahren erhaben über die Aufregung sind, die ein Besuch des Papstes ins Haus bringt. Sagen Sie nicht, daß Sie nur Last haben von den Aufmerksamkeiten der Päpste. Und bitte sagen Sie jetzt nicht, daß Papst Julius Sie auch erst in der Werkstatt besucht und dann ins Gesicht geschlagen hat. Sie müssen zugeben, es ist eine große Ehre."

„Es ist eine Frage der Zweckmäßigkeit", entgegnete Michelangelo. „Er will den Moses und die beiden Sklaven sehen. Es ist wirklich leichter für uns alle, er kommt zu den Statuen, er kann sich schließlich bewegen. Unseren Marmorblöcken würde es viel Mühe kosten, zu ihm in den Vatikan zu gehen."

„Ich wußte es, Sie können einfach das Glück nicht genießen, daß Ihnen eine große Ehre widerfährt."

„Du wirst zum Nachbarn gehen müssen und die Frau bitten, sie soll herkommen und saubermachen. Und dann mußt du mir beim Umziehen helfen. Ich habe nicht vergessen, was mein Onkel Francesco sagte: Wie man kommt gegangen, so wird man auch empfangen."

„Soll ich Wein hinstellen?"

„Ja, stell Wein hin."

„Haben Sie sich schon überlegt, was Sie dem Heiligen Vater sagen werden?"

„Ja."

„Aber seien Sie bitte vorsichtig", bat Urbino, und er strich mit beiden Händen über sein graublondes, glattes, glanzloses Haar wie immer, wenn er aufgeregt und verlegen war.

„Warum?" fragte Michelangelo.

„Er wird mit großem Gefolge kommen. Dann sind viele Zeugen da."

„Haben wir nicht genug Wein?"

„Sie wissen genau, das meine ich nicht. Es könnten in der Begleitung des Papstes Herren sein, die Ihre Worte auslegen. Ich habe so vieles in der Stadt gehört. Sie fangen im Vatikan an, Leute zu beobachten. Auch sollen schon einige verhaftet sein, man sagt Irrgläubige."

„Als ich fünfundzwanzig Jahre alt war, damals bei der Pietà, wollten sie mir schon Irrglauben nachweisen. Immer wieder wollten sie mich damit fangen. Aber es gelingt ihnen nicht. Mit mir nicht." Es klang sehr sicher, fast wie ein Prahlen.

„Würden Sie bitte trotzdem daran denken. Außer dem Papst gibt es noch den General des neuen Ordens. Die Theatiner, die Leute vom Pincio, die Schwarzgekleideten."

Buonarroti lächelte, sagte langsam:

„Gian Pietro Carafa. Ich kenne ihn seit dem Jubeljahr 1500. Wir sind gleichaltrig. Wir begegneten einander oft. Wir kennen uns."

„Ja, er weiß alles von Ihnen. Und was wissen Sie von ihm? Die Leute sagen, er hat oben in dem Ordenshaus auf dem Pincio ein Verzeichnis angelegt von jedem Bürger Roms. Und hineingeschrieben sind alle Schritte, die jeder tut. Dafür hat er sich seinen Orden großgezogen. Siebenundzwanzig Männer, siebenundzwanzig Aufpasser, und ihre Waffe ist: Anzeige beim weltlichen Richter. Das geht sehr schnell. Gotteslästerung und dergleichen."

„Warum willst du mir Angst einjagen?"

„Weil ich weiß, was Sie sich zurechtgelegt haben und was Sie den Papst fragen wollen. Als ob ich nicht wüßte, daß Sie mit Ihren Gedanken immer noch bei den angefangenen Steinen in Florenz sind, bei den Sklaven. Sie wissen genau, auch der neue Papst kann das Verbot nicht zurückziehen. Aber ich kenne Sie gut genug, Sie werden nicht auf mich hören, und Sie werden die Herren herausfordern und werden die Frage stellen, von der Sie wissen, daß sie längst entschieden ist: Kann ich jetzt die Sklaven zu Ende bringen? Ich an Ihrer Stelle würde abwarten, was der Heilige Vater Ihnen für eine Aufgabe stellt, und Sie können sicher sein, er wird von Ihnen nicht verlangen, das Juliusgrab zu beenden. Und ich würde die Gelegenheit benutzen, mir die Erben des Papstes Julius ein für allemal vom Halse zu schaffen. Lassen Sie mit diesem längst toten Papst auch Ihre Sklaven tot sein."

★

Der Papst kam mit zehn Kardinälen, und auch der General der Leute vom Pincio war da. In all der lauten Buntheit der anderen war er nur angetan mit dem bescheidenen Schwarz, ohne Gold, ohne Schmuck.

Und es war, als sei niemand anderes im Raum als die beiden Gleichaltrigen. Michelangelo wartete auf einen Blick des Begrüßens.

Und der Blick kam, fremd, als hätte Carafa ihn noch nie gesehen, aber mit forschender Anteilnahme.

Wer bist du heute? fragten die Augen und gingen nicht weg. Ich kenne alle deine Werke von gestern, von früher, von damals. Und alles gilt nichts mehr. Gültig ist nur, was jetzt geschieht.

Einen Augenblick überlegte Michelangelo: Ich will hingehen zu ihm und ihm meinen Entwurf für das Jüngste Gericht zeigen. Er ist der einzige unter allen diesen hier, der sich nicht gebückt hat. Er ist hart und gerecht gegen sich und gegen andere. Ich will sein Urteil hören. Aber er, Buonarroti, beachtete das Gebot der Höflichkeit und blieb stehen vor dem Heiligen Vater.

Der Papst redete mit seinen Kardinälen über den Moses. Und einer der Herren sagte, es klang wie ein jubelndes Lob:

„Diese Figur ist von einer ungewöhnlichen Schönheit. Sie reicht aus für das Grabmal." Und alle nickten. Auch Carafa.

Es klang wie eine Anerkennung. Es war Hohn. Es war Demütigung. Schlimmer als ein Schlag mit einem silbernen Stock ins Gesicht. Es war Verachtung. Und Michelangelo wehrte sich.

„Vierzig Figuren habe ich versprochen, und ich werde die vierzig Figuren ausführen." Er sprach das Wort Sklaven nicht aus.

„Dazu hatten Sie mehr als zwanzig Jahre Zeit", sagte einer der Kardinäle. „Finden Sie nicht auch, daß es ein wenig spät ist, jetzt damit anzufangen, wenn jede Figur zwanzig Jahre dauert?"

Dünnes Gelächter. Carafa lachte nicht mit, Michelangelo sah es deutlich.

Und mit einem Male begriff er. Es liegt nicht mehr an meinem Willen, ich kann nicht mehr über mich selbst bestimmen, ich muß tun, was sie verlangen.

Aber noch bin ich ihnen nicht ausgeliefert. Ich bin stark genug, alle, wie sie hier sind, in tiefste Verlegenheit zu stürzen.

Und er berauschte sich an dem Gedanken: Ich gehe weg von euch, die ihr mich abrichten wollt wie einen wilden Bären, den ihr zur Schau stellen wollt, der nach eurer Musik tanzen soll. Jetzt endlich ist es soweit. Ich gehe zu den Türken. Hundertmal habe ich mir das schon gesagt, und immer wieder habe ich diesen letzten Ausweg aufgegeben. Aber jetzt gibt es keinen Grund mehr, dazubleiben.

Carafa, der General der Leute vom Pincio, fragte etwas Überraschendes:

„Wo soll das Grabmal für Papst Julius aufgestellt werden?" Er wußte, es gab noch keine endgültige Klarheit darüber. „War nicht die größte Kirche der Christenheit dafür vorgesehen, unser Petersdom?" fragte Carafa weiter.

„Ist auch dann noch eine Figur ausreichend? Wird nicht in dem Augenblick dieses Grabmal mehr als die Erinnerung an den Papst? Sollte es nicht die Macht der Kirche zeigen? Warum lachen Sie über einen Mann, der die Größe der Kirche verherrlichen will?"

Buonarroti, mit schnellen Augen, blickte in das eifernde Gesicht des hageren Mannes, und er suchte herauszufinden, warum unter allen diesen Leuten Carafa ihm zu Hilfe gekommen war. Hatte er verstanden, wie bitter das war: Der Plan von einer ganzen Kette Figuren schrumpft zusammen bis auf eine. Vor aller Welt wird ihm, dem Bildhauer, Unfähigkeit bescheinigt, eingekleidet in die Worte des gönnerhaften, gleichgültigen Lobes. Nur Carafa war nicht gleichgültig geblieben. Und Buonarroti fragte sich: Warum? Vielleicht war das gar keine Hilfe und keine Frage an die Kardinäle. Es war nur an ihn gerichtet. Und es war nicht gemeint: Warum lachen Sie über einen Mann, der die Größe der Kirche verherrlichen will? Gemeint war: Du bist Werkzeug und nichts anderes. Du sollst dich nicht erheben, du sollst nicht für deinen Ruhm arbeiten, sondern für den höheren Ruhm der Kirche.

Weggewischt waren die Gedanken an die Türken. Hier ist endlich einer, der Antwort geben wird. Die anderen sind weich und verbindlich, und sie reden sehr viel, und sie sagen: Ja, vielleicht, und es könnte sein. Dieser aber ist hart und klar, und sein Ja ist deutlich und nicht verschwommen. Er hat sich nicht verändert. Es mag sein, er ist härter geworden. Das kann aber auch daher kommen, weil der Gegensatz zu den Weichen und Unentschiedenen so deutlich spürbar ist.

Und Buonarroti fragte, und er schaute dabei Carafa in die heftigen, von tief unten her dunklen, klugen Augen:

„Der verstorbene Heilige Vater hat mir jede Arbeit an den Steinen, die Sklaven darstellen, verboten. Ist das nur eine persönliche Abneigung des Papstes Medici, oder ist das die Meinung der Kirche?"

Der General der Theatiner war nicht befugt zu antworten. Elf Männer waren da, die vor ihm hätten sprechen müssen. Papst Paul III. und die zehn Kardinäle. Carafa durchbrach die Rangordnung nicht. Er schwieg. Eines Tages aber wird er hingehen zu diesem Maler und Bildhauer Michelangelo Buonarroti, und er wird ihm die Antwort geben. Es darf keine Unklarheit bestehenbleiben. Der Heilige Vater sprach langsam und weitschweifig, wie es seine Art war:

„Mein Sohn, du hast gehört, wie deine Arbeit beurteilt wurde, du bist ein großer, ein einmaliger Bildhauer, und wir achten dich sehr, sonst wären wir nicht in dein Haus gekommen. Wir haben also die Frage des Juliusgrabmales zu unserer Zufriedenheit geklärt. Der Moses genügt. Warum sollen wir uns da noch die Köpfe heiß reden über einzelne unvollendete Figuren? Es kommen im Leben Augenblicke, da es notwendig ist, nachzugeben. Glaube mir, es lohnt nicht, über Abgetanes, Vergangenes zu sprechen. Wo würden wir hinkommen, wenn alle Menschen anfingen zu jammern über die Dinge, die sie nicht nach ihrem Willen zu Ende ausführen können! Wenn der Sturm aufzieht, muß der Fischer auf der See umkehren. Und wenn das Boot zu schwer ist von der Last seines reichen Fangs, dann muß er Fische wieder zurückwerfen ins Meer, damit die Wellen nicht über ihm zusammenschlagen. Wir müssen lernen, rechtzeitig einzusehen, wenn es das Erfordernis mit sich bringt, daß wir uns von etwas trennen sollen. Wer den Hafen erreichen will, muß dafür sorgen, daß sein Boot durch nichts zurückgehalten wird. Nur dann kann er auch daran denken, zu einem neuen Ziel auszufahren. Du, mein Sohn, hast allen Grund, aus einem sicheren Hafen frohen Herzens auf ein neues, schönes, lohnendes Ziel hinzusteuern. Eine Aufgabe, die du bewältigen kannst. Das ganze Kardinalskollegium wird dich unterstützen. Man sagte mir, daß du schon in Florenz deine Gedanken über die neue Arbeit aufgezeichnet hast. Wir schätzen deine Gewissenhaftigkeit außerordentlich, und wir sind überzeugt, du wirst uns nicht enttäuschen."

Es schmeckte Buonarroti bitter, jetzt den Entwurf hinzeigen zu müssen wie ein abgerichteter Bär, der schon tanzt. Es dauerte lange, bis das Blatt in die Hände Carafas kam. Und nur darauf wartete Michelangelo.

Der Heilige Vater sah auf die Skizze, nickte, sagte mit seiner sanften, angenehmen, etwas müden Stimme:

„Mein Sohn, der Teufel tritt an den Menschen in mancherlei Gestalt heran, du wirst ihn in der Hölle zeigen müssen, mit Hörnern und Klauen, wie es sich gehört. Es wird notwendig sein, die vergeßlichen Menschen daran zu erinnern. Das alles auf der Zeichnung hier ist noch nicht ganz ausgereift, aber es hat schon etwas Gewisses."

Als nächster bekam Kardinal Ippolito de' Medici das Blatt. Er hatte sich angewöhnt, die Erbitterung über seine Erfolglosigkeit hinter einem strahlenden Auftreten zu verbergen. Gut, es war ihm nicht gelungen, Papst zu werden, gut, es war ihm nicht vergönnt, Herzog von Florenz zu sein, so war er aber doch unter allen Kardinälen am prunkvollsten angetan. Allein sein Pferd war besser geschmückt als alle die Herren zusammen hier. Und mit dem Hochmut eines sehr reichen Mannes, der es sich leisten kann, in Stunden ausgelassener Freude seine Tischgäste aufzufordern, ihn doch mit dem Spottnamen Skorpion zu rufen, mit der Verachtung eines Mannes, der dann diese Tischgäste zwingt, lebendige Spinnen zu verzehren, sagte Kardinal Ippolito:

„Ich kann Ihnen sagen, lieber hochverehrter Heiliger Vater, was das Gewisse an dieser Zeichnung ist. Es ist das, was nur ein Mann aus Florenz haben kann und was im Grunde nur ein Medici verstehen kann. Denn es ist unser Atem. Es zeigt sich recht deutlich, dieser Mensch ist unser Geschöpf, er hat vom Tisch meines Großvaters gegessen."

Er gab das Blatt weiter, es ging von Hand zu Hand. Einige Kardinäle sagten:

„Genau das."

Und andere meinten:

„Wirklich, das Gewisse ist darin."

Und wieder andere sagten gar nichts.

236

Und Carafa sah: Menschen, einem wirr verstrickten Knäuel gleichend, in wilder Bewegung, als stoße ein Sturm die hilflos Schreienden und Zappelnden in einem erbarmungslosen Kreis umher.

Da aber erhebt sich einer und ballt die Faust und zerteilt den wirren Kreis an Menschenleibern. Ein Menschenhaufe ihm zur Rechten, ein Menschenhaufe ihm zur Linken, die übrigen tief unten. Sie dürfen nicht wieder hinauf zu den anderen. Seine jähe Bewegung trennt, teilt ungestört, richtet, der wirbelnde Kreislauf ist angehalten, steht still.

Es kann nichts mehr zurückgenommen werden. Wer jetzt verdammt ist, bleibt es für immer. Nur eine Frau, nackt wie alle anderen, hat den Mut, den Richtenden zaghaft um Milde zu bitten. Er aber hört sie nicht, er sieht sie nicht einmal an.

Und Carafa sagte zu Kardinal Ippolito, dem prunkvoll Gekleideten:

„Ich kann den Tisch Ihres Großvaters auf dieser Skizze nicht erkennen."

Da der Heilige Vater lachte, hielt Carafa inne und wartete, bis auch die Kardinäle in das Lachen einfielen, dann redete er weiter:

„Und wäre das jemals der Atem der Medici gewesen, wir hätten froh und glücklich sein können. Wo gab es denn bei dem verstorbenen Papst auch nur irgendeine Handlung von der zornigen Klarheit wie hier auf dieser Skizze? Es gab nichts anderes als ein großes Schaukelspiel. Heute oben, morgen unten. Der Heilige Vater hätte Richter sein müssen, zornig und gerecht. Aber er war ein Gaukler. Jetzt kann man das aussprechen, da es vom Nachfolger des Medicipapstes bereits festgestellt wurde."

„Sie sind wie Ihr Vesuv, mein lieber General Gian Pietro", entgegnete der Papst. „Wenn der Ausbruch kommt, wird niemand in der Umgebung verschont. Wir kennen das schon von Ihnen, und wir bewundern jedesmal Ihre Kraft. Wie schaffen Sie das nur? Sie sind nie müde. Nun zu dir, mein lieber Sohn Michelangelo Buonarroti, wir wünschen, daß du jetzt die Arbeiten für das Jüngste Gericht beginnst. Unsere Kommission wird dich beraten. Also ans Werk."

Und er segnete ihn.

Und während des Segnens dachte Carafa: Sie sehen es alle nicht, und sie können es nicht sehen. Was wissen sie von der täglichen Stimme des Zorns, die mir sagt: Du würdest die Trägen nicht dulden! Und: Hätte ich die Gewalt, dann hätte ich die Unfähigen aus den Ämtern hinweggefegt. Und: Wäre mir die Macht gegeben, dann könnte ich Gericht halten über die Heuchler.

Dieser hier, der Maler, weiß es. Er kennt das abgründige Gefühl: Du bist der Richter.

Aber was vom höchsten Kirchenfürsten erwartet wird, darf ein Maler nicht einmal denken. Und er darf keinesfalls seine eigenen Überlegungen malen; sein Herz muß ganz und gar dem Dienst der Kirche geweiht sein.

★

Christophero mit dem rötlich-runden Gesicht war tüchtig; er hatte sich vom gewöhnlichen Ordensbruder heraufgearbeitet. Er konnte sich auf sein Gedächtnis verlassen. Es beherrschte den ganzen Wortreichtum der Lehrsätze, die genaue Kenntnis der gültigen Formeln gab ihm eine große Sicherheit. Er dachte und redete in diesen Formeln, das war seine Stärke.

Er hatte sich auf seine Aufgabe genau vorbereitet, und er wußte, es würde eine schwierige Arbeit werden, mit dem eigensinnigen Mann zu verhandeln.

Aber diesmal würde es anders werden als damals bei der Decke in der Sixtinischen Kapelle. Er würde sich schon gegen den Maler behaupten können. Er war nicht so zart besaitet wie jener unselige Mönch Domenico, der damals vor fast dreißig Jahren auf Buonarroti einwirken sollte. Er, Christophero, hatte gelernt, daß es notwendig war, die Gedanken eines Malers von seinen Arbeiten zu trennen. Er unterschied sehr genau zwischen dem Mann, dem Bürger Roms mit seiner nicht ganz einwandfreien Lebensgeschichte, und dem Maler. Das war der Fehler seiner Vorgänger gewesen, daß sie den Handwerker Michelangelo hatten verkümmern lassen. Wenn ein Töpfer Krüge auf 'seiner sich drehenden Scheibe wachsen läßt, so erklärte der Sekretär, dann ist es für mich als erstes wichtig, ob der Krug ordentlich gerade ist, ob er einen haltbaren Henkel hat, ob es sich gut aus ihm gießen läßt. Dann bezahle ich ihn danach, und er soll auch ordentlich zu essen haben. Und dann erst frage ich ihn: Ist dein Glauben auch rein und unantastbar? Ich rechne mit seiner Vernunft, daß er mir seine Rechtgläubigkeit beteuert, denn er hat ja schon einen zweiten Krug auf der Drehscheibe stehen und möchte, daß ich den auch kaufe. Ich meine, wir haben die Zunft der Maler ein wenig zu wichtig genommen. Wenn heute einer einen annehmbaren Menschen malt, so glaubt er, er ist schon ein Schöpfer und gleichzusetzen mit Gott. Der Maler muß zurückgeführt werden zu der einfachen, klaren Schlichtheit des Töpfers, denn ein Bild ist nichts anderes als so ein Krug. Es hat eine ebenso klare Bestimmung. Ich verlange von einem Bild, daß es so beschaffen ist: Es muß nachweisbar die Menschen zu rechtschaffenem Handeln zwingen, es muß sauber und durchsichtig und nützlich sein wie das Wasser im Krug.

Der Sekretär gründete seine Selbstsicherheit auch auf seinen Namen. Es konnte kein Zufall sein, daß sie ihn Christophero getauft hatten. Wenn die Flut schon beängstigend hoch gestiegen ist und die Kirche überall hart bedrängt, so wird er doch den Weg finden wie damals Christophorus. Natürlich ist er nicht so überheblich, seine kleine Tat der großen des Heiligen gleichzusetzen, aber seine Schultern können auch schon einiges aushalten, zum Beispiel den Zweifel eines Malers. Welch ein Triumph, wenn er, Christophero, diesen Michelangelo Buonarroti sicher durch das Meer des Zweifels und der Unsicherheit hinüberretten könnte in die beseligende Gewißheit des Glaubens, der nach nichts fragt.

Christophero hatte ein fest umrissenes Bild vom Jüngsten Gericht. Und er fühlte sich auch darum so stark, weil seine Überlegungen zum Jüngsten Gericht die Summe der Erkenntnis seiner gelehrten Ordensbrüder war.

„Wir wünschen, daß Sie anknüpfen an das, was uns die guten alten Meister hinterlassen haben: höchste Feierlichkeit, Symmetrie, Menschen in langen weißen Gewändern auf breitem goldenem Grund, sparsamste Bewegung. Weiß und Gold, die Farben strahlender göttlicher Weihe. Werden Sie Gold und Weiß benutzen?"

Michelangelo versprach es.

„Das Herkommen verlangt den Weltenrichter und die fürbittende Maria, umgeben von heiligem Glanz. Er sitzt auf seinem Thron, um ihn herum muß der Strahlenkranz gezogen sein, nicht in der Form eines Kreises, sondern einer Mandel, und ein zweiter Strahlenkranz um den Thron der Maria."

„Ich werde den vorgeschriebenen Glanz um den Richter ausführen."

„Wir verstehen uns", sagte Christophero.

„Ich hoffe", entgegnete Michelangelo.

„Wir denken, daß die Komposition des Bildes keine großen Schwierigkeiten machen kann. Wir haben gute Vorbilder, an die wir uns halten können. Orcagna in Florenz, Traini in Pisa. Also Symmetrie. In der Mitte oben Jesus und Maria und neben ihnen, deutlich abgegrenzt durch den Strahlenkranz, sitzend, zur Rechten sechs Apostel und zur Linken sechs Apostel in heiliger, verklärter Ruhe. Werden Sie die zwölf Apostel malen?"

„Ich weiß, daß zu diesem Auftrag nicht nur die zwölf Apostel gehören, sondern auch alle Heiligen und Seligen, die Kirchenväter und die Märtyrer. Ich werde mich an das halten, was die Kirche vorschreibt."

„Es wäre gut, wenn ich Ihnen, nur um Ihr Gedächtnis aufzufrischen, nicht aus Mißtrauen, die Stelle über das Jüngste Gericht aus dem Matthäus-Evangelium in Erinnerung rufen dürfte. Immerhin, bedenken Sie, die Fläche an der Wand mißt sechzig Fuß in die Höhe und vierzig Fuß in die Breite, das will gemalt sein. Lückenlos."

„Ich höre", sagte Buonarroti.

Und Christophero sagte aus seinem Gedächtnis, das sich als zuverlässig erwies, die Verse aus dem fünfundzwanzigsten Kapitel im Matthäus-Evangelium:

„Wenn aber des Menschen Sohn in seiner Herrlichkeit kommt und alle seine Engel mit ihm, dann sitzt er auf dem Thron seiner Herrlichkeit; und alle Völker werden vor ihm versammelt, und er scheidet sie voneinander, wie der Hirt scheidet die Schafe von den Böcken, und er stellt die Schafe zu seiner Rechten auf, die Böcke aber zu seiner Linken. Dann spricht der König zu denen zu seiner Rechten: Kommt, ihr Gesegneten meines Vaters, nehmt das Reich in Besitz, das euch bereitet ist von Anbeginn der Welt. Denn ich war hungrig, und ihr gabt mir zu essen. Ich war durstig, und ihr gabt mir zu trinken. Ich war ein Fremder, und ihr beherbergtet mich. Ich war nackt, und ihr bekleidetet mich. Ich war krank, und ihr besuchtet mich. Ich war im Kerker, und ihr kamt zu mir. Dann antworten ihm die Gerechten: O Herr; wann sahen wir dich hungrig und speisten dich? Durstig und gaben dir zu trinken? Oder wann sahen wir dich als Fremden und beherbergten dich oder nackt und kleideten dich? Wann sahen wir dich krank oder im Kerker und kamen zu dir? Der König antwortet und spricht zu ihnen: Wahrlich, sage ich euch, weil ihr es tatet an einem dieser meiner geringsten Brüder, da tatet ihr es mir. Und dann spricht er zu denen zur Linken: Weicht von mir, ihr Verfluchten, in das ewige Feuer, das dem Teufel ist bereitet und seinen Engeln. Denn ich war hungrig, und ihr gabt mir nicht zu essen. Durstig, und ihr gabt mir nicht zu trinken. Ich war ein Fremder, und ihr beherbergtet mich nicht. Nackt, und ihr kleidetet mich nicht. Krank und im Kerker, und ihr besuchtet mich nicht. Dann antworten sie auch dasselbe und sagen: O Herr, wann sahen wir dich hungrig oder durstig oder als Fremden oder nackt, krank oder im Kerker und dienten dir nicht? Dann antwortet er ihnen und sagt: Wahrlich, sage ich euch, weil ihr es nicht tatet an einem dieser Geringsten, da tatet ihr es auch mir nicht. Und diese gehen in die ewige Pein, aber die Gerechten in das ewige Leben.

Es ist also kein Platz für die leiseste Unklarheit: Die Seligen müssen rechts vom Richter stehen, die Verdammten links. Beide Gruppen wohl getrennt voneinander und zu Füßen des Herrn."

„Ein nützlicher Hinweis", meinte Michelangelo, „für den, der den Unterschied zwischen rechts und links nicht kennt."

„Entschuldigen Sie." Christophero wollte auf keinen Fall hinausgeworfen werden, er wollte nicht zu denen gehören, über die in der Stadt gelacht wurde, daß sie sich nicht durchsetzen könnten bei einem alt werdenden störrischen Mann. „Vielleicht sind Sie müde, und ich sollte ein andermal wiederkommen."

„Wenn ich zu müde wäre, hätte ich diese Arbeit nicht auf mich genommen und alles andere, was dazu gehört. Ich erkenne an, daß der Auftraggeber das Recht hat, Ratschläge zu geben. Ich weiß, ich werde noch viel anhören müssen."

„Ich hoffe, Sie bewahren sich bei den Vorbereitungen für diese verantwortungsvolle Aufgabe ein freudiges und gläubiges Herz."

„Sie können sicher sein, wenn das Bild fertig ist, werden Sie auch mein Herz entdecken."

„Das wird mich glücklich machen. Wo waren wir stehengeblieben? Ich weiß schon, die Seligen und die Verdammten. Es gibt ein erprobtes Hilfsmittel: das Kennzeichnen durch Kleider. Geben Sie den Menschen auf der Seite der Geretteten alle Anzeichen menschlicher Würde. Die Kronen der Kaiser und der Könige und der Päpste und die Hüte der Kardinäle sind für den, der kommt, das Bild zu betrachten, immer ein guter Wegweiser. Auch bitten wir Sie, die Gegenstände zu beachten, Posaunen für die Engel und die Marterwerkzeuge, mit denen Jesus gequält wird."

„In Pisa", so sagte Buonarroti sehr langsam mit seinem schmalen Lächeln, „sind gekrönte Häupter auch bei den Verdammten zu sehen, soviel Einsicht hatten sie schon vor hundert Jahren. Und Sie werden sich erinnern: Dort packt ein Engel einen Mönch aus der Gruppe der Seligen beim Kopfe und weist ihn zu den Verworfenen."

„Von Zeit zu Zeit mag es gut sein, Zugeständnisse zu machen. Vielleicht war das damals notwendig. Gewiß, es mögen auch heute Übergriffe vorkommen; hohe weltliche Herren und auch Leute von geistlichem Stand mögen da und dort tadelnswert handeln. Das sollte man aber gerade in unseren Tagen keineswegs verallgemeinern. Das gehört nicht hinein in das Bild von der großen Gerechtigkeit."

★

„Endlich, wir sind wieder Menschen; jahrelang mußten wir in Sack und Asche gehen, bei jeder Gelegenheit hieß es: Habt ihr denn das große Verhängnis schon vergessen? Wollt ihr vielleicht tanzen auf den Trümmern von Rom? Wollt ihr Karneval feiern so wie vorher, als sei nichts geschehen? Ja, wir wollen tanzen, denn jeden Tag werden Spuren der Verwüstungen weggeräumt. Ich kann nicht ewig die Toten beklagen. Die Kirche lehrt uns: Nach der Zeit des Trauerns kommt die Zeit des Triumphs." Sebastiano del Piombo saß bei Michelangelo.

„Und was wollen wir feiern?" fragte Buonarroti.

„Uns selbst", antwortete der andere.

„Warum?"

„Weil wir leben."

„Aber das, was gewesen ist, läßt sich nicht wegwischen. Das, was wir verloren haben, bringt uns niemand wieder."

„Und was haben wir verloren?" fragte Sebastiano.

„Uns selbst", entgegnete Buonarroti.

„Du fütterst deine Traurigkeit, ich hingegen füttere meine Lust am Dasein. Und du wirst es erleben, ich bin stärker, ich habe viele Freunde, und wir haben es geschafft: Es wird wieder unseren römischen Karneval geben mit Maskenfreiheit. Das bedeutet, die Zeit der Angst ist endgültig vorüber. Und es wird das Wettrennen der Schweine geben und den Büffelkampf und das Wettrennen der Ochsen. Und wie in den besten Tagen Roms wird der Verlierer den Berg hinuntergerollt, er wird unten aufgefangen werden von den Spießen der Stadtwache. Es wird ein herrliches Schlachtfest werden."

„Werden nur Tiere gejagt?"

„Was willst du?" fragte Sebastiano unbehaglich.

„Wir haben doch so oft bei diesen Wettläufen Menschen aus den Vierteln um die Synagogen geholt, und es wurde über sie genauso gelacht wie über die Ochsen und Büffel und die anderen Tiere."

„Ich habe nicht gelacht", wehrte Sebastiano ab.

„Nein, du nicht. Du hast ja nun auch ein Amt, eine schöne Pfründe, und du brauchst nicht mehr zu denken. Auch hast du immer mit Gefühl Laute gespielt, und deine Gedichte sind sehr gepflegt. Und du malst nur noch sehr wenig, und wenn du malst, dann nur noch hübsche Dinge."

„Niemand hat etwas gegen die Juden. Für alle Bewohner um die Synagogen wurden Vergünstigungen ausgerufen, für ihren Handel und ihre Verbindungen in andere Länder. Und der Sohn des großen Rabbiners Bonet, der junge Immanuel, wird vom Papst auffallend geehrt. Obwohl er nicht zu seinen Leibärzten gehört, wird er oft in den Vatikan gebeten."

Buonarroti sagte nichts. Er war mit seinen Gedanken weit weg. Doktor Immanuel Bonet, Sohn des großen Rabbiners, wenn sie dich eines Tages zum Wettlauf aufrufen und zur Schau stellen wollen, ich werde es nicht dulden. Ich werde das ganze Gewicht meines Namens nehmen und ihnen vor die Füße werfen, dann laßt euch euer Jüngstes Gericht vom Teufel zu Ende malen, aber nicht von mir. Ich werde die Sixtinische Kapelle nicht mehr betreten. Oder ich werde diesen Wettlauf mit dir zusammen durchstehen. Und wenn sie schreien und johlen und spukken, werden sie auch auf mich spucken.

Sebastiano del Piombo dachte an sich, seinen Karneval, seine Maskenfreiheit, und er gab zu: Ja, es stimmte, was Buonarroti ihm vorwarf, er war selbstzufrieden geworden, und nach der Selbstzufriedenheit kam Faulheit, und gleichzeitig mit der Faulheit würde der Verzicht auf

Ruhm kommen. Doch dazu war der Ehrgeiz noch zu lebendig. Und so sagte er, ein wenig spielerisch zwar, aber sehr ernsthaft:

„Wenn ich gefragt würde, ich würde gern mitarbeiten in der Sixtinischen Kapelle."

Michelangelo Buonarroti sagte nicht ja und nicht nein, denn er war mit seinen Gedanken sehr weit weg.

Der Heilige Vater erlaubte, daß Sebastiano mit Hand anlegte bei der Wand.

Buonarroti kümmerte sich nicht um die Vorarbeiten in der Kapelle. Er hatte jedoch Anweisung gegeben, die ganze Wand bis oben hin zu den zugemauerten Fenstern und weiter, über seine eigenen Bilder der Vorfahren Christi hinweg bis zu den Füßen des Propheten Jonas mit einer Schicht gebrannter Ziegel zu bedecken. Oben sollte sie am Ende um eine Elle überhängen, als Abwehr gegen Staub und Schmutz.

Sebastiano überwachte die allerletzten Vorbereitungen, griff selbst mit zu, um den Bewurf für die Wand herzurichten. Und so wie er es bei seinem großen Wandbild in der Kirche Santa Maria del Popolo gehalten hatte, führte er es hier in der Sixtinischen Kapelle wieder aus: Er brannte seine besondere Mischung aus Kalk und Harz über dem Feuer und glättete dann diese Masse mit einer glühenden Kelle auf dem rohen Bewurf der Mauer. Es war sein ganzer Stolz, dieses Verfahren bis zur Vollendung entwickelt zu haben. Die Ölfarben bekamen auf diesem Untergrund einen warmen, lebendigen Glanz.

Trotz seiner Genugtuung über die außerordentlich gut vorbereitete Wand verspürte er ganz von ferne her eine Unsicherheit. Buonarroti hatte damals, vor fast dreißig Jahren, an der Decke mit Wasserfarben auf einer frischen Unterlage von Kalk gemalt. Er hatte jeweils so weit den Kalkputz auftragen lassen, wie er ihn für die Fläche zur Arbeit eines Tages brauchte. Die Freskomalerei erforderte eine schnelle und sichere Hand. Sebastiano beruhigte sich: Er ist älter geworden, er wird froh sein, daß ich ihm die Entscheidung abgenommen habe. Es strengt nicht so sehr an, mit Öl zu malen, die Wand schreit nicht: Halte dein Tagesprogramm ein, sonst muß die Fläche, die zuviel aufgetragen ist, heruntergeschlagen werden. Und das ist im Grunde immer ein wenig peinlich. Auch könnte ich ihm hier einen Teil der Malerarbeiten abnehmen.

Als Michelangelo die gute, glatte Wand sah, geschah das, was Sebastiano in seinen ganz geheimen Ängsten gefürchtet hatte. Aber er hatte nicht geahnt, daß es so schrecklich werden würde. Vor allen Leuten, die mit in der Kapelle waren, überhäufte Buonarroti ihn mit Hohn. Schneidend, zornig, wild, übermäßig. Diese Wand sei hergerichtet für fette, faule Leute, die sich von Pfründen mästen. Dann, ohne Übergang, sprach Michelangelo kein Wort mehr mit ihm.

*

Es dauerte Monate, bis die Wand so wurde, wie er es wünschte, dann erst ging er wieder zum Vatikan.

Da traf er Febo, einen jungen Mann mit jener unerklärlichen Schwermut in den dunklen, feuchtglänzenden Augen, die Trauer und Glück zugleich heraufbeschwört. Die dichten Haare über der geraden Stirn hatten den eigenartig lockenden Glanz, der vom Schwarzen ins bläulich Schimmernde übergeht. Und Anmut in den Bewegungen, einer noch jungen verspielten Raubkatze gleichend und doch voll Kraft. Schlank in den Hüften, aber in den Schultern breit. Keine glatte hohle Schönheit, selbstgefällig und aufdringlich, beim zweiten Hinschauen schon schal und langweilig geworden, keine geschwätzige Schönheit. Febo gab kein Schauspiel wie andere, die Pappagallos, die davon lebten. Er gründete seinen Stolz darauf, daß er es geschafft hatte, in Rom angesehener Gehilfe bei einem Kunstschmied zu werden. Mehr als die Hälfte seines Verdienstes schickte er seinem alten, kranken Vater in Pisa.

Michelangelo Buonarroti traf Febo, als er in der Vatikanstadt ein schmiedeeisernes Tor abzeichnete. Buonarroti sah den zähen Eifer, und er blieb stehen. Da stand Febo auf, verwundert, daß ein Mensch im Getriebe der Stadt ihn beachtete. Er schaute Buonarroti an, er kam sich wie ertappt vor, denn er wußte, er war kein großer Meister im Entwerfen von neuen Verzierungen für Tore und Laternen. Wortlos nahm ihm Buonarroti die Zeichnung ab. Aber er sah sie nicht an, er schaute auf Febo, zutiefst bewegt. Hier also steht ein Mensch, lebendige Bestätigung seines David und seiner Sklaven. Er hat das Unbeschreibliche jener Menschen, in denen Härte und Süße zugleich wohnt, das Wilde und das Liebliche, das Scheue und das Mutige, Weinen und Lachen, das Vertraute und das Geheimnisvolle, das Fremde und das Nahe.

Er ist nicht Febo, er ist die Summe aller Schönheiten, die er, Michelangelo, je seinen Bildwerken gegeben hat. Nur das eine ist verwirrend, dieser hier lebt, atmet und spricht.

Febo wartete bescheiden, bis der andere das Wort an ihn richtete.

Michelangelo könnte ihm nun das Blatt zurückgeben und weitergehen, nach Hause, er könnte ihm noch irgendeinen höflichen Rat mit auf den Weg geben. Aber er kann es nicht. Die Freude ist zu groß, ein wunderbares Geschenk. Und auf eine bitter-schmerzliche Art erinnerte der junge Mann an seinen Niccolo aus Carrara. Er hatte nicht die atemberaubende Glätte des Tomaso, des gepflegten Sohnes aus reicher Familie, dieser hier war ein Mensch, der arbeiten wollte.

Febo fragte nichts, er konnte zuhören, auch konnte er schweigen. Er quälte Buonarroti nicht mit Zweifeln so wie Urbino; mit heiterer Gelassenheit ging er durch die Tage Michelangelos. Er war nicht gekränkt, als Buonarroti ihm das Geheimnis erklärte: Du bist mein lebendig gewordenes Geschöpf. Das war viel, eine Ehre, das war noch mehr, es kam einer Gotteslästerung nahe. Febo schwieg, lächelte ernsthaft, ließ sich nicht erschrecken, kam immer wieder, vernachlässigte seine Arbeit.

Die Zeit der bitteren Selbstgespräche war für Buonarroti vorbei. Es war gut, vor diesem schönen, jungen, aufmerksamen Gesicht zu reden. Bei der Arbeit, beim Zeichnen der Versuche und Skizzen.

„Ich kenne eine seltsame Geschichte", erzählte Buonarroti. „Ein Mann wird über die Berge geschickt, er soll die Lehren der Irrgläubigen widerlegen. Um mit den Feinden den Disput bestehen zu können, studiert er ihre Schriften. Dabei erkennt er die Wahrheit in den Lehren der Irrgläubigen und bleibt bei ihnen. Die Waffe, die er für sich selbst geschmiedet hatte, hat sich gegen ihn gerichtet, das Wissen hat ihn überwunden, und er bekennt sich zu den Irrgläubigen."

Febo lächelte sacht und schwieg.

Michelangelo redete weiter:

„Aber es kann nicht jeder über die Berge gehen. Meine Aufgabe ist, mitten im Herzen von Rom allen Menschen das Jüngste Gericht zu zeigen. Natürlich muß diese Arbeit ein Bekenntnis sein, und sie wird auch ein Bekenntnis. Aber nicht das, was sie von mir verlangen, sondern das, was ich verantworten kann. Es sind zweierlei Dinge, in der Welt zu regieren und ein Bild zu malen. Ich kann in einem Bild nicht die Fehler der Päpste verbessern. Wozu also das Jüngste Gericht? Ihnen mit einem Kunstwerk ein Schnippchen schlagen? Ein bißchen den Hofketzer spielen wie andere den Hofnarren? Es wird mir gesagt: So ist die Rangordnung, ganz oben die Heiligen und die Märtyrer und dann die Päpste und Kaiser und Könige, auch feine Damen, die Gelegenheit hatten, armen Leuten Wohltätigkeit zu zeigen. Und alle sollen angetan sein mit den Zeichen ihrer Würde und ihrer Macht. Im Grunde nichts anderes als ein großes Schlachtenbild. Recht bunt mit Samt und Seide und viel glänzendem Gold."

Febo summte ein wenig vor sich hin. Er hatte sich jetzt an das Nichtstun gewöhnt, und es gefiel ihm. Er hörte Buonarroti gern zu.

„Nur hier beim Jüngsten Gericht ist die Schlacht schon entschieden, bevor sie begonnen hat", erklärte Michelangelo. „Denn wer wird einen dreifach gekrönten Menschen in der Hölle suchen? Ich bin ein Gefangener der Vorschrift, und ich muß mich unterwerfen. Sollen sie mich anerkennen, muß ich ihre Regeln anerkennen, denn ich will verstanden werden. Also muß ich mich in ihrer Sprache verständlich machen. Um ihnen meine Gedanken zu sagen, muß ich mich fügen. Febo, es ist nicht leicht, die hochgelehrten Berater in Ruhe anzuhören. Sie sagen immer wieder dasselbe, aber ich höre sie geduldig an. Sie haben eine eintönige, ermüdende Sicherheit an sich. Zweifel kommt überhaupt nicht an sie heran, vielleicht weil sie zu träge sind. Zweifeln strengt an. Aber ich kann keine Rücksicht auf die Trägen und Müden und Ängstlichen nehmen. Sie können mir Anweisungen geben, was ich tun soll, aber nicht, wie ich es tun soll. Febo, du bist aus Pisa, du kennst das Jüngste Gericht von Traini im Campo Santo. Was siehst du vor dir, wenn du daran denkst?"

„Den Teufel", entgegnete Febo, ohne zu zögern.

„Und wie ist der Teufel?" fragte Michelangelo.

Febo lächelte ein wenig verlegen.

„Du kennst ihn besser. Warum fragst du mich?"

Buonarroti antwortete nicht. Da wußte der junge Mann, daß der andere auf seine Worte wartete, und so redete er:

„Das schlimmste an ihm sind die Augen. Es sind fressende Augen. Und sein Herz, das ist stinkendes Feuer. Ein Mensch verbrennt darin. Und er zermahlt einen Menschen zwischen seinen Zähnen und zerquetscht einen mit der rechten und einen anderen mit der linken Hand. Aber das schlimmste sind seine Augen. Wüst und groß und starr. Dabei sind es, glaube ich, nicht nur die beiden mit dichten Haarbüschen umwachsenen Augen im Gesicht, er hat tausend oder noch mehr, überall auf seiner Rüstung."

„Was denkst du dabei?"

„Der sieht mich."

„Was denkst du noch?"

„Da sind die Schlangen, seine Helfer, sie erdrosseln nackte Menschen. Männer sind da mit abgehackten Köpfen. Und aufgerissene Leiber. Das Eingeweide quillt heraus."

„Und die Heiligen im Paradies?"

„Ich weiß es nicht, vergessen. Ich glaube, sie sitzen in einer langen Reihe auf Stühlen im Himmel und schlafen."

„Und denkst du dabei: Sie sehen auf mich?"

„Muß ich antworten? Ich möchte mich nicht versündigen."

„Ja, du mußt antworten."

„Ich denke", so sagte Febo und suchte nach Worten, „die Heiligen sind über mich erhaben. Und die gehen mich nichts an."

Und während Febo langsam redete, überlegte Michelangelo: Ich muß die Antwort geben, ich muß sagen, daß ich zweifle. An allem. An den tausend Augen des gehörnten Teufels. An der abgeklärten Ruhe der Heiligen.

★

Ein großes Rätseln begann in Rom, zu Ostern, neun Jahre nach der großen Plünderung. Eingeladen vom neuen Papst, kam der Kaiser, von Neapel herreisend, in den Vatikan. Für die wenigen Tage seines Besuches war ein genaues Programm festgelegt. Ein Gerücht war aufgetaucht, niemand wußte genau, wer es aufgebracht hatte. In Tunis hatten die Kaiserlichen einen Sieg über die Türken errungen, und nun wollten die Redereien nicht aufhören: Jetzt geht der Kaiser voran, nach Konstantinopel, und gewinnt die Stadt zurück für die Christenheit. Niemand widerlegte und niemand bestätigte das Gerücht. Es gab Leute, die behaupteten, aus erster Hand unterrichtet zu sein, sie erklärten: Die Beratungen zwischen Karl und Paul – es klang immer wieder sehr beeindruckend und verlieh ihren Mitteilungen das Gewicht wahrer Vertrautheit mit den Großen, wenn sie nur die Namen nannten, ohne alle Titel –, also die Beratungen zwischen Kaiser und Papst seien jetzt an dem Punkt angelangt, von dem aus die vollkommene Einigung des Abendlandes erreicht werden könne. Auf dem Weg über einen allgemeinen Türkenkrieg würden die Engländer und die deutschen Kirchenspalter wieder zurückfinden in den gemeinsamen Schoß, und der Streit um das Besitztum Mailand zwischen

Spanien und Frankreich würde ein Ende nehmen. Denn dieses Ostern wurde in einem Geheimabkommen das Reich der Türken schon an die Herrscher des christlichen Abendlandes verteilt.

Es fiel allgemein auf, daß der Kaiser am vorletzten Tag seines Besuches den streng festgelegten Tagesablauf unterbrach; er setzte sich über jedes Zeremoniell hinweg und besuchte die Witwe Vittoria Colonna. Von der Zeit an, als das große Rätseln über die Bedeutung dieses Besuches anfing, begannen die Leute vom Pincio den Freundeskreis der Vittoria zu beachten.

Über die Witwe Colonna war bisher bekannt, daß sie in angemessener Weise Wohltätigkeit übte. Die Kranken und die Obdachlosen, die Hungrigen und die Waisen fanden bei ihr Hilfe. Und von Zeit zu Zeit kamen Freunde zu ihr, gelehrte Männer und Dichter und Maler. Es gab erlesenes Essen, es gab Gespräche über die Kunst, Verse zu setzen und Farben zu Bildern zusammenzufügen.

Wer sich keine Gedanken weiter machte, der konnte annehmen, daß ihr der Kaiser vielleicht nur seine Achtung bezeigen wollte. Aber hatten sie nicht schon einmal im Freundeskreis der Vittoria Reformen besprochen? Und wenn die zwei neuernannten Kardinäle mit dem neuen General des Kapuzinerordens und dem Nuntius sich bei der Witwe trafen, redeten sie dann wirklich immer nur von den Dingen der Kunst, etwa vom Jüngsten Gericht, auch wenn der Maler dieses Bildes, Michelangelo Buonarroti, dazu eingeladen war?

Der eine neue Kardinal hieß Gasparo Contarini, der Mann aus dem goldenen Palast zu Venedig. Bisher war er Laie gewesen, doch er galt als der beste Kenner der deutschen Angelegenheiten; man sagte, er habe alle Schriften der deutschen Kirchenspalter gelesen.

Der Nuntius war sein Schüler, der Bischof aus Mailand, Giovanni Morone. Auch er erfahren in den Angelegenheiten jenseits der Alpen, vertraut mit den Theorien der Abtrünnigen.

Der andere Kardinal kam aus England, der bescheidene, zurückhaltende Reginald Pole, verwandt mit dem Königshaus. Er hatte den König nicht als Oberhaupt der englischen Kirche anerkannt, hatte das Erzbistum York ausgeschlagen und war nach Rom gegangen. Aber er hielt noch immer seine Verbindungen mit der Insel.

Und der General des Ordens der Kapuziner, der redegewaltige Bernardino Occhino, auch Gast im Freundeskreis der Colonna, war in letzter Zeit durch seine ein wenig zu deutlichen Predigten aufgefallen, jedenfalls befand er sich nicht in Übereinstimmung mit der Methode, die von den Theatinern beim Predigen angewendet wurde. Occhino nannte die Klöster und die Mönche, die gegen die Ordnung und gegen die Sitte verstießen, mit vollem Namen, und er bekam natürlich großen, begeisterten Zulauf vom Volk. Carafa und seine Leute vom Pincio mißbilligten dieses Hinausschreien der Mißstände in alle Welt. Reformen können nur durchgesetzt werden von einer kleinen, erlesenen Gruppe von Menschen, nicht aber durch lautes, selbstanklägerisches An-die-Brust-Schlagen.

Der aufmerksame Carafa ließ die Namen aller Männer und Frauen, die zum Freundeskreis der Vittoria Colonna zugelassen waren, gesondert aufschreiben, und er fügte den geheimen Vermerk an: Verdacht auf Einverständnis mit dem spanischen Kaiser, in Spanien und Deutschland ähnliche Zustände zu schaffen wie in England. Eine sogenannte Reform. Vielleicht sogar mit gewalttätiger Unterstützung der spanienfreundlichen Familie Colonna.

Und mitten unter ihnen wußte er den Menschen, der zwar getreulich die Aufträge der Päpste in Marmor und in Farben ausführte, aber zu viele eigenwillige Gedanken in jede Arbeit hineinlegte. Und Carafa dachte: Eigentlich müßte ich hingehen und wenigstens diesen einen Mann warnen.

Jäh in seinen Entschlüssen, ging er zum Hause des Michelangelo. Doch er traf nur einen Gehilfen mit wäßrigen Augen, der sich mehrmals sehr verlegen über seine graublonden Haare strich und der ihm sagte, Buonarroti sei zu der Witwe Colonna gegangen. Er erwarte ihn aber jeden

Augenblick, denn Michelangelo habe versprochen, noch vor der Abendmesse zurück zu sein; er wollte ihr nur die Zeichnung eines Gekreuzigten bringen.

Urbino gab sich alle Mühe, den in strenges Schwarz Gekleideten zum Bleiben zu bewegen. Aber Carafa hatte nicht die Geduld. Er gab vor sich zu: Er wollte nicht warten. Er ging.

In diesen beiden Jahren, seit Urbino nicht mehr nach Florenz gekommen war, hatte er viel gelitten. Tag für Tag hatte er geglaubt, jetzt ruft mich Assunta: Komm Urbino, hole mich und das Kind. Was hätte es ihm schon ausgemacht, daß es Antonio Minis Kind war. Er hätte es gehalten wie sein eigenes. Er schrieb ihr jeden Monat. Anfangs gab sie dann und wann ein Antwortzeichen, flüchtige Worte, die andere für sie geschrieben hatten. Dann hörte auch das auf. Und eines Tages kam eine kurze Nachricht, eine Einladung zur Hochzeit mit spielerisch prahlenden Wendungen, er möge den Bräutigam begutachten, der sei ein Fleischhauer und arbeite in einer Bude auf der alten Brücke, bei der Hochzeitsmahlzeit würde es also nicht ärmlich zugehen. Und besser sei am Ende doch einer, der täglich wirkliches Speisefleisch in einer Bude in der Stadt verkaufe, als einer, der gutgemaltes Fleisch bis ins ferne Paris schleppe und dann nicht einmal fertigbringe, es abzusetzen.

Es war zum Verzweifeln, Assunta ließ sich nicht aus seinen Gedanken wegbringen. Aber seine Gefühle hatten sich gewandelt, es gab kein verzehrendes Warten mehr. Ein Fleischhauer hatte gewonnen, der durfte die Verantwortung für die unendlich schöne Zarte tragen. Ihm, Urbino, blieb nur noch die Sehnsucht.

Doch er vergrub sich nicht in Trübseligkeit, und war er schon immer gewissenhaft in seiner Arbeit gewesen, so übertraf er sich jetzt fast an sorgender Anteilnahme an allen Dingen in der Werkstatt. Und er empfand es als ein Versagen, daß es ihm nicht gelungen war, dem General der Theatiner wenigstens das Versprechen abzugewinnen, daß er wiederkäme. Er wußte das schnelle Weggehen des

Mannes aus Neapel nicht zu deuten. Vielleicht war er, Urbino, durch seine Enttäuschung mit Assunta überempfindlich geworden, und er sah schon in Höflichkeitsbesuchen Bedrohungen.

Er wird auf Buonarroti achten, mindestens so gut wie damals Caterina in Florenz. Und jetzt erst kam ihm etwas in Erinnerung, das er aus seinen Gedanken verdrängt hatte, weil es ihm ein wenig peinlich gewesen war.

Der Abschied von der alten Caterina. Sie überlegt, spricht vor sich hin, wie es ihre Gewohnheit ist:

„Ich muß unserem Herrn Michelangelo etwas nach Rom mitgeben, was ein Stück von mir ist. Am liebsten würde ich mir das Herz herausreißen, aber das würde ihm auch nichts nützen. Es muß etwas sein, das ihn stärkt, das ihm hilft, auch etwas, das ihn an mich erinnert. Aber er hat ja alles in seinem Haus in Rom. Und womit soll sich einer auf der Reise belasten?"

Mit einemmal weiß sie es. Will sie ihm überhaupt etwas geben, kann es nur eins sein: ihre lieben, Wunder wirkenden Heiligen.

Urbino sieht sie noch heute vor sich, wie sie eilfertig die kleinen Holzfiguren aus den Verstecken zusammenholt. Er liest in ihrem Gesicht, wie weh es ihr tut, sich von ihren vertrauten Heiligen zu trennen. Langsam nimmt sie das schwarze Tuch von ihrem Kopf, das Haar darunter ist längst grau geworden, und wickelt die Figuren behutsam hinein, redet leise vor sich hin:

„Sie sollen weich liegen während der Reise. Der heilige Sebastian und der heilige Rochus, sie haben von Michelangelo die Pest ferngehalten. Die heilige Klara hat über seine Augen gewacht. Der heilige Gallus hat die Tiere im Hause geschützt, die Katzen und das Pferd."

In diesem Augenblick beneidete Urbino die alte Caterina: Sie ist glücklich, weil sie meint, ein wirksames Mittel gegen alle Fährnisse liege eingehüllt in ihr schwarzes Tuch.

Ich will ihm keine Angst machen, überlegte sich Urbino, vielleicht hat es auch gar keinen Zusammenhang, daß Carafa seine Lippen schmal und scharf zusammenzog, als ich den Namen Colonna erwähnte. Aber trotzdem muß ich ihm sagen, daß es vielleicht besser sein wird, wenn ich die Botengänge besorge und die Zeichnungen hinbringe.

★

Buonarroti hörte seinen besorgten und gewissenhaften Urbino kaum an. Das ging schon nicht mehr, daß er ihr nur einen Boten hinschickte, es hätte Vittoria gekränkt.

Es hätte die große Kostbarkeit des Vertrauens gestört, das sie ihm unerwartet hingeschüttet hatte. Als er ihr vorgestellt wurde, da begriff Michelangelo alles, und er wußte, sie spürt, daß er es sieht:

Sie war alt wie er. Und häßlich wie er. Und wie er hatte sie nie in ihrem Leben Liebe gespürt, die tiefe, große Liebe, die dauert.

Ihr Leben lang hatte sie auf die schönen Frauen neben sich blicken müssen. Das mußte am Herzen gefressen haben. Die Geschichte, wie ihr Mann ihr die Perlenkette genommen und sie in den Busen einer anderen gelegt hatte.

Was nützte es, wenn von fernher, von überall Briefe kamen, die sie lobten als die schönste und herrlichste Frau. Es waren Liebesbezeigungen auf Papier.

Ihr Leben muß traurig gewesen sein. Selbst in der Gefangenschaft sehnt der eigene Mann sich nicht nach ihr. Einer anderen schreibt er aus seiner Abgeschlossenheit Gedichte. Nicht einmal seine Gedanken gehen zu ihr hin.

Aber sie hatte es geschafft, sie wurde anerkannt von den Männern.

Er aber wußte, wie sie dieses Anerkennen gequält haben mußte, denn es war gleichzeitig ein Herabsetzen. Weil die Männer nur den Geist lobten; einen Leib aber sich lieber überall anders suchten.

Und Buonarroti wußte, wie sie sich wegen ihrer Häßlichkeit gehaßt haben mußte. Jetzt nun im Alter war es leichter, sich damit abzufinden und sanft zu werden.

Er bewunderte sie, weil sie ihren Hunger nach Liebe hinter dem Schreiben verborgen hatte. Die Liebe vergeht,

255

aber ein Gedicht bleibt, so mochte ihr Trost gewesen sein. Er war bissig, wie er nachdachte über sie und sich. Das also war es, was er an ihr liebte, ihre Sehnsucht nach Liebe. Oder ihre Anteilnahme am Schicksal anderer.

Es war Genugtuung, daß es einen Menschen gab, der in seiner besten Zeit häßlich gewesen war wie er. Und ungeliebt. Und voll unerfüllter Sehnsucht. Und der nun wieder mit ihm das gleiche fühlte; die Angst vor dem Altwerden. Die Angst vor dem Sterben, vor dem Vergessenwerden.

Es brach fast aus ihr heraus, als sie mit ihm allein war, denn es gab niemanden sonst, dem sie das ohne jede Selbstschonung sagen konnte, nicht einmal ihrem Beichtvater:

„Es wird gesagt, meine Liebesgedichte seien das Schönste, was eine Frau über ihren Mann geschrieben habe.

Alle meine Gedichte sind unwahr.

Und ich habe die Gedichte geschrieben, weil sie unwahr sind. In Wirklichkeit hießen alle meine Verse: Bernardino. Jedes Wort war nur eine Maske für diesen einen Namen. Und wenn ich betete, hieß mein Gebet Bernardino. Und ich hatte es ja sehr leicht, nicht wahr, denn mein Mann war tot.

Nur, es geschah ja, als mein Mann noch lebte.

Er stand auf einer Brücke, als ich ihn das erstemal sah. Sein Kopf war durch nichts verdeckt. Der Wind ging über den Fluß und spielte in seinem Haar. An diesem ersten Tag wußte ich noch nicht, daß er Bernardino hieß und daß er ein großer Prediger war. Aber sein Haar bewegte sich weich unter dem Wind.

Und da schon hatte ich meinen Mann verraten. Was danach kam, war gleichgültig. Gleichgültig der Tod meines Mannes. Aber ich war untröstlich. Vor der Welt. Und beklagte ihn. Wegen der Welt. Ich beklagte mich, weil ich nicht hingelaufen war zu dem Prediger Bernardino.

Und dann ging ich zu dem Mann Bernardino. Aber er wollte mich nicht haben. Er hielt zu seinem Gelübde. Das sagte er. Ich bin nicht sicher, ob er das bei anderen auch gesagt hat.

Ich schrieb Gedichte über die Liebe und widmete sie dem Toten, meinem Mann.

Und mir gefiel mein Ruhm, der seinen besonderen Schein geborgt hatte von einem Verstorbenen, der immerhin ein geachteter Feldherr war – er hätte König sein können von Sizilien.

Und dann versammelte sich ein Kreis junger, hoffnungsvoller Dichter bei mir, und wir hielten kluge Gespräche über die göttliche Liebe und über die Pflicht der Menschen, Gutes zu tun.

Und ich sah nichts anderes als die Brücke. Und er – groß und breit, mit weitem, wehendem Mantel und jenem Blick in den Augen, den ich nicht beschreiben kann, auch heute noch nicht. Und der Wind ging durch sein weiches Haar. Ich stellte mir vor, wie ein Kind von ihm ausgesehen hätte."

Wie sie jetzt ein wenig verloren vor sich hin lächelte, sah Buonarroti, daß ihr Mund dabei schief wurde. Trotzdem dachte er nicht darüber nach, daß ihre Häßlichkeit dadurch sogar einen Zug ins Grobe bekam. Er wartete nur auf ihre Stimme, sie kam von ganz innen her, warm und tief und klangvoll. Diese Stimme fing ihn nicht ein, sie rührte ihn auf, beunruhigte ihn. Sie hatte nichts Lockendes, Aufreizendes, sondern etwas Beglückendes, und vielleicht wurde die Stimme auch darum so besonders angenehm, weil sie nicht töricht einherschwatzte. Sehr langsam, sie überlegte jedes Wort, redete Vittoria weiter:

„Mit dieser quälenden Liebe wurde ich hineingestoßen in die Zerstörung Roms. Und sah, wie armselig und klein mein Kummer war. Es ging nicht mehr, so weiterzuleben wie vorher. Die anderen aus meiner Familie konnten es. Ich nicht.

Wenn wir früher nach Rom kamen, waren wir gewohnt, daß uns die Leute auf der Straße zujubelten. Die Colonna beachteten es schon kaum noch, daß sie im Herzen jedes Römers einen guten Platz hatten. Es war selbstverständlich.

Dann aber waren wir Colonna mit den fremden Truppen in die Stadt gekommen, und das Brennen, Morden und Plündern geschah unter unseren Augen. Wir sind nicht mehr die Beliebten, für die jeder Römer das Herz geöffnet hat. Wir sind schuldig.

Und jeder Tag ist nur noch ein Versuch für mich, die Schuld abzutragen."

Ich möchte ihr sagen, überlegte Buonarroti, wie sehr ich sie verstehe. Als wäre ich es selbst.

★

Sie hatten nichts vereinbart, aber sie war nicht überrascht, daß er am anderen Tag wieder zu ihr in den Klostergarten von San Silvestro kam. Er hatte ihr ein Gedicht geschrieben. Und wieder wußte er keinen besseren Boten als sich selbst.

Sie nahm das Blatt, las nicht.

„Ich habe viel nachgedacht", sagte sie langsam mit der vertrauten tiefen Stimme, „über Sie und über Ihre Freunde. Sebastiano hat sich bei mir beklagt, daß Sie ihn seit dem Streit um die Wand nicht mehr grüßen."

Buonarroti sagte nichts.

„Geben Sie zu, lieber Michelangelo, es ist nicht der Ärger über die falsch vorbereitete Wand. Sie haben den Belag abkratzen und nach Ihren Wünschen neu herrichten lassen", sagte Vittoria.

„Monate sind verlorengegangen", entgegnete Buonarroti mürrisch.

„Sie hätten sich auch vorher darum kümmern können. Sebastiano hat diese ganze Wand nicht an einem Tag so hergerichtet. Ich finde, Sie sind ungerecht. Wie können Sie einen Menschen einfach fallenlassen, wie können Sie erklären: Ich will ihn nicht mehr sehen, er hat mir die Wand verdorben. Bitte, ich verstehe sehr gut, wenn Sie sich über ihn ärgern, aber es ist mir unbegreiflich, daß Sie deswegen nicht mehr mit ihm sprechen wollen."

„Ich habe es satt mit Sebastiano. Er ist anmaßend und unverschämt. Er ist hochmütig und verdorben", sagte Buonarroti.

„Da sagen Sie es selbst, lieber Buonarroti, Sie ärgern

sich nicht erst seit der Geschichte mit der Wand in der Sixtinischen Kapelle über ihn. Sie sind enttäuscht."

„Er hat alle enttäuscht, die große Meisterwerke von ihm erwarteten. Er gebärdet sich wie einer, der über uns alle erhaben ist. Und was anderes als eine hochmütige Verspottung ist denn seine neue sogenannte Erfindung, nämlich nur noch auf Stein zu malen? Und er bringt es zu seiner tiefsten Befriedigung auch fertig, Käufer für diesen Unsinn zu finden, ja auf seine bloßen Versprechungen hin geben sie ihm Vorschuß. Er haßt und verachtet alle Menschen, mit denen er zusammenkommt, mit einer sinnlosen Dummheit. Er hätte die Kraft und das Können, ein ganz Großer zu werden, aber es ist ihm wichtiger, sich lustig zu machen über die Leute, die ehrlich malen, denn er ist ja viel klüger als wir alle zusammen."

„Es gefällt mir nicht, daß gerade Sie, lieber Michelangelo Buonarroti, so hart über ihn sprechen. Haben Sie schon einmal daran gedacht, daß Sie die Schuld haben, daß er so geworden ist, so verdorben, wie Sie das nannten? Ich will es Ihnen sagen, weil es Ihnen kein anderer sagen wird: Sie haben ihn verdorben."

Vittoria sah das tiefe Erschrecken in seinen Augen, aber sie redete weiter, langsam; sie legte sich, so wie es ihre Art war, jeden Satz erst in Gedanken zurecht, bevor sie ihn aussprach. Sie wußte, es war gefährlich, jetzt weiterzureden. Sie müßte ihm erklären, daß er kein Glück habe in der Auswahl seiner Freunde, sie müßte ihm vielleicht sogar sagen, daß er in jedem Menschen, dem er begegnete, nur immer sich selbst suche, daß er meine, der andere müsse auch so ein großes, gutes, heißes, kämpfendes Herz haben wie er. Aber dann müßte sie Auskunft geben über ihr Herz, und sie müßte ehrlich erklären, dieses mein Herz ist sehr müde, und mir ist vieles bis zum Überdruß gleichgültig. Sie wollte von ihm nicht gefragt werden: Und warum haben Sie mir Ihr Herz aufgetan? War es nur darum, weil Sie sich vor Ihren Kardinälen aus den alten landreichen Familien schämen? Also redete sie sehr vorsichtig:

„Sie haben ihm die Arbeit des Denkens abgenommen, Sie haben die Kompositionen für ihn gemacht, und schließlich haben Sie ihm auch noch die Arbeit seiner Hände abgenommen, Sie haben ihm Geld gegeben, Sie haben ihn schmecken lassen, wie angenehm der Müßiggang sein kann. Sie haben sich ihm gegenüber benommen wie der Schöpfer zu seinem Geschöpf, Sie haben ihn mit Liebe und Güte überschüttet und maßlos verwöhnt."

„Er ist nicht mein Geschöpf", entgegnete Buonarroti heftig. „Als er nach Rom kam, als ich ihn kennenlernte, war er schon etwas."

„Ja, aber Sie wollten ihn weiter formen. Er sollte ein anderer Michelangelo Buonarroti werden. Eben weil er schon ein bekannter Maler war, hat es Sie ja viel mehr gereizt, Ihre Gedanken ihm aufzuzwingen als mit einem Schüler ganz von vorn zu beginnen und ihm erst das Handwerk beizubringen."

„Ich habe ihm nichts aufgezwungen. Er hat mich um meinen Rat gebeten, und ich habe ihm diesen Rat nicht versagt, so wie ich jedem anderen helfen würde, der mich darum bittet."

„Sie wissen genau, wenn Sie eine Komposition erfinden, dann ist das schon in Ihren Gedanken so vollendet, daß niemand etwas gegen die ausgeführte Zeichnung sagen kann. Darüber brauchen wir beide uns doch wohl nicht zu unterhalten. Sie haben rücksichtslos diesem bedauernswerten Sebastiano Ihre Entwürfe gegeben, die kein Mensch anders als vollkommen bezeichnen kann. Sie sagen nun, Sie haben ihm geraten. Ich sage, Sie haben ihn gezwungen, so zu malen, denn er ist keinesfalls dumm. Er weiß, etwas Besseres gibt es auf der ganzen Welt nicht. Warum also soll er sich dann die Mühe machen, den Entwurf zu verändern? Und so haben Sie ihn gleichzeitig träge und hochmütig gemacht. Und nun verwirft der Schöpfer sein Geschöpf. Er nimmt eine läppische Kleinigkeit zum Anlaß. Dieser Sebastiano ist Ihnen einfach zu klein, und Sie wollen ihn groß machen. Und nun sind Sie verärgert, daß es Ihnen nicht gelingt. Doch es wird nicht

gehen, daß Sie ihn aus Ihrem Leben streichen. Den miß-
lungenen Wandbewurf konnten Sie wegbringen lassen,
aber mit dem Menschen werden Sie nicht so einfach fertig
werden."

Er wehrte sich gegen alles, was sie sagte. Er wollte ihr
ein grobes Wort entgegenhalten. Er schwieg jedoch und
wartete, daß sie weitersprechen würde. Merkwürdig, er
hoffte es. Er hatte sich im Leben daran gewöhnt, geschlagen zu werden und wieder zu schlagen. Er hatte Boshei-
ten, Beschimpfungen und Flüche ertragen, auch Verleumdungen. Nie aber hatte er diese eifernde Strenge zu
spüren bekommen, wie sie nur von einer Mutter ausgehen
kann. Und plötzlich, unerwartet für die Witwe Vittoria, lächelte er. Immer Neues war an ihr zu entdecken. Schon
wieder machte er sich von einem lebenden Menschen ein
Bild zurecht, ein Wunschbild: So hätte meine Mutter mit
mir gesprochen.

Er sagte nichts weiter, er wollte nicht, daß durch Worte
das Bild zerstört würde. Er ging.

Sie fühlte sich ein wenig unsicher. Vielleicht habe ich
ihn doch gekränkt? Jetzt erst las sie sein Gedicht. Und die
formvollendet gesetzten Worte trafen sie. Er hatte ihr gesagt, für mich sind Sie das Schönste, das mir in dieser
Welt geschenkt werden konnte.

Sie lächelte sacht, auch wehmütig. Schade, daß es schon
auf den Abend zugeht. Mit meinem Leben. Und sie
schrieb ihm als Antwort Verse, erfüllt vom Feuer der Achtung und der Zuneigung.

Und sie trug Sorge, daß eine zuverlässige Nonne ihre
Verse zu Buonarroti brachte, sie wußte, es gab genug
Leute in Rom, zu deren Aufgabe es gehörte, fremde
Briefe zu öffnen, abzuschreiben und zum Pincio zu tra-
gen. Die dort auf dem Hügel im Norden wollten wissen,
was die Bewohner Roms dachten.

*

Neuerdings waren in der Stadt andere Männer aufgetaucht, die sich auf ihre besondere Weise auch um die

Menschen bemühten. Sie hatten sich auf die Frage vorbereitet: „Zu welcher Ordensgemeinschaft gehört ihr?" Und sie antworteten: „Wir sind die Gesellschaft Jesu."

Kardinal Gian Pietro Carafa stimmte nicht den Ansichten des ersten Mannes der Gesellschaft Jesu zu. Es mochte sein, daß seine Abneigung gegen die Methoden des Ignatius von Loyola herrührte von seinem Haß gegen alles, was spanisch war. Doch der strenge Mann aus Neapel prüfte sich hart, und es blieb bestehen, auch wenn er seine Gefühle beiseite setzte: Der Weg, wie der Mensch am wirksamsten und am nachhaltigsten zu beeinflussen sei, konnte nur durch persönliches Beispiel gewiesen werden. Auf Verstöße gegen den Glauben konnte nur mit härtesten Strafen geantwortet werden. Lieber bei dem geringsten Verdacht vom großen blühenden Baum einen Ast abhacken, auch wenn er noch lange nicht verdorrt ist, als mit allerhand Mittelchen versuchen, diesen angekränkelten Ast am Leben zu erhalten und so den ganzen guten Baum der Gefahr aussetzen.

Schon damals, in den Tagen, da aus vielen verschiedenen Gründen Menschen in die freie Stadt Venedig geflüchtet waren, zu der Zeit, als Florenz belagert wurde, hatte Carafa dem predigenden Ignatius scharfe Worte der Mißbilligung gesagt. Dem in strenger Klosterzucht Aufgewachsenen fiel es schwer, die Wandlung des anderen vom Frauenverführer und Feldhauptmann zu einem für die Kirche nützlichen Menschen anzuerkennen. Er, Carafa, gab gern zu, in dem Buch des Ignatius von den „Geistlichen Übungen" standen gewiß heilsame Überlegungen, aber es kam ihm dennoch alles nicht ernst, nicht hart, nicht streng genug vor. So, als versuche der Spanier die letzten und tiefsten Fragen des Glaubens mit dem Speer des Landsknechts auszumessen. Als habe er die Anweisungen der Drillmeister für Kanoniere in theologische Formeln umgesetzt. Sicher, er, Carafa, mußte zugeben, dieser Mann berücksichtigte in seinen Plänen das ganze weite Gebiet der Kriegskunst: leise, listenreiche Kundschafter, erfinderische Konstrukteure für Geschütze, leichte Reiterei, schwergepanzerte Ritter, ruhmredige Fahnenträger. Aber – und diese Absicht war bedenklich – jeder, auch der geringste Bauernknecht, sollte willkommen sein, wenn er sich nur der Zucht unterwarf. Sie sollten ausschwärmen in alle Länder und mußten sich auf jedem Gebiet auskennen und mußten sich besonders auf die Kunst des Anpassens verstehen. Mit Pferdehändlern sollten sie wie Pferdehändler sprechen, mit weltlichen Fürsten auch über weltliche Dinge reden, mit Astronomen gemeinsam Fernrohre bauen, um die Sterne zu betrachten.

Carafa verachtete die schmiegsame Betriebsamkeit, und er bemühte sich, daß sein Orden der Theatiner nicht verwechselt werden konnte mit der kleinen Gruppe um den Spanier Ignatius, die sich gern Gesellschaft Jesu nannte. Bei ihm, Carafa, sollten nur Männer aus den angesehensten ältesten Adelsfamilien wirken. Und wenn sie vor Königen zu predigen hatten, so sollten sie es halten, wie er es damals, als er Nuntius in Spanien war, gezeigt hatte. Im Dom sind schon die Kerzen angezündet, die Stunde der Messe ist angebrochen, aber das Königspaar erscheint nicht. Da beginnt Gian Pietro Carafa die feierliche Handlung. Er wartet nicht. Denn er dient der Ehre Gottes und nicht irgendeines Königs.

Der Streit zwischen Carafa und Ignatius betraf nicht das Ziel. Über den Weg gingen die Meinungen auseinander.

Inzwischen hatten Männer aus der Gesellschaft Jesu jedoch vom Dogen die Erlaubnis bekommen, in Venedig zu predigen. Sie redeten mit den Schiffsherren über die besten Hölzer für Schiffe, über die Sicherheit der Seewege, über die Seeräuber, über die erstaunliche Kunst der Engländer, aus ihrer Not, der Holzarmut, auch noch einen Vorteil zu schlagen. Die auf der Insel schmelzen ihr Eisen mit Steinkohle.

Mit Tizian führten sie kenntnisreiche Gespräche über seine Bilder. Sie hielten sich genau an die Ratschläge aus den „Geistlichen Übungen" von Ignatius: Loben sollen wir auch, daß man Kirchen baut und ausschmückt.

Und sie kümmerten sich um den Dichter Aretino. Bevor sich der Mann aus der Gesellschaft Jesu auf den Weg zum Palast des Aretino machte, hatte er seine Komödien gründlich gelesen. Er kannte die besten Stellen aus dem Stück „Die Kurtisane", aus dem Lustspiel „Der Marschall" wußte er einige Zeilen zur rechten Zeit zu zitieren, aus dem Stück „Der Heuchler" hatte er die Parallelen zu lebenden Menschen herausgefunden, und auch die genau gezielten Dialoge aus der Komödie „Der Philosoph" gehörten zu dem Gebiet des Besuchers, das er genau durchforscht hatte. Mit Vergnügen, wie er als Einleitung zu dem Gespräch feststellte, und das war schon ein wichtiger Schritt. Das Herz des geschmeichelten Dichters wurde aufgetan. Der Besucher konnte damit rechnen, daß er von nun an mit größter Aufmerksamkeit angehört wurde.

„Sie lieben Ihr Leben, so wie es ist?" fragte der Besucher.

„Ja, es macht mir Spaß."

„Und Sie würden alles tun, sich das Leben so zu erhalten?"

„Ich tue ja alles", sagte Aretino.

„Man kann nie genug tun, wenn man weiß, wie unbeständig das Glück ist. Ihr Palast ist wirklich schön, der Blick hinunter auf den großen Kanal unvergleichlich. Auch sah ich auf dem Weg durch den großen Saal zu Ihrem Kabinett Ihre Sandella; unwahrscheinlich, was diese Frau für einen leichten Gang hat. Sie müssen sie sehr lieben. Ich sah es an ihrem Gesicht. Gepflegt, strahlend, zufrieden. Es wäre viel zuwenig, sie schön zu nennen. Sie ist auserlesen. Man muß sehr aufpassen, daß einem so eine Frau nicht wegläuft."

„Mir läuft keine Frau weg."

„Ich freue mich über Ihre Sicherheit. Ja, das ist Ihre Stärke: Einfluß haben auf die Menschen. Sie lachen lassen, wenn Sie es wollen. Mit Ihren unübertrefflichen Lustspielen. Und dazu das andere Spiel mit Ihren Briefen, mit Ihren Angriffen in Versen. Es ist sicher reizvoll, zu wissen, wie andere zittern, wenn Sie den Schleier von ihren süßesten Geheimnissen wegreißen. Und dabei wohltätig sein. Gepriesen werden als Helfer der Armen und Bedrängten, der Witwen und Waisen. Es wäre schade, wenn das alles aufhören sollte."

„Das hört nicht auf. Sie wissen, ich lebe von den Lastern der großen Leute. Zweierlei müßte eintreten, damit mein Schreiben ein Ende findet: Die Großen müßten nicht mehr groß sein, sondern arm und tugendhaft. Die Welt würde eher stehenbleiben."

„Niemand hat vergessen, was für süße Worte Sie einmal über verbotene Liebeskünste erfunden haben."

Aretino hörte auf, den goldenen Trinkbecher spielend in den Händen zu drehen. Er stellte ihn beiseite, verschränkte die Arme. Der Besucher brauchte nicht zu sehen, wie die Finger ein wenig kraftlos wurden. Sie zitterten nicht, nein, aber sie verloren für einen Augenblick ihre Beweglichkeit, sie waren schwer geworden. Der andere gab dem Dichter Zeit, sich wieder zu fangen. Er blickte aus dem Fenster, betrachtete die sacht vorübergleitenden Gondeln.

Aretino gewann seine Unbefangenheit und seine Sicherheit nicht wieder. Er war klug genug, einzusehen, daß der andere alles von ihm kannte, nicht nur die Lustspiele, auch die sechzehn Sonette. Das war noch unter Papst Clemens gewesen. In Rom. Sein Freund, der Kupferstecher Marco Antonio Raimondi, hatte sechzehn Stiche angefertigt. Giulio Romano, der Raffaelschüler, hatte die Zeichnungen geliefert: über die verschiedenen Arten zu lieben. Die Blätter verfielen der päpstlichen Zensur als Verstoß gegen das Sakrament der Ehe. Der Kupferstecher wurde verhaftet. Aber er, Aretino, bekam den Freund wieder frei; er hatte um ihn mit seiner Feder gekämpft. Erst dann war in ihm der Wunsch aufgekommen, auch einmal die verbotenen Blätter zu sehen. Und im Triumph über die Befreiung des Freundes hatte er zu jedem Blatt ein Sonett geschrieben.

Er wußte, weil er jetzt so lange schwieg, würde der Besucher ihn in deutlichen Worten daran erinnern, daß sein, Aretinos, Verstoß gegen das Sakrament der Ehe noch keine Verzeihung gefunden habe. Und noch immer war es ihm verboten, Rom zu betreten. Er war nur einer, der Asylrecht in einer fremden Stadt bekommen hatte.

Aber der Besucher sagte etwas anderes:

„Es wäre unbequem, wenn Sie auch aus Venedig verbannt würden, nicht wahr?"

„Ich denke, Venedig ist frei?"

„Sicher ist Venedig frei. Wir haben nur eine kleine Vereinbarung mit dem Dogen getroffen; in gewissen Fällen, in hartnäckigen Fällen, wir verstehen uns, kann einer sein Asylrecht verlieren. Und wenn bei einer Durchsuchung des betreffenden Hauses noch fragwürdige, verbotene Schriften, etwa Übersetzungen von Predigten der Spalter jenseits der Berge, zutage kommen, dann ist das natürlich für den Betroffenen sehr bedauerlich."

Es war nicht vorstellbar. Er, Aretino, wieder zurückgefallen in das Nichts. Er weiß es genau, auch Sandella wird nicht bei ihm bleiben. Die Verwöhnte. Er wird am Ende allein sein. Und verachtet. Lumpen tragen. Hungern. Getreten sein. Verhöhnt werden. Er wird das nicht mehr ertragen können.

„Was wollen Sie von mir?" fragte er. Und er bewunderte sich selbst, daß seine Stimme noch immer hochmütig klang. Es freute ihn.

„Eigentlich nichts. Wirklich, wenn Sie es genau besehen, ist es gar nichts. Sie schreiben wie bisher Ihre Briefe weiter. Auch Ihre angreifenden oder lobenden Verse. Das ist alles."

Aretino sah den Besucher an, es war ihm zumute wie einem Mann, der, auf hoher See vor dem Ertrinken gerettet, nun auf ein fremdes Schiff geraten ist. Und die Leute auf dem Schiff sprechen nicht seine Sprache und verstehen ihn nicht. So kommt zu der tiefen Freude, unvermutet weiterleben zu dürfen, die dumpfe, bedrückende Furcht: Ich weiß nicht, wohin sie fahren, und ich weiß nicht, was sie mit mir vorhaben. Vielleicht wird ihr Proviant knapp, und sie beschließen, mich wieder dem Meer auszuliefern, damit ich ihnen nichts mehr wegesse.

Aretino begann langsam zu lächeln. Er griff nach dem goldenen Trinkbecher, goß sich und dem Besucher neuen Wein ein, trank, und er sagte, nur er merkte, daß seine Worte seltsam leer klangen:

„Ja, ich schreibe weiter. Das ist schließlich mein Brot."

„Es gibt Menschen", so erklärte der Besucher, „die durch das Studium heiliger Schriften und durch die Tat beweisen, daß sich ein Sinneswandel bei ihnen vollzogen hat."

Der Dichter wartete auf den Vorschlag des anderen.

„Dann und wann werden Sie von uns einen Wink bekommen, wen Sie angreifen und wen Sie loben sollen."

Aretino wehrte sich nicht, denn der Kampf war schon längst vorbei. Und ohne lange zu überlegen, fragte er sehr offen:

„Was bringt es mir ein?"

„Das ist Ihre Sache. Wir geben Ihnen die Anregungen, ich möchte nicht sagen Aufträge. Es liegt einzig und allein an Ihrer Geschicklichkeit; die Angegriffenen sind gewiß bereit, Ihnen wie bisher Geschenke zu liefern." Und der Mann der Gesellschaft Jesu setzte hinzu: „Natürlich bleibt das in diesen Wänden, daß Sie uns diesen und jenen Hinweis verdanken."

„Und wie würde so eine – – Anregung etwa aussehen?" fragte Aretino.

„Sie können Ihre Briefe abfassen, wie Sie wollen, Sie haben volle Freiheit. Wir haben uns gedacht, daß wir es mit Ihrem Kunstsinn versuchen wollen, wir wissen, Sie verstehen sehr viel von der Malerei."

Aretino schmeckte die Schmeichelei, er gestand es sich selbst ein. Er war bereit, zu schreiben, was sie verlangten und was sie erwarteten.

„Würden Sie es sich zutrauen, einen Ratschlag zu geben, wie, sagen wir, ein Bild vom Jüngsten Gericht gemalt werden sollte? Sie könnten mich fragen: Warum wenden Sie sich nicht selber an den Maler? Aber wir wissen, schon viele geistliche Herren haben in direktem Zuspruch versucht, ihn auf den Weg zu bringen. Doch er ist starr und verschlossen."

Der Besucher sagte nicht: Wir könnten einen von uns zu Buonarroti hinschicken, versuchen, ihn zu lenken. Es gibt genug menschliche Schwächen in seinem Leben, von denen wir Kenntnis haben. Aber wenn wir etwas beginnen, müssen wir von vornherein wissen, daß wir Erfolg haben. Es ist nicht anzunehmen, daß wir ihn willig und gefügig finden. Lieber nimmt er Unbehagen und Unbequemlichkeiten auf sich. Und wenn wir ihm drohen und er gehorcht uns nicht, haben wir noch nicht die Macht, die Drohung wahr zu machen.

Und er redete weiter:

„Wir wollen der Kunst helfen, daß sie wieder zu ihrem Ursprung zurückfindet: Dienerin am Wort Gottes zu sein. Wir wollen alle Welt dafür gewinnen. Und wir hoffen, daß dieser Maler von einem Dichter Ihres Ranges, auf den Könige und Kaiser hören, gern einen Rat annehmen wird."

„Also wirklich", jetzt lachte Aretino wieder, „das ist bei Gott nicht mein Gebiet. Ich kenne die Liebschaften aller Fürsten Europas. Ihren Beginn, ihre Schwierigkeiten, ihre Zänkereien. Ich weiß, wer mit Tieren tändelt. Es gibt nichts, das die Großen an den Fürstenhöfen auslassen. Aber auf theologische Feinheiten verstehe ich mich nicht."

„Ich sagte vorhin, es gibt Menschen, die durch das Studium heiliger Schriften und durch die Tat beweisen, daß sich ihr Sinn gewandelt hat. Sie brauchen sich dieser langwierigen Mühe nicht selber zu unterziehen. In den nächsten Tagen wird Ihnen ein Bruder unserer Gesellschaft die geeigneten Stichworte bringen. Wie Sie das in Ihre eigene, in der Welt hochgepriesene Sprache übertragen und ein gutes Stück italienischer Prosa daraus machen, das bleibt allein Ihnen überlassen."

★

Der Abgesandte der verbannten Republikaner aus Florenz hatte sich nicht abweisen lassen; es war ihm gelungen, bis in die Sixtinische Kapelle vorzudringen. Ein wenig vorwurfsvoll sagte er zu Urbino:

„Man kann kommen, wann man will, nie trifft man Buonarroti zu Hause an, nicht früh, nicht mittags, nicht abends."

„Wir arbeiten", entgegnete Urbino sehr knapp und sehr sachlich. Und er fragte in ebenso vorwurfsvollem Ton wie der andere, ob es dringend sei. Bisher war es ihm, dem Gewissenhaften, immer gelungen, alle störenden Besucher wegzuschicken.

„Es ist dringlich", erwiderte der Abgesandte der Verbannten. „Es geht um Florenz, sagen Sie ihm das."

Buonarroti kam vom Gerüst herunter, mit dem schnellen Atem eines Mannes, der voll Ungeduld an die unterbrochene Arbeit denkt.

„Alessandro de' Medici, der Herzog von Florenz, ist tot. Ermordet", sagte der Abgesandte der verbannten Republikaner statt aller Worte der Begrüßung.

„Die Bettwanze", sagte Urbino nur, nichts weiter. Haß und Genugtuung füllten ihn aus. Und er dachte an die zarte Assunta, auch ihr Mann, der Fleischhauer, hätte sie nicht vor der Bettwanze beschützen können. Die Sehnsucht war mit der Zeit leiser geworden, dann und wann hatte er sich sogar dabei ertappt, wie er andere Frauen anschaute. Heute aber wäre er gern in Florenz gewesen und hätte dort mit seinen Freunden über den Tod des Tyrannen gesprochen. Sicher tanzen sie auf der Straße. Vielleicht hätte sie mit mir getanzt. Er strich sich erregt über sein graublondes, glattes Haar und bemerkte nicht die mißbilligende Handbewegung des Abgesandten und nicht das verweisende Kopfschütteln. Alles war wieder aufgerissen. Die Sehnsucht ist nicht leiser geworden. Einmal werde ich wieder über die Bergstraße kommen, und von weitem schon spüre ich den Geruch der Stadt, und dann geschieht es, an jener Biegung des Weges: Der Pinienwald öffnet sich, das Tal ist da und der Fluß mit der alten Brücke und inmitten der schmalen, bescheidenen Dächer die weite Kuppel des Doms und … Laß das sein, tadelte sich der gewissenhafte Urbino, Träume am hellen Tage verwirren den Menschen. Und er berührte, wie immer, wenn er verlegen war, sein Haar, gleichsam als wolle er mit der beruhigenden Handbewegung auch seine Gedanken glätten. Er blickte fragend zu Buonarroti, sie verstanden sich ohne Worte. Nein, sagten ihm die schmal zusammengepreßten Lippen des anderen, jetzt noch nicht die Farben reiben, bleib hier.

Und der Abgesandte der verbannten Republikaner sagte:

„Es war einer aus der jüngeren Linie der Familie Medici; es geschah mit dem Dolch. Es war Anfang Januar. Wir sind unterrichtet. Über alles, was in Florenz vor sich geht. Wir sind hierbei nicht ohne Anteil. Wir sind mächtiger geworden, einflußreicher. Ich möchte sagen, wir, die verbannten Republikaner, sind zu einer ansehnlichen Gruppe angewachsen. Und nun kommen wir mit einer Bitte zu Ihnen. Wir meinen, daß Sie zu uns gehören. Aber Sie müßten das auch deutlich zeigen. Und jetzt ist die Gelegenheit da. Sehen Sie, wir wollen alle Florentiner um uns scharen. Und wir dachten an ein regelmäßiges Zusammenkommen. Aber nicht ärmlich. Und nicht versteckt. Der Erzbischof von Florenz will uns einen Saal in seinem römischen Palast zur Verfügung stellen. Und dahinein gehört ein Bildwerk von Ihnen!"

Buonarroti schwieg; der Abgesandte redete weiter, mit Begeisterung:

„Jetzt ist die Stunde gekommen. Heben Sie Ihren Meißel auf. Schaffen Sie für uns nun den Sieger Herkules, wie er Antäus überwindet. Und dann, wenn wir zurückkehren nach Florenz, werden wir dem langen Zug der Heimkehrenden Ihr Bildwerk vorantragen. Und es wird seinen Platz finden im großen Rathaus."

Nur Urbino, der schon fast zehn Jahre bei Michelangelo arbeitete, konnte sich vorstellen, was jenes schmale Lächeln in den Augen des Mannes mit dem faltenreichen Gesicht bedeutete. Er wußte: Der andere überlegt, wie der Block für das Bildwerk beschaffen sein muß. Seine Gedanken können das, gleichzeitig die gesamte Komposition des Jüngsten Gerichts überschauen, so daß jede einzelne

Figur untrennbar hineinverwoben ist, und dabei den Marmor abtasten, die Formen im noch groben Block erkennen. Und Urbino bewunderte ihn, aber nicht mit hemmungsloser, peinlicher Selbstverleugnung, sondern mit liebender Sorge, ähnlich wie die alte Caterina. Und mit der sachlichen Gewissenhaftigkeit eines Menschen, der sich verantwortlich fühlt, fragte er den Abgesandten der verbannten Republikaner:

„Ist nicht der Erzbischof von Florenz, der Kardinal Ridolfi, auch ein Verwandter der Medici?"

„Was wollen Sie, junger Mann?" entgegnete der andere. „Daran können Sie unseren Einfluß ermessen. Ich sagte es schon, wir sind gewachsen. Ich selbst habe zum Beispiel bei der Vorbereitung zur Papstwahl mitgewirkt. Und wir werden nicht versäumen, unser Gewicht bei dem kommenden Konzil geltend zu machen. Kardinal Ridolfi durften wir schon dann und wann auf unseren Zusammenkünften begrüßen. Er wird unsere Forderung auf Rückkehr nach Florenz bis vor das allgemeine Konzil der gesamten Christenheit bringen."

Unvermutet begann Urbino das Lied von Bettwanze und Skorpion zu summen.

„Das will ich nicht hören." Mit einer weiten Handbewegung wischte der Abgesandte die Erinnerung an das Lied über Alessandro und Ippolito aus dem Haus Medici beiseite. „Beide sind tot. Und beide ermordet von der eigenen Familie. Leben Sie denn nicht in dieser Welt?" fragte er vorwurfsvoll den Gehilfen mit den wäßrigen Augen. „Die Medici der jüngeren Linie sind gemäßigte Leute, mit ihnen kann man reden. Auch über unseren Anteil an einer neuen Regierung."

Urbino entgegnete nüchtern:

„Junge Wanzen und junge Skorpione."

„Dieses Lied", so sagte Buonarroti langsam, „wurde damals in den Tagen des Kampfes der letzten Republik in den Gassen gesungen, ich habe es noch genau im Ohr. Bis zu mir hinauf nach San Miniato wehten die Klänge."

Der Abgesandte bewegte seine Hände mit ausdrucksvoller Verzweiflung, er wußte nicht, was er sagen sollte. Da redete Buonarroti schon weiter:

„Dann kam ich nach Venedig; da lernte ich ein anderes Lied kennen: Seht es euch an, so geht die Zeit hin. Ja die Zeit nagt."

Der Sprecher der Verbannten wußte nichts damit anzufangen. Er löste die bewegte Geste seiner Hände auf zu einer beschwörenden Bewegung, dabei kehrte er beide Handflächen Buonarroti zu:

„Sagen Sie nicht nein. Sagen Sie nicht, Sie haben keine Zeit, weil Sie am Jüngsten Gericht schaffen müssen. Wir wollen Sie nicht drängen. Wir wissen, wenn Sie einmal beginnen, wenn Sie Feuer fangen, dann arbeiten Sie schnell. Bitte, Sie sollen an nichts gebunden sein. Wenn Ihnen der Vorschlag mit Herkules und Antäus nicht zusagt, Sie können meißeln, was Sie wollen. Es kann auch ein Sinnbild der Auferstehung sein, ähnlich wie vielleicht Ihre Morgendämmerung daheim in der Kapelle San Lorenzo. Oder ein Zeichen der Unvergänglichkeit, ein Flußgott, der Herr über die ewig fließenden Wasser. Wir haben nur eine einzige Bedingung. Es muß von Ihrer Hand sein. Denn Sie sind schon zu Ihren Lebzeiten durch Ihre Werke für uns alle, die wir fern von der Heimat sind, der Inbegriff für die Schönheit und die Größe von Florenz geworden."

Selbst der nüchterne Urbino mußte mit der Rührung kämpfen. Und jetzt wünschte sogar er, daß Buonarroti nicht nein sage.

Und Michelangelo sagte ja.

★

Merkwürdig, er verspürte den Wunsch, der Witwe Colonna die Zeichnungen vom Jüngsten Gericht zu zeigen. Alle die unzähligen Versuche. Alle Stationen auf dem langen Weg bis zur beendeten Arbeit. Sonst hatte er mit Sorgfalt die Spuren seiner Mühsal beseitigt, hatte sie vor den Augen Fremder verborgen, ja sogar seinem Urbino zeigte er nicht alles. Es hätte ihn empfindlich gestört, wenn einer nachgezählt hätte, wie oft er etwa eine Hand, die ein Messer hält, aufzeichnet, bis er in die Haltung jedes einzelnen Fingers jenen Ausdruck bekommt, den er für die Gesamtkomposition des Bildes braucht. Die Unzufriedenheit mit sich selber stand auf jedem dieser Blätter. Aber es wäre ihm peinlich gewesen, anderen Einblick zu geben in das unaufhörliche Suchen nach der letzten Vollendung.

Doch irgendwo, ganz im verborgenen, war immer der Wunsch in ihm gewesen: Einer müßte dasein, dem ich alles vorweisen kann, Blatt für Blatt. Und einige Male hatte er auch wirklich geglaubt: Jetzt ist der Mensch gefunden.

In sehr fernen Tagen war es Giulia gewesen, die sehr blonde und sehr schlanke und sehr junge Frau aus uralter, an Gütern reicher Familie in Bologna.

Aber er hatte ihr nicht einmal sein Gedicht gezeigt, für sie geschrieben.

Und der Maler Giuliano Bugiardini in Florenz. Der hatte vieles von ihm verstanden, nur nicht dieses Unzufriedensein. Er meinte jedesmal: „Schon dein erster Entwurf ist großartig, und ich könnte dich darum beneiden. Warum die Mühe? Für die Auftraggeber ist das gut genug."

Da war es gesagt, gut genug für die Auftraggeber, und es stimmte. Aber nicht gut genug für mich. Denn die Auftraggeber und ihre Ansprüche werden vergessen werden. Ihre Ansprüche sind gering. Sie lieben das Verständliche, Freundliche, Mittelmäßige mehr als das Unbequeme, Überragende, und sie haben es auch nicht leicht, das Außergewöhnliche herauszufinden, da fast jeder, der ein Bildwerk herstellt, überzeugt ist, er habe etwas außerordentlich Gutes geschaffen. Und solange das Mittelmäßige der Maßstab ist, wird eben das Mittelmäßige für hervorragend gehalten.

Es war wenig sinnvoll, zum hundertsten Male dem geduldigen Febo von den Päpsten zu erzählen, die bisher seine Auftraggeber gewesen waren. Febo war liebenswürdig und schön, aber alle Gespräche mit ihm blieben Selbstgespräche.

Er gab es nicht zu, Sebastiano fehlte ihm, seine klugen und herausfordernden Bemerkungen, seine überheblichen Urteile. Sicher wäre der Venezianer gekommen, wenn er ihn gerufen hätte, doch Buonarroti konnte sich nicht dazu überwinden.

Tomaso Cavalieri hatte einmal gesagt: Es ist leichter, aus der Hölle herauszukommen als von Michelangelo wieder gegrüßt zu werden.

Weg mit den Erinnerungen, sie ließen es nur spürbar werden, daß niemand da war. Und heute, vielleicht nur heute war sein Herz erfüllt von Sehnsucht nach einem Wort voll freundlicher Klugheit.

Er schickte Urbino zum Kloster San Silvestro. Mit Erlaubnis des Papstes wohnte Vittoria Colonna dort. Sie brauchte sich nicht nach den Regeln des Hauses zu richten. Sie war keine Nonne. Er wünschte so sehr, sie möchte doch kommen, daß er die Mühe des Umkleidens auf sich nahm. Er zog sich an wie zu einem Fest, aber er ließ die Blätter noch in der Truhe. Er war nicht sicher, ob er wirklich das Wagnis auf sich nehmen würde, einen anderen Menschen einzulassen in die Tiefen seiner verzweifelten Anstrengungen, letzte Vollkommenheit bei der Darstellung des Menschen zu erreichen.

Sie kam. Und wieder traf es ihn, wie häßlich sie war. Er mußte sich erst aufs neue daran gewöhnen. Einsilbig, fast mürrisch führte er sie in seine Werkstatt. Der Zauber, mit dem seine Gedanken sie umgaukelt hatten, war blaß geworden, und er wünschte, er hätte sie nicht gerufen.

Sie erkundigte sich nicht nach seiner Arbeit, sie drängte sich nicht auf. Doch sie wußte, es gab etwas anderes, worüber er mit niemandem sprach; sie spürte es, ein Stück seines Herzens war in Florenz. Sie fragte nach Lionardo. Sie redete langsam mit ihrer erregend tiefen, warmen Stimme.

Kaum jemand in Rom mochte sich daran erinnern, daß dieser Tage sein Neffe siebzehn Jahre alt wurde, aber Vittoria dachte daran. Es war nichts liebenswürdig Herablassendes darin, wie sie fragte, ob ein neuer Brief aus Florenz da sei, es war echtes Anteilnehmen.

Buonarroti schaute sie mit langem Blick verwundert an. Er hatte vergessen, wie schön ihre Stimme klang.

„Ich weiß nicht, wer dem Lionardo das Schreiben beigebracht hat", sagte er mit schmalem Lächeln. „Ich ärgere mich jedesmal, wenn ein Brief kommt. Er schmiert. Ich kann es nicht anders sagen. Er gibt sich keine Mühe. Und ich halte so eine Schreiberei für einen Ausdruck von Hochmut und Verachtung dem gegenüber, der diesen Brief bekommen soll."

„Zeigen Sie her", verlangte sie. „Ich verlasse mich nur auf das, was ich selbst gesehen habe."

Buonarroti hatte den Brief mit in die Werkstatt genommen. Nach dem ersten Ärger hatte er sich so sehr darüber gefreut, daß er ihn noch einmal lesen wollte, in einer Pause bei der Arbeit. Es stand nichts weiter darin als ein Dankeschön für den neuen Ledergürtel. Doch die Worte waren liebevoll und kindlich und rührend, und sie bewegten das Herz.

„Sie haben recht", sagte Vittoria, „die Schrift ist eine Zumutung. Aber wiegt nicht der Inhalt die schlechte Form tausendfach auf?"

„Kann Liebe wahr sein, wenn sie keine Rücksicht nimmt?"

„Ein Kind. Es hat tausenderlei im Kopf, es möchte hinaus in die Sonne, mit anderen jungen Menschen zusammen sein, spielen. Es ist in Eile. Etwas anderes sagt die Schrift nicht."

„Hören Sie doch auf. Ein Kind. Er ist schon fast erwachsen. Lionardo hat alles vergessen, was ich ihm gesagt habe. Gewissenhaftigkeit, das ist der Anfang und das Ende. Wie oft kommt mich die Versuchung an, eine Zeichnung rasch hinzuwischen, denn ich sehe, wie die Zeit eilt. Ich muß einen ganzen Gerichtstag zusammenrufen, und vielleicht möchte ich auch einmal gern hingehen und zuschauen, wie sich Sonnenstrahlen im Tiber verfangen; vielleicht habe ich große Sehnsucht danach, das Glitzern im Wasser zu beobachten. Aber hier", er schlug den Deckel der Truhe auf, nahm Zeichnungen heraus, „eine Hand, zehnmal, und ich bin ehrlich und sage mir, das ist noch immer nicht gut genug."

„Sie verfallen in die gleiche Eitelkeit wie alle Leute, die mit Kindern zu tun haben: Sie wollen nur sich selbst sehen. In dem jungen Lionardo soll noch einmal ein fleißiger, zäher und gewissenhafter Michelangelo auferstehen. Aber das Kind wehrt sich und liebt Sie gleichzeitig. Das Kind hat es schwer." Und ohne Übergang, sehr leise, fast wie im Selbstgespräch sagte sie: „Ich habe es gewußt, daß Sie vor aller Welt verschweigen, wie peinlich genau Ihre Versuche sind. Das gehört zu Ihnen. Nur dem Kind haben Sie es gesagt. Sie beschweren sich, daß Lionardo es vergessen hat. Sie wußten: Ein Kind vergißt vieles, weil es täglich Neues zu begreifen hat und weil es die Grenze zwischen Spielen und Nicht-mehr-Spielen noch nicht so genau kennt. Nicht das Kind ist hochmütig, Sie sind hochmütig."

Sein Schweigen verwirrte sie ein wenig. Sie ging zu ihm, strich ihm sacht über die Hand mit behutsamer Zärtlichkeit, zurückhaltend und scheu, mit Selbstverständlichkeit und zugleich mit Unsicherheit.

„Entschuldigen Sie, ich bin in der Verteidigung des Kindes zu weit gegangen. Ich verderbe es mit allen. Mit meiner Familie fing das an. Ich schämte mich, daß ich den Namen Colonna trug, und ich sagte es ihnen. Wir Colonna haben mit schuld an der Zerstörung Roms, das wäscht niemand mehr von unserem Namen herunter. Ich sage immer, was ich denke. Das ist vielleicht ein Fehler. Vielleicht bedeutet Colonna nichts weiter als zerstören. Alles, was mich mit meiner Familie verbunden hat, ist abgerissen, weil ich es so gewollt habe. Und jetzt bin ich dabei, unsere Freundschaft zu zerstören."

„Ich glaube, nur was erledigt und abgelebt ist, kann zerstört werden. Und wenn Sie mir Hochmut vorwerfen, so werde ich darüber nachdenken müssen. Von den sieben Hauptsünden ist das die erste."

„Ah ja, das haben wir gelernt, die sieben Sünden herunterzuplappern wie ein Gebet. Hochmut, Geiz, Unkeuschheit, Neid, Unmäßigkeit, Zorn, Trägheit. Und wenn wir sie nennen, glauben wir schon, daß wir uns dagegen verwahren. Und wir stellen spitzfindige Untersuchungen darüber an, welche wohl die sündigste Sünde sei …"

„Die Trägheit", unterbrach Buonarroti.

Mit ihren langsamen Augen, nahe an seinem Gesicht, sah sie ihn an.

„Dann müßte ich schon längst verlangt haben: Zeigen Sie mir alle Ihre Zeichnungen vom Jüngsten Gericht. Ich könnte mich darauf berufen, daß Sie eben gesagt haben, unsere Freundschaft sei nicht zerstört. Aber ich habe eine Abneigung, ich will nicht sagen Angst, gerade das von Ihnen zu erbitten."

Buonarroti fragte leise:

„Warum?"

Sie wußte nicht, was sie ihm antworten sollte. Die Entgegnung, ich bin nicht das Kind, das keine Kenntnis hat von der Grenze zwischen Spielen und Nicht-Spielen, kam ihr dürftig vor. So sagte sie nichts. Nur in ihren Augen stand das Verlangen, alles zu wissen.

Er sah es, und er nahm die Blätter, die Zeugnisse seiner Einsamkeit, seiner Bitterkeit, seiner Sicherheit und seiner Siege. Und er brachte alles zu ihr, wartete, daß ihre Hände die Blätter berührten.

Zögernd begann sie auf die Zeichnungen zu blicken und überlegte dabei: Vielleicht stimmt es gar nicht, was ich mir vorgeredet habe, daß sein allergeheimstes Wesen zu erkennen sei in diesen Zeichnungen. Vielleicht muß ich gar nicht durch eine Schranke gehen, und es bleibt alles, wie es zwischen uns war, der Abstand, wie er durch die abgemessene Form der Gedichte wiedergewonnen ist. Niemand von uns erwähnt noch einmal mein unbeherrschtes Reden über Bernardino. Das ist wieder versunken in das Dahinströmen der Vergessenheit. Und zwischen uns bleibt die Höflichkeit, die Freundlichkeit, das Recht, den anderen zu tadeln, zu ermuntern, und manchmal im Freundeskreis ein gemeinsames Essen, Gespräche über Malerei und Bildhauerei, aber so geführt, daß sie jederzeit von anderen aufgezeichnet und veröffentlicht werden können, zum Nutzen und zur Lehre für diejenigen, die da nach uns kommen. Und sie dachte: Wenn ich nicht über diese Schranke brauche, dann habe ich bis an das Ende meiner Tage eine sehr nützliche Freundschaft gewonnen.

Und ihre Gedanken gingen noch weiter weg, zu ihrem Kind Alfonso. Ich habe ihm nie gesagt, Gewissenhaftigkeit, das ist der Anfang und das Ende, ich habe ihm gesagt, du kannst dir wünschen, was du willst, du bekommst alles. Merkwürdig, erst jetzt sehe ich, bei Buonarroti ist es wie bei mir: Es ist nicht mein Kind, ich habe es nur angenommen. Mein Neffe Alfonso ist nur ein wenig älter als sein Neffe Lionardo. Und ich wünsche wie dieser Mann hier, das Kind, das mich mehr angeht als alle anderen Menschen, soll der schönste, der beste, der klügste, der geachtetste Mensch in der Welt werden. Ich glaube, auch ich würde mich ärgern, wenn Alfonso mir Briefe mit liederlichen Buchstaben schriebe. Man schreit immer erst dann auf, wenn es einen selber trifft.

Sehr langsam begriff Vittoria, daß sie sich mit den Gedanken an Alfonso wehren wollte gegen das Einsinken in die Welt dieses Jüngsten Gerichts. Schwarzer Kreidestift und Papier. Nur Versuche, Klarheit zu gewinnen über eine bestimmte Bewegung. Sie betrachtete alles, und der Abstand blieb gewahrt. Das Drehen der Hand, das Schweben, das Aufwärtsziehen einer schweren Last, das Umarmen zweier geretteter Menschen, das Tragen einer Säule, das Ansetzen des Mundes an eine Posaune, das Halten eines Messers in der rechten Hand, das Zur-Seite-Wenden des Kopfes und wieder das Schweben aufwärts mit ausgestreckten Armen und angezogenen Beinen. Nackte Menschen. Und noch einmal das Aufwärtsziehen. Arme, die Bewegung unterstreichend. Das Knien, das Herausziehen eines Menschen aus einem Fluß, das Herausspringen aus dem Kahn. Noch ein Versuch, das Schweben von oben ohne Flügel zu erklären, fast waagerecht der nackte Leib und doch Bewegung, und das Tragen der Last. Die erhobene rechte Hand des Richtenden. Der angewinkelte Arm. Das Zurücknehmen der linken Schulter. Das vor Angst aufgerissene Auge eines Verdammten, seine Hand, die sich vor Grauen im eigenen Gesicht festkrallt.

Gott bewahre mich vor so verzweifelter Angst, dachte sie. Nahm das nächste Blatt. Kluge, forschende, weit aufgetane Augen in einem schmalen Gesicht mit eingefallenen Backen und schönem Mund mit voller Unterlippe. Dieser Kopf, groß, unten in der Ecke des Blattes, darüber der nackte Leib eines Mannes, sitzend.

„Der heilige Laurentius", erklärte Buonarroti, und er sagte nichts weiter.

Sie hielt das Blatt noch eine Weile in der Hand, betroffen. Fragende Augen voll Unsicherheit und voll Zweifel. Und die Frage, werde ich anerkannt als Auserwählter, wiederholt der ganze Leib des Sitzenden. Die rechte Hand stützt sich schwer auf, denn fast die ganze Last des Oberkörpers mit den kräftigen, breiten Schultern ist jäh auf diese eine Seite verlagert, das rechte Bein ist fest aufgestellt, abgewinkelt im Knie, der Fuß bereit zum Aufspringen. Aber die aufgestützte rechte Hand kann dem Leib die Kraft geben, sich nach oben zu wenden, doch der lang ausgestreckte linke Arm dämpft die erregte, angespannte Erwartung auf die endgültige Rettung. Der abwärts weisende Bogen dieses Armes, von der Schulter heraus bis zu den Fingerspitzen, ist erklärt durch das Halten des Rostes, des Martergerätes. Der schroffe Gegensatz von der harten Enge des kraftvollen, stark verkürzten rechten Armes zu der gelösten Weite des lang ausgestreckten linken Armes traf die Betrachtende wie ein Schrei. Es war nicht möglich, davor gleichgültig zu bleiben, weil Hoffnung und Zweifel und quälende Angst über das Ungewisse diesen Körper schüttelten, fast bis zum Zerreißen.

„Warum geben Sie diesem Heiligen nicht die verdiente Ruhe des Verklärten?" fragte sie. „Gerade diesem Mann. Er ist für mich in den letzten Jahren immer die Bestätigung gewesen. Gefragt vom Verfolger der Christen, dem

Kaiser Diokletian, wo er die Kasse der gläubigen Gemeinde versteckt halte mit allen Schätzen an Gold und Edelsteinen, gab er zur Antwort: ‚Der Reichtum der Kirche ist nicht verborgen in einem Kasten im Keller. Unser höchstes Gut sind die Menschen, die ungezählten, die arbeitenden und die armen.‘ Wir haben diesen Reichtum der Kirche mit Füßen getreten. Ich auch. Warum zweifelt dieser Laurentius? Zweifelt er an Gott? Oder an uns, weil wir ihn als Vorbild vergessen haben?“

Sie wollte keine Antwort, sie nahm das nächste Blatt und verfing sich so tief in der Welt seiner Gedanken, daß sie sich nicht mehr auf ihren Abstand berufen konnte. Die Versuche über die Gesamtkomposition. Der Herr in der Mitte, nackt wie alle anderen in dem aufgewirbelten Kreis aus Menschenleibern um ihn her. Nur erkennbar an seiner Haltung: die rechte Faust hoch erhoben. Aber wo ist Maria? Sie sitzt nicht, wie es ihr zukommt, neben dem Richtenden. Sie steht mitten unter denen, die auf das Gericht warten, durch nichts hervorgehoben. Und Vittoria begriff: Diese Zeichnungen waren gefährlich. Sie bestätigten eigene Zweifel, sie vergrößerten eigenes Unbehagen. Mit größter Vollendung gezeichnete Gedanken. Das Herz möchte himmelauf jauchzen über die unvergleichliche Kunst. Das Herz krampft sich erschrocken zusammen, fragt: Soll sich denn Kunst einmischen in die Sorgen und Kämpfe des Tages? Diese Versuche, die Gesamtkomposition zum Jüngsten Gericht festzulegen, sind nichts anderes als ein deutliches Nein zu der übermäßigen Marienverehrung. Aber kann Kunst die Kämpfe des Tages verleugnen, wenn derjenige, der malt, erfahren hat, was jenseits der Berge geschehen ist? Eben die Leute, die Laurentius als den größten Reichtum der Kirche bezeichnete, sind hingegangen in ihre Gotteshäuser und haben die Bildwerke herausgerissen und zerstört, weil nichts mehr zusammenstimmte. Die erhabene Gelassenheit der verklärten Heiligen und das geschäftige Wirken ihrer Vertreter, die Jagd nach Pfründen, die Sucht nach angenehmem Leben, ohne zu bedenken, daß Tausende auf geschundenen Rücken die Last der wenigen sehr Satten tragen müssen. Und Vittoria Colonna sagte:

„Vergessen Sie nicht, wir leiden nicht nur an den sieben Hauptsünden, auch die vier himmelschreienden Sünden verführen uns. Sie sind der einzige, der es wagen darf und der es auch kann. Zeigen sie die zwei erbärmlichsten von allen Sünden: Unterdrückung der Armen, Witwen und Waisen und das Vorenthalten des gerechten Lohnes, wie es geschrieben steht im Alten Testament bei Moses."

„Darüber denken Sie nach?" fragte Buonarroti mit seinem schmalen Lächeln. Und er überlegte: Sie hat viele Gesichter, immer wieder, unvermutet taucht ein noch nicht gekanntes auf.

„Ja", antwortete sie und dachte über ihre Worte nach, bevor sie weiterredete: „Es kam durch Bernardino. Ich fing an, mit seinen Augen zu sehen. Aber erst, nachdem ich von den brennenden Häusern Roms und von dem Schreien der verlassenen Kinder geweckt worden war.

Da erst habe ich ihn verstanden. Er hat einmal zu mir gesagt: ‚Der Zustand in der Welt ist so, daß es auch kein Vergessen im Umarmen der Liebe gibt. Woher nehmen wir den Anspruch auf Glück?' fragte er mich."

★

Bernardino Occhino, sein Name besaß Zauberklang. Die Leute auf der Straße bekamen einen eigenartigen Glanz in die Augen, wenn sie ihn erwähnten. Wie oft schon hatte er ihnen das wundersam süße Versenken in seine von heißem Atem durchwehten Predigten geschenkt. So viele Städte forderten ihn jedesmal zu Ostern auf, daß der Heilige Vater selbst entscheiden mußte, wohin er gehen sollte.

Es hieß: Ein neuer Savonarola ist auferstanden. Doch Bernardino Occhino war beunruhigt und unzufrieden. Er hatte um eine Unterredung mit dem Papst gebeten.

„Heiliger Vater, erlauben Sie mir, daß ich weggehe aus den großen Städten. Ich kann nicht mehr predigen."

„Mein Sohn, ich hoffe, du bist nicht krank." Paul III. aus

dem Haus Farnese suchte wie immer zu beruhigen, zu vermitteln, auszugleichen. Er war dicklich, schlaff und freundlich; er traf nicht gern Entscheidungen. Aber er hatte sich einen großen Stab von Beratern herangezogen. Das war seine Stärke.

„Ich bin nicht krank", entgegnete der hochgewachsene Occhino entschieden. „Ich kann nicht mehr so weiterleben. Erlauben Sie mir, daß ich in die kleinen Bergdörfer im Süden gehe und dort wirke."

Der Heilige Vater blickte unentschlossen vor sich hin.

„Warum?" fragte er nach einer Weile.

„Gestatten Sie mir, daß ich es Ihnen erkläre."

„Ich bitte darum."

Und Bernardino Occhino begann:

„Heiliger Vater, ich habe gepredigt, auf der Straße. Hier in Rom. Da stand eine Mutter mit ihrem Kind an der Hand."

Papst Paul III. aus dem Haus Farnese bewegte seine Hände, unterbrach:

„Einen Augenblick. Kannst du, mein Sohn, mir mit einem Wort sagen, worum es sich handelt?"

Bernardino dachte lange nach, dann erklärte er:

„Ja, ich kann es in einem Satz sagen: Ich zweifle an der Nützlichkeit des Predigens."

„Aber, lieber Sohn. Gerade du, die Zierde deines Ordens. Wir alle sind stolz auf dich."

„Verzeihen Sie mir, Heiligster Vater, aber ich kam nicht zu Ihnen, um mir Lob zu holen. Ich meine es ernst mit meiner Bitte, mich in die Bergdörfer des Südens gehen zu lassen."

Es war für Occhino, der die Unentschlossenheit des Papstes kannte, keine Überraschung, daß er einen Berater hinzuzog.

Und vor dem Kardinal Gian Pietro Carafa, dem Mitglied der Kommission für die Reinhaltung und die Ausbreitung des Glaubens, begann Bernardino Occhino noch einmal:

„Heiliger Vater, ich habe gepredigt, auf der Straße. Und die Leute schauten aus großen gläubigen Augen zu mir auf. Da stand eine Mutter mit ihrem Kind an der Hand. Es war schwach, es schmiegte sich an ihren Rock, es blickte zu mir, und ich sah: Es war am Verlöschen, eine kleine, zuckende, ausgezehrte Flamme.

Die Mutter aber hatte ihr Herz zum Gebet weit geöffnet. Sie versank, geleitet durch meine Worte, in taumelndes Vergessen. Als trinke sie süßen Wein. Ich verstand sie, so wie ich noch nie einen Menschen verstanden habe: Sie überließ mir, dem Diener Gottes, voll ängstlicher und gleichzeitig gläubiger Sorge für diesen Augenblick der Predigt das magere, ausgehungerte Kindlein. Ich sah, wie sie hoffte, daß endlich das Wunder geschehe. Wenn das letzte Gebet gesprochen ist und ihre Augen auf das Kind an ihrer Hand niederblicken, dann muß es stark und kräftig sein und lächeln. Unter meinen Augen verfiel das Kind. Und ich sah, wie beim letzten Amen Hoffnungslosigkeit in den Augen der Mutter aufbrannte.

Wenn Predigen nur Vergessen bringt, habe ich dann überhaupt das Recht, die Herzen aufzuschließen? Wenn ich nichts anderes weiß als Worte, vergrößere ich dann am Ende, wenn das trübe Aufwachen aus süßem Taumel kommt, nicht nur die Qual?"

Der hagere große Gian Pietro Carafa, der Neapolitaner, betrachtete den Jüngeren mit Zurückhaltung, überlegte: Dieser Kapuziner meint, was er sagt. Er schätzte den Prediger ehrlich und ohne Neid, und darum konnte er, der zwar wenig beliebte, aber wegen seiner harten Gerechtigkeit weithin geachtete Kardinal ohne Zögern aussprechen:

„Wir wissen genau, worauf sich Ihr Erfolg gründet. Die Beredsamkeit haben die anderen auch. Auch die wissen, wie man eine Predigt zusammensetzt, sie haben es genau studiert, bei den alten Kirchenvätern und bei Aristoteles und Cicero. Aber warum gehen die Leute alle zu Ihnen und nicht zu den vielen tausend Predigern? Weil sie spüren, daß es bei Ihnen vom Herzen kommt. Weil Sie ihre Zweifel selbst herumtragen. Die anderen, die glatten, für die alles gelöst ist, beginnen neidisch zu werden. Und die wollen und können nicht begreifen, warum denen die Zuhörer davonlaufen. Also gut, Sie fragen nach der Nützlichkeit der Predigt. Ich frage Sie, was, meinen Sie, ist besser als predigen?"

„Handeln."

„Und wie handeln? Vielleicht im Sinne Ihres neugegründeten Ordens?" fragte Carafa.

„Jawohl, wir müssen so leben wie die Jünger des Herrn", entgegnete Occhino.

„Lieber Freund, Sie bestätigen, was ich schon bei der Trennung Ihrer Brüder von den Franziskanern sagte. Ihr neuer Orden, die sogenannten Kapuziner, hat den zweihundert Jahre alten Streit der Franziskaner wieder heißgerührt. Die Behauptung, Christus und die Apostel hätten auch keinerlei Eigentum gehabt, rückt Sie bedenklich in die Nähe der Leute, die da sagen: Alles gehört allen. Das ist bereits im Jahre 1323 von Papst Johannes XXII. für Ketzerei erklärt worden."

„Hochwürdiger Kardinal und Bruder, ist es nicht beschämend für uns, wenn wir immer wieder zugeben, wie sehr wir in Angst sind vor dem, was jenseits der Berge geschieht?"

„Sehen Sie, wohin Sie mit Ihren Gedanken gehen? Zu dem Mann, der diese Überlegungen zur Tat machte. Er war der Prediger für ein ganzes Heer von Bauern. Er hatte auch den Schlüssel, die Herzen der Menschen zu öffnen. Er sagte es laut: Omnia sunt communia. Alles gehört allen. Aber er wurde enthauptet."

„Das ist für mich keine Beweisführung. Wie sollen denn die Menschen auf der Erde leben? So weiter?" Und da Carafa schwieg, sagte Occhino: „Vielleicht sind wir hier in Rom nur schlecht unterrichtet über das, was dort geschieht." Und Occhino sagte auch noch das: „Manchmal wünschte ich, jenseits der Berge zu sein, um alles zu erfahren und zu erforschen."

„Ich würde es nie befürworten, daß man Sie als Prediger oder Beobachter über die Berge schickt. Einer, der nicht in sich fest ist, darf nicht in die vorderste Linie gehen", sagte Carafa.

„Ich will in unsere kleinen Bergdörfer. Ich kann nicht mehr in den großen Städten sein. Ich will zu den Geringsten, die nicht einmal etwas ahnen von dem Glanz der Paläste, die nie weggekommen sind aus ihren Hütten, sie haben noch weniger als die Ärmsten in Rom. Sie wissen nicht einmal, daß Menschenhände sehr hohe Häuser bauen können. Es ist keine Eitelkeit, bitte glauben Sie mir. Ich möchte unendlich gerne bleiben, und wie gerne würde ich, geruhsam wie die anderen, in den vatikanischen Gärten wandeln unter schattenreichen Bäumen, vorbei an kühlenden Brunnen. Und, nicht wahr, mein Ruhm auf den Straßen, wie die Menge der Menschen weint und lächelt unter meinen Worten. Aber ich kann und will die süße Verlogenheit des Taumels nicht mehr ausbreiten, und, da können Sie, verehrter Bruder und Kardinal, völlig beruhigt sein, ich bin gewiß nicht geeignet, ein Heer von Bauern um mich zu versammeln. Ich will hingehen und lehren, was Menschenhände können. Ich will selber graben und bauen."

Der Heilige Vater bedeutete durch das Aufheben der Hände, daß er die Unterredung abzuschließen wünschte. Also mußte Carafa schweigen.

„Ja, das klingt in der Tat bedenklich. Unser Kardinal Carafa hat nicht so ganz unrecht. Aber fürchte dich nicht, mein Sohn, du hast, wie ich weiß, auch gewichtige Fürsprecher: unseren sehr einsichtsvollen Kardinal Contarini, den Engländer Kardinal Pole und, nicht zu vergessen, den hervorragenden Kenner in allen Fragen des Kirchenrechts, den Bischof Morone, auch Freunde aus einflußreichen Familien wie die Witwe Colonna."

„Ich fürchte mich nicht", entgegnete der großgewachsene Mann mit den tiefliegenden dunklen Augen. „Ich suche nur nach der Antwort, ob Predigen hilft."

Es war sehr ehrend, wie der Papst vor dem strengen Carafa erklärte:

„Und ich sage dir, hätten wir hundert Männer, die so predigen könnten wie du, dann hätten wir alle abgefallenen Länder schon zurückgewonnen. So aber müssen wir glücklich sein, daß wir wenigstens einen haben. Wir brauchen dich in den großen Städten, für die Menge des Volkes. Also bleib. Und warte auf unsere Entscheidung."

Es war keine Antwort. Unbefriedigt ging Occhino. Alles blieb wie vorher, und er war doch gekommen, sein ganzes Leben zu ändern.

★

Ein Brief kam aus Venedig. Von Pietro Aretino. Wie ein Gruß aus sehr fernen Tagen. Es war schwer, sich vorzustellen, daß es einmal eine Zeit gegeben hatte, da er, Michelangelo, fast unbeweglich in einem Hause saß und Stunde um Stunde verrinnen ließ. Nichts anderes war dagewesen als das gleichmäßige Atmen des Meeres und jenes heiter-schwermütige Lied: Seht euch an, wie die Zeit nagt. Vor sieben Jahren. Auch im September.

Morgen aber, beim ersten Sonnenstrahl wird er mit Urbino auf dem Gerüst stehen. Einer, der schon mehr als sechzigmal den Herbst erlebt hat und noch ein gutes Tagewerk erledigen will, darf sich nicht von der lastenden Erinnerung an herbstschwere Lieder bedrücken lassen.

Beim Lesen im Licht der Öllampe schmerzten die überreizten geröteten Augen. Jedoch einer, der damals den Geflüchteten besucht und ihm Hilfe angeboten hat, darf den Anspruch erheben, mit Aufmerksamkeit gelesen zu werden:

Es wäre schlecht, verehrungswürdiger Mann, und gefährlich für die Seele des Menschen, sich nicht an Gott zu erinnern; doch genauso fehlerhaft wäre es, ein Zeichen von fehlender Urteilskraft, Sie nicht zu achten. Sie, der Inbegriff aller Wunder, der Mensch, über den alle Sterne ihre höchsten Gaben ausgeschüttet haben. In Ihren Händen liegt die Schöpfung einer neuen Natur verborgen. Das Schwierige wird Ihnen so leicht, daß Sie in den Umrißlinien der Körper schon das Ende der Kunst erreichen.

Ich grüße Sie und nahe Ihnen mit Ehrfurcht; denn es gibt viele Könige auf der Welt, aber nur einen Michelangelo. Und ich höre, daß Sie sich mit dem Ruhm, schon alle anderen besiegt zu haben, noch nicht begnügten. Mit dem Weltende, das Sie jetzt malen, wollen Sie den Weltanfang übertreffen, den Sie damals gemalt haben. Ihre Bilder können nur noch von Ihren eigenen Bildern überwunden werden. So feiern Sie den Triumph über sich selbst.

Ich stelle mir das Bild vom Weltuntergang am Jüngsten Tage vor: Ich sehe inmitten der Völkerscharen den Antichrist. Mit einem Antlitz, das nur Sie ersinnen können. Ich sehe den Schrecken auf der Stirn der Lebendigen. Ich sehe Sonne, Mond und Sterne, wie sie im Begriff sind, zu verlöschen. Ich sehe, wie das Feuer, die Luft, die Erde und das Wasser gleichsam den Geist aufgeben. Ich sehe abseits die entsetzte Natur in hinfälligem, unfruchtbarem Alter in sich zusammengesunken. Ich sehe, wie die Zeit ans Ziel gelangt ist und nun verdorrt auf einem Baumstamm sitzt. Und ich höre die herzzerbrechenden Posaunen der Engel. Ich sehe, wie Leben und Tod in Verzweiflung fallen. Das Leben versucht die Toten zu erwecken, der Tod bemüht sich, die Lebenden auszulöschen. Ich sehe, wie die Hoffnung die Scharen der Guten und wie die Verzweiflung die Menge der Bösen heranholen. Ich sehe, wie von den Feuern des Himmels sich die Wolken färben. Und dort thront Christus als Herr der Heerscharen. Ich sehe sein Antlitz strahlen. Es gleicht einer Flamme. Es erleuchtet die Guten. Es entsetzt die Schlechten. Ich sehe, wie aus der Finsternis Knechte heraufkommen, gräßlich und ekelhaft, und sie verhöhnen jene, die der Herrschsucht in der Welt nachjagten wie Caesar und Alexander. Aber jetzt sehe ich, wie der Ruhm kommt, mit Kronen und Palmen, auf einem hohen Wagen, er winkt die Märtyrer und die Heiligen an seine Seite, jene aber, die den verächtlichen, eigensüchtigen Tagesgeschäften nachliefen, sind unter seine Räder geworfen. Und endlich sehe ich: Aus dem Munde des Menschensohnes ergeht der Richtspruch. Ich sehe ihn auf zwei hellen Strahlen. Segen und Verdammnis. Und ich spüre, wie die Kraft dieser hinabgeschleuderten Richterworte die Erde erschüttert, zerstört, auflöst. Ich sehe die Lichter des Paradieses und die Feuer der Hölle, noch einmal erhellen sie gemeinsam die unendliche Finsternis, die über das Antlitz des Alls hereingebrochen ist.

Und wenn ich mir so das Jüngste Gericht vorgestellt habe, muß ich mich fragen: Wir werden uns schon ängstigen beim Anblick dieses Bildes, gemalt von Michelangelo, wie aber werden wir uns erst fürchten, wenn wir wirklich zu jenem Tag gelangt sind?

Geben Sie mir einen Hinweis: Muß ich mein Gelübde, Rom nie wiederzusehen, nicht brechen, um Ihr Bild zu bewundern?

Über dem Brief war der abgearbeitete Mann eingeschlafen. Der gewissenhafte Urbino kam und löschte die Öllampe.

★

Und so trafen sie sich wie immer im Klostergarten von San Silvestro, und sie redeten über das Jüngste Gericht. Und jeder hatte seine eigene Vorstellung, wie es sein müßte.

Kardinal Pole, der schmalgewachsene Mann aus England mit dem feinen, zarten Gesicht, meinte:

„Geben Sie dem Antichrist das Aussehen Heinrichs VIII."

Kardinal Contarini, der Mann aus dem goldenen Palast zu Venedig, erklärte:

„Ich glaube, mit Ratschlägen ist unser Michelangelo versehen bis ans Ende seiner Tage. Er möge lang leben. Und ist es nicht viel mehr Ihre Aufgabe, lieber Bruder, den König von England zu überwinden? Hat er Sie nicht aufgefordert, zu ihm auf die Insel zu kommen als Antwort auf Ihre Schrift ‚Über die Einheit der Kirche‘, lieber Bruder Pole?"

„Sie sind tapfer, Sie werden hingehen und ihn mit der Kraft Ihrer Worte bezwingen wie David den Riesen Goliath", meinte die Witwe Vittoria.

„Das ist, Sie müssen das einsehen", meinte Contarini, „keine Frage der Tapferkeit, sondern eine Angelegenheit der Kommission für die Reinheit und die Ausbreitung des Glaubens. Dort wird beschlossen, wer gehen soll. Hoffentlich denken die auch daran, daß ein Bote vom Vatikan möglichst auch die Landessprache verstehen sollte. Was da schon für Irrtümer vorgekommen sind ..."

Occhino plauderte nicht mit. Sie hätten ihn vielleicht nicht mehr verstanden. Seine Worte wären ihnen gewiß übertrieben vorgekommen: Ist nicht das große Gericht schon über uns gekommen? Und sind wir nicht schon längst verworfen?

Mit Wehmut und Erstaunen blickte er zu der Witwe Colonna, als sie mit rührendem Eifer bat:

„Lassen Sie auf Ihrem Bilde, lieber Michelangelo, den Menschen wenigstens die Hoffnung: Einer ist am Tage des Jüngsten Gerichts da und bittet für mich. Mutter Maria. Zeigen Sie die erbarmende Liebe, sie ist mindestens so stark wie der Zorn, wenn nicht stärker."

Bernardino Occhino, der Kapuziner, verdeckte mit der Hand seine Augen.

Was will ich? fragte er sich. Gläubigen Herzen die Zuversicht nehmen: Wenn du rufst, gibt es eine Mutter Maria, die auf dich hört.

*

Ein Brief mußte noch beantwortet werden. Urbino, der Gewissenhafte, brauchte nicht erst daran zu erinnern. Nicht eilig, aber sehr überlegt schrieb Buonarroti:

Verehrter Herr Pietro, mein Herr und Bruder!

Über Ihren Brief habe ich Freude und Schmerz zugleich empfunden. Freude, weil der Brief von Ihnen kam, Schmerz, weil es mich betrübt, daß ich nichts von Ihren Gedanken in meine Arbeit aufnehmen kann, da das Bild zum großen Teil schon vollendet ist. Ihre Worte schildern den Tag des Jüngsten Gerichts so glaubhaft, Sie hätten es nicht besser beschreiben können, selbst wenn Sie beim Jüngsten Gericht Augenzeuge gewesen wären.

Sie erwähnen, daß es Kaiser und Könige sich als höchste Ehre anrechnen, wenn Sie für diese Herren Ihre Feder verwenden. Warum sollte es mir dann nicht angenehm sein, wenn Sie über mich schreiben wollen? Und wenn Sie irgendeinen Wunsch haben, etwas von meinen Werken zu besitzen, so lassen Sie es mich wissen. Ihr Gelübde jedoch, Rom für immer zu meiden, sollten Sie nicht brechen, nur um ein Bild zu sehen, an dem ich arbeite. Das wäre zuviel der Ehre. Ich empfehle mich Ihnen.

*

Buonarroti brauchte den Mann, der da am Abend in seine Werkstatt kam, nicht erst zu fragen: Wer bist du? Zwar wußte er nicht seinen Namen, aber Michelangelo kannte viele, die wie er die langsame und sichere Art des Sprechens hatten, die wie er behutsam über Land gingen mit jenem wägenden Schritt, der nur auf dem Wasser zu erlernen ist. Ein Schiffer aus Trastevere.

„Sie haben Streit gehabt mit meinem Vater", begann der große breitschultrige Mann, nachdem er seine flache Mütze beiseite gelegt hatte. Fast in der Mitte der Stirn war eine scharfe Trennungslinie gezogen, von dem Mützenrand. Von da an aufwärts bis zum Haaransatz war die Haut seltsam hell, fast weiß, aber von den Augenbrauen herab über die Schläfen bis zum Kinn, dann den Hals entlang bis dahin, wo das Hemd über der Brust sich schloß, war die Haut dunkel geworden vom Wetter. Dieses Stück weiße Haut oben an der Stirn gab dem Mann eine eigenartige Würde, als sei ihm eine Krone tief in die Stirn gedrückt. Er redete laut, ein wenig singend:

„Sie werden den Streit sicher vergessen haben. Das war vor dreißig Jahren mit meinem Vater. Wir hatten damals eine harte Fuhre gehabt. Ich erinnere mich noch genau, das war Ostern 1506. Es war meine erste Fahrt, die ich mitmachen durfte. Wir hatten an der Tibermündung Marmorblöcke übergeholt in unsere Barke. Der Fluß hatte starke Strömung. Es war viel Regen gewesen. Wir brauchten drei Tage länger als sonst. Wir waren schon bis in die Stadt gekommen. Die Barke lag sehr tief, wir hatten zu schwer geladen. Ich hatte das Steuer zum erstenmal in meinem Leben. Sandro, hatte mein Vater zu mir gesagt, zeig, was du kannst. Aber ich wußte nicht, daß der Fluß sich den Winter über verändert. Wir liefen auf Sand, schlugen fast um. Es war eine Hundearbeit, loszukommen. Das schafft keiner alleine. Mitten im Fluß luden wir Marmorblöcke um auf die andere Barke von unserer Bruderschaft der Schiffer. Viele kamen zu Hilfe. Uns ist nicht ein Block ins Wasser gefallen. Wir haben diese elenden, verdammt schweren Steine sorgsamer gehütet als kleine Kinder. Denn die in Carrara hatten es allen Schiffsleuten gesagt: Das hier ist ein besonderer Transport, da darf auch nicht ein Splitter verlorengehen. Und dann standen Sie am Ufer, erklärten uns, Sie hätten kein Geld, wir sollten morgen wiederkommen."

„Ich habe nichts vergessen", entgegnete Michelangelo. „Es ist ein ekelhaftes Gefühl, betrogen zu sein und gleichzeitig angesehen zu werden wie ein Betrüger. Weil ich einem gegebenen Versprechen geglaubt hatte, so hatte ich Versprechungen gemacht. Ich weiß, das klang sehr billig, was ich damals Ihrem Vater sagte: Der Papst hat sein Wort nicht gehalten."

„Ich bin nicht wegen dieser alten Geschichte hergekommen", sagte der Schiffer Sandro langsam. „Sie haben uns ja doch bezahlt. Noch vor dem Osterfest. Ich weiß, daß Sie das Geld nicht vom Papst hatten, Sie mußten es leihen von einem Kaufmann aus Florenz. Es gibt wenig, was wir nicht wissen, wir Schiffsleute aus Trastevere. Da im Hafen von Civitavecchia, wenn wir die Säcke mit Pfeffer oder die Ballen Tuche auf unsere Barken übernehmen, treffen wir alle: Spanier und Portugiesen, Leute aus Genua und Neapel, aus Amsterdam, auch Türken habe ich schon gesehen. Und es stimmt vieles nicht, was uns gesagt wird über das Leben. Und ich denke, das kann nur einen Grund haben. Wir wohnen in der Niederung des Flusses, und der Fluß ist das Leben von Rom. Wer aber weggeht davon, wer so weit entfernt wohnt an den Hügeln, der kennt das

Wasser nur durch die Zuträger. Ich habe mich zum Beispiel mit vielen Leuten darüber unterhalten, was eigentlich Irrglauben ist. Die Menschen, die auf dem Hügel, sagen wir im Vatikan, wohnen, kennen so vieles aus unserer Niederung nur durch die Zuträger. Sie wollen ja gar nicht mit uns reden, sie wissen nicht, warum wir mit großer Aufmerksamkeit verfolgen, was da geschieht jenseits der Berge. Trifft es nicht auch bei uns zu, was dort über die Mönche gesagt wird? Wir wollen prüfen und vergleichen, was könnte auch gültig sein für uns, was könnte uns weiterhelfen? So wie ein Schiffer dem anderen zuruft, wenn der Fluß sich verändert hat, wenn die Mündung versandet. Die auf dem Hügel wissen nichts von der Veränderlichkeit des lebendigen Wassers. Fünf Tage lang lassen unsere römischen Wasserträger das Tiberwasser in ihren Bottichen stehen, damit sich der Schmutz absetzt. Erst dann tragen sie es hinauf auf den Hügel. Und ich frage, was ist das noch für Wasser, das schon anfängt zu stinken?"

Buonarroti lächelte vor sich hin, nicht ungeduldig. Er hatte gesehen, daß der Schiffer etwas mitgebracht hatte, umständlich in ein Tuch gehüllt, und er merkte, daß der Mann mit der weißen Stirn ein wenig verlegen und unschlüssig das Bündel in seinen Händen hielt; es war, als wollte der Schiffer sich selbst Mut zureden. Er sah sich in der Werkstatt um, schaute besonders lange auf den Moses, seufzte ein wenig, dann, es war deutlich zu spüren, er hatte sich selber den Befehl gegeben, begann er, das Bündel auszuwickeln.

„Dieses hier", so sagte Sandro langsam und hielt Michelangelo ein Stück Marmor hin, „schickt der Steinhauer Mario aus Carrara."

Es war ungeschickt zugehauen: eine Mutter mit ihrem Sohn. Buonarroti faßte das Stück Marmor behutsam an, wendete es hin und her, betrachtete es aufmerksam. Und er sah alles, das Plumpe, Unbeholfene und das Bemühen, sich an das Vorbild anzuklammern.

Und Buonarroti wehrte sich nicht dagegen, Rührung

überkam ihn. Die Hoffnung und die Sehnsucht eines Mannes aus der fernen Welt der weißen Berge waren eingegraben in dieses Stück Marmor. Und Buonarroti sah auch das: Es war mehr als Hoffnung und Sehnsucht, es war ein Gruß, erfüllt von ehrfürchtiger Liebe, und es war die Forderung, du bist Vorbild, auch wir sehen auf dich, erinnere dich jeden Tag daran.

Behutsam stellte Buonarroti die Pietà auf seinen Arbeitstisch, und er überlegte: Carrara. Was ist Carrara? Der lange Weg bis hinauf zum Steinbruch, zwei Stunden, drei Stunden. Sonnenglut auf weißem, glitzerndem Stein. Für Leute, die mit ihren Gedanken nicht über das Gewohnte hinausgehen wollen, mag Carrara nichts anderes sein als Marmor.

Carrara, das ist der Steinarbeiter an jenem Regentag, da niemand in die Berge konnte.

Er stand in der offenen Tür und blickte aus schmalen Augen zu der Wolkenbank vor den Gipfeln.

Ungeduldig, bereit zum Aufbruch.

Seine Hände sind grob und breit geworden, weil er den Marmor losbricht vom Berge für die großen Paläste, die er nicht bewohnen wird, für die hohen Kirchen, in denen er nicht beten wird, für die kunstvollen Bildwerke, die er nicht sehen wird.

Regen in den weißen Bergen. Die Füße der Menschen finden keinen Halt auf glitschigem, glattem Gestein, alle Arbeit im Steinbruch muß aufhören. Regen, im sonnenausgedörrten Land, weiter im Süden herbeigesehnt, bedeutet hier verfluchte Feiertage, Hunger, auch Tod.

Aber wenn der Regen aufhört, endlich, wenn die kaum fußbreiten Wege zu den Steinbrüchen wieder gangbar sind, dann muß sich der Steinarbeiter wehren gegen den anderen Tod.

Von der Höhe des Berges muß er auf der steilen Gleitbahn die Marmorblöcke zu Tal bringen. Mit der Kraft seines Leibes muß er lebendiger Bremsklotz sein. Starke Seile sind seine Hilfe, geschlungen gleichzeitig um lebendigen Leib und toten Stein.

Er, Michelangelo Buonarroti, hat gesehen, wie Steinarbeiter von der Last großer Blöcke auf der Gleitbahn zu
Tode geschleift wurden. Gefesselt an den Marmor.

Und der Schiffer sagte:

„Die Steinarbeiter in Carrara haben gehört, daß Sie an
einem großen Denkmal arbeiten. Man spricht von vierzig
Figuren. Und es sollen, so geht das Gerede, auch Sklaven
dabeisein. Nun fragt der Steinhauer Mario an, ob er mit-
helfen darf. Er fragt nicht, so läßt er besonders ausrichten,
weil er Ausflucht sucht vor der Arbeit oben im Steinbruch, sondern weil es Sklaven sind. Und darum schickt er
diese Madonna mit dem Sohn, Sie möchten prüfen, ob die
Hand des Steinhauers Mario geeignet ist."

Es wäre einfach, dem Schiffer zu antworten, grüße den
Steinhauer Mario recht schön von mir, aber er kann mir
jetzt nicht helfen, auch wenn ich überzeugt wäre, er habe
das Auge, das Gefühl und das Herz eines Bildhauers. So
wie er täglich in den Steinbruch gehen muß, so muß ich
jeden Tag hingehen und, gefesselt an das Gerüst, das
Jüngste Gericht malen.

Und er könnte sich vor diesem Schiffer aus Trastevere
ein wenig selbst bemitleiden, könnte Klage führen darüber: Man zwingt mich, mit Farben umzugehen, und
meine Hände und mein Herz sehnen sich nach Marmor.
Aber Buonarroti wußte, diese Antwort genügt nicht für
den Schiffer und nicht für den Steinhauer. Und so sagte
er, obwohl er versprochen hatte, darüber zu schweigen, er
sagte es im Vertrauen darauf, daß dieser Mann aus Trastevere zu den Schiffsleuten gehörte und nicht zu den Zuträ-
gern:

„Ich bitte darum, daß der Steinhauer Mario in Carrara
die Wahrheit erfährt. Es ist mir verboten, an den Sklaven
zu arbeiten."

„Die Bruderschaft der Schiffsleute wird dafür sorgen,
daß der Steinhauer Mario die Wahrheit erfährt", sagte der
Mann aus Trastevere und nahm seine Mütze, aber er ging
noch nicht. Schweigend und überlegend stand er da, und
er fragte nach einer Weile: „Man redet davon, Sie malen

jetzt ein sehr großes Bild. In der heiligsten Kapelle. So etwas wie das Jüngste Gericht?"

Und während Buonarroti bestätigend nickte, dachte der Schiffer aus Trastevere: Er hat nicht gelacht über das wirklich nicht sehr kunstvoll zurechtgehauene Stück Marmor vom Steinhauer Mario. Er hat es sehr behutsam in seinen Händen gedreht und ohne Spott in den Augen betrachtet. Und er hat mir eine ehrliche Antwort gegeben, was er nicht nötig gehabt hätte. Er hat Augen, die nicht ausweichen. Er wird mich nicht verraten.

Aus dem Hemd holte er eine gedruckte, zerlesene Schrift; das Papier fühlte sich seltsam warm an, fast wie ein lebendiges Wesen, weil er es am Leib verborgen hatte.

„Ein Stück Wahrheit für das Jüngste Gericht", sagte der Schiffer und ging.

Buonarroti begann zu lesen:

„Geheimes Gutachten über die Reform."

Nichts anderes fand er darin als Dinge, die jeder geahnt und irgendwo schon gehört hatte. Hier aber war es nicht in den Wind geflüstert, sondern es stand Zeile um Zeile gedruckt nebeneinander.

Und das Gewicht jedes Wortes wurde noch drückender, da es von denen kam, die es genau wußten. Von den Kardinälen. Und die beiden ersten Unterschriften unter diesem Gutachten über die kirchliche Reform hießen Contarini und Carafa.

✳

Urbino hatte es längst aufgegeben, seine Einwände oben auf dem Gerüst bei der Arbeit laut herauszusagen. Schweigend, aber mit großer Sorgfalt mischte er die Farben. Das Unbehagen begrub er unter emsigem Fleiß. Wenn Buonarroti doch nicht alle Figuren nackt malte, wenigstens nicht den Weltenrichter. Die strengen Leute, Männer wie Carafa, haben schon damals bei den Deckengemälden gesagt, die Darstellungen der nackten jungen Männer eigneten sich eher für eine Badestube als zur Dekoration für die Schöpfungsgeschichte. Warum gibt er den Leuten immer wieder Gelegenheit, daß sie seine Arbeiten auf die billigste Weise heruntermachen können. Und ein Mann wie Carafa ändert sich doch nicht. Zu der Zeit, als Buonarroti die Decke malte, war er nur Bischof, jetzt aber ist er Kardinal. Doch, so überlegte der gewissenhafte Helfer, vielleicht hat Buonarroti recht und kann alle verachten, auch die Leute vom Pincio. Er ist wie ein Turm mitten im Meer, unerreichbar, sehr stark und sehr stolz und sehr allein.

Es wurde Mittag, als Urbino mit seinen Gedanken da angelangt war, daß ständig nagende Wellen auch den höchsten und schönsten Turm zum Einstürzen bringen können, wenn die Fundamente zerstört sind. Er verspürte Hunger, und siehe da, der sonst so Gewissenhafte bemerkte, er hatte in der Frühe vergessen, Wein und Brot mitzunehmen.

„Geh nach Hause", sagte Buonarroti, „und hol, was nötig ist."

Verstört und ohne Wein und Brot, nach sehr kurzer Zeit kam Urbino zurück.

„Es ist alles abgesperrt, niemand darf heraus oder herein. Sie haben sich eine, wie mir am Tor gesagt wurde, überraschende Maßnahme ausgedacht: Durchsuchung der ganzen Stadt."

„Suchen sie wieder einmal einen Räuber oder einen Dieb oder einen falschen Propheten?" fragte Michelangelo ohne Anteilnahme. Er war mit seinen Gedanken bei dem Satz der Vittoria Colonna: Lassen Sie den Menschen wenigstens die Hoffnung: Einer ist am Tage des Jüngsten Gerichts da und bittet für mich. Mutter Maria. Zeigen Sie die erbarmende Liebe, sie ist mindestens so stark wie der Zorn, wenn nicht stärker.

Urbino berichtete aufgebracht, strich über sein dünner werdendes Haar. Er änderte sich nicht. Er wurde nur älter. Er war gewissenhaft, verantwortungsvoll, beteiligt.

„Sie suchen keinen Menschen, sie suchen nach einer Schrift. Ein geheimes Gutachten der Kardinäle über die Reform. Es ist ohne päpstliche Erlaubnis veröffentlicht worden. Mein Gott, was muß da drinstehen, wenn alle Wächter Roms in Bewegung gesetzt werden, die gedruckten Buchstaben einzufangen! Und wer weiß, wieviel Exemplare das waren?"

Abgerissen waren die Gedanken über die Darstellung der Maria. Nein, Vittoria Colonna, es geht nicht mit diesem berauschenden Ertrinken in der allerbarmenden Liebe, es geht nicht mit einer erheuchelten Seligkeit; denn vielleicht öffnen sie jetzt in meiner Werkstatt die Truhe und finden die geheime Schrift. Wäre doch dieser Schiffer nie zu mir gekommen, er hat mir den Bericht über die Reform aufgedrängt.

Die Gedanken setzten ihm hart zu: Aber warum habe ich die Schrift dann gelesen? Und aufbewahrt? Hat nicht das Wort des Schiffers: „Vielleicht können Sie das gebrauchen für das Jüngste Gericht" mich tiefer getroffen und mehr bewegt als der Satz der Witwe Colonna über die Hoffnung der Menschen auf Erbarmen?

Jetzt ist sie wieder da, diese widerwärtige Angst vor Verfolgung, diese lähmende Unsicherheit.

Urbino berichtete:

„Den Drucker haben sie schon gefunden. Er hatte sich in Trastevere versteckt. Er hat geglaubt, wo die meisten Menschen wohnen, da kann er am sichersten untertauchen. Aber Carafas Leute finden alles. Zwischen tausend Sandkörnern könnten sie das eine Staubkorn entdecken, das nicht hineingehört. Und wenn es nicht da ist, dann erfinden sie es."

„Carafa kann damit nichts zu tun haben", sagte Buonarroti in der Bedrängnis seiner Gedanken. Er sagte und wollte sich selbst beruhigen: „Carafa gehört zu den Kardinälen, die ihre Unterschrift unter dieses Gutachten gesetzt haben."

„Woher wissen Sie das?" fragte Urbino mit tiefem Staunen.

Mit seinen großen Augen, die es nicht gewohnt waren, auszuweichen, blickte Buonarroti auf seinen Gehilfen. Um seinen Mund mit den schmalen Lippen ging ein müdes Lächeln.

„Bei meinen Zeichnungen in der Truhe liegt die Schrift,

fast obenauf, und sie beginnt mit der Frage: Was ist das Grundübel für alle Mißstände in der Kirche?"

„Und wird Antwort gegeben?" fragte Urbino.

„Ja. Das Amt des Papstes wurde mißbraucht, es kamen die Schmeichler und sagten: Ist das Amt heilig, so ist auch die Person heilig. Da der Papst oberster und uneingeschränkter Gebieter ist, kann er auch verkaufen, was er will, jede Gnade, die er ausübt, kann er sich bezahlen lassen. Damit soll es vorbei sein, jeder Papst soll nur noch Verwalter sein, nicht Herr."

Urbino sagte langsam:

„Also haben wir Götzen angebetet und nicht Gott?"

Buonarroti antwortete nicht, er begann aufzuzählen, was ihm aus der Schrift der Kardinäle über die Reform in Erinnerung geblieben war:

„Über die Pfründe heißt es: Die Männer von der Kurie halten es mit den Pfründen wie die Jäger mit den Hasen: Möglichst viele erjagen. Die Jagd soll nun abgeblasen werden. Aber eine Pfründe für jeden ist gestattet." Buonarroti brach ab. Obwohl er nicht hinsah zu Urbino, spürte er, daß der nicht lächelte über seinen Vergleich mit den Hasen, er merkte, wie der andere wartete, daß er noch mehr über die Schrift sage, und so redete er weiter, hart und trocken, ohne jeden verzierenden Vergleich: „Verkommene Klöster sollen aussterben, die Orden sollen überprüft werden. Ordensmitglieder haben bei der Visitation von Frauenklöstern ihr Amt mißbraucht, Beichtväter haben ihre Beichtkinder verführt, Nuntien haben im Ausland von fremden Mächten Geld genommen, Ordensmitglieder haben für die Hinterlegung gewisser Summen die Erlaubnis bekommen, ohne Ordenstracht, in weltlicher Kleidung auszugehen, Priester segneten gegen Bezahlung fragwürdige Ehen, Priester lösten für Geld jedes Gelübde, Prediger hielten in liederlicher Kleidung unwürdige Gottesdienste."

„Ja", sagte Urbino unbehaglich, „das ist keine Erfindung. Und was soll nun werden?"

„Das Gutachten der Kardinäle sagt", so entgegnete

Buonarroti, „es soll in der Öffentlichkeit nicht mehr über theologische Dinge gesprochen werden. Und jedes gedruckte Wort verfällt der Zensur."

„Ich meine", entgegnete Urbino langsam, „wenn Sie selber gehen täten, Sie müßten versuchen, daß die Wächter Sie durchlassen, und dann verbrennen Sie um Gottes willen sofort die verbotene Schrift."

Buonarroti überlegte: Mir hat niemand gesagt, daß sie verboten ist. Wie kann verboten sein, was Carafa selbst sagt? Und nach der Anspannung, nach dem niederziehenden Gefühl der Angst kam Gleichgültigkeit über Michelangelo. Und wennschon, wenn sie meine Truhe aufmachen und die Schrift finden, dann kann ich immer noch sagen, woher ich sie habe. Und er lächelte mit schmalen Lippen. Ich werde sagen: Carafa selber hat mir das Gutachten gegeben, damit ich das Jüngste Gericht auch aus dem rechten Geist heraus male. Die Leute vom Pincio werden kaum ihren eigenen Ordensbegründer fragen, ob das stimmt. Doch gleichzeitig überlegte er: Wenn sie ihn verhören, wird er so billig nicht davonkommen. Aber es war nutzlos, über das eine und über das andere nachzudenken. Er antwortete Urbino:

„Ich gehe erst dann nach Hause, wenn das Licht nicht mehr ausreicht zum Arbeiten, so wie gestern und alle Tage vorher."

Und er begann das Gesicht der Maria. Gleichgültigkeit und Angst zugleich sind eingeschrieben. Aber keine Traurigkeit und kein Erbarmen und keine Liebe. Das schöne, sehr frauliche Gesicht ist verschlossen, sie verzichtet darauf, den Richtenden zu beeinflussen, sie schlägt ihre Augen nieder, sie will nicht sehen.

In der Dämmerung verließen Michelangelo und sein Gehilfe den Vatikan. Urbino kam sich tollkühn vor, aber es reizte ihn zu sehr, er mußte den Wächter fragen:

„Na, habt ihr die Schriften gefunden?"

„Nicht alle", kam die Antwort. „Wir werden weitersuchen müssen."

★

Mit dem Schwung der Begeisterung betrat der Abgesandte der verbannten Republikaner die Werkstatt.

„Sie haben mich nicht gerufen, hochverehrter Freund Michelangelo, aber man redet in der Stadt davon, daß Sie am Bildwerk für uns arbeiten."

„Es ist noch nicht fertig", entgegnete Buonarroti zurückhaltend. Er sah die freudige Erwartung in den Augen des anderen, und so nahm er schließlich das Tuch von dem Marmorblock.

Allein durch die Bewegung seiner Hände, die sich unentschlossen in den Gelenken drehten, zeigte der Abgesandte sein Erstaunen. Das hatte er nicht erwartet.

Es war nicht Herkules, es war keine Morgendämmerung, es war kein Flußgott. Eine Büste. Etwas überlebensgroß. Der Kopf eines Mannes.

Es dauerte eine Weile, bis der Verbannte sich gefangen hatte. Das Gesicht dieses Mannes im Marmor beunruhigte ihn; eine düstere Traurigkeit war darüber ausgebreitet. Eingefallene Wangen, deutliche Backenknochen, tiefliegende kluge Augen unter sehr geraden Augenbrauen, schmale Lippen. Es war die Schönheit eines entschlossenen Mannes. Aber das, was das Herz bewegte, rührte her von dem eigenartigen Gegensatz. Dieses Gesicht war überhaucht von einer zarten Sanftheit, und gleichzeitig lebte in den Zügen des Mannes jene Härte, die aus der Klarheit der Gedanken kommt.

Der Abgesandte breitete beide Arme weit aus. Seine Augen strahlten schon, bevor er anfing zu reden, den Dank aus:

„Das ist Brutus, der den Tyrannen schlug." Und jetzt tanzten seine Hände als Begleitung zum Lobeswirbel der Worte. „Ein würdiges Werk. Es ehrt den Schöpfer. Es ehrt den Anlaß seiner Entstehung. Es ehrt die Auftraggeber. Alter römischer Stolz und neuer florentinischer Geist haben sich befruchtet. Niemand wird ein besseres Wort finden: befruchtet. Sie machen uns glücklich. Welch eine kühne und treffende Idee: Brutus. Ich sehe schon, wie diese Büste aufgestellt wird an der Kopfseite des großen

Saales im Palast des Kardinals Ridolfi. Und wir werden es verehren, fast wie ein Heiligenbild, hätte ich gesagt, aber ich will mich nicht versündigen. Bitte, legen Sie noch nicht das Tuch darüber. Ich will es noch einmal anschauen, denn ich muß es den Unseren ganz genau beschreiben. Sie sollen die hohe Vorfreude schon genießen können."

Wieder begann das Gesicht ihn zu beunruhigen. Und der Abgesandte grübelte, warum. Irgendwo im Leben ist mir das schon einmal begegnet. Dieses eigenartige Gleichzeitige, das sich nur bei wenigen findet: Güte und Entschlossenheit. Die Kraft der Gedanken und das Besorgtsein um andere. Jene wilde Liebe in den Augen, die bereit ist, sich selbst auszulöschen, um das Leben anderer zu erhalten. Das Menschenfreundliche und gleichzeitig das Unversöhnliche.

Zuletzt habe ich ihn gesehen, wie er zum Galgen ging. Und seine Augen trafen auch mich. Und ich bin seinem Blick ausgewichen. Gian Battista della Palla.

Niemand von uns denkt noch an diesen Menschen. An seine Rücksichtslosigkeit, an seine Geradheit, an sein Aufopfern. Wir sitzen ja schon wieder mit den Feinden von gestern an einem Tisch.

Es ist das Gesicht des Mannes, der gehenkt wurde. Und Buonarroti zeigt uns seine Augen. Groß und vorwurfsvoll. Wie sollen wir unter diesen Augen ungestört mit denen von der Familie Medici verhandeln können?

Es war, als seien die Hände des Abgesandten der Verbannten von dem noch eben so wilden Tanz der Begeisterung ein wenig müde geworden. Jetzt verzögerten sie die schon langsam ausgesprochenen Worte noch mehr.

„Ich werde meinen Freunden berichten, was ich hier gesehen habe."

*

Der Zeremonienmeister Biagio war ehrlich verzweifelt, und er nagte erregt mit seinen vorstehenden Zähnen an der Unterlippe.

„Um Gottes willen, verehrter, lieber Michelangelo

Buonarroti, das können Sie doch nicht tun. Ich komme hierher zu Ihnen in die Kapelle, mich zu überzeugen, wie weit Sie sind, um dem Heiligen Vater Bericht zu geben. Und Sie erklären mir, der obere Teil des Bildes mit dem Herrn, den Heiligen und den Engeln sei fertig. Ich mache mir die Mühe, steige zu Ihnen auf das Gerüst, und was sehe ich? Sie haben bis jetzt nur nackte Gestalten gemalt. Nicht wahr, Sie geben zu, Sie haben sich einen Spaß mit mir erlaubt."

Buonarroti unterbrach nicht einen Augenblick seine Arbeit.

Urbino schüttelte, während er die Farben zurechtmischte, den Kopf. Was erwartet der Zeremonienmeister von Michelangelo? fragte er sich. Ich glaube, nicht einmal bei einem Bäcker würde der Zeremonienmeister still sein, er würde nicht einsehen, daß die Brote hintereinander ohne Unterbrechung in den Ofen geschoben werden müssen. Er begreift nicht, daß jede ernsthafte Arbeit schweigend geschieht. Selbst der geschwätzigste Koch verstummt, wenn er einer Soße die letzte Vollendung gibt.

Der Zeremonienmeister wartete eine Weile. Da Buonarroti jedoch nichts sagte, redete er weiter:

„Sie werden diesen Figuren doch noch Kleider geben. Sie bringen mich ja in die größte Verlegenheit. Was soll ich unserem Heiligen Vater sagen? Sind wir nicht zu alt für solche Art Späße?" Er faßte den anderen an der Schulter. Buonarroti schüttelte seine Hand ab. „Aber gnade uns allen Gott, wenn Sie das ernst meinen", sagte Biagio. „Das Gelächter der Welt wird über uns hereinbrechen. Das ganze Abendland, ja sogar die Türken werden mit den Fingern auf uns zeigen. Und sie werden sagen: Seht her, was für Schweine sind sie doch in Rom, sie richten sich ihren heiligsten Tempel ein wie eine Badestube." Er wandte sich zum Gehen. Doch er kehrte wieder um. „Kommen Sie mir jetzt nicht mit Einwänden theologischer Art, am Ende gingen alle Menschen zu ihrem Schöpfer so, wie sie von ihm gekommen seien. Das mag, wenn man es in den gelehrten Schriften so vor sich hin liest, seine Berechtigung haben. Aber das ist keine Malanweisung. Erzählen Sie mir auch bitte nicht, durch Ihre Kunstfertigkeit sei das nackte Fleisch erhaben über alle Anstößigkeit. Ja hätten Sie den einen oder den anderen unbekleidet gezeigt, meinetwegen Adam und Eva, kein Wort des Einwands würde ich darüber sagen. Aber meinen Sie nicht, daß für den Beschauer über diesem großen Schreck, sich soviel Nacktheit gegenüberzusehen, alle von Ihnen sicher beabsichtigten Feinheiten des Gemütsausdrucks verlorengehen? Ich will Ihnen doch helfen, Sie haben sich hier in etwas verrannt, das nur auf Sie zurückschlagen wird. Gerade in einer Zeit, in der unsere Kirche an allen Enden in die Verteidigung zurückgedrängt ist, überall werden unsere Geistlichen argwöhnisch beobachtet, auf den Gassen müssen sie sich Spottlieder gefallen lassen, jetzt hat so ein Bild uns gerade noch gefehlt. Als ob Sie mit Absicht ein randvolles Faß zum Überlaufen zwingen wollten. Ich sehe, alles, was ich rede, geht an Ihnen vorbei, ist Ihnen gleichgültig." Er wartete auf das Wort des Malers. Aber niemand sagte etwas. Er stieg schweratmend das Gerüst herunter, verließ mit kurzen, heftigen Schritten die Kapelle.

Am Nachmittag kam er wieder. Die beiden Männer auf dem Gerüst blickten nicht einmal auf.

„Schön, ich weiß", sagte der Zeremonienmeister, „ich kann Sie nicht zur Einsicht bringen. Doch so viel sehe ich schließlich auch: Das Bild ist weder christlich noch anständig, noch ehrlich, noch kunstvoll. Es werden eben andere kommen müssen, die geeignete Mittel haben, Sie zu überzeugen. Ich jedenfalls erkläre schon heute, vor dem Heiligen Vater und dem großen Kardinalskollegium, daß es ein Mißgriff war, Ihnen so viel Verantwortung zu übertragen. Sie sind einfach zu alt. Und ich will nur hoffen, daß ich genug Einsichtige finde, die sich meiner Meinung anschließen."

Urbino war eingeschüchtert, er gab es vor Buonarroti zu. Er war gewiß nicht ängstlich, aber kannte denn nicht er, der Gehilfe, Rom und seine Gefahren viel besser als Buonarroti, der sich in den letzten Jahren gleichsam nur in einem Dreieck bewegt hatte: vom Haus am Macel de' Corvi zur Sixtinischen Kapelle und zum Kloster San Silvestro und wieder zurück zum Haus mit der Werkstatt? Michelangelo hatte nicht mit dem singenden Bettler gesprochen, aber er, Urbino, war gewarnt worden. Und er sah nachts im Traum schon die siebenundzwanzig Männer vom Pincio herunterkommen, in einer schrecklich drohenden Reihe, angeführt vom Zeremonienmeister Biagio: Das sind die Einsichtigen, die ich gefunden habe, hörte er ihn rufen.

Und der Gewissenhafte wußte, es ging ja noch tiefer. Der Zeremonienmeister hat über seiner eigenen Anfälligkeit beim Anblick nackter Menschen nichts anderes gesehen. Er hat, weil seine Augen schon durch Wollust beschlagen waren, nicht gemerkt, daß dieses Bild Fragen stellt. Etwa diese: Wie wirksam ist die Fürsprache der Mutter Maria? Und sei es nur die eine, die Männer vom Pincio werden das begreifen. Und in seiner Herzensangst, sie könnten seinen lieben Herrn Michelangelo vor seinen Augen wegschleppen zum Verhör in das gefürchtete Haus auf dem Pincio, fragte er früh am Morgen, auf dem Weg zur Arbeit:

„Können wir den Zeremonienmeister nicht irgendwie versöhnlich stimmen?"

„Ich sehe, du hast bei mir wenig gelernt. Jetzt werde ich dir ein kleines Lehrstück zeigen."

Unter Urbinos ängstlich-aufmerksamen Augen begann er das Bild eines Mannes zu malen, schnell und sicher, und der Gehilfe sah, wie um seine schmalen Lippen jenes eigenartige Lächeln ging, erfüllt von leisem Spott, aber nicht Verachtung, erfüllt von Überlegenheit, aber nicht Überheblichkeit.

Hier nun, als letzte Gestalt, steht am Ende des Bildes der Fürst der Hölle. Zwar übt er hohe Gewalt aus über die Verworfenen, die da über den Todesfluß im Nachen des Charon ihm herangeliefert werden, aber auch er ist verdammt. Eine lange, starke, glatthäutige Schlange windet sich um seinen Leib. Sie ist sehr lang, und über ihre Stärke gibt es keinen Zweifel, und das Schillernde der glatten Haut ist schön und gefährlich. Staunendes Verwundern, das noch nicht zum Entsetzen gewachsen ist, liegt auf dem Gesicht des Mannes. Noch unschlüssig, ja sogar ein wenig dümmlich nagen seine Zähne an der Unterlippe. Und mit der rechten Hand prüft er zunächst einmal vorsichtig die Stärke der Schlange, denn er befindet sich in einem gräßlichen Zwiespalt. Er ist nackt, über seinen ganzen kräftigen Leib ist jenes Zieren der Peinlichkeit hingegossen. Am liebsten würde er sich krümmen oder mit beiden Händen am Leib verbergen, was verborgen werden sollte. Nun aber ist da die Schlange um Brust und Schenkel geschlungen, und sie hindert ihn am schamhaften Krümmen, sie quält ihn, er müßte sie wegreißen. Doch welch Glück im Unglück, das feindliche, gefährliche, schillernde Ungeheuer ist ihm freundlich. Mit seinem Kopf, indem es zum schrecklichen Biß ansetzt, verdeckt es das, was unbeschreiblich ist an ihm. Und darum versucht er nicht, anzukämpfen gegen das erbarmungslose Tier; die Hand hat beim Prüfen herausgefunden, gemessen am Leib der Schlange, müßte der Kopf breit genug sein, daß er sich nicht mehr zu schämen braucht.

Und es wachsen ihm lange Ohren.

Urbino, der Gewissenhafte, meinte mit seiner nüchternen Sachlichkeit:

„Der Herr Zeremonienmeister Biagio wird weinen. Er ist nicht nur in der Hölle, er trägt auch lange Ohren. Er wird sich nicht mehr auf die Straße trauen können. Die Kinder werden ihm nachrufen: Langohr! Eselsohr!"

„Er kann noch lachen", entgegnete Buonarroti, „ich habe ja auf seine Beschwerde Rücksicht genommen, er gehört nicht zu den ganz Nackten, er ist verhüllt."

„Aber zu teuer bezahlt mit dem Biß der Schlange."

★

„Michelangelo Buonarroti ist vom Gerüst gestürzt. Er ist tot."

Diejenigen, die ihn gekannt hatten, versuchten mit der Nachricht fertig zu werden.

Der Abgesandte der verbannten Republikaner verspürte als erstes eine gewisse Erleichterung. Nun brauchte er wenigstens nicht zu ihm zu gehen, um ihm die immerhin recht peinliche Mitteilung zu machen: Ihr Brutus ist für uns nicht geeignet. Ach, was hätte er dem so plötzlich Verschiedenen alles erklären müssen. Kardinal Ridolfi fürchtet sich, daß man ihm nachsagen könnte: In Ihrem römischen Palast steht ein Bildwerk, das Mörder verherrlicht. Es ist doch gut für unseren Meister, daß er das nicht mehr zu erleben braucht, wie der Kardinal sich hin und her gewunden hat bei dem Gedanken: Wenn es einmal anders kommt, wenn einer von den Strengen um Carafa Papst wird, dann sind die rücksichtslos und fragen: Ist so ein Mensch überhaupt als Erzbischof von Florenz geeignet?

Buonarroti, so überlegte der Abgesandte, hätte mich aus seinen harten, zweifelnden Augen mit überlegenem Spott schweigend angesehen, und ich hätte den Blick vor ihm senken müssen. So aber werden wir verbannten Florentiner für sein Grab einen besonders schönen Kranz bringen. Wir werden ihm alles verzeihen; auch daß er uns mit dem Brutus in große Verlegenheit gestürzt hat.

Sebastiano del Piombo, im Überfluß seines Amtes dicklich, bequem, lustig und erfüllt von überheblicher Menschenfreundlichkeit, verließ sein Fest; er feierte jeden Tag etwas anderes.

Er ging hinaus an den Tiber, in die Dunkelheit, dorthin, wo ihn niemand sah. Und er weinte.

Was bin ich für ein Mensch. Ich denke nur an mich. Daß mich ja nichts stört. Beim Genuß. Ich habe immer geglaubt, es würde zwischen ihm und mir von selber wieder alles so, wie es war. Unsere Freundschaft.

Nichts kommt von selber. Um alles muß man kämpfen. Auch um die Freundschaft. Warum weiß ich das erst heute, da es zu spät ist. O mein Gott, wäre ich doch gestern zu ihm hingegangen. Hätte ich ihm doch gesagt: Ich gehe nicht eher von deiner Seite, bis du mir wieder die Hand gibst, bis du wieder lächelst.

Pietro Bembo, der schönste und gepflegteste Mann Italiens mit dem glatten, noch im Altwerden faltenlosen Gesicht, der berühmte Dichter, der das Ziel seiner Träume, die Kardinalswürde, erreicht hatte, ließ, da er eine Anzahl junger, hoffnungsvoller Dichter um sich versammelt hatte, die Spiegel im großen Saal seines Hauses wirkungsvoll verhängen. „Ein Engel", so sagte er, „ist von uns gegangen." Und alle bewunderten sein geschliffenes Latein.

Da er die erwartungsvolle Ergriffenheit in ihren Augen las, begann er langsam ein Gedicht herzusagen. Verse auf den toten Michelangelo.

Die jungen hoffnungsvollen Dichter im düster gewordenen Saal raunten voll Ehrfurcht. Sie meinten, weil der schöne Kardinal langsam sprach, Zeugen bei der Geburt eines Gedichtes zu sein. Niemand unter ihnen ahnte, daß diese Verse schon vor einigen Jahren entstanden waren. Niedergeschrieben an dem Tag, als Buonarroti zum ersten Maler, Bildhauer und Baumeister am Vatikan ernannt worden war. Und diese Verse hatten sich in das Gedächtnis des Dichters eingeprägt.

Seitdem wußte Pietro Bembo, daß dieser Mann dem Papst Paul III. aus dem Haus Farnese sehr wertvoll war. Es würde also lohnend sein, beim Ableben des nun von ganz oben Anerkannten sofort ein Gedicht zur Hand zu haben. Und sich von niemandem zuvorkommen zu lassen. Weder von Aretino in Venedig noch von anderen Leuten in Rom oder Florenz.

Er hatte es geschafft. Es war wohltuend, vor diesen staunenden jungen Leuten dem schönen Klang der eigenen Worte nachzulauschen. Die formvollendet gesetzten Verse würden sich auch am offenen Grabe vor einer großen Trauergemeinde gut sprechen lassen.

Der hübsche Junge Febo hatte sein Pferd gesattelt und wollte nach Pisa reiten, zu seinem Vater. Von dort aus, das ginge besser als mündlich in Rom, wollte er wieder einmal einen Brief abschicken. Einen deutlichen Hilferuf an Michelangelo. Denn, wenn man es genau bedenkt, so überlegte Febo, hat er mich am Arbeiten gehindert. Vielleicht wäre ich doch ein kunstreicher Schmied geworden. Und hätte auch gute, gesicherte Einnahmen gehabt. Nun, bei der traurigen Nachricht, führte er sein Pferd zurück in den Stall. Dachte darüber nach, wann wohl die Habe des Toten verteilt würde.

Es waren seltsame Reden, die er mir bei der Arbeit gesagt hat. Von seinem Zweifel. Und wenn es das Unglück will, kommen noch Leute zu mir und fragen mich aus über ihn, wegen Verdachts auf Irrglauben. Irrgläubige bekommen ja nicht einmal ein ehrliches Begräbnis. Vielleicht sollte ich doch besser nach Pisa reiten. Und nicht zu seiner Beerdigung gehen. Aber weiß ich es genau, ob er sich schriftlich festgelegt hat, wie alles von ihm verteilt werden soll?

Der Zeremonienmeister Biagio empfand Genugtuung. Das ist die Gerechtigkeit Gottes. Jetzt hat ihn der Teufel geholt. Zur Strafe, weil er in lästerlicher Weise seine Kunst als Maler mißbraucht hat. Nun wird ein anderer das Jüngste Gericht zu Ende führen. Und ohne großes Geschrei werden wir alles Mißliche an diesem Bild aus der Welt schaffen können. Das Nackte. Und auch das Gesicht des Höllenfürsten. Ich werde niemanden darum bitten müssen, weder den Heiligen Vater noch den Schöpfer dieser Gemeinheiten, der sich vielleicht gerade jetzt schon im tiefsten Grunde der Hölle aufhält.

Es war nur ein Gerücht gewesen. Nach dem Sturz vom Gerüst hatte sich Buonarroti tagelang in sein Haus eingeschlossen. Jetzt ging er wieder, hinkend und mit Schmerzen, zur Arbeit in die Kapelle.

Der Abgesandte der verbannten Republikaner mußte ihm erklären, warum sie den Brutus nicht haben wollten.

Der Kardinal Bembo mußte vor den hoffnungsvollen jungen Dichtern sein Lobgedicht auf den toten Michelangelo als nichtig verwerfen. „Freuen wir uns, daß er noch lebt", sagte er. Und in seiner Stimme schwang überzeugende, heitere Ehrlichkeit. Nur seine Geliebte, die alles von ihm wußte, hörte seine tiefe Enttäuschung heraus.

Febo jedoch ritt, erfüllt von wahrhaftiger Freude, nach Pisa. Der lebendige Michelangelo, das wußte er, wird seinen Brief sehr schnell und sehr günstig beantworten.

Sebastiano aber brauchte lange Zeit, bis er sich von der Verwirrung erholte. Eigentlich fühlte er sich doch ungerecht von Michelangelo behandelt. So hart brauchte er ihn wegen einer Meinungsverschiedenheit um die Malweise in der Sixtinischen Kapelle auch nicht zu bestrafen. Doch er, Sebastiano, war entschlossen, zu dem Freund hinzugehen. Nur erschien es ihm nun nicht mehr so eilig und dringlich.

Der Zeremonienmeister Biagio bat den Heiligen Vater, einige Änderungen an dem Bild vom Jüngsten Gericht zu veranlassen. Mit erstaunlicher Entschiedenheit sagte Papst Paul III. nein. Aber der Zeremonienmeister Biagio gab nicht so leicht auf.

„Es ist eine schreckliche Sache. Und ich bitte Sie, Heiligkeit, kommen Sie und sehen Sie es sich selbst an, vielleicht stimmen Sie mir dann zu und sagen nicht mehr nein zu meiner berechtigten Beschwerde."

Jedoch auch in der Sixtinischen Kapelle blieb der Heilige Vater bei seinem Nein, und er gab Michelangelo nicht den Befehl, das Gesicht des Höllenfürsten zu verändern. Und nicht das Nackte.

Lange Zeit noch dachte der Zeremonienmeister darüber nach, warum der Papst vor allen Begleitern, vor dem Maler und vor dem Gehilfen auf seine Kosten ein Lachen heraufbeschwor.

„Hier kann ich nichts mehr für dich tun. Aus dem Fegefeuer hätte ich dich noch kraft meines päpstlichen Amtes erlösen können. Nicht aber aus der Hölle."

Der Zeremonienmeister kannte seinen Herrn zu gut. Das war kein Wort, das rasch an Ort und Stelle entstanden sein konnte, er mußte es sich schon vorher zurechtgelegt haben. Noch nie war dem bedächtig abwägenden Mann ein schnelles Scherzwort geglückt, es gehörte einfach nicht zu seiner Art. Auch darum vielleicht war er nicht so sehr beliebt in Rom. Alles wurde ausgerechnet bei ihm, mindestens drei Astrologen mußten erst bestätigen, ob und wann eine Audienz, eine Reise, ja eine Zusammenkunft der Kardinäle günstig sei.

Seit diesem Lachen in der Sixtinischen Kapelle versuchte der Zeremonienmeister Biagio zu ergründen, unter welchem Zwang der Papst stand. Ein Zwang, der so bedenklich drückend war, daß Paul III., trotz ernster Einwände besorgter Theologen gegen die nackten Figuren, Buonarroti weitermalen ließ.

★

Vittoria Colonna konnte nicht ergründen, waren es die Astrologen, die den Termin für eine Audienz beim Papst schon zweimal verändert hatten, oder war es auf Wunsch des Heiligen Vaters geschehen.

Nun jedoch saß sie in seinem geschmackvoll eingerichteten Empfangsraum. Aller Reichtum der Erde war allein aus den Wandteppichen abzulesen. Elefanten tragen Gewürze aus fernen Ländern heran. Schiffe liegen im Hafen, und alle, die an Land kommen, huldigen dem Papst. Trauben von Wein werden gebracht. Viehherden werden herangetrieben. Und immer wieder tanzen dazwischen schöne Menschen mit frohen Gesichtern.

Die Witwe Vittoria wartete. Sie saß streng aufrecht. Und beim Betrachten der buntgewebten Bilder erfüllte sich ihr Herz mit hartem Stolz. Was ist das schon, überlegte sie, zusammengetragener Reichtum ohne den uralten Grund, auf dem wir, die Colonna, stehen. Sie hatte versucht, allen Glanz des Namens Colonna abzuschütteln, aber es ging nicht, es saß zu tief. Und vielleicht hatte sie es auch trotz all der Anteilnahme am Leben der Armen und Elenden nie wirklich gewollt: den mächtigen, süßen Klang des alten Namens zu verlieren. Trotz aller Lehren des redegewaltigen Bernardino Occhino, die noch immer ihr Herz bewegten.

Heute, bei dieser Audienz, wird es so sein, die Familie Colonna wünscht ein Gespräch mit der Familie Farnese. Ich spreche hier, so überlegte sie, im Namen meines Bruders Ascanio. Er ist das Haupt der Familie, aber ich bin der Kopf. Mancher mag fragen: Was ist da der Unterschied? Und man wird erklären müssen: Der Bruder versammelt allen Herrscherglanz über unsere weiten Besitzungen um Rom, bis hin nach Neapel. Ich aber habe den Verstand.

Und eines Tages werde ich Ascanio daran erinnern, was ich heute für ihn getan habe.

· „Meine liebe Tochter", der Heilige Vater redete langsam und abgemessen, mit ausgesuchter Höflichkeit, „du machst mich glücklich mit deinem Besuch. Ich hoffe, wir werden Angenehmes von dir hören."

„Verehrungswürdiger, Heiligster Vater, auch ich bin glücklich, Sie zu sehen. Auch ich hoffe, Angenehmes von Ihnen zu hören."

„Was macht deine Dichtkunst?"

„Meine Verse, würde ich noch einmal ein größeres Werk beginnen, müßten wohl, da ich mich nicht ganz meiner Familie entziehen kann, immer wieder das Wort Salz sagen."

Der alte Mann aus dem Haus Farnese nickte wohlwollend.

Mit Befremden beobachtete Vittoria, wie sich Freundlichkeit über das Gesicht des anderen ausbreitete.

„Sie haben mich nicht verstanden, Heiligkeit, ich meine nicht das Salz der Erde. Ich meine das Salz von der Erde."

„Das ist ein beachtlicher Unterschied", erklärte Paul III., und das freundliche Lächeln erlosch in seinem aufgeschwemmten Gesicht. Mir bleibt nichts erspart. Alle Welt hackt auf mir herum, und er bemitleidete sich. Es lag ihm daran, das kaum begonnene Gespräch zu einem Ende zu bringen. „Ich glaube, liebe Tochter, du bringst mir ein Gedicht über unseren Herrn und Erlöser, der sich selbst das Salz der Erde genannt hat. Ich war schon voll freudiger Erwartung, meine Seele in deinen klangvollen Worten zu baden. Warum willst du in das mißtönende Geschrei derer einstimmen, die um den neuen Salzpreis jammern?"

„Ich jammere nicht, und ich schreie nicht. Ich bin nur gekommen, weil ich der christlichen Pflicht gehorche, meinem Bruder beizustehen. Ich möchte Sie daran erinnern, daß diese Familie seit den Zeiten Martins V., des Colonnapapstes mit der goldenen Rose, von allen Abgaben befreit ist, auch von der Salzsteuer."

„Der Kirchenstaat ist arm und erschöpft. Ich muß mich gegen die Türken wehren und gegen die Kirchenspalter."

„Mein Bruder Ascanio sagt, gegen die Türken wird er sich selbst wehren. Und so sei das Gebiet der Colonna, das sich wie ein breiter Ring um Rom legt, im Grunde auch der beste Schutz für Sie."

„Liebe Tochter …"

Vittoria unterbrach:

„Wo ist der Kirchenstaat arm?" fragte sie mit ihrer langsamen, tiefen, klangvollen Stimme. Und was sie nicht aussprach, war aus ihrem Tonfall zu hören: Wir beide, unter uns, wir können doch offen reden. Und sie sagte: „Sie haben den großen Hafen Ancona. Perugia baut Hanf an. Welches Schiff fährt ohne Seile aus Perugia oder Viterbo? Welcher Zimmermann nimmt für seine Gerüste andere Seile als die aus Ihren Städten? Bringt der berühmte Wein aus Cesena nicht jedes Jahr regelmäßig viel Geld ein? Und das Olivenöl aus Rimini? Und Flachs aus Faenza? Ich habe immer gehört, er sei besonders gut, kräftig im Stiel und samenreich. Und Waid aus Bologna? Muß ich Ihnen erst sagen, wer alles mit Ihrem Waid färbt? Sie verkaufen Pferde und Fische aus eigener Zucht. Ihre Marmorbrüche, Ihre Alaunwerke und Ihre Salzwerke liefern Tag für Tag mit gutem Gewinn. Und glauben Sie nicht, daß wir Ihre größte Einnahmequelle vergessen: Sie haben schon sechshundert Ämter verkauft. Es kann Ihnen nicht schlecht gehen. Darum rate ich Ihnen sehr dringlich: Nehmen Sie Ihre Hände weg vom Salz."

Der beleibte alte Mann lächelte müde, er verstand auch das, was sie nicht aussprach.

„Ja, es ist ein schönes Land, von Gott gesegnet mit vielen Schätzen auf der Erde und in der Erde. Auf dem Rücken des Meeres werden uns die Schiffe herangetragen. Die Seen spenden Fische, die Berge reichen uns Marmor hin, auf den Weiden gedeiht das Vieh, und auf den Äckern wächst das Korn. Und alles, was da heranreift, ist ja schon verfallen, es rinnt mir unter den Händen davon. Ich bin so sehr gebunden, daß ich jedes Wort genau bedenken muß. Ich kann dir nur sagen, liebe Tochter, Papst Clemens, als er in der Engelsburg eingeschlossen war von den Landsknechten, hat sich im Vergleich zu meiner Lage im Paradies befunden."

„Auch als er Todesangst litt?"

„Was ist die läppische Angst von ein paar Stunden, gemessen an dem täglichen Druck, der mich immer näher an den Rand des Abgrunds schiebt? Ich komme mir vor wie ein Seiltänzer. Er muß vor der Welt höchste Anmut und Leichtigkeit in allen Bewegungen zeigen und lächeln, während er sieht, an beiden Seiten reibt sich sein Seil langsam, aber beständig mehr und mehr ab. Er kann genau beobachten, wie die einzelnen Fasern zerspringen. Doch wie soll er den nächsten Schritt wagen? Er muß fürchten, jede Bewegung kann eine neue Faser zerstören. Aber er muß sich bewegen, ob er will oder nicht, sonst fällt er herunter."

„Ja, es stimmt, Sie sind wenig beliebt, entschuldigen Sie, Heiligkeit, daß ich das sage."

„Wie kann ich beliebt sein? Ich mußte alle Schulden von meinem Vorgänger übernehmen und anerkennen. Und alle mahnen mich. Die Firma Fugger hat den ersten Anspruch. Aber es handelt sich ja nicht nur um die alten Schulden. Neue Ausgaben, in der Hoffnung, die noch haltenden Fasern damit vor dem Zerspringen zu bewahren. Ich muß dem Kaiser den Türkenzehnten überlassen, damit er nicht aufhört, gegen die Türken zu kämpfen. Aus Spanien bekommt er kein Geld mehr. Seine Finanznot schlägt auf mich zurück. Und ich brauche ihn als letzten Damm des Glaubens im Norden."

„So halten Sie mit dem Türkenzehnten den Krieg zwischen Frankreich und Spanien um Mailand im Gange."

„Liebe Tochter, das sage ich mir täglich zehnmal, aber wie kann ich denn heraus, ohne mir dabei selber gleichzeitig beide Seilenden abzuschneiden! Aus England kommen überhaupt keine Gelder mehr. Kein Türkenzehnter, kein Peterspfennig. Nichts. Der König ist dort sein eigener Papst. Soll uns so Frankreich verlorengehen? Und Spanien? Und alle deutschen Ländereien? Begreifst du jetzt, daß ich auf nichts verzichten kann, wenn ich die Welt erhalten will, wenigstens so, wie sie jetzt ist? Glaubst du denn im Ernst noch, ich werde wegen einer alten Vergünstigung an die Familie Colonna die Salzsteuer nicht erheben? Ich brauche alle nur erdenkbaren Mittel."

„Ist das Brechen eines Vertrages nicht Sünde? Wie verträgt sich das mit Ihrem heiligen Amt?"

„Wenn das deine Sorge ist, liebe Tochter, dann werde ich dir durch meine Theologen geeignete Stellen aus der Heiligen Schrift heraussuchen lassen, die beweisen, daß mein Vorgehen zur höheren Ehre Gottes notwendig ist. Auch die Stadt Perugia redet von meiner Sünde wie du. Aber ich kann von meiner Forderung nicht abweichen. Gestatte ich deinem Bruder Steuerfreiheit, so versteift sich der Widerstand in Perugia gegen die Salzsteuer."

„Und Perugia kann ein Beispiel für alle anderen Städte Ihres Staates werden, das wissen Sie, Heiligkeit. Ich bin keineswegs in allen Dingen einig mit meiner Familie, doch in Zeiten drohender Gefahr muß man sich an die Seinen erinnern und ihnen beistehen. Es tut mir leid, Ihnen jetzt vorzurechnen: Zusammen mit meinem Bruder Ascanio hätten Sie dann also halb Italien gegen sich." Die Witwe Colonna sagte es ohne Triumph in der Stimme, sie zeigte sogar ein leises Lächeln des Bedauerns, und ihr kleiner Mund wurde schief dabei.

„Was verlangst du für deine Familie?" fragte der alte Mann aus dem Haus Farnese. Und er bewegte seine schlaffe Hand lustlos. Er dachte daran, was alles er auf seinem Seil versucht hatte, um sich gerade die italienischen Kardinäle und Fürsten als willige Geldgeber zu erhalten. Die Maskenfreiheit hatte er für Rom gewährt, öffentliche Feiern zu jeder Gelegenheit, sei es zu Mariä Himmelfahrt oder zu seinem eigenen Geburtstag. Und wie zu Zeiten des zehnten Leo aus dem Haus Medici durfte jeder Kardinal im eigenen Palast zu festlichen Gelagen einladen; alles war erlaubt: Musiker, Schauspieler, Sängerinnen, Tänzer und Narren. Er wußte es genau, seine zuverlässigste Stütze waren ebendiese italienischen Kardinäle, auf sie mußte er in den winzigsten Feinheiten Rücksicht nehmen, gerade weil er von ihnen und ihren Untertanen die regelmäßigen Abgaben erwartete. Also mußte er sich ein Herz fassen und, auf sie rechnend, unter Angst auch dann und wann ein deutliches Nein sagen wie etwa zu seinem Zeremonienmeister Biagio. Und unter Berufung auf die Heilige Schrift auch das Nackte in der heiligsten Kapelle zu Ende malen lassen.

Gleichzeitig jedoch durften die äußerst Strengen nicht verstimmt werden. Und wenn Kardinal Carafa mehr Befugnis verlangte für die Überwachung der Reinheit des Glaubens unter den Einwohnern Roms, so wäre es ungeschickt, ihm diese Befugnis zu verweigern. Auch war es nicht unklug, sich daran zu halten, was für Erfahrungen die Geistlichkeit in Spanien mit ihrem Glaubensgericht gesammelt hatte. Und eines hatte sich doch als recht bemerkenswert herausgestellt, als die Inquisition sich gegen getaufte Juden richtete unter der Anschuldigung, sie seien zurück in ihren alten Glauben gefallen: Die Beschlagnahme des Vermögens hatte sich als eine zwar einmalige, aber immerhin recht kräftige Quelle erwiesen. Ich brauche alle nur erdenkbaren Mittel, hatte er vorhin der Colonna entgegnet.

Und jetzt antwortete die Witwe Vittoria auf seine Frage „Was verlangst du für deine Familie?", in dürren, knappen Worten:

„Verzicht auf die Salzsteuer in allen Ländereien, die den Colonna untertan sind."

„Nein", sagte der alte Mann mit dem aufgeschwemmten Gesicht. „Du siehst, ich bin gebunden, ich kann nicht."

„Und wenn mein Bruder sich weigert?"

„Dann werde ich Gewalt anwenden. Ich bedauere das, liebe Tochter." Und er bewegte seine schlaffen Hände zum Zeichen des verabschiedenden Segnens.

★

Es war April, noch nicht Ostern, aber schon sehr warm. Die Tage waren länger geworden, an den kalten Winter dachte niemand mehr. Aber diese eben vergangenen nassen und kalten Tage hatten Mendrini hart zugesetzt. Er war schwach, er hustete, und sein Atem ging schwer und laut. Sein Gesicht war hager und eingefallen, eine Krankheit, die ihm keine Schmerzen bereitete, zehrte ihn von innen her aus.

Michelangelo erkannte Mendrini, er redete mit ihm, als hätte er ihn gestern erst gesehen. Urbino verstand kein Wort. Er wußte nicht, daß Buonarroti den Räuber einmal vor langen Jahren in seiner Werkstatt versteckt und vor dem Zugriff der Wächter bewahrt hatte.

Die beiden sprachen von Riesen, denen sie ausgeliefert gewesen waren, einer wie der andere.

„Und die riesigen Ungeheuer sind immer größer geworden und immer gefräßiger. Oft verändert in Äußerlichkeiten, aber immer von der gleichen Art", sagte Mendrini langsam, ein wenig singend, und er zupfte überlegend an seinem langen, wirren grauen Bart. „Sie sind die großen Räuber, und Gott mag sie nicht. Ich sehe nicht, daß in ihrem Lande Gottes Segen zu Hause ist. Aber Gott mag auch nicht die kleinen Räuber, darum hat er mich von einem Unglück ins andere gejagt, bis ich erkannt habe, daß es sinnlos ist, zu rauben."

Und Urbino begriff, der Bettler redete von den verschiedenen Männern, die zu seinen Lebzeiten den Kirchenstaat regiert hatten.

Michelangelo bat ihn, er möchte nach der Arbeit mit ihm in sein Haus kommen.

„Heute nicht", entschuldigte sich Mendrini, „sie warten auf mich, ich kenne welche, die heute noch nicht gegessen haben." Urbino gab ein Zeichen, ob er Geld aushändigen solle. Buonarroti merkte es nicht, aber der Bettler.

„Sie brauchen sich nicht zu schämen, junger Mann, meinetwegen. Ich habe alles, was nötig ist für mich. Und bei einem, der mir das Leben gerettet hat, bettle ich nicht. Auch nicht um eine warme Suppe, denn Suppen können vielleicht auch andere für mich aufs Feuer setzen, das bringt denen dann Anerkennung ein und Ehre vor den Nachbarn, darüber können sie sprechen. Seht her, wie wohltätig ich war, selbst Bettler habe ich heute gespeist. Das ist leicht zu tun. Aber das tun, was groß und rühmlich ist, und dabei wissen, niemals werde ich es jemandem erzählen können, das mag nicht jeder."

Sehr behutsam sagte Michelangelo:

„Ich bitte dich, komm morgen, und ich bitte dich, nimm das von mir für die, von denen du sagst, du mußt sorgen, daß sie noch heute etwas zu essen bekommen."

„Ich bitte Sie, mir keinen Topf mit warmer Suppe hinzustellen morgen abend", sagte Mendrini mit seiner ernsthaften, langsamen Heiterkeit.

Es begann dunkel zu werden am anderen Tage, und Mendrini kam nicht.

„Er hat es vergessen", sagte Michelangelo enttäuscht.

„Er schämt sich", sagte Urbino. Der alte, hagere, verfallene Mann mit dem wirren Haar, dem kranken, abgezehrten Gesicht und den scharfen, manchmal heiteren Augen tat ihm leid. Doch es beruhigte ihn auch ein wenig, daß der Bettler nicht ins Haus kam. Aber Buonarroti war unberechenbar, und jeder Versuch, ihn zur Vorsicht beim Umgang mit den Leuten von der Straße zu bewegen, war sinnlos. Es mußte ihm doch übel angerechnet werden, daß er Bettlern und armseligen Menschen die gleiche Aufmerksamkeit schenkte wie Kardinälen.

Es war schon sehr lange nach der Abendmesse, als Mendrini anklopfte. Alles an ihm war in erregter Bewegung. Triumph stand in seinem Gesicht.

„Gott lebt doch, und Gott ist gerecht. Jetzt ist dem Riesen ein Zeichen gesetzt, und er muß zittern. Vielleicht muß er sich beugen."

Urbino, beunruhigt durch die Begeisterung des anderen, fragte sehr sachlich:

„Warum sagen Sie nicht klar und deutlich, was Sie wollen?"

„Gut", entgegnete Mendrini, „das kann ich auch. Vielleicht mißfällt es Ihnen, wenn ich einen Mann, der zweihundert Landsknechte, Ausländer, Schweizer, um sich hat, einen Riesen nenne. Und Sie mögen recht haben, junger Mann, denn am Ende ist er doch nur ein Mensch. Also nennen wir ihn gar nicht, geben wir ihm keinen Namen, sondern halten wir es so, daß niemand Anstoß nehmen kann, und sagen wir nur Er. Sagen wir auch nicht mehr Räuber, sondern sagen wir nur, was Er von uns verlangt. Es sind mehr als zehn Jahre nach dem großen Unglück für Rom vorbei, und noch heute haben wir uns nicht davon erholt. Weil ja der Krieg in unserem Land weitergeht. Spanien will Mailand behalten. Frankreich will Mailand gewinnen. Mal hilft Er dem einen und mal dem anderen. Was ergibt sich daraus für das Gesicht des Landes, das Er mit seinem weltlichen Arm regiert? Alles Vieh wird abgeschlachtet. Kein Getreide ist da für die Aussaat. Die Äcker sind schmal bestellt. Es leben in seinem Lande mehr Bettler als Bauern. Nun wollen wir einmal rechnen, was Er nimmt. Es beginnt bei dem Zehnten. Und wegen der Türkengefahr ist es jetzt ein doppelter Zehnter. Dazu kommt die Mehlsteuer. Dazu die Abgabe für die Feuerstelle. Dazu die Viehsteuer. Und dazu noch Auflagen für besondere Ereignisse, zum Beispiel für den Besuch des Kaisers. Oder Strafgelder. Und was sehen wir als Gegenleistung? Er hält sich zweihundert Landsknechte. Und jedem einzelnen zahlt man dreieinhalb Gulden im Monat aus. Und Wohnen und Essen bekommt jeder Wächter umsonst. Und was sehen wir noch? Er baut sich einen Palast, so groß, wenn Sie am Morgen zu der einen Toreinfahrt hineingehen und ununterbrochen laufen, dann sind Sie am

Abend zu der entgegengesetzten Torausfahrt noch nicht draußen."

Urbino unterbrach. Er fühlte sich unbehaglich. Am liebsten hätte er jeden Besucher von Buonaroti ferngehalten, er nahm es sehr ernst mit seiner Verantwortung, aber er durfte seine Angst vor geheimen Zuhörern nicht zeigen. Michelangelo würde ihn nur wortlos mit seinem überlegenen, spöttischen Lächeln anschauen.

„Übertreibung", sagte der besorgte Gehilfe.

„Ja, Übertreibung, vielleicht. Aber jetzt hat Er – vom Karneval und von all den teuren Festen spreche ich ja schon gar nicht – die Salzsteuer erhöht. Und jetzt ist eine ganze Stadt aufgestanden gegen ihn. Eine Stadt in dem Gebiet, über das sein weltlicher Arm herrscht, schreit auf und wendet sich gegen die Ungerechtigkeit."

„Wo ist das?" fragte Urbino. Und sein Herz war schon beteiligt.

„Perugia", antwortete der Bettler, „sie haben dort Christus zum obersten Herrn der Stadt ausgerufen."

„So war es auch bei uns in Florenz", sagte Michelangelo langsam. „Aber es hat uns nichts genützt."

„Die dort werden kämpfen", sagte Urbino. Und er dachte: Hier also hocke ich jeden Tag auf dem Gerüst und mische Farben, und ein Jüngstes Gericht wird an die Wand gemalt. Draußen aber halten andere auf ihre Art den Tag des Gerichts.

Ich möchte weggehen, möchte mittun in Perugia. Kein Mensch wird je danach fragen: Wer hat denn die Farben für das Jüngste Gericht zusammengerieben? Niemand in Florenz wird dabei aufhorchen. Farbenreiber gibt es unendlich viele. Wenn es aber heißt, Francesco Amatori, genannt Urbino, ist nach Perugia gegangen, um die Gerechtigkeit zu verteidigen, dann wird auch Assunta an mich denken, und sie wird weinen, wenn sie von meinem Tod hört. Vielleicht aber werden wir siegen, dann wird sie lächeln.

„Der Papst zieht Truppen zusammen gegen Perugia. Und plötzlich sind auch die deutschen Landsknechte wieder da. Sie sind immer dabei, bei jedem Krieg. Einige sind noch übriggeblieben von dem Marsch gegen Rom aus den Zeiten des alten Frundsberg. Sie haben sich so lange bei uns im Lande herumgedrückt. Da und dort Gelegenheitsarbeit gefunden. Gern gesehen als geübte Kriegshandwerker. Unermüdlich im Marschieren. Pünktlich im Töten. Gründlich im Plündern. Und immer lustig, mit einem Lied auf den Lippen. Ich kenne sie genau", sagte der Bettler, „ich bin vierzig Jahre durch fast alle Städte Italiens gekommen und habe sie immer wieder getroffen, überall. So werden sie also jetzt als Werkzeug genommen, um Perugia den Atem auszublasen."

Buonarroti las alles aus den Augen seines Urbino, und es rührte ihn, wie der stille, zurückhaltende Mann gepackt war vom heiligen Feuer der Anteilnahme.

„Aber es gibt viele Mittel, die Stadt auf der Höhe über dem Tiber zu zwingen", sagte Buonarroti langsam. „Der Papst hat nicht nur Truppen. Er hat auch die Waffe des Kirchenbanns. Wenn er sagt: In Perugia werden Irrlehren verbreitet …"

„Damit kann er heute nicht einmal mehr die ungebildeten Laien erschrecken", entgegnete Mendrini heftig. „Perugia wendet sich gegen die überhohen Abgaben und nicht gegen die Kirche. Perugia steht auf gegen einen schlecht regierenden Papst, aber nicht gegen die Kirche. Wer die Salzsteuer mit dem Glauben vermengt, so frage ich, ist der noch ein würdiger Prediger? Ein Priester soll kein Steuereinnehmer sein. Er soll arbeiten. Davon sprechen und schreiben die Gebildeten in gelehrsamen theoretischen Abhandlungen. Die Ungebildeten verlangen es mit Gewalt. Die Gebildeten verachten die Ausbrüche der Ungebildeten. Sie sagen, das ist roh. Und was sehen wir? Es führt kein Weg von den einen zu den anderen; denn, und glauben Sie mir, ich weiß Bescheid, die Gebildeten tragen ihr Herz nur auf der Zunge, es ist für sie ruhmvoller und ungefährlicher, in aufregenden Wortgefechten vor einem ausgewählten Publikum zu glänzen, als sich den Forderungen der Ungebildeten anzuschließen. Dann müßten am Ende ja auch sie arbeiten. Und so sehen wir es allerorten: Die Gebildeten gehen nicht zu den Ungebildeten. Wenn nicht ein Wunder geschieht. Vielleicht kommt in Perugia das Wunder."

✶

Es geschah kein Wunder in Perugia. Und es fanden sich auch sonst keine Helfer. Der Kaiser griff nicht ein. Ascanio Colonna dachte nur an seine eigenen Städte, vor allem befestigte er Paliano, die Stadt auf dem Hügel an der Hauptstraße nach Rom. Von hier ritt er aus, plünderte die Getreidewagen für die Ewige Stadt, raubte Vieh aus dem Gebiet des Kirchenstaates, fing Rompilger ab, sperrte sie in seinen Verliesen ein.

Mit der Einnahme Perugias durch die Truppen des Papstes war für alle, die noch zögerten, die Frage, ob die erhöhte Salzsteuer gerechtfertigt sei, erledigt. Sie zahlten.

Und ein für seine Eilfertigkeit beim Festungsbau bekannter Mann zeichnete schon die Grundrisse für eine päpstliche Zitadelle in Perugia. Während also der Baumeister Antonio da Sangallo bereits sein Pferd sattelte, um die Bauarbeiten an Ort und Stelle zu überwachen, meinte Ascanio Colonna noch, seine Bergstadt Paliano sei unüberwindlich. Sein Krieg dauerte für ihn zwei kurze Monate. Für ungezählte Bewohner seiner Städte kostete er das ganze, lange Leben.

Er, Ascanio Colonna, bemitleidete sich sehr, weil er jetzt verbannt war aus seinem Besitz rings um Rom, weil er von nun an in einem Schloß in Neapel seinen Aufenthalt nehmen mußte.

Nicht einmal der vertraute Michelangelo spürte, daß sich etwas geändert hatte in Vittoria. Das Mitgefühl mit den anderen, mit den Armen, den Leidenden war bei ihr abgerissen. Die Glut des Anteilnehmens am Geschick der Schwachen und Hilflosen war erloschen. Sie begann um die verlorenen Ländereien der Familie zu trauern. Nicht laut. Sie redete überhaupt nicht davon. Aber ihre Gedanken gingen von nun an nirgendwo anders hin.

Vor Michelangelo plauderte sie von den Menschen aus dem Freundeskreis, als sei nichts geschehen.

„Schön, daß Sie wieder mit dem Maler Sebastiano sprechen." Und: „Unser Kardinal Pole ist jetzt auf der Reise nach England, vielleicht gewinnt er das Land für die Kirche zurück. Er ist ja ein kluger Mensch im Verhandeln." Und: „Unser Kardinal Contarini hat es noch nicht verwunden, daß die von ihm mit unterzeichnete Schrift über die Reform von unbefugter Seite veröffentlicht wurde. Carafa hat gesagt, diese Schrift ist jetzt ein Werkzeug der Feinde geworden, also gehört sie auf den Index. Seltsam, nicht wahr? Einer will sein eigenes Werk auf die Liste der verbotenen Bücher setzen."

Sie redete auch über den jungen, in allen Fragen des Kirchenrechts erfahrenen Bischof Morone, der nun als Nuntius über die Berge geschickt worden war, um die sogenannten Protestanten im Streitgespräch zu überwinden.

Nur von Bernardino Occhino, dem redegewaltigen Prediger, sagte sie nichts.

Dann, unvermittelt, fragte sie, und Buonarroti wußte nicht, in welch seltsamer Erregung sie befangen war:

„Haben Sie den Kopf schon an die Wand gemalt? Ich meine den schrecklichsten von allen, den Einäugigen?" Und da Michelangelo nickte, forderte sie: „Ich will ihn sehen. Ich werde morgen in der Frühe zu Ihnen in die Kapelle kommen."

„Ich wünschte, Sie könnten warten, bis das Bild vollendet ist", bat Buonarroti.

Sie lächelte wie immer, ihr Mund wurde schief dabei, sie hatte sogar ihre Stimme in der Gewalt. Als sie jetzt antwortete, klang sie warm und tief und ruhig wie sonst auch:

„Vielleicht werde ich am Tage der Enthüllung schon nicht mehr in Rom sein. Ich gehe nicht zu meinem Bruder nach Neapel, nein, ich bleibe in der Nähe der Ewigen Stadt, in Viterbo. Sie können mich jederzeit besuchen. Und ich werde auf Briefe von Ihnen warten."

Am anderen Morgen, im hellen, harten Licht, stellte sie sich dem Einäugigen.

Damals, als sie die Zeichnungen angesehen hatte, da konnte sie noch leichthin sagen: Gebe Gott, daß ich es nie an mir verspüre, diese jammervolle, grauenhafte, niederziehende Angst.

Es mochte Zufall sein, daß ihr ganzer Freundeskreis aufgelöst war. Und von allen Kardinälen, die zählten, war nur Carafa in Rom geblieben.

Wie bin ich doch allein. Das gute Band der Menschenliebe habe ich selbst zerrissen. Wer nur sich selbst bemitleidet, ist schwach.

Es war selbstzerstörerische Lust, mit der sie sich diesem verlorenen Einäugigen gleichsetzte.

Mit der linken Hand bedeckt er sein Auge, das halbe Gesicht. Nur das eine große Auge ist sichtbar. Und es starrt und starrt, befangen im Entsetzen über sich selbst. Und die von der Hand nicht verborgene Hälfte des Mundes ist aufgetan, im Ekel über sich selbst. Nicht aufgerissen, weit und schreiend. Der Mund ist nur wenig geöffnet für das Stöhnen jener letzten Verzweiflung, die von innen her kommt, ohne sich zur Schau zu stellen.

Und der gekrümmte nackte Leib wehrt sich nicht mehr. Er läßt sich hinabziehen zu den Verdammten. Und wie stark war dieser Mensch. Die Muskeln an den fleischigen Armen beweisen es. Wenn er wollte, könnte er fertig werden mit den Geschöpfen, die da aus der Unterwelt kommen und ihn einfangen.

Aber sein Auge, in dem alles Grauen der Welt wohnt, sagt es: Der Wille ist erloschen.

★

Der Zimmermann Jacopo aus Bressa gehörte zu den Handwerkern, die einhielten, was sie versprachen. Er ließ sich nicht ein auf Gespräche über Religion oder Politik, und was er dachte, sagte er nicht. Er fand es sinnlos, Zeit in unnützen Gesprächen über Dinge, die er doch nicht ändern konnte, zu verschwenden. Aber in seiner Arbeit gab es kaum einen, der ihm gleichkam. Seine Redensart war: Wenn ich tot bin und Petrus mich fragt, Jacopo aus

Bressa, was hast du auf der Erde geleistet, dann kann ich ihm mit genauen Beweisen kommen. Ich habe erstklassige Gerüste gebaut, ich habe jeden Tag voll ausgenutzt und keine kostbare Zeit verloren mit Betrachtungen über Fehler während der Regierungszeit des einen oder des anderen Papstes.

Es war dies keine Prahlerei des etwa Dreißigjährigen, es war ehrlicher Stolz auf seine gute Arbeit. Dabei sah er nicht aus wie ein grober Riese, der die Balken für das Gerüst auf der Spitze des kleinen Fingers balancieren läßt, Jacopo aus Bressa war eher schmächtig, ein wenig kurzsichtig. Grübelnde Augen, die eigentlich nie froh blickten oder hell aufleuchteten. Er war ein zäher Bursche und klügelte immer neue Systeme für den Gerüstbau aus. Und wenn er seine Überlegungen beim Zusammensetzen der Balken nachprüfte, dann waren seine Bewegungen zärtlich, weich, aber nicht weichlich. Etwas Trauriges lag über seinem ganzen Wesen, er lachte nicht, er lächelte nur, und neben dem Ernst, mit dem er seiner Arbeit nachging, stand eine gewisse Lässigkeit, die von der Sicherheit herrührte, mit der er sein Fach beherrschte. Der schmale, dunkle Jacopo aus Bressa war nicht außergewöhnlich schön und auch nicht außergewöhnlich häßlich, doch die Frauen mochten ihn gern, weil sie angezogen wurden durch seine Sanftheit, eine sehr männliche Sanftheit. Der schweigsame Jacopo aus Bressa war scheu, aber nicht schüchtern.

Als er von Michelangelo gerufen wurde, das Gerüst für ihn in der Sixtinischen Kapelle zu bauen, da überlegte er lange, ob er den Maler fragen sollte, wie das damals gewesen sei mit dem Gerüst unter der Decke ebendieser Kapelle, wie er das geschafft habe ohne Stricke. Aber er wollte sich nicht aufdrängen, und so fragte er nicht.

Und auch Buonarroti erzählte nichts von dem, was vor mehr als zwanzig Jahren in der Kapelle gewesen war. Er rühmte vor dem Zimmermann nicht seine Kenntnisse, sagte kein Wort darüber, wie er damals das schlechte Gerüst des Baumeisters Bramante hatte abreißen und ein anderes dafür hinsetzen lassen, er verlor kein Wort darüber, wie dabei ein Haufen an Seilen eingespart wurde. Der Verkauf hatte ausgereicht, drei Menschen glücklich zu machen. Das Kind eines alten, kranken Bauarbeiters brauchte nicht ins Kloster, Hochzeit konnte sein. Mit dem Geliebten.

Und Jacopo sah: Buonarroti packte beim Gerüstbau mit zu. Und seine Griffe kamen dem Zimmermann so erstaunlich vor, wie er es noch nie in seinem Leben gesehen hatte, es war so, als ob entweder er, Jacopo aus Bressa, mit vier Händen zupackte oder als ob der andere über diese vier Hände verfügte. So gut waren sie aufeinander eingestimmt. Dann und wann, bei der Arbeit, gab es einen anerkennenden oder einen fragenden oder einen aufmunternden Blick, aber geredet wurde nichts.

Jacopo aus Bressa hatte es niemandem gesagt, wie sehr er seit dem Tage, da das Gerüst aufgebaut worden war, gewartet hatte, daß es wieder weggenommen werden sollte. Immer hatte er sich Gedanken darüber gemacht bei den vielen Gerüsten, die er in Kirchen von Rom angebracht hatte, was die Maler wohl nun schaffen würden. Und er dachte: Es ist so in der Welt, ich bin ein kleiner Handwerker, und mein Gerüst wird beiseite geräumt. Also betrachtet mich der Künstler nur wie ein leider notwendiges Wesen, das eigentlich stört. Auch ist er sehr beansprucht, er muß alle Aufmerksamkeit seinen Auftraggebern widmen, er muß sie zufriedenstellen, er muß sich gut mit ihnen stellen, daß er neue Aufträge bekommt. Wirklich, für ihn wäre es Zeitverschwendung, sollte er sich mit unsereinem aufhalten. Das Höchste, was ihnen uns gegenüber gelingt, das ist ein freundlich aussehendes Klopfen, und immer nehmen sie dafür unsere Schultern. Gut gemacht, sagen sie dann. Weiter so.

Jacopo aus Bressa hatte viele Kunstwerke gesehen. Wenn er ein Gerüst wegnahm, schaute er sich genau an, was da entstanden war an den Wänden der Kirchen. Er kannte die Verschiedenheiten der Maler so genau, daß er lange vergleichende Betrachtungen darüber hätte anstellen können, wenn ihn jemand gefragt hätte. Doch niemand fragte ihn.

Nun war das große Gerüst weggenommen, und der Zimmermann Jacopo stand mit seinen Gehilfen vor der Altarwand und schaute auf das Bild. Und er vergaß alles um sich her, er dachte auch nicht daran, daß Michelangelo Buonarroti mit ihm in der Kapelle war. Das dort ist also das Jüngste Gericht, und hier stehe ich, der Zimmermann aus Bressa.

Aber es wollte kein Glück in sein Herz kommen über den großen Augenblick und auch kein Staunen. Aus seinem tiefsten Innern kam Enttäuschung: Darauf habe ich sieben Jahre gewartet? Ich habe nach einem lauten Zeichen gesucht, ich habe auf ein deutliches Signal gehofft. An mich. Jawohl, an mich. Von einem, der die Vorfahren Christi als arme, gedemütigte, niedrige Menschen gemalt hat, habe ich etwas anderes erwartet. Von einem, der die Sklaven in Marmor bringt, die letzten, die mißachteten, die erbärmlichsten unter allen Menschen, kann ich verlangen, daß er sich treu bleibt. Er muß sich lossagen von allen Formeln, er muß vorangehen als Erster Bannerträger der Gerechtigkeit für alle Menschen. Aber vielleicht ist diese Aufgabe, das Jüngste Gericht, schon ein Zurückweichen. Ich kann nicht entdecken, daß er sich irgendwo einer Übertretung schuldig gemacht hätte. Alles von den Alten auf uns Überkommene ist gewahrt. Jesus als der Richter mit der Fürsprecherin Maria oben im Himmel, und ihm zur Rechten und zur Linken die Heiligen und die Märtyrer und die Seligen. Und auch die Engel sind da mit allen Marterwerkzeugen, wie es die Malvorschrift befiehlt. Nicht vergessen hat er die anderen Engel mit den Posaunen und mit dem kleinen Buch der guten Taten und mit dem großen Buch der schlechten Taten. Und die Verdammten sind da, die vom Herrn Verworfenen, überantwortet der Hölle mit ihren gräßlichen Teufeln.

Der Zimmermann aus Bressa senkte den Kopf und sah nicht mehr hin. Also ist die Fahne des Bekenntnisses: Ich glaube nicht mehr an die Formeln, die von den Vätern auf uns gekommen sind, hier in der Sixtinischen Kapelle nicht aufgerollt worden. Und auf dem Fahnentuch hätte stehen müssen: Die Ersten werden die Letzten sein, und die Letzten werden die Ersten sein.

Und trotzdem, es war das Bildwerk, auf das er sein Leben lang gewartet hatte. Jetzt, da er seine Hand von den Augen wegzog und noch einmal hinschaute, fand er langsam den Eingang. Und er mußte die Lehre hinnehmen: Deine Sehnsucht, daß es anders sein möchte in der Welt, wird nicht verwirklicht durch nur einen einzigen Schrei. Du mußt klüger sein. Aber auch das wird nicht ausreichen. Du mußt wissen, was du willst und wohin du willst. Du mußt die Grenzen kennen, deine und die deiner Auftraggeber.

Und Jacopo aus Bressa sah:

Dieses Bild vom Tag des Jüngsten Gerichts war mit größter Klugheit gemalt, es ging bis gerade an die Grenze. Wer nichts weiter sehen wollte als den herkömmlichen Vorgang: Selige und Verdammte werden auf die ihnen zukommenden Plätze verwiesen, der konnte zufrieden sein. Auch das war eingehalten: Rechts unten die Verworfenen, links, aufwärts steigend, die Auserwählten.

Jacopo kam von dem Bild nicht los. Er hätte nun eigentlich mit seinen Gehilfen die Gerüstbalken hinaustragen müssen, aber er war noch nicht zu Ende mit seinen Überlegungen, denn es erging ihm seltsam, je länger er schaute, desto mehr schmolz seine Enttäuschung zusammen. Und er, der Zimmermann aus Bressa, war jetzt nicht mehr einer, der das Bild abschätzend betrachtete, ob es mit seiner eigenen Vorstellung vom letzten Tag übereinstimmte, er war beteiligt. Der Atem des Zorns faßte ihn an.

Das hier ist keine offene Feldschlacht gegen ungerechte Priester und Fürsten unter der wehenden Fahne mit dem Bundschuh und mit dem Schlachtruf: Nichts als die Gerechtigkeit Gottes. Der Kampf des Malers und Bildhauers Michelangelo Buonarroti ist anders. Wenn der Fahnenträger in der Feldschlacht niedergestreckt wird von den Söldnern der Fürsten, dann tritt ein anderer vor und trägt die Fahne weiter und bewahrt sie vor dem Zugriff des Feindes. Mag es auch sein, daß Buonarroti in ihre Gefangenschaft gegangen ist, so hat er sich ihnen doch nicht unterworfen. Er läßt sie nicht zur Ruhe kommen. Nicht die Fahne mit der Inschrift hält er ihnen hin, sondern sich selbst, sein großes, gutes, heißes, kämpfendes, liebendes, blutendes Herz.

Sein Zorn ist auch mein Zorn.

Ich kann mir nicht vorstellen, daß einer von denen um den Auftraggeber kommen wird und den Maler dafür auf die Schulter klopfen wird. Was sollen sie dazu sagen?

Ich sehe ein Gesicht, und dieses Gesicht zieht meine Augen weg von der Mitte, von dem Richtenden. Es ist nicht aufdringlich, aber für mich ist es die Mitte geworden, der Schlüssel zu allem. Der Märtyrer Bartholomäus, der Heilige, hält seine abgezogene Haut in der Hand. Und die herabhängenden Arme verlängern das verzerrte Gesicht. Es schreit nicht, es weint nicht, es bemitleidet sich nicht selbst, es droht nicht, und es verflucht nicht. Es wird nur hingehalten und vorgewiesen. Unendlich geschunden. Es klagt nicht wehleidig, und es jammert nicht.

Es klagt an. Hart und noch im Tode voll Kraft. Anklage gegen jene, die ihre Macht mißbrauchen. Ihr, die ihr die Menschen bei lebendigem Leibe schindet, das Messer an sie legt wie an Tiere, ihr Unmenschen werdet nicht triumphieren. Das Gesicht verkündet nicht Rache. Das Gesicht legt Zeugnis ab, daß lebendige Kräfte da sind, die Unmenschen zu bändigen, zu richten und der gerechten Strafe zu überantworten.

Und der Zimmermann Jacopo aus Bressa sah: Das Wissen um das Leid in der ganzen Welt ist eingeschrieben in das Gesicht. Es neigt sich vor den Geschundenen auf den Schiffen, die eingefangen wurden und nun verkauft werden, um im fremden Land unter die Erde in die Bergwerke getrieben zu werden. Es neigt sich vor allen, die in die Knechtschaft der Kaufleute, der Fürsten und schlechten Priester geraten sind.

Und das Gesicht trägt unverwechselbare Züge. Es ist Michelangelo Buonarroti.

Mut kam in das Herz des Zimmermanns aus Bressa. Und er dachte: Das also ist es, sich nicht auf die Schulter klopfen zu lassen.

Er wollte sich bei dem Maler bedanken. Aber Buonarroti war schon weggegangen.

★

Wer keine Einladung hatte, der galt nichts in Rom. Es war ein großer Empfang vorgesehen. Die Enthüllung des neuen Bildes in der Sixtinischen Kapelle war auf den Vorabend des Festes Allerheiligen gelegt worden. Der Papst wollte persönlich zugegen sein und eine glanzvolle Messe halten.

Der Zeremonienmeister Biagio bewältigte mit bewährter Zuverlässigkeit den Andrang der Gäste. Er führte die Kardinäle zu ihren Plätzen, niemand sollte sich benachteiligt vorkommen. Auch die Herren vom päpstlichen Gerichtshof wurden von ihm zuvorkommend begrüßt. Schon kamen die weltlichen Fürsten. Besondere Plätze wies er den offiziellen und inoffiziellen Gesandten aus Spanien, Portugal und Deutschland an. Den vertriebenen Bischöfen aus den skandinavischen Ländern und aus England widmete er höfliche Worte der Anteilnahme. Jetzt mußte er dafür sorgen, daß die Äbtissinnen und besonders verdiente Ordensschwestern geeignete Sitzplätze bekamen. Die Mittelmänner durften nicht vernachlässigt werden. Auch durfte er keinesfalls versäumen, den Vertretern der Zünfte Aufmerksamkeit zu schenken. Es hatte einige Bedenken gegeben, diese Männer einzuladen, man mußte sich jedoch anpassen und auch durch ein äußeres Zeichen der Welt zu verstehen geben, daß die Kirche jeden Stand achte. Die Männer der Zünfte bekamen die hinteren Stehplätze angewiesen. Schließlich mußte auch noch dafür gesorgt werden, daß der Maler Zutritt zu dieser Feierstunde bekam. Buonarroti hatte wieder einmal Scherereien verursacht. Er hatte verlangt, daß sein Helfer, der Farbenreiber

Urbino, auch dabeisein durfte. Also standen die beiden Männer am Ende der Kapelle bei den Zünften.

Biagio gebrauchte den Stab des Zeremonienmeisters wie ein Zauberstöckchen, alle Menschen waren endlich zur Zufriedenheit in dem großen Raum der Kapelle untergebracht. Man hatte sich gesehen, man hatte sich begrüßt. Erwartungsvolles Raunen, da und dort ein Husten. Viele legten den Kopf in den Nacken und schauten hinauf in die eigenartig erregende Welt da oben an der Decke. Die Schöpfungsgeschichte. Endlich kamen die Posaunenklänge. Dreimal. Wer einen Sitzplatz erhalten hatte, stand auf, den Heiligen Vater zu ehren.

Der alte Mann mit dem greisenhaft verfallenen Gesicht, dem seidigen weißen Bart und den großen, sehr lebendigen Augen bewegte, wie er jetzt auf der Sänfte hereingetragen wurde, seine schlaffen Hände nach beiden Seiten zum grüßenden Segen.

Vorn, bei den Kardinälen, saß Gian Pietro Carafa, nicht weit von ihm der Bischof Giovanni Morone, der Schüler Contarinis. Er war zur Berichterstattung aus Deutschland nach Rom zurückgerufen worden. Neben ihm hatte der General des Kapuzinerordens, der redegewaltige Bernardino Occhino, einen Platz bekommen. Und ein Stuhl wurde auch zurechtgerückt für den Spanier Ignatius von Loyola. Seit April dieses Jahres 1541 war er vom Vatikan bestätigt als General des neuen Ordens, der Gesellschaft, die den Namen Jesu trug.

Die Messe begann. Noch war die Wand über dem Altar verhüllt. Die langen weißen Kerzen flackerten unregelmäßig, ihre Flammen ließen sichtbar den dunklen Rauch aufschweben.

Carafa, in der ersten Reihe, spürte es genau, die Menge versank nicht in die gewohnte andächtige Aufmerksamkeit. Selbst der Heilige Vater erschien ihm nicht so gesammelt wie sonst, wenn er das Hochamt zelebrierte.

Zuviel war schon über dieses Jüngste Gericht, noch während es entstand, hinaus auf die Straßen gedrungen. Wenn das, was man vom Hörensagen wußte, sich als richtig erweisen sollte, dann war die Unsicherheit des Papstes begreiflich. Nicht ein ordentliches Kleidungsstück, so ging das Gerede, gebe es auf diesem ganzen großen Bild. In Wahrheit feiere hier das nackte Fleisch den Triumph und nicht der Weltenrichter.

Der Statthalter Christi auf Erden, Seine Heiligkeit Papst Paul III. aus dem Haus Farnese, kannte das Bild genau, in allen Einzelheiten. Er hatte den Maler bei der Arbeit besucht. Er hatte ja gesagt.

Nicht aus Liebe zu dem Menschen Buonarroti, sondern weil er unter Zwang stand. Weil er gewähren mußte, um zu bekommen.

Aber er, der sich gern einen Bewunderer der Kunst Michelangelos nennen ließ, hatte sich vor der Enthüllung des Bildes noch einmal von Theologen, die jeden Hinweis über das Jüngste Gericht im Alten und im Neuen Testament und in den Schriften der Kirchenväter kannten, bestätigen lassen: In dieser Arbeit des Michelangelo Buonarroti ist nichts gegen den Glauben enthalten.

Der Heilige Vater wußte – wenn er jetzt vor aller Welt die verhüllenden Tücher von der Wand wegnehmen ließ –, was auch immer die Theologen Begütigendes herausgefunden haben mochten: Er trug die Verantwortung.

Und er gab das Zeichen. Alles war aufgedeckt. Das große Bild vom Jüngsten Gericht.

Einige Leute sagten: „Ah!" Sie verstummten jedoch sogleich wieder, da noch nicht zu erkennen war, was der Papst für ein Gesicht machte, denn er stand mit dem Rücken zu der Menge.

Nun aber wandte er sich langsam um, und sein Blick suchte Carafa.

Und Carafa, den Kopf im Nacken, um alles besser überschauen zu können, sah:

Das Gefährliche ist nicht das Nackte. Es ist schlimmer. Der Mensch, der das geschaffen hat, ist weggegangen von dem einzigen und wahren und breiten Weg der Kunst: Andacht zu verkünden. Carafa schaute vergleichend nach oben zu den Bildern Buonarrotis an der Decke. Dieses hier schließt sich lückenlos an die pietätlose Darstellung der Vorfahren Christi an. Der Maler hat das große Mysterium vom Jüngsten Gericht entweiht. Durch tausend Einzelheiten. Durch alles.

In das harte Gesicht des hageren Kardinals aus uralter neapolitanischer Familie trat Verachtung. Wäre ich Papst, ich hätte nicht geduldet, daß ein Kunstwerk in einer meiner Kirchen auch nur das geringste Mißbehagen aufkommen läßt. Für mich würde ich keinen einzigen Grund anerkennen, der mich zur Duldung von Bildern, die der Kirche schaden, zwingen könnte.

Papst Paul III. aus dem Haus Farnese las die Feindseligkeit aus den Augen Carafas. Es überraschte ihn nicht.

Und doch quälte ihn beklemmende Atemnot, das Herz schlug ungewöhnlich schnell. O trauriger Kampf des Seiltänzers auf allmählich schlaff werdendem Seil. Und unerwartete, zuckende Bewegungen, um das Gleichgewicht zu halten.

In das Geflüster der Versammelten hinein rief der Papst plötzlich laut einen Namen:

„Michelangelo Buonarroti!"

Der Gerufene wußte nicht, was das bedeuten sollte. Er stand eingeengt bei den Leuten aus den Zünften.

Es hatte den Anschein, als geschehe der Aufruf dieses Mannes aus einer Eingebung des Augenblicks heraus. Vielleicht wußte nur der Zeremonienmeister Biagio, der seinen Herrn gut kannte, daß dem alten, langsam denkenden Papst nie ein schnelles Wort oder eine schnelle Handlung glückte. Alles wurde stundenlang unter den beratenden Hinweisen von Astrologen vorausberechnet.

„Komm zu mir, mein Sohn!" Und mit ausgebreiteten Armen stand der Heilige Vater da und wartete auf den Maler.

Es dauerte eine Weile, bis Buonarroti den Weg bis nach vorn zum Altar gegangen war.

Währenddessen begann der Sekretär für die Kommission der Kunstangelegenheiten, Christophero, ehemals Beichtvater der schönen Dame Isabella, die Menschen auf dem Bild zu zählen. Dabei versuchte er sie gleichzeitig einzuordnen. Und er stöhnte ein wenig in sich hinein über die Mühe, die er damit hatte. Aber das Bild mußte auch danach beurteilt werden, wie viele Heilige der Maler genommen hatte, wie viele Märtyrer, Apostel, wie hoch der Anteil der Persönlichkeiten aus dem Alten Testament gegenüber denen aus dem Neuen Testament bemessen war, wie viele Männer, wie viele Frauen, wie viele erkennbare Päpste, Bischöfe. Und er entdeckte auch schon die Fehler. Jedoch ihn, Christophero, konnte das nicht treffen, denn der Papst hatte ihn ausdrücklich von der Pflicht befreit, den Maler weiter zu beraten. Er hätte Buonarroti darauf hingewiesen: Es ist ein Irrtum, Christus bartlos zu zeigen. Das Neue Testament sagt uns: Durch Zeugen ist es bewiesen, Christus wurde durch keine Verwesung berührt. Wie kann er dann in den vierzig Stunden, die er im Grab gelegen hat, so rechnete Christophero, seinen Bart verloren haben.

Und noch ein Irrtum: Die Mutter der Barmherzigkeit muß sichtbar eine Einheit im Fühlen mit Christus bilden. Auch sie muß die Verdammten verurteilen, verachten. Aber hier auf dem Bilde hat sie Angst.

Ein weiterer Irrtum: Warum müssen so viele Engel das Kreuz heranschleppen? Christus hat es allein getragen.

Und wieder sind die Engel ohne Flügel.

Während Buonarroti voranging, nahm der Heilige Vater langsam seine ausgebreiteten Arme herunter.

Der portugiesische Gesandte wandte sich flüsternd an den Sonderbeobachter der spanischen Majestäten:

„Da auf diesem Bild sind zwei Schwarze. Unter den Erlösten. Seltsam. Und ungewöhnlich."

Der spanische Sonderbeobachter flüsterte zurück:

„Sie sind schön, und sie lächeln. Ich werde es meinem König sagen, es ist eine liebenswürdige Verbeugung des Malers vor der spanischen Linie des Hauses Habsburg und ihren erfolgreichen Unternehmungen in den überseeischen Gebieten."

Der Portugiese entgegnete rasch:

„Um Gottes willen, kein Wort. Mir scheint, das ist eine peinliche Entgleisung, wenn nicht eine Herausforderung. Bei den Heiligen läßt der Maler Zweifel offen, ob sie in die Seligkeit gelangen. Viele gute Weiße verdammt er in die Hölle, und ausgerechnet minderwertige schwarze Sklaven läßt er ganz eindeutig durch einen Engel emporziehen."

Der Spanier meinte:

„Mit einem Rosenkranz, bitte, das ist ganz im Sinne des Matthäus-Evangeliums. Es heißt ja, allen Völkern soll gepredigt werden. Diese beiden Schwarzen sind offensichtlich getauft."

Der Portugiese wiegte überlegend den Kopf, sagte hinter der vorgehaltenen Hand leise:

„Wenn die anderen Gruppen auch so eindeutig gemalt wären, würde ich Ihnen, mein lieber Freund aus Spanien, zustimmen. Äußerlich scheint alles in Ordnung zu sein."

Der Spanier flüsterte zurück:

„Sie meinen, das Herausheben dieser beiden aus den Hunderten Figuren könnte aber auch die Frage sein: Haben wir uns an das Evangelium gehalten, haben wir diese Menschen wie unsere Brüder behandelt, oder haben wir sie verkauft auf dem Markt wie Vieh?"

Der Portugiese sagte rasch hinter der immer noch vorgehaltenen Hand:

„Mein lieber, verehrter Freund, wo wollten wir hinkommen mit diesen Erwägungen? Vergessen Sie nicht, wir haben den Segen des Heiligen Vaters gerade für diese überseeischen Unternehmungen. Unsere Bemühungen in Afrika hat er vor aller Welt unterstützt, indem er die dort notwendigen Kämpfe einem heiligen Krieg gleichsetzte. Nur wer ein schlechtes Gewissen hat, kann auf abwegige Gedanken kommen."

Der Spanier fuhr auf, wollte laut antworten. Der andere berührte beschwichtigend seinen Arm. So redete der Spanier leise, aber sehr erregt:

„Ich bin aus ältestem kastilischem Adel, ich kenne nur eins, mein Mutterland soll rein sein von allen fremden

Elementen. Darum war es völlig richtig, nötig und gut, die Juden zu entfernen, das hat mit meinem Gewissen als Christ nichts zu tun. Nur, man spricht doch nicht darüber, ich habe auch nicht Hand angelegt bei der Vertreibung, ich habe nur ein paar sehr billig gewordene Ländereien aufgekauft, die Leute waren sehr froh darüber, daß sie auf diese Weise etwas Geld bekamen. So habe ich persönlich ein gutes Werk getan. Doch irgendwie hat der spanische Name leider darunter gelitten. Aber bei Übergriffen und Grausamkeiten habe ich mich immer herausgehalten. Ich habe keinen Gewinn an den Schiffsfrachten voller gefangener Schwarzer von Afrika nach Westindien, ich verachte die Händler, aber ich weiß, Spanien braucht Gold, und, das sage ich nur Ihnen, als Freund, über uns steht das Gespenst des Staatsbankrotts. Und darum habe ich auch ohne Bedenken meinen Sohn hinübergeschickt in die neuen Länder, damit er dort als Gouverneur Spanien dient. Und ich selbst beteilige mich an keinem Sklavenmarkt, alle meine Diener sind Weiße. Ich halte mich persönlich rein. Und ich wünsche auch nicht, daß ein einfacher Maler von geringer Herkunft den Finger auf meine geheime Wunde legt. Ich bin sehr empfindsam, wenn es um die Ehre Spaniens und damit um meine Ehre geht."

Der Portugiese entgegnete:

„Niemand braucht ein schlechtes Gewissen zu haben, weil dieser Maler eine Frage stellt. Ich habe Schiffe unterwegs, und ich weiß, welche Fracht sie führen. Die Benediktion des Papstes bedeutet für mich Gottes Segen. Und ich lasse mich durch dieses Bild nicht zu abwegigen Gedanken verleiten. Kunst ist Kunst, und Geschäft ist Geschäft."

Buonarroti kam auf dem Mittelgang heran. Blaß. Die Lippen schmal. Erschöpft von der Arbeit.

Der Zeremonienmeister Biagio gab dem Maler mit seinem Stab ein Zeichen: Nicht weiter. Knie nieder.

Es war sehr still in der Kapelle, trotzdem redete der Papst sehr laut und sehr deutlich:

„Sage uns das Glaubensbekenntnis."

Der Kniende schloß die Augen. Eine ungeheuere Müdigkeit schlug ihn. Ihr verlangt Worte zum Beweis meiner Rechtgläubigkeit. Jedes Kind, das nicht schreiben und nicht lesen kann, wird sie sagen können. Was der Mensch einmal auswendig gelernt hat, vergißt er nicht wieder.

Das sind die Hersager.

Und ich?

Ja, ich glaube. Und ich zweifle.

Und Buonarroti sprach das, was er seit den Tagen seiner Kindheit nicht vergessen hatte.

★

Beim Hinausgehen aus der Kapelle verspürte Carafa trotz aller Einwände gegen das Bild eine tiefe Rührung. Zumindest für diese Feierstunde war die Würde der heiligen Kapelle gewahrt. Er sah es auch an der Ergriffenheit im Gesicht des Mannes, der neben ihm ging. Und Carafa erinnerte sich: Das ist Giovanni Morone, Bischof von Modena, auch schon Nuntius in Deutschland. Er gehört zum Freundeskreis der Vittoria Colonna.

Heute war der Schüler Contarinis, der weitgereiste Morone, mit seinen zweiunddreißig Jahren schon zu einem Begriff geworden, weil er mit seinen Gläubigen offen über die umstrittensten Dinge redete. Etwa über die Priesterehe. Er hatte längst beobachtet, daß es nur Feindseligkeit unter den Laien erzeugte, wenn die Geistlichkeit über Unbequemes den großen Mantel des Schweigens breitete. Er wußte, im geheimen sprechen die Leute dann zu Hause und in den Gaststuben doch darüber.

Es geht nicht mehr, so war seine Überzeugung, eine Reform als die Sache nur weniger Eingeweihter zu betreiben. Die Reform muß in aller Öffentlichkeit vor sich gehen, und man muß über alles sprechen können, denn nur dann ist das Vertrauen der Gläubigen da; gegen ihre Herzen wird es schwer sein, zu reformieren.

Morone war klug genug – er hatte nicht umsonst mit viel Erfolg auch Jura studiert –, daß er mit seiner Meinung über die Kirchenreform erst dann hervortrat, als er sein Bistum Modena hinter sich hatte, eine begeisterte Anhängerschar von Gläubigen, ein so schweres Gewicht, daß es gar keine Frage war: Bei den nächsten Kardinalserhebungen muß Giovanni Morone berücksichtigt werden.

Seine Predigten waren nicht angereichert von derben und deutlichen Bildern wie die des Generals der Kapuziner, Bernardino Occhino, seine Predigten waren kein erhebendes Feuerwerk, sie waren ungemein klug zusammengestellt. Wer ihm zuhörte, bekam das Gefühl: Ich gehöre zu denen, die aufgerufen sind, die Kirche zu erneuern. Ich muß mit Hand anlegen, sonst müßte ich mich ja schämen.

Seit ihm Morone das erstemal vorgestellt worden war, hatte Carafa den jungen, anmutigen, überaus klugen Mann mit mißtrauischem Wohlwollen beobachtet. Morone hatte nie verschwiegen, daß er ein Schüler von Contarini war. Und die Auseinandersetzung mit Contarini war noch lange nicht beendet. Welche Mittel muß ich anwenden, um die Gläubigen zu gewinnen? Härte und notfalls Gewalt oder Milde und verstehendes Verzeihen?

Der Erfolg Morones in Modeno hatte ihn, Carafa, sehr nachdenklich gestimmt. Jetzt, nach der Feierstunde in der Sixtinischen Kapelle, würde es sicher nicht unangebracht sein, wenn er, der Ältere, der Erfahrenere, dem Jungen ein Wort der Aufmunterung sagte. Und er fragte den jungen Bischof, um ihn ins Gespräch zu ziehen:

„Was halten Sie von dem neuen Bild?"

Ohne Zurückhaltung, mit Begeisterung in den Augen erwiderte der schon ein wenig beleibte, hochgewachsene blonde Mann aus Mailand:

„Das ist ein deutlicher Sieg über die Angriffe der Kirchenspalter. Eine Rettung der Heiligen, würde ich sogar sagen."

„Die Heiligen brauchen keine Rettung", meinte Carafa zurückhaltend.

„Aber sie leben auch durch die Bilder. Und wenn wir erneuern wollen, müssen wir überall erneuern, auch in der Malkunst. Das ist das wundervollste Beispiel, das mir an die Hand gegeben ist. Hier haben wir ein Argument gegen den schweren Angriff unserer Feinde, daß wir keine Heiligen mehr brauchen als Vermittler zwischen uns und Gott. Hier ist der Beweis gegeben, die Heiligen sind nicht tot, sie sind keine leblosen Prunkstücke des Paradieses nein, sie müssen sich ihre Seligkeit erst erobern. Genau wie wir."

„Das ist der große Irrtum", sagte Carafa. „Die Heiligen sind bereits vor dem Tag des Jüngsten Gerichts heilig erklärt durch die Kirche."

„Ich bin ein Schüler von Kardinal Contarini. Leider ist er krank und kann nicht nach Rom kommen, um dieses unvergleichliche Bild zu sehen. Aber auch er würde gewiß bestätigen, wie glücklich wir sein können, daß gerade zu diesem Zeitpunkt uns dieses Bild geschenkt wurde. Es wird uns bei den Gesprächen mit zweifelnden Laien gewiß viel nützen."

Wenn der junge Bischof sich ereiferte, dann wurden seine hellen grauen Augen tief dunkel, das verlieh seinem schon zur Fülle neigenden Gesicht eine männliche Härte

Carafa konnte und wollte es nicht verhindern, daß Verachtung in seine Stimme kam, als er entgegnete.

„Ja, sicher, wenn Sie mit Nuditäten reformieren wollen. Die entblößte Scham überzeugt gewiß sehr. Aber im Hurenhaus."

Morone bekam einen tiefroten Kopf, und der Zorn ließ seine Augen feucht werden, aber gleichzeitig, mit einem Male, kam er sich sehr überlegen vor, ohne Überheblichkeit, und er entgegnete sanft und leise, so wie er es von seinem Vorbild Contarini übernommen hatte:

„Mit mir nicht auf diese Weise, lieber und verehrter Bruder, Sie lenken ab. So können Sie auf der Straße sprechen. Das ist der Stil eines Predigers vom Bettlerorden. Das ist, verzeihen Sie mir, ein billiger Kunstgriff. Sie kommen vom Thema ab. Sie fragten mich nach meiner Meinung über das Bild vom Jüngsten Gericht. Ich gab Ihnen Auskunft, und Sie behandeln mich wie einen dummen Jungen. Das ist schade."

Carafa überlegte sehr schnell und genau: Zwischen diesem Bischof aus Modena und mir gibt es keine Brücke. Seine Ansichten über das Arbeiten mit Laien sind unvereinbar mit meinen Erfahrungen und mit meinen Grundsätzen. Er ist ein Feind der Kirche, und alles, was er in Modena macht, ist falsch. Zugeständnisse an Irrgläubige sind immer von Übel. Aber ich kann ihn nicht zur Verantwortung ziehen. Ich bin nicht Papst. Und der Neapolitaner überlegte weiter: Morgen oder übermorgen wird dieser Mann hier Kardinal werden. Er wird also bei der nächsten Papstwahl mit entscheiden, ob mir endlich die höchste Würde zuerkannt wird. Er kann unter Umständen den Ausschlag geben. Wenn nur noch eine Stimme fehlt.

Und zur Überraschung des anderen lenkte Carafa ein, ja er entschuldigte sich sogar.

★

Eine Unzahl junger Männer war herangewachsen, die sich Maler nannten und auch malten. Zwischen ihnen und Buonarroti lagen mehr als drei Jahrzehnte. Erzählungen vom Sacco di Roma erinnerten sie nur noch an einen finsteren Schrecken aus den Tagen der Kindheit. Sie wehrten sich dagegen, mit dem Angedenken an die Angst aus den Tagen der Zerstörung und Plünderung Roms belastet zu werden. Sie waren anstellig und wendig und schnell im Ausführen der Aufträge, sie hatten genau begriffen, daß sie am erfolgreichsten vorankamen mit den sanften und hellen Tönen Raffaels. Töne, die verlockten zum Vergessen, zum willigen Nachgeben. Kein Fragen, kein Unbehagen, kein Nachdenken, nur ertrinken im Schauen.

Freundliche Engel kommen herbeigeflattert aus blauem Himmel. Heilige mit goldenem Strahlenschein ums Haupt lächeln auf dich hernieder.

Jenseits der Berge geschieht Entscheidendes. Kein Mensch kann sein Ohr davor verschließen. Es kommt auch zu uns ins Land. Auch an uns ist die Frage gerichtet: Als Adam grub und Eva spann, wer war denn da der Edelmann?

Die fleißigen jungen Männer wußten um das Unbehagen, und sie malten das Behagen. Sie fertigten eifrig und in ungeheuren Mengen die Traumbilder von der Harmonie in der Welt zwischen dem Schöpfer und der Kirche und den Laien. Und diese gut aussehenden, gut genährten und gut bezahlten jungen Leute betrieben ihre Arbeit handwerklich einwandfrei, aber ohne das heiße Anteilnehmen und ohne jenes Lächeln unter Tränen, das plötzlich und unerwartet aufleuchtet wie ein Sonnenstrahl nach langem Regen.

Ja, wir haben alle Berichte über den Sturm gegen Bilder. Aber das ist weit weg von uns. Bei den anderen. Wir sind Römer. Wir haben geschmeckt, wie sie sind, die Barbaren. Einer hat in ein Bild Raffaels im Vatikan mit der Spitze seiner Lanze in großen und deutlichen Buchstaben den Namen Luther eingekratzt.

Es ist zu verwirrend, was wir von ihnen hören. Es ist zu anstrengend, darüber nachzudenken, daß sie vielleicht nicht einmal gegen Bilder sind, sondern gegen die Verlogenheit. Gegen den Mißbrauch der Bilder, gegen das In-die-Knie-gehen-Müssen vor diesem süßen Lächeln auf goldenem Hintergrund. Wir können begreifen, daß der Verstand mancher erkennt: Jene, weit weg von uns, die das Anbeten der Bilder verlangen, haben ihre Macht auf flüchtigem Sand gegründet. Und gewiß, die Geistlichen dort und die mächtigen Herren erleben jetzt, wie ihnen der Sand unter den Füßen wegrutscht, und dabei, das eine ergibt sich aus dem anderen, werden die Heiligenbilder auf den großen Abfallhaufen geworfen, weil das süße Lächeln nichts anderes war als eine große Bitternis für viele.

Aber hier ist Rom und nicht die Rauheit und Kälte der anderen jenseits der Berge, darum wollen wir anmutig und tröstend sein, und wir geben den Engeln Flügel und Pausbacken; wir wollen uns nicht belasten mit so gedankenschweren Gestalten, wie sie an die Decke der Sixtinischen Kapelle gemalt sind.

Wenige nur sind es, die sich in der Art des Michelangelo versuchen. Es ist zu laut. Wir sollen leise werden, damit niemand aus dem Schlaf geweckt wird.

Und so ging es in den Werkstätten der Raffaelnacheiferer recht gut weiter; nur keine Schwierigkeiten verursachen war eine unausgesprochene, aber täglich angewendete Regel. Alle Peinlichkeiten vermeiden: Keine dunkelhäutigen Menschen malen, damit niemand nachdenken muß über den unbehaglichen Sklavenhandel. Und nicht soviel das Alte Testament in Bildern verherrlichen; die Überbewertung ist ungesund und erinnert zu sehr an leider nicht abzuleugnende Gemeinsamkeiten mit dem Glauben der Juden. Auch ist Zurückhaltung bei der Verwendung der fleischfarbenen Töne geboten; da wir uns in dieser, wie wir zugeben, ernsten Zeit vom Heidnischen lösen sollen und darum auch wollen, ist das Nackte sehr sparsam zu zeigen. Nur die Füße der Madonna dürfen nackt sein und ein wenig vom Hals, aber die Arme besser nicht. Dafür legt Farbenpracht hinein in die faltenreichen Gewänder. Hier könnt ihr zeigen, was ihr gelernt habt. Wir sind nicht kleinlich und fordern keine Steifheit, war dann und wann von den Auftraggebern zu hören; ein Knie, verdeckt vom Gewand, kann schon beweisen, was der Maler von der Kunst der Bewegung versteht. Und so fehlte es diesen gut genährten, gut gekleideten, gut bezahlten Leuten keineswegs an Aufmunterung und Anerkennung. Sie malten, was von ihnen erwartet wurde. Es war nicht anstrengend mit ihnen, sie mußten nicht erst mühselig überredet werden, sie waren gefügig und bequem. Eine breite, stattliche Reihe, Repräsentanten des Kunstsinns der Kirche. Sie waren, einer wie der andere, groß und kräftig, sehr widerstandsfähig, anspruchsvoll in ihrer Lebensführung, selbstbewußt und zynisch. Sie sahen sich zum Verwechseln ähnlich. Sie erzählten sich dieselben Witze, zunächst die primitiven von den Späßen mit ihren Modellen, den jungen Mädchen und den alten Müttern, und dann die gefährlichen von den Päpsten: die verfänglichen Scherzfragen über die Sitten am Vatikan, die am Ende die Lüsternheit noch mehr kitzelten als vergleichende Betrachtungen über Frauen.

In dieses gleichmäßig geruhsame Leben hinein, in den

erholsam ausgewogenen Tagesablauf, der die jungen Leute vor Überanstrengung sorglich schützte, schlug das Jüngste Gericht.

Die gut ausgeruhten, fleißigen jungen Maler standen in der Sixtinischen Kapelle vor dem Werk des alten, schon längst totgesagten Michelangelo Buonarroti. Sie waren überrumpelt. Und sie begriffen sofort alle, ohne daß sie darüber viele Worte verlieren mußten: Nach diesem Jüngsten Gericht kann man nicht mehr weitermalen wie bisher. Unverbindlich, hell, freundlich, besänftigend.

Ungeheure Erregung ergriff sie. Und mit Bestürzung bemerkten sie, daß alle Welt nur von diesem einen Bild sprach. Von weit her kamen die Menschen, um das neue Wunderwerk zu sehen; Ruhm und Erfolg fielen dem alten, von ihnen kaum noch beachteten Mann zu. Und sie begannen sich zu fragen: Warum?

„Ja", erklärten einige von ihnen, „so kann ich auch berühmt werden, wenn ich malen kann, was ich will. Wir halten uns an das, was uns vorgeschrieben ist. Gewiß, wir ernten dafür freundliches Lob, und wir leben nicht schlecht davon. Aber Lob ist noch nicht Ruhm. Er hat einfach alle Vorschriften außer acht gelassen. Wenn ich so viele nackte Figuren auf einem Bild versammeln würde, dann kämen die Leute auch zu mir, scharenweise."

Andere wiederum meinten:

„Es ist einfach ein gestohlener Dante. Nichts weiter als die Ausmalung der Beschreibung der Hölle in der ‚Göttlichen Komödie'."

Und einige sagten:

„In den Farben kommt er doch nicht an unseren Raffael heran."

Wieder andere behaupteten:

„Die Komposition fällt auseinander. Und das Selbstbildnis in der abgezogenen Haut ist ein billiger Kunstgriff. Das sollte ich mal versuchen. So etwas würde unsereinem nie gestattet werden."

Doch sie mußten zugeben: Noch nie hatte ein Bild sie so zum Leben hingestoßen wie dieses. Hier war alles gemalt, was sie schon längst gewußt hatten: das große Unbehagen. Und während sie Witze erfunden und erzählt hatten über die Unzulänglichkeit und Hilflosigkeit der Päpste, da hatte der andere mit brennendem Herzen das gemalt, was sie alle quälte. Mit jener liebenswürdigen und harten Überlegenheit, die es sich erlauben kann, den Zeremonienmeister des Papstes als Höllenfürsten zu zeigen.

Es gab wohl einige unter den eifrigen jungen Malern, die allen Ernstes verkündeten:

„Ja, wenn wir so alt wären wie der Buonarroti, dann könnten wir uns das wohl auch leisten. Er hat uns eben die vierzig Jahre voraus. Was können wir dafür, daß wir nicht eher geboren sind? Mit so einer langen und im großen und ganzen auch ehrenvollen Vergangenheit ist es wirklich kein Kunststück, auch noch das Lächeln über einen Beamten des Vatikans da hineinzubringen. Wir dürfen ja nicht."

Von nun an begannen sie, sich in der Art des Michelangelo zu versuchen. Waren es vordem nur vereinzelte, die da und dort die Klarheit in der Zeichnung, die ausgreifenden deutlichen Linien des Michelangelo anwandten, die spannungserfüllte Bewegung, so wurden es jetzt Ungezählte, die von der lieblichen und sanften Weise des Rafael hinüberschwenkten: „Malen wir auch groß, dann wird es groß, und wir werden groß."

Einer von ihnen aber sagte:

„Ich kann nicht so malen wie er, niemand von uns wird das können. Denn wer unter uns hat sein Herz. Und wer hat seinen Verstand. Lieblich können wir notfalls alle malen. Und es ist schon viel gewonnen, wenn einer stehenbleibt und sagt: Wie schön! Aber nur mit Lieblichkeit und ohne Herz und ohne Verstand seine Gestalten zu benutzen, da werden sie den Sinn verloren haben. Seine großen Figuren, gemalt von anderer Hand, werden leer wirken. Ich kenne uns alle zu gut. Es fehlt uns der Wille, einzugreifen. Wir wollen nichts verändern, wir wollen nicht warnen, und wir wollen nicht kämpfen. Wir wollen nur einen guten Auftrag. Und nun sehen wir, wie er die Menschen erschüttert hat mit seinem Mut, das auszusprechen, was wir alle fühlen: Wir zweifeln. Das ist sein Geheimnis, er sagt es hart und deutlich und ehrlich. Und ich sehe schon, wie sie es machen, wenn sie beginnen, seine Art in großen Mengen nachzuahmen. Sie nehmen die Ehrlichkeit heraus. Und dann werden ganz kluge Leute kommen und erklären, Michelangelo Buonarroti hat die Jungen, die Fleißigen, die Strebsamen alle verdorben."

Und dieser eine Maler hörte auf zu arbeiten, und er ging hin und fing an zu trinken.

VI. KAPITEL
Die Inquisition

Nur der Seiltänzer selbst kann das ganze Ausmaß seines Könnens einschätzen. Ein Sprung mit zweifacher Drehung auf erschlaffendem, angenagtem Seil und mit lächelndem Gesicht vor der Zuschauermenge gehört zu jenen Kunststücken, die trotz des Beifalls vom Publikum dem Ausübenden nicht das Glück des befreienden Triumphes über eine große Leistung schenken. Es bleibt die ängstliche Frage bestehen: War das die letzte Drehung, bevor das Seil zerreißt?

Diejenigen, die Anstoß genommen hatten an der ungewöhnlichen Art, wie das Jüngste Gericht in der Sixtinischen Kapelle von dem Maler Michelangelo Buonarroti dargestellt war, konnten befriedigt sein: Der Auftrag, in derselben Kapelle an der gegenüberliegenden Wand den Sturz Luzifers auszuführen, wurde Buonarroti nicht erteilt. Wer es wollte, konnte darin eine gewisse Zurückhaltung erkennen, eine Geste, mit der Seine Heiligkeit, Papst Paul III. aus dem Haus Farnese, bekundete: Ich schließe mich denen an, die da sagen, genug von Michelangelo. Das war die Meinung von Männern aus dem Kardinalskollegium, deren Stimme nicht überhört werden durfte. Erst vor kurzem hatte er sie in einem neugeschaffenen, hohen Amt bestätigt: die Inquisitoren. Und Carafa war einer unter ihnen.

Aber aus dem Kardinalskollegium kam auch die Frage: Kann und soll die Kirche auf die kunstfertige Hand Michelangelos verzichten? Und die Fragenden mußten ebenso wie die Leute um Carafa berücksichtigt werden, zumal sie sogar Vorschläge brachten, wie die nächsten Werke von Buonarroti sein könnten. Es waren Mitglieder der neuen Ordensvereinigung, die sich unter dem Namen Gesellschaft Jesu schon in der kurzen Zeit ihres Wirkens überall Achtung verschafft hatten. Dank ihrer Kenntnisse auf allen Gebieten wurden sie auch denen, die im Vatikan regierten, als Beichtväter unentbehrlich.

Und so verfügte der Heilige Vater: Michelangelo Buonarroti soll in meiner neuen Kapelle im Vatikan zwei Bilder malen.

Er hatte den Wunsch der Beichtväter aus der Gesellschaft Jesu zu seinem eigenen gemacht. Es wurden dem Maler zwei klare, nicht mißzuverstehende Themen gegeben, die keinen Raum mehr ließen für eigenwillige Auslegungen: die Bekehrung des Saulus, gedacht als eine deutliche Warnung und Aufmunterung zugleich für alle Abtrünnigen und Ungläubigen. Auch konnte es niemand dem Papst verdenken, wenn er den Apostel, dessen Namen er trug, besonders ehren wollte. Das zweite Bild sollte die Kreuzigung Petri darstellen. Eine Mahnung für jene Priester, die in den Kampf mit den Ungläubigen und Kirchenspaltern und Abtrünnigen ziehen werden: Es wird vielleicht am Ende eures Weges der qualvolle Märtyrertod stehen.

So hatte der Mann aus dem Haus Farnese mit zweifacher Wendung allen nachgegeben.

Zweifel überkamen Michelangelo. Hätte ich die Arbeit überhaupt annehmen sollen? Es war ein Befehl des Papstes. Hätte ich abgelehnt, dann hätte das vielleicht bedeutet, aufhören zu müssen mit aller Arbeit. Ich bin einundsechzig Jahre alt, ich könnte mich auf mein Alter berufen, vor aller Welt und vor mir selbst. Ich könnte von den Einkünften meiner Landgüter leben, ich könnte mich in meinen Garten setzen unter die Lorbeerhecke und Gedichte schreiben und auf die Granatäpfel und Pfirsiche warten, auf die Ernte. Die Gedanken, wegzugehen, Zuflucht zu suchen bei den Türken oder bei den Franzosen, sind eitel. In meinem Alter reißt man nicht mehr selbst seine Wurzeln heraus. Aber ich kann nicht müßig herumsitzen.

Es ist noch nicht alles gesagt. Ich bin noch nicht am Ende.

Doch bevor er mit der Arbeit beginnen wird, so

wünschte er, muß Klarheit über das Juliusgrabmal geschaffen werden, denn die Erben werden kommen und sagen: Der Vertrag von 1532 ist nicht eingehalten worden. Und jetzt sind schon wieder fast zehn Jahre vergangen, und wir sehen nichts für das gute Geld unseres lieben verstorbenen Papstes Julius II. Buonarroti hat uns betrogen.

Der Mann aus dem Haus Farnese fand auch hier einen ausgleichenden Weg für alle: Ein neuer Vertrag sollte aufgesetzt werden. Und wie gewöhnlich verließ er sich auf seine Berater. Aus dem Kardinalskollegium rief er einen der Inquisitoren, der als außerordentlich kunstverständig galt, den weißhaarigen Marcellus Cervini. Dieser sonst wenig bemerkenswerte Mensch hatte zwei Leitsterne, einen großen, leuchtenden, den harten, strengen Carafa, und einen weniger auffallenden, seinen Beichtvater von der Gesellschaft Jesu. Beide Vorbilder stießen ihn in dieselbe Richtung: Was die Kunst jetzt braucht, sind deutliche Ermutigungen für den Gläubigen. Große, erhabene, unmißverständliche Themen. Unsere Meinung muß die Meinung des Heiligen Vaters werden. Wir brauchen das umstrittene Denkmal für Papst Julius nicht mehr im Petersdom. Wir wollen weder die Erinnerung an ihn wachrufen, noch können wir die Abbildungen von Sklaven im höchsten Heiligtum der Christenheit dulden, mag das Grabmal aufgestellt werden in der kleinen ehemaligen Kardinalskirche des verstorbenen Papstes Julius II. San Pietro in Vincoli. Und wir müssen den Bildhauer überzeugen, daß es nicht an der Zeit ist, Sklaven in Kirchen zu zeigen. Er soll seine Gedanken davon lösen, sie sind nicht nur abwegig, sie sind schädlich.

Es war dem Sekretär der Kommission für die Angelegenheiten der Kunst beim Orden der Dominikaner, Christophero mit dem rötlich-runden Gesicht, noch nicht mitgeteilt worden, welche endgültige Einschätzung dem Maler und Bildhauer Michelangelo Buonarroti zugedacht werden sollte. Nur in den kleinen Weinstuben hatte er darüber Vermutungen gehört. Einige Leute meinten, Buonarroti werde nun gewiß seine Stellung als erster Bildhauer, Maler und Baumeister am Vatikan nicht mehr behaupten können. Das Schweigen über das große geplante Bild vom Sturz Luzifers gebe doch zu denken. Auch sei es sehr fraglich, ob dieses Jüngste Gericht mit den schamlos nackten Figuren sehr lange erhalten bleibe, denn ohne jedes andere Hinzutun würde der schwarze Rauch der langen weißen Altarkerzen jede Figur auf diesem Fresko langsam, aber sicher bis zur Unkenntlichkeit zudecken.

Diesen Leuten hielten andere entgegen:

Das Bild bleibt in alle Ewigkeit unversehrt und schön wie am ersten Tage.

Achtet darauf, was am Morgen nach der Enthüllung geschah:

Papst Paul III. aus dem Haus Farnese hat bestimmt: Von nun an ist ein neues Amt notwendig. Ein kunstreicher Handwerker soll ständig das große Bild des Jüngsten Gerichts sauberhalten von allem Staub und Kerzenrauch. Fünfzig Dukaten im Jahr waren dafür festgesetzt.

Als erster bekam der Gehilfe Urbino dieses Amt zugewiesen.

Und die kenntnisreichen Leute in den Weinstuben meinten, jetzt wird Buonarroti allen zeigen, was er als Bildhauer kann. Er ist nicht in Ungnade gefallen, die Kirche kann ihn nicht entbehren. Auch ist er keineswegs hinfällig. Und zu alt zum Arbeiten. Er weiß, viele Menschen warten darauf, daß er das Denkmal für Papst Julius zu Ende bringt. Und es ist schon jetzt zu einer öffentlichen Angelegenheit geworden, obwohl alle Statuen noch in seiner Werkstatt stehen.

Im Gasthaus „Zum Wolf" war es aufgekommen, ein Lied wurde plötzlich gesungen, niemand wußte, woher es kam: Zwei Sklaven aus Stein ärgern vierzig Kardinäle. Es zeigt sich, daß zwei tote Marmorstücke mehr Leben haben als alle Kardinäle zusammen. Und auch mehr Kraft. Aber die Kardinäle haben die Schlüssel, und sie schließen den Petersdom vor den Sklaven zu. Sie dürfen nicht hinein. Niemand darf sie sehen, doch trotzdem gelingt es nicht, das wehmütige und stolze Lied von den beiden steiner-

...en Sklaven zum Schweigen zu bringen. Schiffer nehmen
die Melodie mit, den Tiber entlang bis zum Meer. Und so
kommt die Kunde von dem in todesähnlichen Schlaf ver-
sunkenen Sklaven und von dem sich aufbäumenden Ge-
fesselten in alle Länder der Erde.

Einige Geistliche im Vatikan waren fest davon überzeugt, daß Buonarroti dieses Gedicht selbst geschrieben
hatte. Sie meinten, das sei sein Wunschtraum, und es
wurde davon gesprochen, daß es aus manchen Träumen
schon ein übles Erwachen gegeben habe. Kenner hielten
diesen Geistlichen jedoch entgegen, daß Buonarroti niemals Lieder geschrieben habe, die im Volke gesungen
würden. Das sei seine Art nicht. Diese Herren waren sich
jedoch darin einig, daß die schon viel zuviel erwähnten
Sklaven am glücklichsten in Vergessenheit geraten könnten, wenn sie durch einen unglücklichen Zufall in Brüche
gingen.

Christophero, der Sekretär der Kommission für die Angelegenheiten der Kunst, hatte den Auftrag bekommen,
Buonarroti zu fragen, ob er Wünsche habe für die Malarbeiten in der Paolinischen Kapelle.

Buonarroti wußte nicht, daß über seine Sklaven nun
endgültig entschieden war, niemand hatte ihm ein klares
Wort gesagt, und so hielt er den Kampf noch nicht für
beendet. Er wartete darauf, daß er den neuen, von den Erben unterzeichneten Vertrag zurückbekomme.

Er dachte nach, was er für seine Arbeiten in der Paolinischen Kapelle brauchen würde. Und er erinnerte sich an
den stillen und klugen und schmächtigen Zimmermann,
mit dem er so gut gearbeitet hatte, daß sie sich nur mit
Blicken zu verständigen brauchten. Und immer war es ihm
so erschienen, daß diese Blicke fragten und Antwort haben wollten. Aber sie hatten nicht über andere Dinge gesprochen, nicht über die Inquisition, nicht über die
Durchsuchungen der Häuser nach verbotenen Schriften,
nicht über die abgezogene Haut des heiligen Bartholomäus. Und er wünschte sich sehr, jetzt wieder zusammen

mit dem Zimmermann Jacopo aus Bressa das Gerüst zu bauen. Er sagte es Christophero.

Und der Mönch antwortete:

„Sicher wird das gehen, wir kommen Ihnen ja mit allem entgegen. Sie sollen endlich zufrieden mit uns sein."

Buonarroti schaute ihn aus schmalen Augen an, abschätzend, sagte langsam:

„Was nützt das, wenn ich mich bei Ihnen beschwere, wenn ich Ihnen zeige, daß ich nicht zufrieden bin? Warum ist der Vertrag über das Grabmal noch nicht unterzeichnet? Ich habe Ihnen hundertmal gesagt, ich male mit dem Kopf und nicht mit den Händen. Aber wenn der Kopf gezwungen wird, in Angst wegen anderer Verpflichtungen zu sein, kann ich nicht arbeiten. Ich frage und ich frage, und ich bekomme keine Antwort."

„Sicher, es ist peinlich, Sie haben schon eintausend zweihundert Dukaten auf eine Bank angewiesen, damit die Erben sehen, Sie halten sich an die Vereinbarungen."

„Vom Geld, da erzählt ihr, da rechnet ihr nach. Ob es gerechtfertigt ist, daß die beiden Bildhauer für jede Statue, die sie für mich machen sollen, hundert Dukaten bekommen und fünfhundert Dukaten für die Ornamente und den Sockel und alle Aufbauten. Aber von dem anderen schweigen sie alle."

„Ich weiß nicht, was Sie meinen", entgegnete Christophero.

„Sie wissen nie, was ich meine", sagte Buonarroti. Und er redete nichts weiter. Nichts von den Sklaven. Aber er wartete.

Am anderen Morgen, ein wenig verlegen, kam Christophero zu Michelangelo wieder in die Werkstatt.

„Der Zimmermann Jacopo aus Bressa kann für Sie nicht arbeiten."

Gereizt fuhr Buonarroti auf:

„Warum nicht? Was hat denn der Heilige Vater mit ihm vor, das er für wichtiger hält als seine eigene Kapelle? Die Herren hatten es doch alle so wichtig mit diesen beiden

Bildern. Es gibt keinen besseren Gerüstebauer, und ich will nur mit Jacopo aus Bressa arbeiten."

„Seien Sie nicht eigensinnig, es geht nicht."

„Ich habe das so oft gehört, es geht nicht, es geht nicht. Wenn ich mich schon strenger als je an die Malvorschriften halten soll, so will ich doch meine Mitarbeiter selbst aussuchen."

„Jacopo aus Bressa sitzt im Gefängnis."

„Dann werde ich ihn mir aus dem Gefängnis holen!"

„Man sagt, er sei ein gefährlicher Dieb."

„Ach, halten Sie doch Ihren Mund, das weiß ich besser." Und Buonarroti verschaffte sich Zutritt beim Heiligen Vater. „Jacopo aus Bressa ist kein Dieb", erklärte er.

„Die Inquisition ist anderer Meinung", entgegnete der Papst.

„Die Inquisition?" wiederholte Michelangelo langsam. Und seine Hoffnung zerging. Er hatte sich schon vorgestellt, wie er eine Anweisung vom Heiligen Vater erlangt, wie er sie den Gefängniswächtern vorzeigt und wie die Augen Jacopos aus Bressa aufleuchten, wenn er durch das Tor auf die Straße tritt. Aber er gab nicht auf. „Kann ich Jacopo aus Bressa sehen?"

„Das ist Sache der Inquisitoren. Ich mische mich grundsätzlich nicht ein. Sie haben alle Vollmacht für die Untersuchungen, für die Gerichtsverfahren und für die Strafen. Ich habe mir nur eines vorbehalten, zum Tode Verurteilte zu begnadigen – wenn sie Reue zeigen."

„Hat es Sinn, mit den Inquisitoren zu sprechen?"

„Du solltest dich lieber um deine Arbeiten kümmern, mein Sohn."

Einen winzigen Augenblick überlegte Buonarroti: Jetzt werde ich ihm meinen Ärger über den noch immer nicht unterschriebenen Vertrag sagen. Jetzt soll er mir antworten.

Was ist mit den Sklaven? Aber ich habe ja noch nicht einmal Antwort auf meine Frage nach Jacopo aus Bressa erhalten. Das wird sicher zuviel auf einmal für ihn, es wird ihn verwirren. Und so fragte er dasselbe:

„Hat es Sinn, mit den Inquisitoren zu sprechen?"

„Ich habe es immer gern, wenn du zu mir kommst, mein lieber Sohn, und wenn wir Zwiesprache halten über deine großartige Kunst. Gerüstebauer gibt es wie Sand am Meer. Ich habe nicht die Zeit, Sandkörner zu zählen."

Und der Heilige Vater hielt Buonarroti die Hand zum Abschied hin. Noch während der hagere alte Mann den Ring küßte, legte er sich schon die Worte zurecht, die er, Buonarroti, Carafa sagen würde.

Der Pförtner im Haus auf dem Pincio erklärte, Carafa sei nicht in Rom.

Ich kenne keinen anderen der Inquisitoren, dachte Buonarroti besorgt. Doch gleichzeitig sagte ihm sein Stolz: Aber sie kennen mich alle. Und so fragte er den Pförtner und nannte auch seinen Namen. Da kam der Mönch hinter seinem Fensterchen hervor, verbeugte sich vor dem alten Mann und begann voll freudigen Eifers, vom großen Bild des Jüngsten Gerichts zu erzählen, als müsse er Michelangelo überzeugen, daß es wirklich ins Herz trifft. „Aber erst, wenn man es genau studiert hat." Er bemerkte nicht Buonarrotis Ungeduld. Endlich meinte er:

„Gehen Sie zum Kardinal Cervini, der ist jetzt zu Hause in seinem Palast. Der ist selber so ein bißchen Maler und ein bißchen Baumeister, der wird Verständnis für Sie haben. Aber, um Gottes willen, was haben Sie mit der Inquisition zu tun?"

Der Mönch erfuhr das nie.

Kardinal Cervini, der Weißhaarige, setzte gerade aus kleinen Hölzchen ein Modell zusammen. Der nicht sehr hochgewachsene Mann strahlte auf, als ihm Buonarroti gemeldet wurde. Ohne Umstände ließ er ihn eintreten.

„Erkennen Sie es, erkennen Sie es?" fragte er und zeigte auf sein Modell, begierig, ein bewunderndes Lob zu hören.

„Nein", sagte Buonarroti und sah kaum hin.

„Nun ja, Sie sind eben kein Baumeister", meinte der Mann gekränkt. „Was führt Sie her?" fragte er zurückhaltend.

Buonarroti sah ein, daß er sich keineswegs klug verhalten hatte, aber er war von seiner Ungeduld, den Zimmermann Jacopo aus Bressa zu sehen, viel zu sehr erfüllt, und er wehrte sich gegen die bedrückenden Gedanken, daß er vielleicht durch seine Schroffheit schon alles vertan hatte. Es darf doch nicht von der guten oder schlechten Laune eines Kardinals abhängen, was aus einem Menschen wird, dachte er. Und er begann ohne Umwege und ohne Entschuldigung von dem Zimmermann zu sprechen.

„Ich weiß genau, wen Sie meinen, ich kenne jeden zum Tode Verurteilten", sagte der Weißhaarige und fügte in das Dach des Modells ein genau abgemessenes Hölzchen, betrachtete es eine Weile, entzückt von der wachsenden Vollkommenheit seines luftigen Gebäudes aus zarten Hölzchen. „Merkwürdig, warum setzen Sie sich für ihn ein?" Er fragte Michelangelo und wollte keine Antwort, denn er redete schon weiter: „Dieser Zimmermann ist ein Verstockter, einer von denen, die nicht widerrufen wollen."

Was widerrufen? wollte Buonarroti fragen. Aber er konnte nicht sprechen. Er begriff nichts. Wieso sagen die einen, er sei ein Dieb, und wieso sagen die anderen, er sei ein Verstockter? Endlich fragte er mühsam:

„Was soll er denn getan haben?"

„Er hat …" Der Kardinal unterbrach sich, er wußte, er ließ sich manchmal zur Schwatzhaftigkeit verführen, doch bisher hatte er sich noch immer zur rechten Zeit beherrschen können. Und so erklärte er: „Auch der Heilige Vater hat keinen Grund zur Begnadigung gesehen."

Buonarroti dachte: Er hat es gewußt, und er hat mir nichts gesagt.

Cervini fragte, ein wenig ungeduldig, da er sich bei dem Aufbau eines kleinen Ecktürmchens vertan hatte:

„Ich weiß nicht, was Sie jetzt von mir wollen. Es ist zu spät. Wir haben diesen Fall abgeschlossen."

Er räumte die kleinen Hölzer für den Eckturm beiseite, er ließ sie nicht auf den Boden fallen, sondern legte sie sorgfältig in ein kleines Kästchen; sicher ließen sie sich für ein anderes Modell verwenden. Er war sparsam, seine Leidenschaften sollten ihn befriedigen, aber sie sollten nicht zuviel kosten. Und er sagte zu Buonarroti, während er sich neue Hölzer für diesen kleinen Eckturm zurechtschnitzte:

„Der weltliche Arm wird ihn vom Leben zum Tode bringen."

Er trat einen Schritt von dem Tisch zurück und betrachtete mit Stolz sein gelungenes Werk.

„Übrigens, auch wenn Sie es erkannt hätten und mit mir vielleicht doch noch hätten handeln wollen, das ist zwecklos. Auch wenn Sie mir die schmeichelhaftesten Worte über mein Modell gesagt hätten, wenn Sie zum Beispiel beim Eintreten statt einer Begrüßung sogleich ausgerufen hätten: Ah, das ist ja der neue Petersdom!, dann hätte ich doch nichts ändern können. Alle vier Inquisitoren haben das Todesurteil unterschrieben. Nicht einmal Carafa könnte das rückgängig machen. Und das letzte Wort hat der Heilige Vater schon gesprochen."

Da Buonarroti noch immer nicht ging, erklärte der Kardinal ungeduldig:

„Niemand darf zu dem Verurteilten. Aber denken Sie nicht, daß wir ihn in der Verschwiegenheit heimlich beseitigen werden. Wir brauchen das Licht des Tages nicht zu scheuen. Für alle sichtbar soll der weltliche Arm unser Urteil ausführen, und für alle hörbar wird auf offenem Platze seine Schuld verlesen."

„Wann?" fragte Buonarroti mit schmalen Lippen.

„Übermorgen", entgegnete der Kardinal.

Also habe ich noch einen Tag Zeit, dachte Buonarroti und blieb stehen wie gelähmt. Wird dieser eine Tag für mich reichen? Wo soll ich anfangen, und was soll ich anfangen? Wenn ich nicht einmal mehr Einfluß darauf habe, was ich malen darf.

„Sie müssen zugeben", so redete der Kardinal zu ihm, „Antonio da Sangallos Grundriß ist einmalig. Zwar ist das äußerst schwierig im Modell nachzumachen, der große Umgang um den ganzen Kirchenbau, die vielen Nischen und Ecken, aber doch sehr lohnend. Bisher haben alle meine Gäste mir die Bewunderung nicht versagt."

✱

Tomaso Cavalieri hatte noch immer ein schlechtes Gewissen, weil er Buonarroti nichts gesagt hatte von seiner Liebe zu dem Mädchen Daria. Und als er damals die Einladung zur Hochzeit weggeschickt hatte in das Haus des Michelangelo, da war so etwas wie Genugtuung über ihn gekommen, daß er den Zauberkreis zersprengt hatte. Und er hatte sich einen Satz zurechtgelegt, den er sich wieder und wieder vorsagte: „Das Geschöpf steigt von seinem Sockel und verachtet seinen Schöpfer."

Und er besänftigte sein noch heute schlechtes Gewissen: Gegen mich kleinen Erdenwurm ist er ja der unverwundbare große Riese. Er weiß genau, daß ich ein ganz gewöhnlicher Mensch bin, aber er hat schon ein überirdisches Wesen aus mir gemacht, bis ich es fast selber geglaubt habe. Das Licht der Welt hat er mich genannt. Meine Augen sehen nur durch deine Augen, hat er gesagt. Dann müßte er ja jetzt blind sein. Doch er sieht noch gut genug.

Meine Ohren hören nur durch deine Ohren, hat er auch gesagt. Dann müßte er jetzt taub sein. Mein Herz schlägt nur, weil dein Herz schlägt. Ich hätte mir von ihm nichts schenken lassen sollen. Ich habe am ersten Tag nicht gewußt, wieviel allein eine Zeichnung von ihm wert ist, weil ich nicht danach gefragt hatte. Dann aber habe ich mich genau erkundigt. Manche Dinge von ihm haben schon jetzt keinen Preis mehr. Sie sind Reliquien geworden.

Wer sagt denn, daß ich ihn betrogen habe oder verraten oder verlassen? Meine Daria sagt: Wenn er so vertraut war mit dir, kann er nicht mehr los von dir. Kümmere dich um ihn, es wäre schade, wenn er sein Vertrauen an andere verschwendet. Und sein Testament ändert. Er ist alt, und du hast die Pflicht, bei ihm auszuharren, bis zu seinem Tode. Du allein weißt auch, was er an barem Geld in der

Truhe hat. Wir haben es zwar nicht nötig, aber ich sage dir, warum sollen andere bekommen, was eigentlich du verdient hast? Warum soll man ihm all seine Sorge um dich nicht vergelten? Das ist ehrliche Anteilnahme.

Und so kam es, daß der Familienvater und der Senator der Stadt Rom, Tomaso Cavalieri, sich viele kleine Aufmerksamkeiten überlegte, mit denen er Michelangelo Buonarroti erfreuen könnte. Manchmal waren es lebende Forellen, die er für die Küche lieferte, dann wieder fand er eine besondere Sorte Birnen, die zum Büffelkäse unvergleichlich schmeckten. Und er achtete sehr genau darauf, was der Neffe Lionardo aus Florenz schickte. Der hatte sich festgelegt auf Trebbianer und auf die frischen Märzkäse. Seine kleinen Gaben mußten wohl unterschieden werden können von jenen des anderen. Er aber, Tomaso, hatte dem anderen eines voraus: Er wohnte in Rom. Er konnte, wenn es soweit war, rechtzeitig zur Stelle sein. Und er konnte sich einmischen in die täglichen Gewohnheiten des alt werdenden Mannes.

Tomaso war mit Daria übereingekommen, daß es noch nie so nötig war wie gerade jetzt, Einfluß zu nehmen auf den wunderlichen, unberechenbaren Mann.

Da er Buonarroti genau kannte, wußte er, daß er ihn am frühen Morgen in der Werkstatt antreffen würde.

Wenn es sich am dämmernden Himmel abzeichnete, daß nach langer Nacht der Tag wirklich beginnen wollte, dann bekamen die Figuren jene Klarheit in den Umrissen, die sie lebendig erscheinen ließen. Dann war die Todestraurigkeit abgeschüttelt. Nur die Härte des Verstandes hatte Geltung. Die beste Zeit zum Arbeiten.

Aber Buonarroti arbeitete nicht. Niemand kannte ihn so gut wie er, Tomaso, und er las aus dem Gesicht des anderen nicht die gewohnte Sicherheit und Kraft des Morgens.

„Jeden anderen hätte ich weggeschickt. Du kannst bleiben, Tomaso."

„Warum arbeitest du nicht?" fragte der schöne Mann.

„Weil ich warte."

„Worauf?"

„Auf die Stunde, in der endlich der Papst aufwacht."

„Du bist gestern erst beim Papst gewesen."

„Sollst du mich überwachen?" fragte Buonarroti.

„Nein, und ich sage schade, daß ich keine Gewalt dazu habe. Es ist lächerlich, was du vorhast."

Buonarroti sagte nichts. So redete Tomaso weiter:

„Ich meine das mit dem Zimmermann."

„Du hast nicht das Recht, darüber zu sprechen", entgegnete Buonarroti hart.

Tomaso sagte gereizt:

„Ich kann über alles reden. Über alle deine Angelegenheiten. Ich bin dein Freund."

„Was willst du?"

„Ich will nicht, daß du überall herumrennst, vom Vatikan zum Pincio, und daß du in alle Welt schreist: Gnade für den Zimmermann! Es ist aussichtslos. Ganz Rom wird dich auslachen. Ich höre schon, was sie in den Gasthäusern singen werden: Weil er es als Maler nicht richtig hingekriegt hat mit dem Jüngsten Gericht, so will er sich jetzt aufspielen und eingreifen bei wirklichen Gerichtsdingen. Er will mit aller Gewalt die Aufmerksamkeit auf sich lenken."

Lange schaute Buonarroti auf den noch immer schönen Mann, und er sagte sehr leise:

„Gut, du kannst mir auch das vorwerfen. Du kannst sagen, ich bin nicht Maler, ich bin nicht Bildhauer, ich bin nicht Baumeister. Aber wenigstens auch kein Betrunkener."

„Warum hast du die Inquisition auf dich aufmerksam gemacht?" fragte Tomaso verzweifelt, weil er nicht an Buonarroti herankam.

„Ach so, du hast Angst. So sieht das jetzt in deinem Kopfe aus: Der Alte zieht mich mit hinein. Wenn der sich für einen des Irrglaubens Verdächtigen einsetzt, ist er selber schon verdächtig, also werde auch ich, sein Vertrauter, der arme Tomaso Cavalieri, verdächtigt."

Tomaso gab nicht auf:

„Ist es die Sache überhaupt wert? Du allein willst zu Felde ziehen gegen den Papst und alle Kardinäle und die Inquisition?"

„Ein Mensch ist zu Unrecht verurteilt."

„Du weißt, du wirst den Kampf verlieren."

„Und ich werde trotzdem kämpfen."

„Und warum?" fragte der schöne Mann. Und in seiner Verzweiflung faltete er die Hände; er sah wirklich aus wie ein Engel, so klar und ohne jeden Makel war sein Angesicht.

Buonarroti antwortete nicht.

Tomaso redete und redete:

„Denkst du gar nicht an deine Freunde? Was werden sie alle dazu sagen? Das wird nicht einmal Vittoria Colonna verstehen."

Als der junge Mann aus der Werkstatt wegging, war er sehr unzufrieden mit sich. Er hat mir nicht einmal zugehört, ich habe es gespürt, mit seinen Gedanken war er weit weg.

Am Abend war Tomaso wieder da. Er entschuldigte sich. Buonarroti lächelte nicht, aber es berührte sein wundes Herz, daß jetzt ein Mensch bei ihm war.

„Ich habe verloren", sagte er nur.

Und Tomaso verstand alles. Er entgegnete nicht: Das habe ich heute morgen schon gewußt. Er fragte, als könne er wie in alten, vergangenen Tagen die Gedanken des anderen erraten:

„Und du hast ihn nicht einmal gesehen?"

„Nein", sagte Buonarroti, „ich habe ihn nicht gesehen."

Ein ganz anderer Cavalieri saß jetzt bei der Öllampe oben in der Stube im Hause des Michelangelo Buonarroti. Nicht mehr der jämmerliche Kleine, sondern der Anteilnehmende, der Denkende.

„Es ist eine Zeit ohne Gnade", sagte der junge Mann. „Und ich frage mich, warum malst du überhaupt für sie? Lionardo da Vinci ist weggegangen, er hat für sie nichts mehr gemalt. Er hat verzichtet."

Und Buonarroti fragte nicht: Wieviel Berechnung ist in der Teilnahme?

„Du kannst die Kunst nicht retten durch Schweigen. Ich male, damit die Kunst nicht zugrunde geht. Da sind viele junge Menschen, die nicht wissen, wie und wohin. Ihnen will ich zeigen: Auch in einer Aufgabe, die genau festgelegt ist, kannst du, ja mußt du das Höchste leisten."

„Hilfst du damit aber nicht gerade jenen Leuten, gegen die du heute den ganzen Tag vergeblich angelaufen bist, den Richtern der Inquisition?" meinte der noch immer verführerisch schöne Mann.

„Ich habe nur zwei Möglichkeiten, malen oder schweigen. Und schweigen bedeutet soviel wie tot sein. Alle meine Gedanken sind verwandelt in Bilder. Und in mir sind noch tausend Gedanken. Über den Menschen. Und wenn ich jetzt auch genau abgezirkelte Aufgaben habe, selbst in diesem mir noch erlaubten winzigen Ausschnitt des Lebens ist mein Bild vom Menschen doch noch möglich. Ich suche seine Schönheit, seine Kraft, seine Stärke."

„Darf ich dich um etwas bitten?" fragte Tomaso vorsichtig.

„Eine Zeichnung?" fragte Buonarroti. „Sag es schnell, du weißt, du kannst dir hier aus der Truhe aussuchen, was du willst. Aber dann laß mich allein, ich will arbeiten, anders könnte ich die Stunden bis morgen früh nicht ertragen."

„Keine Zeichnung", entgegnete Tomaso. Und er setzte hinzu: „Heute. Ich bitte dich, geh morgen früh nicht zum Richtplatz. Erhalte dich uns." Und da Michelangelo nichts entgegnete, fragte er: „Soll ich diese Nacht hier bei dir wachen?"

Ohne zu antworten, verließ Buonarroti den Raum. Tomaso hörte, wie er die Treppe hinunterging, wie er die Haustür hinter sich zuschlug, wie draußen auf der Straße unter seinen Schritten der Sand knirschte. Eine Zeitlang wartete er, ob der andere wiederkomme. Dann, schließlich, löschte er die Öllampe, ging nach Hause zu seiner Daria.

In dieser Nacht stand ein Mann am Ufer des Flusses und starrte hinunter in das träge, schwarz fließende Wasser, und Einsamkeit und Hoffnungslosigkeit schlugen über ihm zusammen.

★

Jede Woche einmal versammelten sich die vier Inquisitoren. Carafa hatte dafür ein neues Haus einrichten lassen. Er hatte nicht erst gewartet, bis ihm die Apostolische Kammer das Geld bewilligte; er bezahlte es selbst. Er, Carafa, wollte nicht einen Augenblick des Wirkens verlieren. Das Instrument sollte nicht erst vorsichtig und zeitraubend gestimmt werden, damit es sich im Klang ohne Mißton einfüge, es mußte sofort mit voller Kraft eingesetzt werden. Das Aufspüren der Irrlehrer gestattete nicht mehr jene zimperliche Milde, Geduld und Güte, die gewisse Leute als die einzige Möglichkeit hinstellten, Zweifelnde beim Glauben zu halten.

Mit dieser Methode war Kardinal Contarini, der Mann aus dem goldnen Palast in Venedig, gescheitert. Das hatte sich in Regensburg bei seinen Verhandlungen mit den Abspaltern gezeigt. Der nachgiebige Contarini wollte durch Zugeständnisse den Zwiespalt überwinden. Es war überhaupt ein Fehler, sich mit den Leuten jenseits der Berge auf theologische Disputationen einzulassen. Und jede Unklarheit in einer neuen Formulierung, etwa über die Rechtfertigung, führte schließlich, so bewies Carafa in dieser Versammlung der Inquisitoren, nur zur Stärkung der Abtrünnigen. Vielleicht war Kardinal Contarini auch zu lange und zu nahe bei den Irrgläubigen; es mochte sein, daß er, geblendet durch ihre Beredsamkeit, die Übersicht verloren hatte. Über all seinen Versuchen, versöhnlerische Formeln zu finden, war es ihm entgangen, daß die Abtrünnigen einen neuen Sieg errungen hatten. Der Kaiser als oberster Landesherr sicherte ihnen den Besitz der Kirchengüter und Klöster zu, auch den Sitz im Kammergericht. Noch während der Disputation um Glaubensfragen hatten die Abspalter darüber verhandelt. Ihr Versprechen, nun Abgaben für den Türkenkrieg zu entrichten, kam Carafa wie Hohn vor. Als gute Söhne der Kirche hätten sie den Türkenzehnten ohnehin liefern müssen. So hatten sie dafür Stücke vom Leib der Kirche eingekauft. Und der sanfte Contarini hatte dabei zugesehen. Er hätte lieber zum Kreuzzug gegen die abtrünnigen Händler aufrufen und mit Feuer und Schwert die Einheit des Glaubens erzwingen sollen.

Jetzt nun konnte er in Bologna über seine Fehler in Ruhe nachdenken; er, Carafa, hatte es erreicht, daß der Heilige Vater bestätigte: Kardinal Contarini ist ungeeignet für die schwierigen Aufgaben in Deutschland. Auch in Rom, am Vatikan, etwa in der Reformkommission, gibt es im Augenblick keine Verwendung für ihn.

Jedoch gegen die Stimme von Carafa war der junge Schüler Contarinis, der in allen Rechtsdingen erfahrene Morone, zum Kardinal erhoben worden. Eine Geste der Freundlichkeit, auch gedacht für den Einsamen, nach Bologna Abgeschobenen.

Für Carafa war es nur ein Glied in der großen Kette, an der er schon seit Jahren schmiedete, ein Beweis seiner überaus genauen Arbeit: Gerade zu der Zeit, als dem Bischof Morone, der auch Milde und Güte und Geduld predigte wie sein Lehrmeister Contarini, die Kardinalswürde zugesprochen wurde, trafen im neuen Haus der Inquisition ausführliche Berichte über ein ganzes Nest des Irrglaubens aus dem Bistum ebendieses Mannes ein. Unter dem Krummstab des zum Nachgeben erzogenen Morone war eine große schöne Stadt verkommen: Modena, die Perle des Kirchenstaates. Von den Kanzeln, in aller Öffentlichkeit, auf den Straßen, in jeder Gasse wurden Irrlehren verkündet. So nahe am Mutterschoß drohte eine einstmals blühende Gemeinde wegzugleiten in den gleichen Abgrund, der all die anderen im Norden verschlungen hatte.

Er, Carafa, wollte ja im Grunde nicht gegen Morone vorgehen, so sagte er sich selbst. Er wollte nur den Beweis führen, daß er recht habe mit seiner Auffassung: Gewalt und Züchtigung sind im Augenblick zum Erhalten der Kirche notwendiger als Milde und Vergebung. Keine Versöhnung und keinen Ausgleich. Es hatte ihn mit Bestürzung erfüllt, daß er bei den Nachrichten aus Modena Triumph gefühlt hatte. Und er hatte sich streng zurechtgewiesen und seine Gedanken weggenommen aus dem Bereich der persönlichen Genugtuung. Nun aber war da die Aufgabe. Groß und schwer und lockend. Notwendig. Ein Beispiel sollte gegeben werden, in Modena, wie es gelingen kann, eine ganze Stadt vom Irrglauben zu säubern. Und er, Gian Pietro Carafa, wollte selbst den eisernen Besen ansetzen. Jetzt war es zu spät, über die Vorteile einer milden oder einer harten Behandlung zu philosophieren. Jetzt hatte es sich gezeigt, daß Milde Versagen war.

Und dort in Modena sollte man dann den besten Prediger einsetzen: Bernardino Occhino. Es würde für den Kapuziner auch die Gelegenheit sein, zu beweisen, daß er ein treuer Sohn der Kirche ist.

✳

Es war nichts Ungewöhnliches, daß die Witwe Colonna, ohne sich vorher anzusagen, zu Buonarroti kam. Auch an diesem lauen Septemberabend war sie sorgfältig gekleidet wie immer. Das Haar, straff gekämmt, war unter die Haube gelegt. Das Gesicht hatte sie kunstvoll geschminkt, daß die Falten nicht so hart erschienen. Nichts unterschied dieses Kommen von anderen ihrer Besuche; sie wies, als wäre sie die Hausfrau hier, ihrer Begleiterin einen Stuhl unter dem Fenster an, damit die Nonne gutes Licht habe für ihre Handarbeit. Sie ließ sich zeigen, wie weit die Stickerei der Altardecke gekommen war, dann erst wandte sie sich zu Buonarroti.

Langsam, mit ihrem nicht leichten Schritt, ging sie auf ihn zu.

„Woran arbeiten Sie jetzt?" fragte sie.

Er hörte es am Klang der Stimme, daß sie gar keine Antwort haben wollte. Sie hatte nur gefragt, um die Stille nicht peinlich werden zu lassen. Er sah zu ihr hin, seine Augen, müde und entzündet, zeigten ihr gutmütigen Spott.

„Ich tue nichts", sagte er. „Sie kennen das doch, habe ich einen Tag gearbeitet, muß ich mich vier Tage ausruhen. So war das schon vor zwanzig Jahren, als ich mir alt vorkam."

„Und was haben Sie an dem einen Tag gearbeitet?" fragte sie langsam wie immer, da sie den Satz sich erst in Gedanken zurechtlegte, ihn im stillen wiederholte und verbesserte, bevor sie ihn aussprach. Sie fragte ohne Anteilnahme.

„Ich sagte doch, nichts. Jetzt komme ich mir nicht nur alt vor, jetzt bin ich alt. Jetzt muß ich mich jeden Tag ausruhen."

Ihre Unhöflichkeit brachte ihn auf, sie redete mit ihm nicht anders als mit ihrer Nonne, wenn sie sich mit teilnehmender Gleichgültigkeit das Muster auf der Altardecke zeigen ließ und es mit den Ornamenten verglich, die sie damals in Neapel auf Maultierdecken gestickt hatte. War das eine Laune von ihr, ihn zu quälen? Der gutmütige Spott erlosch in seinen Augen, er fand den gleichen unbeteiligten Ton, fragte, ob er ihr Wein bringen dürfe.

„Es ist lange her, seit wir den letzten Trebbianer zusammen getrunken haben. Wer weiß, ob wir noch oft zusammen trinken können."

Sie lachte. Er merkte nicht, daß sie ihm ihre Angst nicht zeigen wollte. Ihr Lachen verletzte ihn.

„Ich wußte nicht, daß Sie zu den Leuten gehören, die sich auf meinen Tod freuen. Warum sind Sie dann zu mir gekommen? Warum haben Sie sich fünfzehn Jahre lang verstellt? Warum haben Sie nicht versucht, mit Bandinelli über Kunst zu sprechen? War der nicht damals bei der Plünderung Roms in Ihrem Palast? Mit dem könnten Sie dann an meinem Grab lachen. Bandinelli ist ja auch viel jünger als ich. Sie wissen genau, daß ein Mensch nur eine begrenzte Fähigkeit hat, Dinge auszuhalten. Allein das Liegen auf dem Rücken damals unter der Decke der Sixtinischen Kapelle hätte andere umgebracht. Meine Kräfte sind verzehrt. Aber Sie lachen."

„Hören Sie auf, Unsinn zu reden." Mit einer schwerfälligen Handbewegung wischte sie seine Worte beiseite. „Bernardino Occhino hat Italien verlassen."

Er sah, daß in ihrem Gesicht Sorge stand und, deutlich sichtbar, Angst. Er sah auch, wie durch den zusammengepreßten kleinen Mund und durch die Unruhe in den Augen das alternde Gesicht an Häßlichkeit zunahm. Und er sah ihre Hilflosigkeit. Nun verstand er ihr zerfahrenes Lachen und ihre unbeteiligten Fragen. Es rührte ihn, daß sie zu ihm gekommen war. Ein Glücksgefühl überkam ihn. Ein Mensch bat um seine Hilfe. Er fühlte sich stark genug, alles für sie zu tun, das ganze Gewicht seines Namens für sie in die Waagschale zu legen.

Noch nie war er so stolz gewesen wie jetzt, als er überlegte, was seine Worte beim Heiligen Vater und auch bei Carafa bedeuten konnten. Es gab niemanden in ganz Italien und in allen Ländern der Erde, der nicht anerkannte, daß er, Michelangelo Buonarroti, der Erste unter den Ersten der lebenden Künstler war. Wenn er nun hinginge und offen vor allen bekennte: Wenn etwas im Sinne der Kirche ist an meiner Arbeit, dann hat sie es veranlaßt, ganz allein, sonst niemand. Sie hat mir gezeigt, was es heißt, den Dienst an der Kirche höher einzuschätzen als das Bemühen um Unsterblichkeit. Wenn etwas an Demut in meinen Werken ist, dann lehrte sie es mich.

Auch Carafa würde nichts entgegenzusetzen haben, wenn er, Buonarroti, erklärte: Verfolgt ihr die Frau um eines davongelaufenen Menschen willen, der einmal ihr Freund war, so mißachtet ihr alle, die jetzt ihre Freunde sind. Ja er würde sich nicht schämen, Carafa ein wenig zu bedrohen. Es würde ein großes Gelächter in der Welt geben, so könnte er dem Neapolitaner sagen, wenn ihr die Mißachtung zu weit treibt. Ich habe in jeder Kunst viel gelernt, es würde mir nicht schwerfallen, eine Brücke über den Bosporus zu schlagen. Es machte ihm Spaß, sich zu überlegen, was Carafa ihm darauf antworten könnte. Der Kardinal würde sehr höflich zu ihm sein müssen, er würde gezwungen sein, zu versichern: Der Frau geschieht nichts. Wer nimmt denn schon gern den Vorwurf auf sich, er habe den ersten Baumeister, Maler und Bildhauer des Vatikans den Türken zugetrieben.

Vielleicht aber brauchte er gar nicht erst mit dem Antichrist zu drohen, es fiel ihm etwas anderes ein. Er wird ihnen ein Bildwerk anbieten, er wird ihnen eine neue Pietà versprechen, so erfüllt von Heiligkeit, daß sie zugelassen werden kann zur Anbetung. Sie wird ganz anders sein als seine erste Pietà im Petersdom.

Ich bin siebenundsechzig Jahre, dachte er, meine Haare und mein Bart sind grau, meine Augen sind entzündet, mein Kreuz tut beim Treppensteigen weh, es kostet mich Mühe, auf ein Pferd zu kommen. Aber meine Hände zittern nicht, auf meine Hände kann ich mich verlassen. Ich, Michelangelo Buonarroti, werde die Frau beschützen. Sie haben in der Familie Colonna Kardinäle und Feldherren. Aber sie sind hilflos, wenn der Verdacht des Irrglaubens auf sie fällt.

„Haben Sie meine Briefe aufgehoben?" fragte sie in ihrer langsamen Art.

Er nickte, glücklich, stolz, überlegen und auch nüchtern. Er verstand. Und er bot ihr sein Haus an mit allen Nebengelassen und der Werkstatt, mit allen Schränken und Truhen. Sie möge sich in jedem Raum umsehen, wo sie ein passendes Versteck für ihre Briefe finden könnte. Bei ihm seien sie sicherer aufgehoben als im Vatikan.

„Ich habe meine Briefe schon weggebracht", sagte sie.

„Sind sie dort sicher?"

„Ganz sicher", antwortete sie und verkniff den kleinen Mund, daß die Falten in den Winkeln hart hervortraten.

Er schaute in ihr Gesicht, es erschien abstoßend in seiner unerträglichen Häßlichkeit. Es war nicht nur der zu kleine Mund, die Nasenlöcher waren übermäßig ausgeweitet, der Haaransatz über der zu geraden Stirn war störend unregelmäßig. Doch die Augen übten auf ihn ihren seltsamen Zauber aus, dem er sich so gern hingab. Sie verrieten, daß hinter ihrer langsamen Art eine tiefe Klugheit verborgen war. Die Überlegenheit ihres Verstandes hatte ihn mit ihrer Häßlichkeit versöhnt.

Nun aber saß sie hilflos vor ihm. Er sah, wie aufgesetzt ihre Sicherheit war. Mitleid erfüllte ihn, er hätte gern von seinen kühnen Gedanken geredet, doch er wußte nicht, ob er sie verletzen würde, wenn er ihr zeigte, wieviel mächtiger und einflußreicher er war. Er wollte ihr eine Freude machen, er ging zu seiner Truhe, nahm einen Haufen Blätter heraus, legte die Zeichnungen vor sie hin, bat sie, sich ein Blatt auszusuchen.

Sie schob alles beiseite, mit langsamen Fingern, ohne hinzusehen. Dann fragte sie:

„Sie wollen nicht wissen, wo die Briefe sind?"

Er verneigte sich höflich, entschuldigte sich:

„Ich möchte mich nicht in Ihre Geheimnisse drängen."

„Es ist kein Geheimnis. Alle Briefe sind bei der Inquisition."

„Alle?" fragte er. Und es klang ungeheuer töricht.

„Die Briefe von Occhino, von Morone, von Pole, von Contarini und von Ihnen auch, ja."

Er schaute auf den kleinen Mund mit der eingekniffenen Oberlippe und begriff nicht, was sie sagte.

„Ist die Inquisition bei Ihnen gewesen, in Viterbo, im Kloster?" Er wünschte, sie würde ja sagen und nichts weiter.

„Ich bin deswegen nach Rom gekommen", sagte sie. „Ich habe die Briefe selbst in das Haus der Inquisition gebracht."

Das ist Verrat, dachte er, und er dachte es immer wieder.

„Auch die Gedichte?" fragte er. Er fand die Frage lächerlich und ärgerte sich, daß er sie gestellt hatte. Die Briefe waren schon genug. Wer Äußerungen des Irrglaubens suchte, konnte sie herauslesen, wo er wollte. Er wehrte sich gegen die Angst. Er sollte herausgestoßen werden aus seiner Sicherheit, die sich auf seine Arbeit gründete, auf seinen Ruhm weit in der Welt. Er wollte sich nicht vorstellen, daß er in einen engen, dunklen Raum gezerrt werden könnte. Lebend abgeschieden sein von den Lebenden, gezeichnet für alle Zeiten durch das

Wort: Irrgläubiger. Er wollte nicht an sich denken und nicht an die Angst. Er sagte: „Sie haben Bernardino Occhino den Weg nach Hause abgeschnitten."

„Wer so weit geht, will nicht wiederkommen. Hätte ich es nicht tun sollen?"

„Sie haben mich vorher nicht gefragt. Warum fragen Sie mich hinterher? Ich weiß nicht, warum Sie alles ausgeliefert haben. Ich will es auch nicht wissen."

Sie hörte die Verachtung in seiner Stimme, sie wollte sich rechtfertigen:

„Occhino hat uns verlassen, Contarini ist tot, wir sind zu schwach, wir können uns nicht mehr gegen sie stellen. Zeigen wir jetzt Carafa und seinen Leuten, daß wir guten Willens sind, daß wir immer guten Willens waren, dann fällt kein Verdacht auf uns. Wir müssen uns von Occhino lossagen, offen, ganz und gar. Sonst sind wir verloren."

„Sie glauben also, es war alles falsch, alles, was Sie mir in den fünfzehn Jahren gesagt haben?"

„Nein, nein, Sie wollen mich nicht verstehen."

„Ich sehe, auf Verrat folgt Verrat. Einer läuft weg, ein anderer liefert alle Briefe aus." Er brach ab, griff seine Zeichnungen, warf sie zurück in die Truhe.

Ich habe sie mit einem kleinen Bildchen trösten wollen, dachte er und verhöhnte sich selber, ich habe mich schützend vor sie stellen wollen, beim Papst, bei Carafa. Ich habe eine Muttergottes mit dem Sohn schaffen wollen, um sie zu retten. Aber da hat sie schon alles ausgeliefert. Den Schnüfflern und Hunden hat sie die geheimen Zeichen der Liebe und des Vertrauens hingegeben. Auf irgendeinem Tisch in diesem schrecklichen Hause liegen jetzt alle Worte offen. Worte des Zweifels, des Auflehnens gegen die Grenzen der Kirche, Worte der Hoffnung auf klügere Männer im Vatikan. Buonarroti versuchte, sich einzelne Sätze in Erinnerung zu rufen, ob sie Merkmale eines Irrglaubens bloßlegen könnten. Es ging nicht. Hatte er denn geschrieben, daß er mit irgendeiner Sache oder irgendeinem Menschen nicht einverstanden war?

Es hatte keinen Zweck, sich gegen die Angst zu wehren. Buonarroti wußte, von nun an würden seine Gedanken immer wieder zu den Briefen gehen. Immer 'wieder würde er versuchen, sich zu erinnern, was er geschrieben hatte. Bei jedem fremden Schritt im Haus würde er denken: Jetzt kommen sie.

Als die Frau mit ihrer Begleiterin, der Nonne, gegangen war, schloß er sich in seine Kammer ein. Urbino hatte er einen Zettel hingelegt: „Ich arbeite."

Er konnte nicht arbeiten. Er mußte an Occhino denken. Er hat es also getan. Er hat allen Zweifeln ein Ende gesetzt und ist über die Berge gegangen in die Fremde. Es klang so leicht: Er ist über die Berge gegangen. Aber was würde sein, jenseits der Berge? Kälte, Hunger, Einsamkeit. Wenige Menschen würden seine Sprache verstehen; nur die Gebildeten. Gewiß, mit denen würde er sich lateinisch unterhalten können. Und warum, warum war er gegangen? Gab es keine andere Lösung als Verrat?

Weglaufen ist keine Lösung. Occhino ist der General seines Ordens. Viele werden nun beargwöhnt werden, weil er das Land verlassen hat, überlegte Michelangelo. Viele werden ihm folgen. Der berühmte Prediger wird Leute finden, Reiche, die ihm helfen, die ihn bei sich predigen lassen. Und sei es nur, um eine Sensation zu haben.

Wenn aber Hunderte von Kapuzinern kommen, ist das für die Reichen keine Sensation, nur eine Belastung. Wovon denn sollen die armen Verirrten dort leben? Was haben sie gelernt in ihren Klöstern? Wie können sie sich mit ihrer Hände Arbeit ernähren? Wenn der General eines Ordens geht, ist es etwas anderes, als wenn ein gewöhnlicher Mensch geht. Er hat alles abgeschnitten. Er weiß, er kann nie mehr zurück. Vielleicht wird er hüpfen müssen und tanzen, um den Fremden zu gefallen, um sein Leben bei ihnen fristen zu dürfen. Und hier, hier im Lande, hat er alle seine Freunde in Gefahr gebracht. Auf jedem lastet nun der Verdacht, auch ein Verräter zu sein. Und die Frau hat diesen Verdacht nur noch bestätigt. Wut packte ihn. Und er hatte ihr ein Gedicht geschrieben, ein Sonett, er hatte es ihr nach Viterbo schicken wollen. Jetzt suchte er dieses Blatt. Er tappte mit dem Licht von Stube zu Stube, riß die Schränke auf, wühlte in den Truhen.

Urbino fragte ihn ängstlich, was er denn suche. Es brachte ihn noch mehr auf, daß dieser Mensch sich vor ihm fürchtete.

„Nichts!" schrie er ihn an. „Geh ins Bett oder in ein Hurenhaus, mach, was du willst, nur laß mich allein, ich brauche dich nicht!"

Endlich fand er das Blatt. Es war ihm bittere Lust, wie gut das Sonett gelungen war. Er wollte es zerreißen, hielt inne, legte es beiseite, nahm ein leeres Blatt.

Sorgfältig wählte er unter den Stiften. Und es entstand das Bildnis einer Frau mit dem schlaffen Leib einer alten Hure, nackt bis zum Nabel. Dem Kopf gab er einen seltsamen Zauber an Klugheit, der das Abstoßende des Körpers noch deutlicher werden ließ.

Auf die andere Hälfte des Blattes zeichnete er den Kopf eines alten Mannes mit großen, tiefliegenden, spöttischen, verachtenden Augen, mit schütterem Haar und zahnlosem Mund, mit tiefen Falten in der Stirn und um Mund und Nase. Die Nase aber war breit geschlagen und häßlich.

So zeigte sich diese Frau dem alten Mann, schamlos.

Buonarroti nahm das Blatt mit dem Gedicht. Er las es noch einmal, beschaute dann das Bild mit grimmiger Freude, überlegte, ob er ihr beides nach Viterbo schicken sollte, überlegte, ob er es Carafa zusenden sollte, überlegte, ob er beides jetzt zerreißen sollte. Er konnte sich zu nichts entschließen. Er warf alles in die Truhe, zu den übrigen Blättern, zog den Schlüssel ab. Niemand sollte das Bild ohne seine Erlaubnis sehen.

*

Mit unerbittlicher Pünktlichkeit ging der fast siebzigjährige Buonarroti jeden Tag in aller Frühe zur Paolinischen Kapelle im Vatikan und arbeitete am großen Bild von der Kreuzigung Petri. Wieder war Urbino der einzige Helfer; zuverlässig mischte er die Farben. Er, der Gewissenhafte, hatte den Traum um die liebe, zärtliche, schöne

Assunta in Florenz in seine tiefsten Gedanken eingeschlossen. Es gab eine Zeit, da hatte er von Stunde zu
Stunde gehofft, Buonarroti werde sagen: Komm, Urbino,
wir wollen wieder nach Hause, nach Florenz. Das war
nach dem Tod der Bettwanze gewesen. Aber der Mord an
Herzog Alessandro de' Medici hatte für die Stadt am Arno
keine Änderung gebracht. Ein anderer Medici war gekommen, ein Herr Cosimo. Dieser neue Herzog schickte zwar
ehrenvolle Einladungen an Michelangelo, doch niemand
wußte so gut wie er, Urbino, die Entschuldigung mit der
Arbeit in der Paolinischen Kapelle war nicht der eigentliche Grund, Florenz fernzubleiben. Solange Herr Cosimo
die unter seinem Vorgänger begonnene Zitadelle noch
weiter und stärker ausbaute, gegen die Bürger seiner eigenen Stadt, solange war es sinnlos, mit Buonarroti auch nur
über einen Besuch dort zu sprechen.

Urbino aber wollte nicht ertrinken in der großen Einsamkeit, die über dem Haus am Macel de' Corvi zusam-
menschlug, doch er hatte auch Verantwortung übernommen, und er durfte das Haus nicht verlassen. Cornelia, ein
Mädchen aus den Bergen nicht weit von Rom, blieb bei
ihm. Sie mochte ihn, auch seine wäßrigen Augen, sein
glanzloses, glattes graublondes Haar. Sie wartete auf ihn,
wenn er abends von seiner Arbeit zurückkam. Manchmal
strich sie ihm über den Kopf. Dann lächelte er etwas verloren, und unbegreiflich erschienen ihm allmählich seine
Träume, große, auffallende Taten zu vollbringen, damit
Assunta von ihm höre. Er heiratete Cornelia. Wohnte
oben im Hause über den Räumen und der Werkstatt Michelangelos. Und sein Herz klopfte sehr, als er den alten
Mann, während sie zusammen nach Hause gingen, fragte,
ob er seinen Sohn Michelangelo nennen dürfe. Und als
Buonarroti nickte, dachte Urbino: Jetzt ist das Glück zu
mir gekommen, das leise, seltsame, nicht erwartete.

Und eines Tages, wenn dieser kleine Michelangelo groß
sein wird und verständig, dann wird er, der alte Urbino,
ihn bei der Hand nehmen und mit ihm in die Paolinische
Kapelle gehen. Denn er wird es sehr genau nehmen mit

seinem Amt als Reiniger der Bilder Michelangelos. Und er wird dem kleinen Michelangelo das Bild von der Kreuzigung Petri zeigen. Sieh es dir genau an, wird er ihm sagen. Damals, als das gemalt wurde, hat dein Vater die Farben dafür gerieben. Und er hat dabei immer in großer Angst gelebt. Das kannst du vielleicht nicht mehr verstehen, denn, so wünschte sich Urbino in seinen Träumen um den kleinen Michelangelo, du weißt ja gar nicht mehr, was das ist, Inquisition. Leute kommen und wachen über jeden Pinselstrich, ob auch kein Irrglaube zu erkennen sei. Und so hat der, dessen Namen du trägst, unter ihren Augen gemalt. Er hat, so wirst du vielleicht sagen, ja doch jede Rücksicht auf die Kritiker am Jüngsten Gericht genommen, alle Gestalten sind schön ordentlich bekleidet, es ist nichts Ungewöhnliches auf diesem Bild, nichts gegen die Regeln.

Eine Landschaft ohne Bäume, eine endlose Weite mit schmalen Hügeln. Und kein Engel am Himmel. Die Menge der Neugierigen rechts vom Kreuz, darunter Erschreckte und Gleichgültige. Ein Mann verschränkt seine Arme, um den höchsten Grad seiner Unbeteiligtheit zu bezeigen. Und auch Frauen sind da. Viele. Sie greifen nicht ein. Sie können es nicht. Denn auf der anderen Seite vom Kreuz, in der Mitte, sind die Männer mit den Waffen und die Henker. Der Befehlende auf dem Pferd. Nie im Leben wird er seine Hände mit Blut beflecken und etwa eine Hinrichtung selbst ausführen. Dafür hat er seine Leute. Neben ihm sind die Wächter. Auch nur Beobachter. Doch auch sie Beteiligte. In ihren Händen tragen sie die Spieße, mit denen sie diejenigen, die das Kreuz aufrichten, schützen.

Und dann, mein lieber Sohn Michelangelo, wirst du, ohne daß ich mit dem Finger darauf zu weisen brauche, mit plötzlichem Erschrecken selbst erkennen:

Unter denen, die es tun, hat Buonarroti vor allem einen in die Mitte gerückt. Er hockt da, dunkel, fast schwarz, zusammengekauert. Und er kümmert sich um seine Arbeit. Nur um seine Arbeit. Er ist mit einer bestürzenden Ausschließlichkeit und tiefen Ernsthaftigkeit verliebt in seine Beschäftigung. Er führt sie einwandfrei aus, das ist sein ganzer Stolz.

Er ist jenseits jener furchtsamen und mitleidvollen Neugierde der Zuschauer. Und gehört nicht zu denen, die angesichts des Märtyrertodes dieses einen bereit sind, ihr eigenes Leben zu ändern. Das traurige Geheimnis des vollendeten Anpassens an seine Auftraggeber umgibt den stetig Wirkenden. Auch die Betriebsamen, die das Kreuz hochwuchten, sechs kräftige Männer, können ihn nicht überschwemmen mit ihrer wilden Welle kraftstöhnenden Eifers beim anstrengenden Töten.

Und auch die glänzende Machtfülle des Befehlenden auf dem Pferd mit dem gepflegten glatten Hals erweckt bei dem Kauernden in der Mitte keinerlei Gefühle, etwa besondere Eilfertigkeit zu zeigen oder Ehrfurcht vor der Gewalt. Es geht ihn nichts an. Er tut seine Pflicht mit Hingabe, die für nichts anderes ein Auge haben kann. Ohne Hast. Mit äußerster Gewissenhaftigkeit.

Auch der Sterbende, schon ans Kreuz genagelt, gehört nicht zu der Gedankenwelt des Kauernden. Der zeigt nicht einmal Erschrecken darüber, daß dieser Mensch mit den Füßen nach oben gekreuzigt wird.

Er kniet am Boden. Er gräbt die Grube, in die der Fuß des Kreuzes gesenkt werden soll, damit es aufrecht stehe. Hacke und Schaufel sind beiseite gelegt. Jetzt, mit der bloßen linken Hand, prüft er die Grube, ob sie fest genug ist. Bis über den Ellbogen ist sein Arm hinabgefahren in die Erde, die er hier an dieser Stelle aufgerissen hat.

Der prüfende Griff zeigt die Ruhe und Besonnenheit, die von diesem arbeitenden Menschen ausgeht.

Das ist bis an die äußerste Grenze des Erträglichen getrieben: die Gelassenheit eines Mannes, der sein Handwerk versteht.

*

Die Einladung von Papst Paul III. aus dem Haus Farnese kam für Michelangelo unerwartet. Sehr sorgfältig überprüfte er die Worte des Schreibens. Sie waren höflich, sie waren dringlich:

Wir bitten um Ihre Teilnahme bei einer Beratung zwischen dem Heiligen Vater und Festungsbaumeistern und Feldhauptleuten über den Stand der Befestigungsarbeiten der Stadt Rom. Sollte es Ihnen nicht möglich sein, bei dieser äußerst wichtigen Sitzung zu erscheinen, bitten wir um Angabe der Gründe.

Der Bote aus dem Vatikan stand da mit unbeteiligtem Gesicht und wartete auf die Antwort.

Wenn ich zu dieser Versammlung gehe, überlegte Buonarroti, dann kann ich diesem Mann nicht ausweichen, natürlich wird Antonio da Sangallo, der Baumeister, dort sein. Mir wird übel, wenn ich an ihn denke. Seit damals rede ich nicht mehr mit ihm und gebe ihm nicht die Hand. Vor zehn Jahren war das. Nein, ich will nicht mit ihm an einem Tisch sitzen. Ich werde dem Heiligen Vater schreiben:

Ich danke für die Einladung, aber ich kann nicht kommen, ich bin krank. Und er dachte: Wirklich, was soll ich bei dieser Beratung? Ich hasse Antonio da Sangallo nicht, aber wir sind so weit auseinander, daß es schwer ist, dafür überhaupt einen Vergleich zu finden. Und wie er seine Entschuldigung auf das Papier schreiben wollte, erschienen ihm seine Gedanken billig. Einige tausend Menschen leben in Rom. Was wiegt dagegen mein Widerwille, den ich vor diesem einen Mann empfinde? Ich bin gerufen worden, und ich soll Rat geben, wie diese Menschen zu schützen sind, wenn die Barbaren noch einmal kommen.

Und Michelangelo ging zum Vatikan. Es war erstaunlich, wie viele Männer zu der Sitzung gekommen waren; unbekannte Gesichter, junge Leute. Einer von ihnen eilte zu Buonarroti mit raschen, ausgreifenden Schritten, sicher auftretend. Alles an ihm war großartig. Sein glänzendschwarzes, ins Bläuliche schimmerndes Haar war sorgfältig gelockt und gleichzeitig schwungvoll, sein Mantel aus dunkelgrünem Samt war nach dem strengen spanischen Zuschnitt geschneidert, ohne Plusterungen der Ärmel und ohne Zierat an goldenen Schnüren. Hätte ein anderer diesen Mantel angehabt, hätte er in dieser bunten Versammlung der Feldhauptleute und Geistlichen ärmlich gewirkt. Aber dieser großgewachsene junge Mann mit den breiten Schultern würde nie ärmlich wirken und unbeachtet bleiben, und trüge er die schlechte braune Kutte aus dem Sackleinen der Bettelmönche. Er hatte ein besitznehmend freundliches Wesen an sich, dem niemand entkommen konnte. Sein Gesicht war großflächig, ohne Falten. Sein Mund war in den Ecken außergewöhnlich klar gezeichnet, das gab dem jungen Mann etwas sehr Verführerisches. Er redete lebhaft und schnell, aber er verwischte die Worte nicht, er ließ jedes einzelne klingen. Es war zu spüren, er hörte sich gern reden.

„Unser großer alter Meister kommt selbst und ganz persönlich. Was für ein großes Glück, daß ich Ihnen endlich die Hand schütteln darf! Gestatten Sie, daß ich mich Ihnen vorstelle. Mein Name ist Nanni di Baccio Bigio. Ich bewundere Sie, ich kann es nicht anders sagen, unendlich, ja, unendlich." Mit beiden Händen griff er nach Buonarroti. Während er mit der Rechten Buonarrotis Hand schüttelte, packte er mit der Linken Buonarroti am Ellbogen und drückte Arm und Hand des anderen gleichzeitig mit seiner zugreifenden, schmeichlerischen Vertraulichkeit. „Sie setzen sich doch gewiß zu uns, den Baumeistern. Darf ich Sie zu meinem Meister Antonio da Sangallo führen?"

„Lassen Sie das sein", sagte Buonarroti, für den jungen Mann unverständlich grob. „Ich bin kein alter Mann, der geführt werden muß. Ich weiß allein, wo ich hin will, und da kann ich auch allein hingehen."

Nanni ließ sich nicht einschüchtern; er lächelte sein unwiderstehliches, jungenhaftes Lächeln.

„Sie nehmen die Dinge immer gleich so grundsätzlich, ja, das muß man sagen, grundsätzlich. Natürlich sind Sie jünger als manch einer von uns Jungen. Ich wollte mich auch keineswegs aufdrängen, ich gebe zu, das Wort füh-

ren war falsch gewählt. Wir Künstler sind eben alle empfindsam, ja, ich bin es auch."

Der Capitano der Engelsburg, mit braunem, narbenrei-
chem Gesicht, ein Kriegsmann unverkennbar – damals in
der Nacht, als die Sprengladungen an seiner Engelsburg
angebracht worden waren, hatte er weiße Haare bekommen –, verbeugte sich achtungsvoll vor Buonarroti, sagte:

„Bin gespannt, was wir von Ihnen zu hören bekommen.
Vielleicht werden Sie den Streit entscheiden."

Unvermittelt setzte das übliche Schweigen ein. Der
Heilige Vater kam, in seiner Begleitung der Zeremonienmeister und sein Neffe, Capitano der vatikanischen Truppen.

Es gab keine lange einleitende Ansprache. Papst
Paul III. hatte diese beratenden Sitzungen eingeführt. Er
ließ alle reden, Böswillige meinten zwar, er wolle dadurch
seine eigene Unsicherheit verschleiern, andere wiederum
waren begeistert von der Freiheit des Wortes, die jedem
Teilnehmer gestattet wurde. Nur war es schwierig, dahin-
terzukommen, ob durch diese Beratungen auch irgendwelche Ergebnisse erzielt wurden. Der Capitano der Engelsburg sprach als erster:

„Meine Herren, an zwei Stellen schon sind Türken im
Bereich des Kirchenstaates an Land gegangen. Wir wissen
noch nicht genau, handelt es sich hier nur um einen Beu-
tezug an der Küste, wie wir es oft genug erlebt haben –
nach einem Tag war der Spuk vorbei, und die Eindringlinge verschwanden auf ihren Schiffen –, oder aber beginnt jetzt der große Angriff der Türken auf Rom."

Der Neffe des Papstes rief dazwischen, seine Stimme
war der des Heiligen Vaters zum Verwechseln ähnlich:

„Ihre Darstellung ist nicht ganz zutreffend; es sieht aus,
als seien wir über die Absichten des Feindes im unklaren.
Das könnte uns zu dem Leichtsinn verführen: Es wird
schon nicht so schlimm. Die Dinge liegen doch so, daß
heute der Türke nicht allein der Hauptfeind ist. Im Land
stehen spanische Truppen, sie halten alles vom Norden
bis zum Süden besetzt außer unserem Kirchenstaat. Die

Gefahr ist, daß diese Truppen vom habsburgischen Kaiser den Befehl bekommen, sich mit den türkischen Eindringlingen zu verbünden gegen Rom. Also hat es keinen Zweck, nur allein von den Türken zu sprechen."

„Das wollte ich sagen", erklärte der Capitano der Engelsburg. „Auf alle Fälle jedoch wird der Feind vom Süden her kommen. Er wird vom Meer her in der Tiberebene heranrücken, und er wird wie damals im Mai siebenundzwanzig auf die schwächste Stelle der Stadt stoßen, auf den Borgo. Dann kommt er wieder über den noch immer offenen Bauplatz von San Pietro ungehindert in den Vatikan. Darum schlage ich vor, das Viertel vor dem Borgo, Trastevere, stark zu befestigen."

„Was sagt unser Festungsbaumeister dazu? Bitte, mein Sohn Antonio da Sangallo." Der Heilige Vater bestimmte, wer sprechen sollte. Nur ihm selbst war das Recht des Zwischenrufs gestattet. Daß sein Neffe dieses Recht für sich in Anspruch nahm, wurde als selbstverständlich hingenommen.

Antonio da Sangallo stand auf, ließ sich von seinem Mitarbeiter Nanni die Mappe mit den Plänen geben.

„Ich möchte als erstes den Vorwurf zurückweisen, mein Bauplatz am Petersdom sei ein Gefahrenpunkt, eine offene Wunde sozusagen. Wenn der Feind damals in die Vatikanstadt eindringen konnte, dann nur darum, weil der Borgo völlig ungenügend befestigt war, darüber sind wir uns alle einig. Soviel zu dem unberechtigten Vorwurf. Mehrfach unterstreichen will ich das, was wir vom Neffen unseres hochverehrten Heiligen Vaters hörten, und ich ziehe die Schlußfolgerung daraus, daß der Feind von allen Seiten auf Rom zukommen wird, und das bedeutet, daß wir die Befestigungslinie ringsum, alle sieben Hügel umfassend, verstärken müssen ..."

„Da werden Sie hundert Jahre brauchen, wenn das in demselben Zeitmaß geht wie beim Petersdom", kam ein unerwarteter Zwischenruf.

Erstauntes Raunen war zu hören, alles sah hin zu Michelangelo, gespannt, ob er noch mehr sagen würde.

Der Heilige Vater hob die Hand. Antonio da Sangallo redete weiter:

„Ich habe die genauen Pläne über jede Einzelheit mitgebracht. Natürlich sind meine Mitarbeiter und ich auch so schlau wie gewisse Zwischenrufer. Wir wissen, daß die Zeit drängt. Trotzdem aber kann ich als verantwortlicher Festungsbaumeister nicht darauf verzichten, den Befestigungsgürtel soweit wie möglich auszuspannen, und selbstverständlich müssen die schwächsten Stellen besonders beachtet werden. Und gerade an diesen Punkten hat sich ein gut ausgebautes Tor noch immer am besten bewährt. Sehen Sie hier, hochverehrter Heiliger Vater, den Entwurf für dieses Tor, es ist bereits in Arbeit, mit drei breiten Flügeln, geeignet zu einem raschen, wirksamen Ausfall. Rechts und links das Fußvolk, in der Mitte die Reiterei. Auch ist das Tor fest genug zum Aufstellen von zwei bis drei Kanonen. Hier sehen Sie Schießscharten für Musketen."

„Aha", unterbrach der Heilige Vater, „ein schönes, kräftiges dorisches Tor. Ich sehe große Gesimse und Pyramiden, schöne Kapitäle, Säulen und Nischen. Auch Statuen sind vorgesehen, ja?"

Antonio da Sangallo nickte beglückt und sagte nicht ohne Stolz:

„Schön und zweckmäßig zugleich, das ist die Kunst."

Und jetzt begannen die jungen Leute, die Mitarbeiter des Antonio da Sangallo, und die Berater des Heiligen Vaters mit viel Sachkenntnis über die Anordnung der Pyramiden und Säulen und Nischen zu sprechen. Sie konnten sich nicht einigen, ob die für die Nischen vorgesehenen Statuen lebensgroß oder überlebensgroß sein sollten.

Und Buonarroti saß unter ihnen und schwieg. Seine Stimme war gelähmt vor Scham und vor Trauer. Es tat weh, bis in das innerste Herz, zu erleben, mit welchem Eifer und mit welcher Ernsthaftigkeit über die Verzierung des Tores gestritten wurde. Sogar der Capitano der Engelsburg mischte sich in den Streit. Er hatte sich für überlebensgroß entschieden.

377

Schade um die vertane Zeit, überlegte Buonarroti. Und er beschloß zu gehen, auch wenn es ein Verstoß gegen die Regeln wäre. Es war unerträglich, es war sinnlos, hier zu sitzen. Da erreichte ihn die Stimme des Heiligen Vaters: „Und was ist deine Meinung, mein lieber Sohn?"

Ich möchte allein sein, dachte Buonarroti, weit weg. Ich wünschte, ich wäre bei dieser Beratung nie dabeigewesen. Das sind ihre Sorgen, wenn die Türken und die anderen Feinde schon die Hand nach uns ausstrecken.

Langsam stand er auf, schüttelte die Scham und die Traurigkeit von sich ab, und er bedachte sehr genau, was er sagte:

„Wenn der Feind vor diesem Tor steht und wenn wir kämpfen müssen, dann werden diese Figuren aus ihren Nischen weggefegt werden wie im Frühjahr die alten, vergessenen Blätter vom vorigen Herbst. Und dabei wird der Feind nicht einmal diesen schönen Unterschied zwischen lebensgroß und überlebensgroß zu würdigen wissen. Ich sage, unsere Verteidigung ist so auf den Tod ernst, daß wir es uns einfach nicht leisten können, mit Zierpuppen aus Stein zu spielen, wenn das Leben von Tausenden Bewohnern der Stadt in Gefahr ist. Und wir können es uns auch nicht leisten, an die empfindlichste Stelle der Stadt ausgerechnet ein Tor zu setzen. Wir haben hier nur von der einen Möglichkeit Kenntnis bekommen, nämlich, daß ein Tor geeignet sei, Truppen hinauszuschicken aus der belagerten Stadt zum Angriff auf den Feind. Aber warum wird das nicht bis zum Ende durchdacht? Dieser Vorteil wiegt keinesfalls den Nachteil auf, ein Tor erleichtert dem Feind immer das Eindringen." Und er setzte sehr leise hinzu, aber jeder verstand ihn: „Und wie oft schon hat Verrat ein Tor geöffnet. Wehe uns, wenn das ausgerechnet an unserer schwächsten Stelle geschieht."

Buonarroti hatte sich in der Hand. Er erlaubte seinen Gedanken nicht, wegzugehen und nachzusinnen über das verlorene Florenz. Er ging zu dem Tisch mit den ausgebreiteten Plänen vor dem Platz des Heiligen Vaters.

„Erlauben Sie mir", sagte er sehr sachlich, „noch auf

einige Fehler in diesen Plänen hinzuweisen. Wir dürfen unsere Verteidigungslinie nicht erweitern, wir müssen sie verkürzen, wollen wir wirksamen Widerstand leisten. Die festesten Punkte in der Stadt sind die Engelsburg und die Leostadt. Bei Gefahr müssen wir Frauen und Kinder von der anderen Seite des Flusses hier in Sicherheit bringen. Und so ist das wichtigste Stück, an dem wir jetzt sofort alle nötigen Arbeiten einleiten müssen, die Linie südlich vom Vatikan am Fuße des Borgo entlang bis zum Fluß. Es ist falsch, die Festungswerke auf den Rücken des Hügels zu verlegen, wie es hier auf diesem Plan steht. Sie müssen unten am Fuße verlaufen. Und das Tor bei San Spirito muß weg. Damit hat sich auch die Erörterung über die Verzierung von selbst erledigt." Er ging langsam an seinen Platz zurück.

Antonio da Sangallo zitterte vor Bestürzung und Ärger. Es gelang ihm nicht, ein wirksames Wort zur Entgegnung zu finden. Er schnaufte hörbar.

Für seinen Meister stand der junge, unwiderstehlich schöne Nanni auf. Mit seiner wohltönenden Stimme sagte er schnell und gezielt:

„Ehrwürdigster Heiliger Vater, Michelangelo Buonarroti ist ein großer Maler und der größte Bildhauer, aber Antonio da Sangallo ist der größte Festungsbaumeister unserer Tage."

Alle waren dem jungen Mann für die erlösenden Worte dankbar.

Buonarroti blieb stehen. Und er redete, ohne auf alle anderen in diesem Raum zu achten; er sah nur auf diesen jungen, schönen Mann, der mit seinen breiten Schultern den schon etwas schwach gewordenen Meister Antonio stützte.

„Sie meinen, ich bin ein Greis und schon kindisch geworden und Sie können mich tanzen lassen wie einen ausgeleierten Hampelmann, der nur noch mit dem Kopfe wackeln und nur noch ja, ja, ja sagen kann, Sie wollen, ich soll nicken zu Ihren läppischen Pyramiden und Säulen und Nischen, und Sie haben sich vielleicht sogar in Ihrer

Überheblichkeit eingebildet, der alte Buonarroti ist ja nur ein Bildhauer, also wird er uns einen nützlichen Rat geben, die Größe der Figuren betreffend. Glauben Sie, ich weiß nicht, daß ein Entwurf mit Verschnörkelungen und angeblichen Verzierungen mehr einbringt als eine klare, deutliche Zeichnung, weil es nach mehr aussieht?"

„Unerhört!" schrie Nanni. „Er bezichtigt uns, wir wollten übermäßig viel Geld allein schon aus den Entwürfen herausschneiden."

„Ich sehe, Sie haben mich gut verstanden", entgegnete Buonarroti, „aber ich fürchte, noch nicht gut genug. Sie behaupten, ich verstünde nichts von der Festungsbaukunst. Und jetzt will ich Ihnen, junger Mann, ganz genau erklären, auf welche Festungsbaukunst ich mich verstehe. Nie wäre Florenz erobert worden, wenn nicht Verrat das Tor geöffnet hätte. Ich hatte den Verteidigungsgürtel um die Stadt so stark gemacht, daß die Stadt uneinnehmbar war. Das kann Ihnen jeder Feldhauptmann bestätigen."

Der Capitano der Engelsburg nickte, auch der Neffe des Papstes nickte.

„So hatte ich die Stadt zu einem festen Bollwerk für eine gerechte Sache gemacht. Und dagegen setzte dann nach dem Ende der Republik Florenz Herr Antonio da Sangallo seine Festungsbaukunst. Und es ging ihm merkwürdig schnell von der Hand. Er hat sich tief gebückt, und er hat den Bissen vom Tische des Verräters aufgehoben, diesen verächtlichen Bissen, auf den ich gespuckt habe. Hat es Ihnen gut geschmeckt, Herr Antonio da Sangallo?"

Nanni, der schöne Mann, preßte die Lippen zusammen. Der Alte ist in seiner Art großartig, aber er stört. Wer spricht denn heutzutage schon aus, was er denkt. Das ist wirklich kindisch, und ich habe mir schon lange abgewöhnt, darüber nachzudenken, woher das Geld kommt, und ich baue für den, der mich bezahlt.

Antonio da Sangallo sprang auf, schrie etwas zu seiner Entlastung; niemand verstand ihn, da seine Stimme überschnappte.

Papst Paul III. beendete die Beratung. Er bedankte sich

bei allen, die gesprochen hatten, und er teilte mit, daß er sich nun mit seinem Neffen beraten werde.

Buonarroti hörte sich die abschließenden Dankesworte nicht mit an. Er ging nach Hause, erfüllt von Zorn, überlegte: Sollen sie doch machen, was sie wollen.

Aber der Gedanke, daß er Verantwortung trug, ließ sich nicht verdrängen. Immer wieder sah er vor sich die Entwürfe der anderen, Sangallisten nannte er sie, und die Fehler beunruhigten ihn. Es ging nicht, verstimmt abseits zu stehen, er hatte die Verantwortung, weil er die Kenntnisse besaß.

Doch Worte in einer neuen Beratung würden in den Wind gesagt sein. Er hielt es für seine Pflicht, seine Meinung zur Verteidigung der Stadt Rom niederzuschreiben.

Das Licht fiel auf einen Mann. Ein Kardinal sprengte das Konzil zu Trient. Die Beratungen, bei denen sich eine gewisse Annäherung zwischen den Irrgläubigen jenseits der Berge und den Rechtgläubigen abzuzeichnen begann, waren unterbrochen. Wenig später setzte dieser Mann das Konzil in einer anderen Stadt fort, weiter südwärts, näher bei Rom, in Bologna. Also waren die Beratungen nicht unterbrochen.

Und die Leute begannen zu fragen: Wer ist Kardinal Marcellus Cervini? Und sie bekamen verwirrend viele Antworten. Ein Dichter, denn er schreibe Verse und Prosa in elegantem Latein, erst kürzlich habe er ein Gedicht verfaßt über die Bäder und Heilquellen im Kirchenstaat; ein Buchbinder; ein Zeichner; ein Schnitzmeister; ein Schreiner; ein Baumeister; ein Astronom; einer, der Bäume veredele; ein Sammler von alten Handschriften; einer, der alle Bücher in der Vatikanischen Bibliothek registriert habe. Kurzum, ein nützlicher Mensch, der von vielen Dingen ein wenig verstehe. Damit war jedoch die Frage nicht beantwortet, ob er von wenigen Dingen viel verstand.

Niemand in Rom hatte bisher davon Kenntnis genommen, daß es diesen weißhaarigen, schwachen, nierenkranken Mann überhaupt gab. Nicht einmal die Tatsache, daß er von Anfang an zu den vier Inquisitoren gehörte, die sich wöchentlich einmal im Vatikan versammelten, hatte ihn bekannt werden lassen. Er stand immer im Schatten Carafas. Er besaß nicht jenen geraden und zuschlagenden Haß des Neapolitaners; er verfolgte die Irrgläubigen und die Andersdenkenden und die Heiden und Juden auf seine besondere leise Art: mit seiner arbeitsamen Sorgfalt, durch die er sich als Registrator aller Bücher der Vatikanischen Bibliothek schon ausgezeichnet hatte. Nun jedoch fertigte er die große Liste der Vergehen gegen den Glauben. Mit seiner sanften Hand schrieb er nieder: Begünstigung von Ketzern, Behinderung der Beamten der Inquisition, Mißachtung der Inquisition, üble Reden gegen die Inquisition. Verbreitung der Ansicht, unehelicher Beischlaf sei nicht Sünde. Gotteslästerung. Irrtümer. Zauberei. Falsches Zeugnis. Und obwohl er mit entschied, welche Strafen angewendet werden sollten, Geldbußen, Einziehung aller Güter, Galeere, Stäupen, Verbannung, Knebelung, immerwährendes Gefängnis und auch das Hinführen vom Leben zum Tode durch die Hand des weltlichen Henkers, obwohl seine Stimme also über Menschen entscheiden konnte, hatten die Leute bei ihren Wetten zu den Papstwahlen nie auf Cervini gesetzt.

Und doch war jetzt das Licht auf ihn gefallen, und es gab Menschen, die nach diesem Lichtschein haschten, um auch ein Stück Glanz davon zu bekommen. Die Baumeister aus der Schule Antonio da Sangallos mit ihrem Wortführer Nanni voran luden den aus Bologna zurückgekehrten Kardinal ein, er, der Verständige in den Dingen der Baukunst, möge kommen und die neuen Arbeiten am Petersdom begutachten. Der durch seine Schönheit bekannte Dichter Bembo bat den Kardinal um ein Exemplar seines Gedichtes über Bäder und Heilquellen. Gutsbesitzer eilten herbei, um sich von ihm die Veredelung von Bäumen erklären zu lassen. Pietro Aretino schickte aus Venedig begeisterte Lobesverse, ja sogar ein Astronom aus Nürnberg, der in Rom Zuflucht gesucht hatte, bot sich an, die Theorien des Kardinals Cervini über eine Kalenderreform ins Deutsche zu übersetzen, denn es dürfte nicht unwichtig sein, wenn die der Kirche verlorengegangenen Gebiete seiner Heimat wiedererobert wären, dort sogleich auch Einzug zu halten mit einem neuen Kalender.

Der Baumeister Nanni versteckte seine geschäftige Freude nicht, als der Kardinal auf den Bauplatz von San Pietro kam.

„Ich gratuliere zu dem Erfolg in Bologna", sagte er mit vertraulicher Unterwürfigkeit.

Der Kardinal antwortete nicht. Er war keineswegs verpflichtet, diesem jungen Mann zu erklären: Wissen Sie auch, wozu Sie mir gratulieren? Ich habe ein Glied vom Leib der Kirche abgeschlagen. Und gleichzeitig sagte er sich, das sind die Worte Carafas. Das Licht ist auf mich gefallen, ich habe ausgeführt, was er, der Anführer der Strengen und Unversöhnlichen, ausgesprochen hat. Der Kardinal blieb bei den vier großen Säulen über dem Grab des Apostelfürsten stehen, und er ließ sich verleiten, doch noch zu antworten. Es mochte sein, daß der Hauch einer feierlichen Traurigkeit an diesem geweihten Platz ihn bewegte, es konnte aber auch lediglich Unüberlegtheit sein, eine Schwäche, die manche Leute Dummheit nannten. Und so redete er vor diesem ehrerbietig lauschenden Mann:

„Ich bin nicht sicher, ob die schwarzen Schafe die ganze Herde angesteckt hätten. Doch jetzt haben wir einen Graben gezogen, breit und tief, und alle Schafe, die jenseits dieses Grabens sind, rechnen wir zu den verlorenen, gleichgültig, ob auch weiße darunter sind. Und es besteht für uns wahrlich kein Grund zur Freude. Aber wir freuen uns. In Bologna haben wir es aufgegeben, die Irrgläubigen für uns zu gewinnen und zu überzeugen, wir haben sie weggeworfen wie morsches Holz. Wir werden ihnen unannehmbare Forderungen stellen: Vertreibung aller Prediger, die den Irrglauben verbreiten, Druck- und Verkaufsverbot aller Bücher von Irrgläubigen. Darüber könnte man sich vielleicht noch einigen, aber wir wissen, was für sie das Unannehmbarste ist, und wir werden es verlangen, weil wir klare Verhältnisse wünschen: Rückgabe der widerrechtlich in Besitz genommenen Kirchengüter. Aber wir werden nur Erfolg haben, wenn wir stark genug sind, auf unseren Forderungen zu beharren." Es war ihm bewußt, daß er wieder ein Wort von Carafa sagte: „Was man nicht durchhalten kann, soll man nicht erst anfangen. Man darf sich kein Hin und Her gestatten."

Es war Nanni völlig gleichgültig, was dort in Bologna geschah; er hatte sofort verstanden, daß der Kardinal ihm nicht ungefährliche Dinge gesagt hatte. Er dachte nur an sich selbst und meinte:

„Sie haben mich in Ihr Vertrauen gezogen, Sie sind zu gütig, und ich danke Ihnen. Aber jetzt werden Sie mir auch ein ganz klein wenig helfen müssen." Und er unterstrich kaum merkbar, doch deutlich genug das Wort müssen. „Ich kenne Ihre Sorgen, und nun sollen Sie meine Sorge kennenlernen. Mein Meister Antonio da Sangallo ist schwerkrank. Und der Posten des obersten Baumeisters von San Pietro wird bald verwaist sein. Wir alle in der Bauhütte wünschen uns einen verständnisvollen Nachfolger."

✳

„Es brennt!"

Einer schrie es durch die Gassen. Die Menschen liefen zusammen.

„Wo brennt es?"

„Im Vatikan!"

„Das ist die Strafe Gottes", riefen fromme Frauen und bekreuzigten sich. „Von wo aus kann man das Feuer am besten sehen?" fragten sie eifrig.

„Es brennt in der Paolinischen Kapelle."

„Gibt es Tote?" fragten die Eifrigen.

„Da wurde doch gerade an neuen großen Bildern gemalt. Und Holzgerüste fangen schnell Feuer. Wenn der

Maler gerade oben stand, muß er tot sein", sagten die Eingeweihten.

„Unsinn", schrien die besser Unterrichteten, „der Buonarroti arbeitet jetzt in San Pietro in Vincoli am Grabmal für Papst Julius. Heute oder morgen soll das nun endlich fertig sein."

„Man riecht den Rauch bis hierher", sagten die Ängstlichen.

„Ja tut man denn gar nichts? Es muß doch gelöscht werden", ereiferten sich die Geschäftigen.

„Vielleicht will man nicht löschen", meinten die Geheimnisvollen.

„Irgend jemand muß das Feuer gewollt haben", erklärte ein Selbstsicherer.

„Es ist gegen die Bilder", sagte ein Wissender.

„Das können nur die Carafa-Leute vom Pincio gewesen sein", behauptete ein Mutiger und sah sich in der Menschenmenge vorsichtig um. „Und wenn sie könnten, würden sie die Sixtinische Kapelle auch noch anzünden."

„Geschwätz", sagte der Eingeweihte, „das weiß ich besser, die Leute vom Pincio arbeiten anders. Dafür lasse ich mich, wenn es sein muß, in Stücke hauen, in ein Gotteshaus tragen die kein Feuer. Die nicht."

„Occhino war es!" rief der besser Unterrichtete. „Die Irrgläubigen jenseits der Berge haben ihm gesagt: Wenn du bei uns angesehen und anerkannt sein willst, mußt du dich erst durch eine Tat ausweisen. Wir haben Leute, die mit leeren Händen zu uns kommen, nicht gern."

„Dann müßte der Occhino sich in zwei Teile zerhackt haben", erklärte der Geheimnisvolle. „Ich habe Nachricht, daß Occhino in England gesehen wurde! Er hat vor dem König gestanden. Aber nicht als Prediger. Auf der Bühne. Er hat ein Stück geschrieben. ‚Der Antichrist.' Damit meint er unseren Heiligen Vater. Und er hat diese Rolle selbst gespielt."

„Die Türken waren es", sagten die Eifrigen.

„Die englischen Seeräuber", flüsterten die frommen Frauen und hofften, wenigstens einmal einen dieser sagenhaften Menschen von der wilden, kalten, barbarischen Insel zu sehen. Und sie seufzten. Nie im Leben würde ihnen das aufregende Glück widerfahren, geraubt zu werden.

★

Früh am Morgen nach dem Feuer lief eine Frau über die Brücke in das Viertel Trastevere. Sie war sorgfältig gekämmt und gekleidet wie immer, trotzdem sagte man von ihr, sie sei eine liederliche Frau. Sie gehörte zu den Bewohnerinnen des bekannten und gern besuchten Hauses am Tiber. Ihr Gewerbe machte ihr nicht immer Freude. Und diese Nacht war ein besonders übler Gast dagewesen; sie hatte noch sein hageres, kinnloses Schurkengesicht in Erinnerung, wie es aufglühte, als er in seiner Trunkenheit anfangen wollte, Geldstücke aus dem Fenster zu werfen. Und dann, als er mit ihr allein war, fing er an zu prahlen, daß er sich vor nichts fürchte.

„Ich bin ein Überteufel", versicherte er wieder und wieder. Beim Sprechen stieß er mit der Zunge an. „Luzifer traut sich nicht in eine Kirche. Sieh mich an, meine Kleine", und er begann mit seinen Fingern ihre Arme abzutasten, „ich kann sogar Feuer in eine Kapelle tragen, ohne mich im geringsten zu fürchten."

„Und wer hat dir das Geld gegeben?" fragte sie und gab seinen Fingern nach.

„Das möchtest du gerne wissen", redete der Betrunkene mit jener gönnerhaften Überlegenheit, die ihm im Hurenhaus den Anschein eines wirklich bedeutenden Herrn verleihen sollte.

Und da sie sich auf Männer verstand, erfuhr sie zu gegebener Zeit auch, wer ihn für das Feuerlegen bezahlt hatte.

Nun lief sie in aller Frühe zum Vater von Trastevere, zum singenden Bettler Mendrini, der durch seine Weisheit und Gerechtigkeit so etwas wie das Gewissen aller Verachteten von Rom geworden war. Und sie erzählte alles von dieser Nacht.

„Es hat keinen Sinn", so sagte der zahnlose alte Mann

langsam, „den Kirchendienern davon Mitteilung zu machen. Jemandem wie dir glauben sie nicht. Und außerdem verbietet es dir deine Ehre." Er strich sich sacht über seinen langen, wirren weißen Bart. „Der alte Mendrini erinnert dich an das ungeschriebene Gesetz: Es wird erwartet, daß du das Bettgeheimnis vor den Wächtern mit derselben Hartnäckigkeit hütest wie ein Geistlicher das Beichtgeheimnis."

„Aber dieser Brand konnte einen Menschen töten."

„Das hätten die Sangallisten mit in Kauf genommen. Ich sehe es so: Sie wollten die Arbeit in der Paolinischen Kapelle ein bißchen verlängern."

„Und warum? Das sind doch Bauleute und keine Maler. Warum sollen die Neid auf Michelangelos Bilder haben? Auch wenn Leute wer weiß woher kommen. Sogar Türken." Und sie lachte ein wenig vor sich hin, weil ein Türke sie einmal von Kopf bis Fuß mit duftendem Öl sanft eingerieben hatte.

„Warum? Weil die Menschen schlecht sind. Und am schlechtesten sind Leute, die nach dem Spruch leben: Die Hand, die den Stein schleudert, soll niemand sehen. Das bedeutet, sie kaufen sich für ihre Umwege Werkzeuge. Wenn der Maler in der Paolinischen Kapelle noch einmal von vorn anfangen muß, dann hat er keine Zeit für andere große Arbeiten. Sie wollen keinen Fremden an den Bau von San Pietro heranlassen."

Sie war unzufrieden.

„Was nützt uns deine Weisheit?" fragte sie.

„Die Weisheit nützt nur dem, der sie hören will", redete Mendrini langsam. „Und wenn ich deine Geschichte weitererzählte, einem ehrlichen Bürger oder einem würdigen Priester, so hätte es keine Bedeutung. Und wenn ich dich herbeiriefe, dem Zeugnis einer Hure würden sie nicht glauben. Sie würden dich und mich auslachen." Er schwieg lange, schloß die Augen, dachte nach. Sie wartete. Nach einer Weile sagte er: „Ich werde ein Lied aus der Geschichte machen. Und ich werde es singen, hier vor der Kirche, und niemand wird lachen. Keiner der Ehrlichen und der Unehrlichen. Keiner von den Geweihten und keiner von den Ungeweihten. Und die Jungen in den Gassen, die werden es weitertragen in alle Winkel der Stadt."

*

Die Angst vor Verfolgung wich in dem Maße, in dem er Klarheit über sich selbst gewann. Er war härter geworden, und er gestattete sich selbst in Gedanken keine Flucht mehr. Weder in ein Landhaus mit einem Fruchtgarten noch in irgendein anderes fremdes Land.

Er begann etwas zu erleben, das ihn sehr nachdenklich werden ließ: Viele junge Leute nahmen sich ihn als Vorbild. Einige kamen zu ihm in sein Haus, Maler, Bildhauer, Baumeister. Sie erwarteten, daß er ihnen von seinem Wissen mitteile.

Manche blieben nicht lange, weil er niemanden besonders einlud, zu bleiben. Er arbeitete weiter in der Paolinischen Kapelle am Bild von der Bekehrung Sauls. Urbino versuchte vom Bild der Kreuzigung Petri die Spuren des Brandes zu wischen, Zimmerleute besserten die zerstörte Decke aus. Zu Hause, in der Werkstatt, lagen auf dem langen Arbeitstisch Zeichnungen für den Ausbau der Marienbrücke und Entwürfe für einen Brunnen im Vatikan.

Es gab Zeiten, da war das Haus erfüllt vom Leben der Gäste. Manchmal aber konnte es zum Verzweifeln einsam sein; tagelang redete Buonarroti kaum ein Wort; er arbeitete hart und zäh bis zu der äußersten Grenze an Hingabe. Dann wartete Urbino auf irgendeinen Boten als Zeichen dafür, daß man noch lebte und beachtet wurde.

Er, der gewissenhafte und vertraute Gehilfe, wußte, warum die beiden Menschen, die bisher regelmäßig geschrieben hatten, schwiegen.

Die Witwe Colonna hatte in einem sehr kurzen Brief aus Viterbo mitgeteilt, es sei für Buonarroti empfehlenswert, zum Ruhme der Kirche zu wirken und nicht die Zeit mit dem Verfassen von Gedichten und Briefen zu vertun. Sie jedenfalls werde sich mit der Antwort, sollte er etwa doch schreiben, keineswegs beeilen.

Das waren Dinge, die Urbino nicht ändern konnte, auch wenn er mit aller Kraft wünschte, ein Bote möge mit einem Brief von Vittoria kommen, damit die Augen des so hart und schwer Arbeitenden wenigstens einmal wieder freudig aufleuchteten.

Auch Urbino fühlte sich tief gekränkt; alles, was Michelangelo widerfuhr, traf ihn selber: Die Frau legt das kostbare Geschenk, das gegenseitige Verstehen, aus der Hand wie einen Zierat, der ihr lästig geworden ist. Sicher, das Beiseitelegen geschieht zögernd, aber mit der Deutlichkeit des Endgültigen.

Es tat Urbino weh, wie vor seinen Augen die Frau sich wandelte. Von der Teilnehmenden führte der Weg zur gleichgültig Freundlichen und weiter zur weltabgewandten Eifernden. Und sie begann alles, was ihr im Leben begegnet war, zu belächeln. Sie gewann schließlich, sicher geleitet von den Vätern aus der Gesellschaft Jesu, die Überzeugung: Der höchste Ruhm des Lebens ist das Hingehen zum Jenseits.

Auch das erwartungsvolle Ausschauhalten nach Briefen von Neffen Lionardo aus Florenz war im Augenblick für Urbino wenig sinnvoll.

Wenige Tage nach dem Brand in der Paolinischen Kapelle war der junge Mann auf seinem Pferd nach Rom gejagt. Hingelegt hatte er seine Arbeit bei der Familie Strozzi, die aus ihm einen Kaufmann machen sollte.

Es war für Urbino wieder einmal unangenehm gewesen, doch auch hier vermochte er nicht, einzugreifen. Aller Zorn Michelangelos über den Neffen fiel auf ihn, Urbino; aber er ertrug den Ausbruch mit Geduld. Es war wirklich ein Unglück mit diesem Lionardo, und er, der gewissenhafte Helfer, mußte zugeben: Dieser junge Mann sitzt in Florenz keineswegs ernsthaft an seiner Arbeit. Ständig steht in seinem Stall ein gesatteltes Pferd. Er wartet nur auf den Tod des Onkels in Rom. Und jedesmal, wenn er ein ihm günstig erscheinendes Gerücht hört, reitet er los, damit ihm vom Erbe ja nichts entgehe.

Buonarroti weigerte sich, Lionardo zu empfangen. So

mußte wieder einmal er, Urbino, dem jungen Mann erklären, er sei nicht eingeladen, er möge nach Hause reiten.

Endlich kam ein Brief. Aus Venedig von Aretino. Und Urbino hoffte, vielleicht kann der Dichter mit seinen Worten das schmale Lächeln in Buonarrotis Gesicht zaubern. Und er las vor. Aretino schrieb, er habe eine Kopie des Jüngsten Gerichts zu sehen bekommen, und er sei erschüttert und begeistert gleichermaßen. Was auch immer sogenannte Kunstverständige darüber befinden mögen, er, Aretino, halte dieses Bild für den Gipfel italienischer Malkunst, und er werde nicht versäumen, es vor aller Welt zu preisen und zu loben.

Buonarroti lächelte nicht. Er sagte nur:

„Leg den Brief in die Truhe." Und er arbeitete weiter.

Ein Brunnen sollte im Vatikan errichtet werden. Papst Paul III. hatte Buonarroti gebeten, den Entwurf dafür zu liefern.

Der besorgte Urbino fragte:

„Aretino erwartet sicher eine Antwort. Wir sollten ihm wenigstens eine Zeichnung oder ein kleines Tonmodell für seine Sammlung schicken."

„Mach, was du willst", sagte Buonarroti und dachte über seinen Brunnen nach. Es gibt heute für mich nur eine einzige Lösung. Die Figur für den Brunnen soll Moses sein, wie er aus dem Felsen Wasser zwingt.

Sicher werden die Leute aus der Kommission kommen und fragen: Warum ausgerechnet Moses?

Und er wird ihnen die Antwort nicht verweigern.

✱

Es kam einer von den jungen Leuten. Er nannte sich Cesare, und er fragte:

„Muß denn Kunst immer etwas mehr sein als nur eine Zierde?"

Mit Zurückhaltung betrachtete Buonarroti den jungen, nicht sehr groß gewachsenen Baumeister. Er antwortete nicht immer und nicht jedem. Lange schaute er auf das linke Handgelenk des Besuchers, der dort ein grünes Seidentuch mit goldenen Streifen trug. Er will etwas Besonderes aus sich machen, dachte der alte Mann ein wenig belustigt.

Und Cesare, keineswegs gehemmt durch das Lächeln des anderen, fragte weiter:

„Ich bin all Ihren Arbeiten nachgegangen. Viele Monate. Ich habe zum Beispiel Ihren Moses genau ausgemessen, um zu ergründen, worin seine Wirkung liegt. Ich bin nicht weitergekommen. Aber nun habe ich gehört, Sie schaffen jetzt einen Brunnen für den Vatikan. Und wieder wollen Sie Moses gestalten. Ich kann das nicht für einen Zufall halten."

„Und nun wollen Sie wieder die Maße wissen?" sagte Buonarroti.

„Nein", entgegnete Cesare mit der Hartnäckigkeit eines Menschen, der seiner selbst sehr sicher ist und darum auch Spott vertragen kann. „Ich glaube, ich habe Ihr Geheimnis herausgefunden."

Buonarroti sah weg von dem Handgelenk mit dem grünen Seidentuch; er blickte in das Gesicht des anderen und fand heraus, daß die Verspieltheit des Besuchers ein Bestandteil seiner Ernsthaftigkeit war.

Der kleine Cesare merkte, daß Buonarroti ihm sehr genau zuhörte, und er wünschte zum erstenmal, daß er doch dieses Tuch nicht angelegt hätte. Es war zwar das Geschenk seiner geliebten Maria, aber es hatte Michelangelo Buonarroti offensichtlich nicht gefallen. Und vielleicht hielt der alte Mann ihn nur für einen eitlen, albernen Schwätzer. Schade. Doch jetzt mußte er reden. Und so sagte er, während er schon zur Tür ging, gleichsam als sein Wort zum Abschied:

„Ich glaube, Ihr Geheimnis ist, sogar wenn Sie nur an einem Brunnen arbeiten, zeigen Sie, daß Sie wissen, was vor Ihrer Tür geschieht."

★

Seit etwas mehr als vier Jahrzehnten bestand die Baukommission beim Vatikan. Es hatte sich im Laufe der

Jahre gezeigt, daß dieses Unternehmen, die Erweiterung der alten Basilika, für viele Menschen einer lieben Kuh gleichkam. Diese Kuh gab Milch für viele, sie brauchte sich nicht einmal mit dem Melken anzustrengen, es genügte schon, wenn sie das Maul weit genug aufrissen. Mitglied der Baukommission zu sein war eine sichere, lebenslange Pfründe. Die geistlichen Herren, die sich in dieses Amt gesetzt hatten, wurden im Grunde nur von einer Sorge bewegt: Was soll aus uns werden, wenn, das wolle Gott verhüten, der Dom wirklich fertig werden sollte? Die Mitglieder der Baukommission waren keine Narren, man konnte ihnen vieles nachsagen, das eine aber gewiß nicht: Sie gehörten nicht zu den Menschen, die sich den Ast absägten, auf dem sie Platz genommen hatten.

Wäre dieses Unternehmen des Neubaus allein eine Angelegenheit der Baumeister gewesen, hätte der Arbeitsablauf, vorausgesetzt, daß genügend Geld da war, gewiß gleichmäßiger und schneller vonstatten gehen können.

Von Anfang an war jedoch der Umbau der Basilika mit dem Grab des Apostelfürsten und ersten Bischofs von Rom aus dem Bereich des Nur-Handwerklichen gerückt. Es war eine Glaubensfrage geworden. Unter Papst Julius II. hatte der Streit um den Grundriß begonnen. Die einen sagten, höchste Würde und höchste Schönheit seien nur zu erreichen durch die Form des griechischen Kreuzes mit seinen vier gleich langen Balken, nur dann sei die geplante Kuppel sinnvoll als Krone und Mittelpunkt des Baus. Die anderen jedoch verwahrten sich gegen die griechische Form des Kreuzes, sie erklärten, gerade hier bei der Grabkirche des ersten Papstes dürfe man keine Zugeständnisse machen. Einzig und allein die Form des lateinischen Kreuzes mit dem einen langen Balken und den drei anderen gleichmäßig kürzeren sei für den heiligsten Bau der Christenheit angemessen.

Der Streit war keineswegs damit entschieden, daß Bramante den Auftrag bekam, als Grundriß das griechische Kreuz zu nehmen.

Raffael, Nachfolger Bramantes, beeilte sich, umzuschwenken auf die andere Form, auf das lateinische Kreuz. Inzwischen hatten nämlich die Geistlichen in der Baukommission überhandgenommen, die das griechische Kreuz als ein bedenkliches Hinneigen zu den Schismatikern geißelten. Das war zu der Zeit, als durch einen ungeschickten Augustinermönch in Wittenberg öffentlich gefragt wurde, ob die für San Pietro eingesammelten Gelder auch für den Bau von San Pietro benutzt würden. Das war ein empfindlicher Schlag gegen die Wurzeln des Baumes gewesen, auf dem sich alle Mitglieder der Kommission so schön eingenistet hatten. Man mußte sich wehren, man mußte antworten, man sprach nicht vom Geld, man änderte die Form des Grundrisses.

Von nun an geriet jeder, der sich lobend über den würdigen und kunstvollen und schönen Plan des Bramante äußerte, in den Verdacht, den Kirchenspaltern das Wort zu reden.

Die Nachfolger Raffaels hüteten sich, von dem lateinischen Kreuz abzuweichen, obwohl sie wußten, daß Schönheit und Klarheit des Baus dadurch beeinträchtigt wurden.

Der Baumeister Peruzzi wurde abgelöst vom Baumeister Antonio da Sangallo, genannt der Jüngere, Neffe des berühmten Baumeisters Giuliano da Sangallo, der mit Papst Julius das Brot in der Verbannung geteilt hatte. Der Name dieses strebsamen Mannes hatte einen besonderen Geschmack bekommen. Wo immer eine Zwingburg zu bauen war, hatte Antonio da Sangallo sich schnell und eifrig eingefunden. Schwerlastende Steine an diesem seinem Wege waren Häuser und Hütten, zu Hunderten niedergerissen auf seinen Befehl; weil er Platz brauchte für seine Zwingburgen in Perugia, in Florenz.

Antonio da Sangallo war nun tot, doch er hinterließ außer diesen Denkmälern seiner Festungsbaukunst auch eine Schar eifriger Jünger.

Der Wortführer, der Nachtreter des dahingegangenen Festungsbaumeisters, der schöne Nanni di Baccio Bigio, erwartete, daß nun endlich er eingesetzt werde als oberster Baumeister von San Pietro. Wenn einer das Vermächtnis des Meisters Antonio getreu erfüllen könnte, dann nur er. Jetzt endlich war die Zeit für ihn gekommen, aus dem Schatten des Meisters Antonio herauszutreten und die Leuchtkraft des eigenen Namens zu beweisen. Von Stunde zu Stunde wartete er darauf, daß der Heilige Vater ihn zum obersten Baumeister von San Pietro berufe.

Der Heilige Vater bestimmte Michelangelo Buonarroti zum obersten Baumeister von San Pietro. Und es gab viele Leute in Rom, die laut und mit Genugtuung sagten: Das Lied von den Sangallisten scheinen sie bis in den Vatikan gehört zu haben. Seit dem Feuer in der Paolinischen Kapelle ist Nanni unmöglich geworden als oberster Baumeister für den Petersdom.

Es wird eine Formsache sein, überlegte Nanni. Der Buonarroti ist ein alter Mann, über siebzig Jahre. Und der Enttäuschte verdrängte die Erinnerung an die Sitzung der Sachverständigen für die Befestigung Roms, er wollte vergessen, wie selbst er, Nanni, die Härte, die Kraft und die Klugheit des anderen bewundert hatte. Alles wird bleiben wie bisher, überlegte er. Ich will mich nicht ärgern, gut, ich nehme zur Kenntnis; es ist mein Los, immer nur der Zweite zu sein. Aber die Eingeweihten wissen, daß im Grunde ich der Ausführende bin. Und es beruhigte ihn auch die Erzählung seiner Leute, Michelangelo Buonarroti habe den Auftrag sehr widerwillig übernommen. Der wird den Bauplatz nur betreten, um zu zeigen, daß er noch lebt und berechtigt ist, die Vergütung für das übernommene Amt einzustreichen. Wenn er keine Lust hatte, den Auftrag zu übernehmen, wird er auch keine Lust haben, die Arbeit auszuführen.

Nicht eher und nicht später als sonst jeden Tag ritt Nanni zum Bauplatz.

Der hagere, nicht sehr groß gewachsene alte Mann war schon seit dem Morgengrauen auf dem Bauplatz. Schweigend sah er sich an, was vierzig Jahre lang bis auf den heutigen Tag geleistet worden war, und er fand es erbärmlich. Es überraschte ihn nicht, er hatte gewußt, daß mit schlechtem Material nach einem schlechten Plan gebaut wurde. Er hatte aber gleichzeitig gewußt, an dem Tage, da ihm die Verantwortung übertragen wird, muß er die vertanen vierzig Jahre der anderen auf sich nehmen. Das allein wäre zu ertragen gewesen, jedoch galten diese vierzig Jahre für andere als eine gute und lobenswerte Arbeitszeit. Er wußte, es wird bei den Leuten von der Baukommission, die sich an den gefügigen Meister Antonio gewöhnt hatten, ein maßloses Geschrei anheben, denn er muß, will er nicht alle Selbstachtung verlieren, hart zugreifen. Ich fürchte mich nicht vor dem Geschrei, überlegte er, und ich kann noch kämpfen. Aber meine Bedingungen für diesen Kampf sind nicht sehr glücklich. Gestern, in der entscheidenden Aussprache mit dem Heiligen Vater, hatte er darüber gesprochen.

„Ich bin alt. Schon zweimal hat der Tod an meinem Käppchen gezupft. Kommt er noch ein drittes Mal, werde ich das nicht wieder aushalten. Aber wer weiß, wann dieses dritte Mal sein wird. Vielleicht noch heute. Oder morgen. Halten Sie es für sinnvoll, einem, der schon so gezeichnet ist und der kaum noch zu den Lebenden gehört, eine Arbeit zu übertragen, für die er mindestens zehn Jahre braucht, wenn sie überhaupt je gelingt?"

Und der Heilige Vater entgegnete:

„Ich weigere mich, die Dinge so weit zu bedenken wie Sie. Nehmen wir an, Sie haben die zehn Jahre. Fühlen Sie sich stark genug?"

„Aber ich stelle Bedingungen", sagte Buonarroti langsam.

„Bitte", sagte der Heilige Vater.

„Ich verlange uneingeschränkte Vollmacht."

„Einverstanden", sagte der Papst.

„Ich werde den Grundriß ändern müssen, und ich werde andere Mitarbeiter brauchen."

„Ich sehe keine Bedenken", meinte Paul III. aus dem Haus Farnese. Und er dachte an die Männer vom Pincio. Hoffentlich schaffe ich mir nicht neue Unannehmlichkeiten. Ich habe mein Leben lang versucht, es allen Leuten recht zu machen, aber am Ende nehmen einem gerade das alle Leute übel. Und er fragte seinen Baumeister: „Wie hoch schätzen Sie Ihre Forderungen an die päpstliche Kasse? Ich meine nicht die Ausgaben für den Bau, sondern für Ihre Mühe."

Buonarroti sah die Unsicherheit in den Augen des anderen, und er war nicht sicher, ob er sich auf das Wort des Papstes verlassen könnte: Du hast uneingeschränkte Vollmacht. Und mit einem schmalen Lächeln sagte er:

„Ich habe als Maler und Bildhauer des Vatikans meine Einnahme von der Fähre bei Piacenza, mehr brauche ich nicht zum Leben. Aus meiner Arbeit an der Grabkirche des ersten Apostels von Rom will ich kein Geschäft machen. Ich betrachte diese Aufgabe als meine Pflicht."

★

Auf dem Bauplatz ging Nanni mit seinen weit ausgreifenden Schritten auf Buonarroti zu, drückte, wie es seine Gewohnheit war, mit beiden Händen Hand und Ellbogen des anderen und sagte dabei dreimal hintereinander:

„Ich freue mich."

Er freute sich nicht.

Cesare, den Begleiter, begrüßte er nicht. Als es sich entschieden hatte, daß Michelangelo den Bau von San Pietro übernahm, erinnerte er sich an den jungen Baumeister mit dem grünen Seidentuch am Handgelenk. Er wußte, einen besseren Helfer als den kleinen Cesare, der verspielt und ernsthaft zugleich war, würde er nicht finden. Einen, der dem Geheimnis in der Kunst auf den Grund kommen wollte, gab es nicht alle Tage.

Während Buonarroti weiterging, blieb Nanni neben ihm und wartete auf ein Wort. Aber der alte Mann sagte nichts.

„Wir waren es gewohnt, jede Woche mit den Herren der Baukommission zusammenzukommen und zu beraten", erklärte Nanni und unterstrich seine Worte mit weit ausgreifenden Handbewegungen.

Buonarroti prüfte die vier Hauptpfeiler, sie waren die

entscheidenden Stützen für die Kuppel. Er hatte den Verdacht, daß sie nicht stark genug für die Last waren; er ließ sich von Cesare einen Hammer geben, schlug sacht dagegen und lauschte auf den Klang. Niemand konnte aus seinem Gesicht herauslesen, was er dachte.

Nanni, ein wenig verwirrt durch das Schweigen, redete weiter:

„Ich helfe Ihnen gern, daß Sie sich in unser schwieriges Unternehmen hineinfinden. Ich mache Sie, wenn Sie wünschen, mit den wichtigsten Leuten bekannt. Wenn Sie im Namen des Papstes die Verträge abschließen, müssen Sie auch wissen, mit wem Sie es zu tun haben. Sie müssen wissen, von wem alle Lieferungen kommen, Holz und Travertin und Kies, wer die billigsten Zimmerleute und Steinmetzen und Lastträger vermittelt. Auch ist es dringend nötig, geeignete Aufsichtspersonen einzusetzen, die genau überwachen, daß die Arbeiter nicht faulenzen."

„Und Aufpasser für die Aufpasser", sagte Buonarroti.

Und Nanni konnte sein schmales Lächeln nicht sehen, da der alte Mann sich von ihm abwendete und langsam um den Pfeiler herumging. Nanni beeilte sich, an seine Seite zu kommen, sagte:

„Sie brauchen zum Umwandern hundert Schritte."

„Es sind mehr als hundert Schritte", entgegnete Buonarroti.

„Ich meinte es so allgemein abgerundet. Die Zahl hundert hört sich griffiger an."

„Ich weiß", sagte Michelangelo und nichts weiter, blickte zu Cesare. Und sie verstanden sich ohne Worte.

Nanni nahm sich zusammen, und er schüttelte nicht seinen Kopf. Warum sagte der Alte nicht, was er vorhatte? Er war eifersüchtig auf Cesare. So war es mit mir und dem Meister Antonio. Dieses stumme Herumwandern und prüfende Abtasten und Betrachten war so beunruhigend, daß er es nicht lächerlich finden konnte. Das Besichtigen ging zermürbend gründlich vor sich. Und schließlich wartete Nanni auf einen befreienden Ausbruch lauten Tadels. Dann hätte er sich ebenso laut rechtfertigen können.

Der alte Mann wollte die Verbindungsbögen über den vier Hauptpfeilern sehen, und so stiegen sie die schmale Seitentreppe bis hoch hinauf. Über diesen Bögen sollte das Gesims ausgeführt werden. Dies alles, die vier Säulen, die Bögen und das Gesims, war das Herzstück. Nur wenn das Herz sich als zuverlässig und kräftig genug erwies, konnte das Wagnis begonnen werden: die Kuppel.

Buonarroti schaute nicht in den weit ausgespannten blauen Himmel über der Ewigen Stadt, er sah nichts Erhabenes und nichts Erhebendes. Von hier oben konnte er sehr deutlich feststellen: Diese vier Säulen waren viel zu schwach. Das Herz war schlecht.

Die Säulen müßten von innen her aufgefüllt werden. Und während sie die Stufen wieder hinunterstiegen, Nanni wunderte sich über die Behendigkeit des Alten, drehte sich Buonarroti auf halber Höhe um, fragte:

„Wie wurden die Steine bisher hinaufgeschafft?"

Ein wenig hochmütig antwortete Nanni:

„Unsere Arbeiter benutzen diese Treppe."

Sie gingen weiter. Unten fragte Buonarroti den gutgewachsenen Mann mit den breiten Schultern:

„Könnten Sie auf dieser Treppe Lasten hinauftragen?"

Mit einer weit ausgreifenden Handbewegung wehrte der junge Mann ab.

„Ich bin Baumeister."

„Ich weiß", sagte Michelangelo. Und seinem Begleiter Cesare gab er die Anweisung: „Als erstes werden zwei schneckenförmige, eben ansteigende Treppen angelegt ..."

„Das kostet unnötiges Geld", unterbrach Nanni.

Buonarroti beachtete ihn nicht, redete weiter zu seinem Begleiter:

„Die Treppen sollen fest genug sein, daß wir Maulesel für das Schleppen der Lasten bis oben hinauf zu den Bogenansätzen führen können. So ist die Gefahr, daß ein übermäßig belasteter Mensch auf schmaler Treppe zu Boden stürzt, beseitigt. Sagten Sie etwas von überflüssigen Kosten, Herr Nanni? Haben Sie keine Angst, ich werde mir zu helfen wissen. Es wird nicht nötig sein, daß Sie mir die Aufpasser vorstellen. Ich habe heute, schon am ersten Tage, gesehen, daß die Steinmetzen und Zimmerleute Überwacher ihrer Arbeit gar nicht so sehr nötig haben."

Noch immer hielt sich Nanni dicht an seiner Seite, während sie aus dem Dom hinausgingen. Mit seinem schmalen Lächeln sagte Buonarroti zu dem aufmerksamen Nanni:

„Und nun wollen wir einmal das schöne Modell des Herrn Antonio da Sangallo betrachten. Wie ich höre, hat er länger als zehn Jahre daran gearbeitet, mit Ihrer Hilfe, wenn ich mich nicht irre, und dieses Modell hat seinen Erfindern tausend Scudi eingebracht."

Nanni wußte nicht, was er entgegnen sollte.

„Ich glaube", sagte er, nachdem er sich gefangen hatte, „auch für Sie ist dieses Modell eine schöne Weide."

„Sie haben recht", entgegnete Buonarroti.

Nanni lachte ein wenig verlegen, er hatte nichts verstanden.

Da erklärte ihm Cesare, was gemeint war:

„Sie nennen dieses Modell eine Weide, also gehören Sie zu den Ochsen, die sich dort den Bauch vollgeschlagen haben. Vielleicht haben Sie noch nicht erfahren, daß Michelangelo Buonarroti ein neues Modell in vierzehn Tagen angefertigt hat, und es hat fünfundzwanzig Scudi gekostet."

*

Wer sich zum Werkzeug macht, muß seinen Auftraggebern folgen. Und eines ihrer Gesetze heißt: Man darf die Hand, die den Stein warf, nicht sehen.

Es ist wenig sinnvoll, den Stein, der etwas zerbrach, zu schlagen. Und nicht Ausschau zu halten nach der Hand, die ihn schleuderte.

Wer sich einen weiträumigen Palast am Canale Grande erhalten will mit kostbaren Teppichen, goldenen Vasen und bunten Bildern alter Meister, muß den Preis dafür zahlen.

Pietro Aretino, der Dichter, die Zierde Italiens, das Wunder der Menschheit, schrieb an Michelangelo Buonarroti:

Mein Herr!
Erst beim Anblick der Gesamtskizze Ihres Jüngsten Gerichts sind mir die Augen aufgegangen für die erlauchte Anmut, die Raffael zu eigen ist. Als ein christlich Getaufter schäme ich mich über die unerlaubte Freiheit, mit der Sie jene letzte entscheidende Stunde der Menschheit ausdeuten. Und ich frage, wie konnte das geschehen: Michelangelo, bewundernswert durch seinen Ruhm, ausgezeichnet durch seine Besonnenheit, Michelangelo, der Verehrungswürdige, hat der Welt gleichzeitig Irrglauben und Vollkommenheit in seiner Malerei zeigen wollen? Ist es möglich, daß Sie dafür die größte Kapelle der Welt, den ersten Altar Jesu mißbraucht haben? Sie zeigen Engel ohne jeden himmlischen Schmuck und Heilige ohne jeden irdischen Anstand. Selbst die Heiden stellen ihre Göttin der Liebe schamhaft dar. Die nackte Venus bedeckt mit den Händen jene Körperteile, die man nicht enthüllt. Und Sie, ein Christ, machen es zu einem öffentlichen Schauspiel, daß einer an dem, was nicht auszusprechen, geschweige denn zu malen ist, hinabgezogen wird. Und wäre man im Bordell, so würde man davor die Augen verschließen.

Für einen wollüstigen Baderaum, aber nicht für eine geweihte Kapelle ist Ihr Bild angemessen. Dieses Jüngste Gericht ist der Tod Ihres Ruhmes. Es gibt nur eine Möglichkeit, Ihren Ruhm wiederzuerwecken: Verdecken Sie die unaussprechlichen Stellen der Verdammten mit höllischen Flammen, und nehmen Sie Sonnenstrahlen für die Seligen.

Und noch eines, glauben Sie bitte nicht, daß ich all das geschrieben habe aus Enttäuschung darüber, daß Sie mir nur eine Zeichnung zukommen ließen. Sicher wäre es für Sie nützlich gewesen, Sie hätten Ihre Sendung für mich mit mehr Sorgfalt zusammengestellt. So wird es schwer sein, die neidischen Zungen zum Schweigen zu bringen, die behaupten, bei Ihnen bekommen nur junge, hübsche Männer wie die Febos und die Tomasos reiche Geschenke.

Aber wen wundert das noch, wenn man sich erinnert: Ihr Versprechen, ein Grabmal mit vierzig Figuren für Papst Julius zu schaffen, haben Sie auch nicht eingehalten. Es waren große Summen, die dieser höchste Hirte Ihnen hinterließ. Man muß es Ihnen als Diebstahl anrechnen, daß Sie diese Verpflichtung nicht erfüllten.

Zum Schluß sage ich: Hätten Sie sich bei der Komposition Ihres Bildes an meinen Brief gehalten, einen Brief, der von Königen und vom Kaiser gelesen wurde, wären Sie bei der Darstellung des Weltalls, der Hölle und des Paradieses meinen Darlegungen gefolgt, so könnte ich heute von Ihrem Werk sagen: Es ist ein Wunderbild der göttlichen Ordnung. So aber finden wir die höchste Offenbarung der Kunst und des Glaubens nur in der wohlgefälligen Schönheit der Bilder Raffaels.

Jetzt endlich war in aller Öffentlichkeit das ausgesprochen, was die Strengen schon immer verlangt hatten: Gewisse Stellen im Jüngsten Gericht müssen übermalt werden. Einen Mann nur gab es, der mit seinen Schreiben Könige und Kaiser in Atem hielt. Tausendmal schon hatte er bewiesen, daß eine bewegende Kraft im veröffentlichten Wort lag. Und eine aufmerksame Gesellschaft, die den Namen Jesu trug, hatte nicht einen Augenblick gezögert, sich auch diese Kraft nutzbar zu machen. Sie nahm es sogar in Kauf, daß es seltsam erscheinen mußte, wenn so strenge Worte, wie man sie bisher nur von Carafa und seinen Leuten gehört hatte, nun aus dem Mund des Mannes kamen, der als geübter Darsteller jeder Ausschweifung bekannt war.

Nun, da der Stein geschleudert war vor den Augen der ganzen Welt, mußte der Heilige Vater endlich aus seiner Duldsamkeit aufgestört sein.

*

Die Mittelmänner trafen nicht mehr zusammen, jeder begann für sich allein zu arbeiten. Die Römer sagten: Sie sind aus der Übung geraten, weil Papst Paul III. fünfzehn Jahre lang regiert hat. Viele neue Mittelmänner traten auf, junge Leute. Wer wollte sich schon ihre Namen merken? Nur Matthias Schwarz, Hauptbuchhalter der Firma Fugger und Brudersöhne aus Augsburg, war noch ein Begriff aus alten Zeiten. Er hatte das Bankhaus an der Tiberbrücke zu einem Palast erweitern lassen, aber die Verhandlungen über die Papstnachfolge fanden nicht mehr im großen Saal statt. Abgesagt hatten alle Vertreter, Sonderbeobachter und Residenten, die zur franzosenfreundlichen Gruppe gehörten. Auch die Agenten und Makler italienischer Städte und die Vertreter der reichen Familien Colonna oder Medici oder Farnese oder Strozzi weigerten sich, zu dem Beauftragten der Firma Fugger und Brudersöhne zu kommen.

Das letzte Treffen hatte mit einem großen Mißklang geendet. Matthias Schwarz gab die Wünsche bekannt, die Kaiser Karl V. an den künftigen Papst hatte: Das Konzil soll wieder nach Trient verlegt werden, es kann nur würdig geführt werden auf dem Territorium des Heiligen Römischen Reiches Deutscher Nation, nicht aber im Gebiet des Kirchenstaates. Und zweitens: Parma und Piacenza sollen als unstreitig deutsche Reichslehen erkannt werden, der Anspruch geht zurück bis auf die Zeit der alten langobardischen Könige. Auch soll der künftige Papst nichts unternehmen, die Besitzungen des Heiligen Römischen Reiches Deutscher Nation in Neapel, Genua und Mailand anzugreifen.

„Ich habe hier eine Liste mit Namen von Kardinälen, die meinem Kaiser nicht angenehm sind. Das ist vor allem Cervini, der in unrechtmäßiger Weise das Konzil nach Bologna verlegt hat. Sie werden begreifen, meine Herren, daß sich dieser Mann unmöglich gemacht hat. Weiter lese ich vor: Carafa. Wir halten ihn für unfähig, die Wünsche des Hauses Habsburg überhaupt zu verstehen. Er hat sich immer gegen die spanische Besetzung von Mailand und Neapel und Genua geäußert und dergleichen mehr."

Matthias Schwarz, gestärkt durch die Nachrichten aus Augsburg, daß der Kaiser seinen Krieg gegen die protestantischen Fürsten siegreich beendet habe, ließ sich zu einer Unvorsichtigkeit hinreißen, die nur aus seiner augsburgischen Überheblichkeit zu erklären war. Er sprach offen davon, wie viele Gulden die Firma Fugger und Brudersöhne schon ausgeworfen habe für diese Papstwahl. Und er beendete seine Ausführungen:

„Ich spreche zu Ihnen, meine Herren, nicht nur als Vertreter unseres Hauses Fugger, ich stehe hier vor Ihnen gleichzeitig auch als Diener des allerdurchlauchtigsten, großmächtigsten, unüberwindlichsten Kaisers, Königs und Herrn, meines Herrn Karls V., von Gottes Gnaden erwählter römischer Kaiser, zu allen Zeiten Mehrer des Reiches, König in Germanien, Kastilien, Aragon, beider Sizilien, zu Jerusalem …"

Der Sonderbeauftragte des französischen Königs begann laut zu lachen. Einige Agenten und Residenten stimmten ein.

Mit scharfer, schneidender Stimme hackte der grau gewordene Matthias Schwarz auf sie ein:

„Ja, lachen Sie nur, meine Herren, ich weiß wohl, daß der Großtürke heute in Jerusalem sitzt, aber das Lachen wird Ihnen im Halse steckenbleiben, wenn Sie erleben werden, wie wir in Jerusalem einziehen. Wir haben Rom erobert, und so werden wir dieselbe Fahne, die über der Engelsburg geweht hat, das Zeichen des Heiligen Römischen Reiches Deutscher Nation, auch aufpflanzen auf den Zinnen zu Jerusalem. Und wenn Sie noch weiter schreien, dann werden Sie von mir ganz andere Dinge zu hören bekommen, dann werde ich Ihnen alle Ansprüche des Reichs und des Hauses Habsburg auf die Städte und Fürstentümer in allen Kontinenten aufzählen."

„Nein!" wehrte sich der Sonderbeauftragte des französischen Königs. „Das brauchen Sie nicht. Wir kennen das rauf wie runter, es beginnt bei Jerusalem und endet damit, daß Ihr Herr König ist von den Kanarischen und Indianischen Inseln, vom ganzen Festland und vom Ozeanischen Meer."

Die Römer rechneten aus, dieses war das längste Konklave seit Menschengedenken. Unversöhnlich standen sich alle Gruppen gegenüber, es gab keine Vermittlung, es ging nicht um Glaubensdinge, es ging um Güter, und die Mittelmänner trugen ihren Kampf gnadenlos aus. Die Summe für die Stimme eines Kardinals stieg von Tag zu Tag. In einer Nacht fehlte dem Kardinal Cervini nur noch eine Stimme, doch der Hauptbuchhalter der Firma Fugger und Brudersöhne zögerte nicht, seine eigenen Reserven anzugreifen. Kardinal Cervini bekam die letzte, entscheidende Stimme nicht. Einer aus der kaum bekannten Familie del Monte wurde Papst und nannte sich Julius III.

Es war ein schwacher Trost für Cervini, daß er sogleich nach dem Amtsantritt des Papstes die ehrenvolle Einladung erhielt, in der Kommission für die Bauangelegenheiten Roms den Vorsitz zu übernehmen. Jetzt, am hellen Tage, kam er sich vor wie in jener Nacht, da ihm nur eine Stimme gefehlt hatte.

Er sitzt bei einer Kerze und schreibt seine Rede, die er in wenigen Augenblicken halten wird, wenn die Kardinäle kommen, ihm zu gratulieren. Aber die Kardinäle kommen nicht, und die Rede wird nicht gehalten. Ach, hätte er doch die Rede nicht auch noch herumgezeigt. Es ist ekelhaft, gekränkt zu sein und erklären zu müssen: keineswegs fühle ich mich beleidigt. Als Diener Gottes bin ich über derart kleinliche menschliche Regungen erhaben. Es ist schwer, das beifällige Lächeln des anderen zu ertragen, der eben noch gleichrangig gewesen ist, nun aber den Fuß hinstreckt zum Kuß.

Er mußte sich abgewöhnen, nachzudenken über das Konzil. Das Licht ging langsam weg von ihm, sein Name war mit dem Makel behaftet: Der hat in Bologna das Konzil eröffnet.

In der Sitzung der Kommission für die Bauangelegenheiten Roms wurde über eine Brücke verhandelt, die Brücke von Trastevere nach dem Ufer vor dem Monte Aventino, die Marienbrücke.

Es war wenig sinnvoll, in dieser Verhandlung, in der es um die Festigkeit der Marienbrücke bei Hochwasser ging, nachzudenken über die mangelnde Festigkeit des soeben gewählten Heiligen Vaters, der sich beeilt hatte, dem Kaiser das Zugeständnis zu machen: Das Konzil wird wieder nach Trient verlegt.

Ein junger, gutgewachsener, kräftiger Mann führte heftig Klage über den langsamen Fortgang der Ausbesserungsarbeiten an dieser wichtigen Brücke. Carafa sagt, so überlegte Cervini, der Heilige Vater sei von der Sekunde an, da er Platz genommen habe auf dem Papststuhl, eine Kreatur des Kaisers. Er ist immer etwas hart, unser Carafa, aber er hat zu oft recht, leider. Und was ergibt sich, wenn das Konzil zu einem versöhnlichen Ende geführt wird? Ein wieder einheiliger Glaube in Deutschland würde lediglich dazu führen, das Haus Habsburg nur noch weiter zu stärken. Also werden wir unsere Hoffnung darauf gründen müssen, daß der König von Frankreich das Konzil verhindert. Wir werden dafür beten müssen, daß er sich mit den Irrgläubigen verbündet und, wenn es nicht anders geht, mit den Türken, um die Verständigung zwischen den Irrgläubigen und den Rechtgläubigen jenseits der Berge endgültig und für alle Zeiten zu verhindern. Gut, man hat mir den Einfluß auf das Konzil weggezogen. Und wieder klammerte er sich an ein Wort des Carafa: Wer das Gericht in den Sachen des Glaubens beherrscht, der besitzt die stärkste Waffe. Und ist mehr als der Papst, wenn er es auch nie aussprechen darf. Nach all diesen Rückschlägen war es eine Genugtuung für Kardinal Cervini, daß er sich selbst bestätigen konnte: Und ich bin einer der vier Inquisitoren Roms.

Jetzt, befreit von belastenden Erinnerungen, griff er in die Beratung ein.

„Worum geht es genau, bitte?"

Und nun fiel ihm auch ein, wer dieser junge Mann war;

Nanni di Baccio, das Haupt der Sangallisten, vor dem er einmal in der Peterskirche unbedacht vertraulich geredet hatte.

„Es geht um die Fundamente der Marienbrücke; sie sind zu schwach."

„Wer ist der verantwortliche Baumeister?" fragte Cervini.

Ein Geistlicher der Kommission gab Auskunft:

„Michelangelo Buonarroti. Er ist der Aufgabe nicht mehr gewachsen, er hat zuviel am Halse. Der Petersdom. Und der neue Brunnen für das Belvedere. Der Entwurf liegt schon vor ..."

Kardinal Cervini unterbrach:

„Gibt es über diesen Brückenbau einen Vertrag mit Buonarroti?"

„Ja, wir haben mit ihm einen Vertrag gemacht", erwiderte der Geistliche.

„Dann können wir ihm die Arbeit nicht wegnehmen", erklärte Cervini.

Nanni fragte:

„Und wenn wir ihm nachweisen, daß er unachtsam arbeitet?"

„Können wir das nachweisen?" wollte Cervini wissen.

Der Geistliche meinte zögernd:

„Nein, eigentlich nicht."

„Ich sage ja", erklärte Nanni mit Nachdruck. „Ist Langsamkeit nicht Unachtsamkeit?"

Cervini wollte sich nicht daran erinnern, daß er sich einmal vor diesem jungen Mann im Petersdom hatte gehenlassen, daß er ihm einmal geheime, nicht ungefährliche Dinge dargelegt hatte. Er sagte:

„Vielleicht ist Langsamkeit Gründlichkeit."

Nanni gab sich nicht geschlagen.

„Oder Unzuverlässigkeit, wenn nicht Absicht."

Der Kardinal erhob beide Hände.

„Genug", erklärte er, „ich sehe keinen Grund, Michelangelo Buonarroti den Vertrag über den Brückenbau zu kündigen. Was gibt es noch?"

„Der Entwurf für den Brunnen von Belvedere. Er muß von unserer Kommission bestätigt werden."

Und Cervini sah auf die Zeichnung: Ein Mann steht vor einem mächtigen Felsblock, schlägt dagegen, und Wasser sprudelt heraus und erlöst Dürstende. Moses. Der in den Dingen der Bildhauerei erfahrene Kardinal sah, dieses hier ist die beste Lösung, die es je für einen Brunnen gegeben hat, sinnreich und großartig. Es nahm einem den Atem, mit welcher Selbstverständlichkeit die Linien gezogen waren, scharf und schön gleichzeitig.

Selbst Nanni di Baccio mußte es zugeben.

Der Geistliche las Bewunderung auf allen Gesichtern. So erklärte er befriedigt:

„Ich kann also Seiner Heiligkeit melden, der Entwurf für den Brunnen hat Zustimmung bei uns allen gefunden."

„Nein", sagte Cervini langsam, und die Fülle seiner Macht als einer der vier Inquisitoren gab seiner leisen Stimme Gewicht. „Sehen Sie, liebe Brüder, Sie denken zuwenig. Es gibt Gelegenheiten, bei denen man noch etwas mehr braucht als Verstand und Gefühl, nennen wir das meinetwegen Scharfsinn oder auch Weitblick, wie Sie wollen. Und hier, bei dieser Gelegenheit haben Sie alle versagt. Das heißt, Sie haben das Ansehen der Kirche nicht bedacht. Das gilt natürlich nicht für unseren jungen Baumeister." Cervini wandte sich mit einem liebenswürdigen Lächeln an Nanni. „Aber Sie, meine lieben Brüder von der Kommission, Sie sind, lassen Sie es mich hart sagen: gedankenlos. Und auf die Gedankenlosigkeit folgt Verantwortungslosigkeit." Niemand sagte etwas, alle warteten auf die Worte des Weißhaarigen. Und mit seiner leidenschaftslosen Stimme sagte Cervini: „Sehen Sie, liebe Brüder, bei der Kunst müssen Sie heute mehr denn je auseinanderhalten, was ist schön, und was ist zweckmäßig. Und hier haben wir, ich möchte sagen, ein Musterbeispiel: Der Entwurf für den Moses ist schön, sehr schön, aber er ist das Unzweckmäßigste, was uns im Augenblick begegnen könnte. Wir, hier unter uns, verstehen uns wohl. Wir, die obersten Priester, sind gezwungen, gegen jene Menschen mit aller Härte anzugehen, die immer wieder, trotz all unserer Güte, zurückfallen in ihren alten Glauben. Wollen wir die verlorenen Gebiete im Norden zurück haben, so dürfen wir im eigenen Lande und vor allem in unserem heiligen Rom nicht mehr dulden, daß sich fremde Glaubensgemeinschaften überall in der Stadt in den Synagogen versammeln. Und ausgerechnet in den Tagen, da wir ein Gesetz vorbereiten, mit dem wir vor aller Welt zeigen wollen, wie wir fertig werden mit diesen Fremden, die nicht unseren Glauben haben, ausgerechnet jetzt will uns der unsägliche Buonarroti einen Moses aufdrängen."

Mit wiederholtem Kopfnicken bestätigte der Geistliche jedes Wort des Kardinals.

In das Schweigen hinein fragte Nanni:

„Aber bei der Entscheidung über die Marienbrücke bleibt es, er soll weiter daran herumarbeiten?" Der junge Baumeister, das Haupt der Sangallisten, begriff, das, was sich hier gegen Buonarroti zusammenzog, konnte günstig für ihn, Nanni, wirken. Man mußte nur Zeit und Ausdauer haben, und man durfte sich nicht scheuen, einen Inquisitor daran zu erinnern, daß er etwas vergessen hatte.

„Es ist richtig", meinte der weißhaarige Cervini, „wir sollten die Angelegenheit mit der Brücke noch einmal überprüfen. Es muß doch Wege geben, aus einem Vertrag herauszukommen, ohne ihn zu brechen."

★

Cesare, der Kleine, Zierliche, Listenreiche, war unzufrieden mit Michelangelo.

„Warum beschweren Sie sich nicht, daß Nanni Ihnen die Marienbrücke weggenommen hat?"

Buonarroti antwortete nicht.

„Wir hätten die Brücke seitlich gestützt", meinte der junge Mann mit dem ums Handgelenk geknoteten grünen seidenen Tuch. „Und Sie haben mir gesagt, je stärker sie beschwert ist, desto sicherer hält sie. Erlauben Sie mir, daß ich heute auf der Zusammenkunft mit dem Heiligen Vater und den Baumeistern die Rede darauf bringe, daß

Nanni die Fundamente mit Kies und Mörtel auffüllt und nicht mit gutem Travertin, wie Sie es vorgesehen hatten."

Buonarroti schüttelte den Kopf.

„Mit Leuten, die nichts können, kann man nicht kämpfen."

„Aber wenn wir den genauen Beweis führen. Das hier kann man doch sehen, und man kann es anfassen. Wir haben doch recht."

„Ich weiß, aber die Baukommission und der Papst sind der Meinung, Mörtel und Kies halten bei Hochwasser besser als Travertin. Wenn sie das so beschlossen haben, dann wollen wir nur hoffen, daß der Fluß sich auch danach richtet und beim nächsten Hochwasser ihre Entscheidung berücksichtigt."

„Ich wünschte, ich hätte Ihre Weisheit, dann hätte ich auch Ihre Sicherheit. Wenn ich ehrlich sein soll, ich habe Angst. Ich war noch nie bei einer Sitzung mit dem Heiligen Vater."

„Ich will dir etwas sagen, Cesare, das ist der sechste Papst, unter dem ich arbeite. Und ich habe herausgefunden, es lohnt nicht, auf ihre Angewohnheiten zu achten, etwa zu versuchen, den geeignetsten Augenblick zu erhaschen, um vor ihnen zu reden."

„Es müßte ein Buch geben über den Umgang mit Päpsten. Woher soll ich wissen, ob ich überhaupt reden darf? Sagen Sie mir, wie ich am besten für Sie kämpfen soll."

Und Buonarroti entgegnete leise:

„Es genügt schon, wenn du da bist. Du bist meine Sicherheit. Wenn ich tot bin, wirst du den Petersdom nach meinen Entwürfen zu Ende bauen. Nur wir beide kennen die genauen Berechnungen. Erst dann wird dein Kampf beginnen, und sie werden es dir nicht leicht machen. Du wirst heute einen kleinen Geschmack davon bekommen."

Allmählich kamen alle Meister der Bauhütte zusammen. Einige grüßten Michelangelo, andere sahen gar nicht erst hin zu ihm. Nanni kam mit Kardinal Cervini, gleich darauf erschien der Heilige Vater. Der Ton, in dem der neue Papst, Julius III., seine Ausführungen begann, war sachlich und unpersönlich. Er redete niemanden an. Er las vom Blatt ab:

„Es wird Beschwerde geführt von der Baukommission und von Mitgliedern der Bauhütte, daß der von mir bestätigte oberste Baumeister seinen Pflichten nicht nachkommt. Wir haben alle Beteiligten geladen, damit sich dieser oberste Baumeister vor seinen Anklägern und vor mir verantwortet. Die Hauptpunkte sind zunächst allgemein gehalten; es werden besagtem obersten Baumeister zehn Verstöße gegen Vitruv vorgeworfen."

Cesare preßte die Finger gegeneinander. Mit Vitruv kann man jeden totschlagen, überlegte er. Er ist ein Heiliger sozusagen, und seine zehn Bücher über die Baukunst, gewidmet dem Kaiser Augustus, sind das Evangelium dazu. Aber wo, so fragte sich Cesare, hat Buonarroti denn die Regeln des Vitruv verletzt? Er soll sie fragen, und er kann ihre Anschuldigungen Punkt für Punkt zerfetzen. Warum steht er nicht auf? Er soll sie zwingen, Regel für Regel herzusagen, und es wird von ihren Behauptungen nicht so viel übrigbleiben wie der Schmutz unter einem Fingernagel.

Michelangelo Buonarroti blieb sitzen, unbeweglich, nur seine Blicke gingen hin und her, sie liefen über alle Gesichter. Nicht forschend, sondern hart und bitter, auch traurig, aber nicht müde, sondern sehr aufmerksam. Und der Heilige Vater sagte:

„Die Beleuchtung der südlichen Nische ist unzureichend. Das hat die Kommission festgestellt. Ich bitte den obersten Baumeister, sich dazu zu äußern."

Langsam stand Buonarroti auf, sagte:

„Die Kommission. Wer ist das? Wo steht geschrieben, daß ich mich der Autorität irgendeiner zufälligen Ansammlung von mir unbekannten Menschen unterwerfen soll? Ich habe die Zusicherung von Ihnen, Heiligkeit, selbst, daß ich nur Ihnen verantwortlich bin, niemandem sonst. Ich weise die anonymen Vorwürfe als unwürdig zurück."

Kardinal Cervini verlangte das Wort. Das würde Carafa jetzt auch tun, überlegte er.

„Ich werfe Ihnen vor, daß Sie nur drei Fenster in die südliche Nische einsetzen. Sie wollen aus unserer heiligsten Kirche einen dunklen, dumpfen, engen Kasten machen. Nun, ist das immer noch ein unwürdiger anonymer Vorwurf?"

So lockt Michelangelo seine Feinde heraus, dachte Cesare mit Bewunderung. Er weiß wirklich, wie man mit Päpsten und Kardinälen umgeht. Und vor Erregung und Stolz, dabeisein zu dürfen, wurde sein Gesicht heiß und rot.

„Erlauben Sie mir, Heiligster Vater, daß ich dem Herrn Kardinal antworte, da ich nur Ihnen verantwortlich bin; daran ändert sich, wie ich hoffe, auch jetzt nichts", sagte Buonarroti.

„Bitte", entgegnete Papst Julius III. zurückhaltend.

„Es sind noch drei Fenster für die Südnische vorgesehen", erklärte Buonarroti und setzte sich.

Schweigen trat ein.

Da habe ich mich nun auf die Auskünfte von Nanni verlassen, überlegte Cervini, und mit ganzen neun Worten hat er die Anschuldigung entkräftet. Cervini war und blieb ein Rechner von peinlicher Genauigkeit. Aber er gab sich noch nicht geschlagen. Es wäre peinlich, Carafa erklären zu müssen: Ich bin nicht weitergekommen, weil ich mich auf mangelhafte Auskünfte gestützt habe.

„Ist das alles, was Sie zu den Vorwürfen zu sagen haben?" fragte er.

„Das ist alles", bestätigte Michelangelo.

„Und warum erfahren wir das nicht vorher?" fragte Cervini.

„Der Bauplan ist einzig und allein meine Sache."

Jetzt treibe ich ihn dahin, wo ich ihn haben will, überlegte Cervini, und er erholte sich von seiner Unsicherheit.

„Sie verheimlichen also Ihre Pläne", sagte er.

„Ich habe uneingeschränkte Vollmacht", erklärte Michelangelo.

„Das ist blindes Vertrauen", sagte Cervini. Es war auch ein Vorwurf gegen den Papst. „Wer schützt uns davor, daß Sie unser Vertrauen mißbrauchen?"

„Mein Gewissen."

Das Herz des kleinen Cesare schlug hoch auf; er meinte, es sei so laut, daß die anderen es hörten.

„Aha, Ihr Gewissen." Cervini wünschte, jetzt müßte Carafa dasein und mir wenigstens einen Wink geben. Ich habe zwar mit ihm schon darüber gesprochen, aber ich weiß nicht, ob ich es hier erwähnen soll. Ich müßte Buonarroti fragen: Das Gewissen und nicht die Kirche? Das ist schon das Gedankengut der Abtrünnigen, doch ich weiß auch nicht, wie weit ich gehen soll. Das ist der härteste Vorwurf, und es ist vielleicht nicht geschickt, im Beisein des Papstes darüber zu sprechen. Wenn er vor mir im Haus der Inquisition stände, dann wäre das etwas ganz anderes. Und Cervini scheute sich, zu selbständig vorzugehen. Nun aber versuchte er es in seiner Methode, mit der er als Inquisitor immer Erfolg hatte: übergehen auf ein anderes Gebiet. Den Angeklagten unsicher machen.

„Und was hat Ihnen Ihr Gewissen gesagt bei dem Plan mit dem Brunnen für das Belvedere? Nichts? Gar nichts? Ihr Gewissen, auf das Sie so stolz sind, scheint doch nicht ganz so zuverlässig zu sein."

Michelangelo schwieg.

„Was haben Sie sich dabei gedacht, jetzt, gerade jetzt einen Mann aus dem Alten Testament zu verherrlichen, Moses, in einem Augenblick, da wir die Viertel um die Synagogen räumen und die Einwohner in einer abgeschlossenen Siedlung zusammenfassen, damit in der heiligen Stadt der Unglauben eingedämmt ist?"

Michelangelo schwieg.

„Das gehört nicht hierher", verwahrte sich der Papst. Er fühlte sich auch angegriffen. Es war nicht einfach, mit den Carafa-Leuten auszukommen. Alle zerrten an ihm, und er hatte es sich zur Regel gemacht, wie sein Vorgänger überall nachzugeben. Immerhin hatte Papst Paul III. aus dem Haus Farnese mit der Kunst des Ausgleichens fünfzehn lange Regierungsjahre durchgestanden. „Ich habe mich Ihrer Meinung angeschlossen", redete er zu Cervini. „Einen Moses nun noch einmal groß herauszustellen ist wirklich nicht gerade sehr glücklich. Wir haben ja schon den einen auf dem Grabmal von Papst Julius. Unser Meister Buonarroti kann sich also auch nicht beschweren. Diese Angelegenheit ist wirklich erledigt. Und mit der Südnische stelle ich mir das nicht so sehr schwierig vor. Lassen wir die Arbeit an der Nische jetzt ruhen und bauen wir woanders weiter. Ich glaube, das wird das beste sein, wenn wir so verfahren. Nehmen Sie alle, die Sie hier versammelt sind, meinen ungeteilten väterlichen Segen."

Der Papst war zufrieden. So haben sie alle recht behalten, und der Frieden in der Baukommission ist wiederhergestellt. Das ist die Kunst des Ausgleichens.

Nanni bedankte sich bei Cervini.

„Wo immer Sie auftreten, haben Sie Erfolg", sagte er schwungvoll.

Und Cervini nickte und war zufrieden mit sich und freute sich über seine kluge Verhandlungsführung. Bald würde er von Carafa nichts mehr zu lernen haben.

★

Aus Florenz, als Beauftragter des Herzogs Cosimo de' Medici, kam Giorgio Vasari, der überaus begabte Maler.

„Damals, als Sie auf dem Wege waren in das kämpfende Florenz, haben Sie nicht auf mich gehört. Erinnern Sie sich noch, wie ich Sie einlud im Namen des Kaisers?"

„Ich habe nichts vergessen", sagte Buonarroti.

Vasari ließ genau wie damals dem anderen keine Zeit zum Nachdenken. Er führte das Gespräch wie ein Belagerer. Der erste Schlag mußte aus der größten Kanone abgefeuert werden, und er mußte schon eine Bresche schlagen.

„Der Herzog von Florenz bittet Sie, wieder zurückzukehren in seine Stadt. In Ihre Heimat."

Buonarroti lächelte mit Wehmut, dann aber zerging sein Lächeln, und sein Gesicht mit den tief eingefurchten Falten wurde hart.

„Ich lebe in der vierundzwanzigsten Stunde, und es entsteht in mir kein Gedanke, in den nicht der Tod eingemeißelt ist. Aber ich bin nicht am Ende mit meiner Arbeit.

Ich will den Bau von San Pietro weiterführen, so lange, bis ich die Kuppel sehe. Und ich weiß nicht, wieviel Zeit ich noch habe."

„Wenn Sie geeignete Leute auf dem Bauplatz zurücklassen, wird alles in Ihrem Sinne ausgeführt, und Sie haben Ihren verdienten Frieden."

Und nun kam das pausenlose Feuer. Auch wenn nicht jeder Schuß saß, so würde die Menge an kleinen Kugeln den Zögernden doch veranlassen, nachzugeben. Giorgio Vasari brachte alles vor, was das Leben in Rom für Michelangelo im Grunde unerträglich machen mußte:

„Unter Papst Julius III. wurden die Angriffe Ihrer Feinde immer wieder abgewehrt. Aber haben Sie sich schon überlegt, was nun geschieht? Der Fürsprecher der Sangallisten, der weißhaarige Kardinal Cervini, ist Papst geworden. Vielleicht bestätigt er Sie nicht mehr als obersten Baumeister von San Pietro. Wäre es dann nicht besser, Sie würden gehen, ehe diese Leute Ihnen den Stuhl vor die Tür setzen? Was, um Gottes willen, hält Sie noch in Rom? Alle Ihre Freunde sind nicht mehr." Und um Buonarroti die Einsamkeit ganz deutlich vor Augen zu halten, zählte der eifrige Bote des Herzogs von Florenz die Gestorbenen auf: „Sebastiano del Piombo, Vittoria Colonna, Ihr Gehilfe Urbino. Was kann Ihnen Rom noch bedeuten? Nur Erinnerungen. Aber in Florenz, da ist das Leben. Das ist Ihr Neffe Lionardo mit seiner Frau, mit seinen Kindern. Das sind wir, die Jungen, Ihre Verehrer. Und Ihre Sklaven. Jetzt endlich, als Krönung Ihres gesamten Wirkens, könnten Sie diese vier Figuren vollenden. Der Herzog Cosimo hatte gedacht, es könnten Siegesgötter daraus hergestellt werden. Er hat Bandinelli hingeschickt. Der wollte es machen, aber der konnte es nicht. Sie, verehrter Michelangelo Buonarroti, könnten aller Welt beweisen, daß es geht. Eine alte Komposition völlig umwerfen und etwas Neues, Zeitgerechtes daraus schaffen."

Buonarroti blickte aus schmalen Augen den anderen an. Und er versuchte sich vorzustellen, wie es gewesen sein mochte mit Bandinelli. Der Eifer des anderen. Ein lebendiger Mensch, erfüllt von selbstsicherer Großartigkeit. Aber daher, wegen dieser zu großen Eilfertigkeit, im tiefsten Grunde unsicher. Und er sagte:

„Es geht. Im rohen, noch unvollendeten Marmor ist unter dem Sklaven ein freier Mensch verborgen. Ich habe immer das aus dem Stein herausholen können, was ich wollte."

Vasari wollte auf Michelangelo zueilen und ihm dankbar die Hand schütteln, da redete der andere weiter:

„Aber ich will nicht. Sagen Sie das Ihrem Herzog. In einer Zeit, da Menschen mit Hunden gejagt und eingefangen und auf den Märkten verkauft werden, will ich nicht das Lachen eines Siegers verherrlichen. Denn der Mensch soll nicht lachen, wenn die ganze Welt weint."

✴

Nach kaum dreißig Tagen Regierungszeit starb der zum Papst erhobene Marcellus Cervini.

Und im Konklave standen sich schließlich zwei Menschen gegenüber, beide mit gleich großen Aussichten, Träger der dreifachen Krone zu werden. Kardinal Gian Pietro Carafa, Inquisitor und Vertreter der strengen Reform, und Kardinal Giovanni Morone, der damals als Nuntius in Deutschland den Kirchenspaltern Zugeständnisse gemacht hatte.

Es drohte, ein Konklave ohne Ende zu werden.

Da ging Morone zu den Kardinälen, die für ihn stimmten. Und er erklärte:

„Um die Einheit der Kirche zu bewahren, bitte ich Sie, wählen Sie meinen verehrungswürdigen Gegner, den Kardinal Gian Pietro Carafa."

✴

Sieben Stunden saß der neunundsiebzigjährige Buonarroti im Vorzimmer und wartete. Es war weit nach Mitternacht, als er zu Papst Paul IV. aus dem Haus Carafa gerufen wurde. In dem Privatraum des Papstes standen viele

Kerzen. An den Wänden hingen keine Bilder, nur dunkle Teppiche und ein großes schwarzes Kreuz.

Papst Paul IV. hatte geschlafen, nun war er ausgeruht, es war angenehm, zu spüren, wie die Müdigkeit wegging.

Und jetzt kam der Gleichaltrige.

Carafa stand, als der andere eintrat. Er lächelte nicht, als der andere vor ihm niederkniete; kein Triumphgefühl kam über ihn, es war selbstverständlich, daß die Menschen sich vor ihm, Papst Paul IV., neigten. Er war der Auserwählte.

Fast siebenmal zehn Jahre hatte Gott ihn geprüft. Und nicht verworfen, sondern hoch erhoben über alle anderen Sterblichen.

Mit seinen noch immer leichten, federnden Schritten ging er Buonarroti entgegen, hob ihn auf.

Die Berührung an den Schultern kam unerwartet für den Knienden, und er schaute auf, mitten hinein in das Gesicht über ihm. Und er sah jenes Feuer in den Augen, das einige schrecklich und wieder andere erstaunlich fanden. Eine schmale Freude des Wiedererkennens kam in sein Herz.

Wenige nur sind es, die das Feuer haben, überlegte Buonarroti, noch weniger sind es, die das Feuer aushalten können. Die wenigsten aber können es bewahren, und nur dann, wenn sie wissen, wofür.

Der Papst ging zurück zum erhöhten Stuhl. Und wie er jetzt da saß und den anderen auf sein erstes Wort warten ließ, war nichts mehr zwischen ihnen, das Buonarrotis Freude rechtfertigen konnte.

Ein gewöhnlicher Mensch, einer aus dem Heer der aber tausend Gläubigen, steht vor der Herrlichkeit des Stellvertreters Gottes. Und es geschieht nichts, das die übermenschliche Würde mildert. Und alle Werke des Besuchers sind gegen diesen harten Atem der Gottesnähe erbärmlich.

Carafa gab sich einige Augenblicke einer süßen Versuchung hin. Ein Wort, und alle deine Arbeiten, du gleichaltriger Mensch, die Mühen deines langen Lebens kann ich wegwischen. Deine Bildwerke aus Marmor kann ich zerschlagen und deine Malereien von den Wänden abkratzen lassen. Ich kann deinen Namen auslöschen. Ich kann dich der Vergessenheit ausliefern. Ich kann deinen Ruhm zu Staub werden lassen. Und es ist Gnade, wenn ich dich noch nicht eingetragen habe in die Liste der Verdächtigen, die in meine Gefängnisse eingeliefert werden.

Gian Pietro Carafa redete noch immer schnell, aber seit er Papst Paul IV. geworden war, wagte niemand mehr, das neapolitanische Geschwätzigkeit zu nennen.

„Es ist nicht wahr, mein Sohn, wenn meine Feinde von mir sagen, ich hätte kein Gefühl für die Werke der Kunst. Vielleicht gibt es niemanden, der so genau wie ich weiß, wozu die Kunst eingesetzt werden muß. Ich erinnere mich, mein Sohn, einmal, in längst vergangenen Tagen, wollte ich dir die Tür zur Einsicht öffnen: Andacht zu erwecken, das ist die höchste Aufgabe eines Malers und Bildhauers. Ich habe dich oft getroffen und habe nach dir gerufen. Ich habe dich immer und abermals gewarnt, nicht den Hauptweg zu verlassen. Doch du willst nicht einmal erkennen, was der Hauptweg ist. Und weil du selber unklar bist, verbreiten deine Arbeiten auch Unklarheit. Oder weißt du das und arbeitest wider besseres Wissen? Antworte mir: Was ist der Hauptweg in der Kunst?"

„Die Liebe."

„Es gab eine Zeit, da hast du gesagt, die Wahrheit."

„Wahrheit ohne Liebe ist nur ärmliches Gestammel", entgegnete Michelangelo.

„Liebe ohne Glauben ist leeres Geschwätz. Erst der Glauben unterscheidet den Menschen vom Tier, und nur die Hingabe an unseren reinen und wahren Glauben kann dem Menschen die Fähigkeit geben, ein gültiges Kunstwerk zu schaffen."

„Was ist ein gültiges Kunstwerk?" fragte Buonarroti den Heiligen Vater.

„Ein Bild, das den Glauben stärkt. Das Schönste und Größte und Erhabenste in unserer Welt ist die von Gott selbst eingesetzte Kirche. Es kann für einen Maler oder

Bildhauer nichts Beglückenderes geben, als ebendiese Kirche zu schmücken. Unsere Lehre ist schlicht und klar und rein. Da ist kein Platz für den leisesten Zweifel. Also sollen die Werke der Kunst auch schlicht und klar und rein sein. Sie sollen hell und freundlich sein. Sage mir jetzt nicht, mein Sohn, ich schuf das Freundlichste auf der Welt, die Menschen. Weiche nicht aus, erkläre mir nicht, daß die Liebe zu den Menschen für dich das Wichtigste in der Kunst ist. Diese Auslegung kenne ich längst, die da heißt: Gott hat die Menschen so sehr geliebt, daß er ihnen seinen Sohn schickte. Und alle Welt ist zufrieden, das Wort ist gefunden, das alle zusammenführt, und mit diesem Begriff Menschenliebe wird alles verwischt."

Buonarroti wußte, der Papst war sehr empfindlich, wenn er unterbrochen wurde. Also schwieg er. Auch wollte er wissen, aus welchem Grunde der Papst ihn zu sich gebeten hatte.

Carafa redete weiter:

„Mit Papst Julius wurde disputiert über die heidnischen Elemente und die griechischen Götter. Mit Papst Leo aus dem Haus Medici wurde disputiert über das Primitive in der auf uns gekommenen christlichen Kunst; die Frommheit der alten Meister wurde belächelt als Starre. Mit Papst Clemens, auch aus dem Haus Medici, wurde weiter disputiert. Aber mit mir nicht. Die Zeiten der Disputation sind jetzt vorbei."

Buonarroti schaute aus seinen schnellen und scharfen und klugen Augen zu dem Mann auf dem Stuhl des Papstes. Und er versuchte zu ergründen, wieweit die Kleidung einen Menschen verändert.

Carafa redete weiter, heftig und laut:

„Der Teufel ist in der Welt, und er will die Herrschaft gewinnen über alle Seelen. Keine zufällige Stimmenmehrheit unter den Kardinälen hat mir die Macht gegeben. Gott hat mich ausgesucht, in seinem Namen muß ich den Teufel, der den Bau der Kirche einreißen will, vertreiben. Mit allen Mitteln. Mit Feuer und Schwert. Und es wird nicht einen Menschen geben, der in diesem Kampf verschont bleibt. Da wird sich keiner entschuldigen können, ich habe gerade zu tun. Wer gerufen wird, muß gehorchen. Nur mit unbedingtem Gehorsam schlagen wir den Feind. Und du bist jetzt gerufen, mein Sohn Michelangelo Buonarroti. Die Kirche braucht deine Kunst mehr denn je zuvor. Wenn du vorangehst, dann könntest du ein besonderes Beispiel für die anderen werden, für die Zögernden und für diejenigen, die da hinüberblicken wollen und meinen, die Teufeleien jenseits der Berge müßten auch in den Mutterleib der Kirche selbst Einzug halten." Der große, hagere Mann mit den noch immer anmutigen Bewegungen stand auf. „Ich bin es, der dich ruft. Du sollst ein Bildwerk schaffen, das im Kampf vorangetragen wird. Jeder Gläubige soll es jeden Tag vor Augen haben, in allen Stuben. Auch in den fernen Hütten jenseits des Meeres sollen Abbildungen davon Einzug halten. Ich stelle dir frei, in Marmor zu arbeiten oder mit Farben."

„Ich gehorche", erklärte Buonarroti langsam. „Ich weiche nicht aus, wenn die Kirche mich ruft. Ich werde das Bild des Gekreuzigten ausführen." Und da Carafa schwieg, sagte Buonarroti mit seinem schmalen Lächeln: „Aber es wird wieder den gewichtigen Streit geben, ob er bartlos sein soll oder nicht."

Carafa trat dicht vor den anderen, und er redete, erfüllt von glühendem Glauben an seine von Gott verliehene Würde.

Es ging nicht, seinem Feuer der Begeisterung zu entkommen. Auch wer sich dagegen wehrte, mußte ihn bewundern, weil seine Heftigkeit nicht roh war und kein wüster Ausbruch der Ungezügeltheit, sondern weil er immer sein ungeteiltes Herz zeigte. Es gab bei ihm keine Spur von Lauheit oder Halbheit.

„Es wird keinen Streit um das Bildwerk geben", sagte er, „denn du sollst nicht den Gekreuzigten schaffen. Ich will von dir ein Bildnis des lebendigen Statthalters Christi auf Erden. Die Abgefallenen sollen sehen: Die Kirche atmet, und der Hirte wacht. Und die Gläubigen sollen wissen: Der Heilige Vater geht ihnen im Kampf voran."

Buonarroti schlug die Augen nieder.

„Ich gehorche, das habe ich gesagt, und ich gehöre nicht zu den verlorenen Söhnen", redete er leise. „Aber ich kann nicht. Das kann ich nicht. Es ist ein Gelübde."

„Der Papst kann dich von jedem Gelübde befreien. Ich befreie dich."

„Ich habe gelobt, nie wieder das Porträt eines Menschen zu schaffen."

„Warum?" fragte der Papst hart.

„Wegen Bologna", antwortete Michelangelo.

Papst Paul IV. schrie nicht, wenn er aufgeregt war, aber seine Stimme wurde um einen Schatten dunkler und gleichzeitig scharf.

„Du wagst es, das zu vergleichen? Wenn dein Standbild vom Papst Julius in Bologna vom Volk zerschlagen wurde, so ist das nur der Beweis, wie schlecht dieser Mensch aus dem Haus Rovere regiert hat. Und nur mit Abscheu kann ich an seine verworfenen Neigungen denken."

„Es war ein Götzenbild. Das haben Sie mir damals gesagt."

„Du willst mich mit meinen eigenen Worten fangen. Ich will dich nicht tadeln, daß dir die Einsicht fehlt. Ich will, daß du den Unterschied begreifst, mein Sohn. Ich könnte dir jetzt den Befehl geben: Fang an mit der Arbeit. Deine Hände würden es vielleicht tun, doch dein Herz wäre nicht dabei. Und gerade bei deiner Art, Menschen zu bilden, wäre es peinlich, nur die Umrisse zu bekommen. Es würde eine leere Hülle werden. Nichts Lebendiges. Du hast diesen Atem. Ich bin nicht der erste, der dir das sagt."

Buonarroti stand bewegungslos. Unbehagen kam über ihn. Er wartete darauf, daß etwas geschehen würde. Etwas Gewalttätiges. Aber er war nicht sicher.

„Ich bin der erste gewesen, der dich gefragt hat: Wozu benutzt du deinen großen Atem? Damals, beim Jubeljahr vor fünfundfünfzig Jahren, bei deiner Pietà, als du noch am guten, breiten Hauptweg standest. Aber du hattest schon angefangen, nach Seitenwegen Ausschau zu halten.

Und ich bin es, der dir heute sagt: Hüte dich davor, daß die Feinde deine Werke mit Jubel begrüßen, denn dann sind deine Werke schlecht. Du weißt genau, daß die Menschen in aller Welt bis hin zu den Türken jede kleinste Regung hier im Herzen der Christenheit mit begierigem Eifer beachten. Und wenn du laut hinausschreist, seht her, ich bin gezwungen, ein Götzenbild zu machen, so bist du schon zum Werkzeug des Feindes geworden. Du redest wie sie, du denkst wie sie."

Buonarroti bewegte seine Hände; erst jetzt wurde er sich bewußt, daß er sie gefaltet hatte. Er nahm sie auseinander.

„Aber ich halte dir zugute", sagte der Papst, „daß dein Blickwinkel zu klein ist. Du hast nicht die Übersicht, du kannst sie nicht haben." Carafa begann im Raum hin und her zu gehen, er gab sich ehrliche Mühe, er wollte den anderen überzeugen. „Was ist geschehen jenseits der Berge? Diejenigen, die sich Protestanten nennen, haben begonnen, mit uns über Glaubensfragen zu streiten. Anfangs hörte es sich noch an, als könne man sich über all die Fragen einigen: Sollen unwissende Kinder getauft werden, oder ist es nicht besser, erfahrene Erwachsene durch die Taufe in die Kirche einzuführen? Sollen die Heiligen angerufen werden wie Gott, oder sind sie nur anzusehen als verdienstvolle Menschen? Aber die Leute gingen weiter und kamen zu Fragen, die keine Einigung zulassen. Sie wollen die Güter aufteilen, auch die Kirchengüter. Sie erklären, allen gehört alles, und sie berufen sich auf die ersten Christen. Sie nennen sich die Erleuchteten, die Propheten, die Täufer. Ein Jahr lang haben sie dort eine ganze Stadt gehabt. Münster. Sie konnten sich so lange behaupten, weil der Gedanke, alles zu besitzen, süß ist für die Leute, die nichts besitzen. Und es gibt so unendlich viele Arme, Verblendete, Verirrte, Verlaufene, Verkommene, Verführte. Die Stadt Münster wurde für sie so etwas wie das verheißene Land der göttlichen Gerechtigkeit, das Paradies auf unserer Erde."

Buonarroti, im Wuchs kleiner als der andere, aber

ebenso hager wie der Gleichaltrige, sah, wie in einem Leuchter eine Kerze umfiel und verlosch. Er war nicht hinzugesprungen, um sie rechtzeitig aufzuheben. Es war nicht gestattet, sich in der Gegenwart des Papstes ungeziemend schnell zu bewegen.

Carafa redete weiter:

„Hätten wir das Geschwür von Münster nicht ausgedrückt, es hätte die ganze Welt angesteckt. Könige und Fürsten wären von ihren Stühlen gestürzt worden, und der gemeine, niedrige, zu allem Edlen unfähige Mann hätte in seiner Wut, alles gleichzumachen, die Erde in eine Wüste verwandelt. Wehe dem Maler oder dem Bildhauer, der durch seine Werke mitschuldig wird, indem er die sogenannten Protestanten bestätigt, und sei es nur in einer einzigen Überlegung, etwa dieser Art: Am Jüngsten Tag sind alle Menschen nackt und gleich. Dann bekommen wir sofort die Antwort: Heute ist der Jüngste Tag." Und nach einer Weile des Schweigens sagte Papst Paul IV.: „Ich möchte, daß du begreifst, was ich will: Unsere Kirche soll rein und unantastbar und stark sein. Ich will in dem kleinen Gebiet, das uns geblieben ist, beginnen. Die Menschen sollen wieder aufblicken können. Sie sollen wissen, da ist ein Hirte in der Welt, ohne Fehler und ohne Schwächen. Sie sollen wieder stolz sein können auf ihren ersten Priester. Und diesen Stolz sollst du in ihr Herz pflanzen. Dein Bildwerk vom Hirten ohne Furcht und Tadel soll ihnen die Kraft geben, Macht auf der ganzen Erde zu gewinnen. Und jetzt bitte ich dich, dein Heiliger Vater bittet dich, hilf mir."

Buonarroti schwieg.

„Hast du nun verstanden, daß das kein Götzendienst ist?" fragte Carafa.

„Vielleicht wünschte ich, ich hätte es verstanden."

„Ich kann dich zwingen."

„Ich weiß."

„Jenseits der Berge haben sie einem störrischen Bildschnitzer die Finger gebrochen."

„Diese Herren halten es mit der Kunst so wie der

Mann, der mit dem Messer Brot schneiden wollte", sagte Michelangelo, „aber die Klinge war ihm zu scharf. Damit er sich nicht verletze, brach er die Klinge ab."

„Verlaß dich nicht auf die Unentbehrlichkeit des Messers. Wenn es sich als notwendig erweisen sollte, würde ich die Klinge mit eigener Hand abbrechen, und ich würde ohne Bedauern das Geschrei der Welt über mich ergehen lassen."

„Was hält Sie davon zurück?" sagte Buonarroti gequält. „Dann schlagen Sie doch endlich zu."

„Siehst du, mein Sohn, du wirst unsicher. Und wer unsicher ist, wird brauchbar. Die Angst ist ein sehr wirksamer Antrieb zur Arbeit."

„Mit einem aus Angst geborenen Bildwerk werden Sie keinen Menschen begeistern können."

Carafa unterbrach seinen Gang durch das Zimmer; er setzte sich, fragte nach einer Weile:

„Also, was sind deine Forderungen? Was würde dich dazu bewegen, mir das Bildwerk anzufertigen?"

Buonarroti dachte nach.

„Ich habe einen Wunsch", sagte er. „Ich möchte die Peterskirche vollenden. Das Amt des Baumeisters können Sie mir nicht geben, das habe ich, und Sie können es mir nicht nehmen, denn nur in meinem Kopf sind die Pläne und die Berechnungen für die Kuppel. Sie haben beim Antritt Ihres Amtes vor der ganzen Welt versichert, den Bau der Peterskirche voranzubringen."

„Also, was willst du?"

„Ich will dieser Arbeit ungehindert nachgehen können. Nur dieser Arbeit. Ich bitte um Ihren Segen." Und er setzte hinzu: „Dafür."

Sehr langsam stand der große, hagere Mann auf. In seinem verschlossenen Gesicht konnte Buonarroti nichts lesen. Und der Heilige Vater sagte:

„Es gibt keinen geteilten Segen. Entweder du hast die Gnade voll und ganz, oder du hast nichts. Ich bin müde, es ist spät geworden."

Er ging hinüber in sein letztes Zimmer, das niemand

betreten durfte. Nicht einmal ein Kammerdiener. Papst Paul IV. wünschte keinen Menschen zur Hilfe beim Anziehen und beim Auskleiden. Er fand keinen Schlaf. Es ist alles zu spät, dachte er. Meine Kraft reicht nicht mehr aus.

Draußen ging Michelangelo Buonarroti in den dämmernden, noch verhangenen Morgen. Zur Arbeit.

★

Allein geblieben, blickte der Statthalter Christi auf Erden lange in das Licht der kaum flackernden Kerzen. Und er verfolgte mit seinen Augen, wie der dunkle Rauch seinen Weg zur Decke nahm. Und seine Spuren einzeichnete.

Da der Schlaf nicht kommen wollte, kleidete er sich wieder an, und er ging hinüber in seinen Arbeitsraum, klingelte nach den Dienern, ließ sich die Liste der Ämter für den Vatikan geben. Mit den Fingern fuhr er die Zeilen entlang, bis er es gefunden hatte:

Das Amt des Bilderreinigers, geschaffen von Papst Paul III. für die Fresken Michelangelos in der Sixtinischen und in der Paolinischen Kapelle. Und er strich diese Zeile aus.

★

Ohne Angabe von Gründen wurden die Zahlungen aus der päpstlichen Kasse an Michelangelo eingestellt. Es überraschte Buonarroti nicht. Als ich Kind war, überlegte er, und als die Mitschüler nicht wußten, was sie machen sollten, weil ich besser zeichnete als sie, da schlug mir einer ins Gesicht. Später hat dieser Mensch anderen gesagt, es wäre ein ungeheuer befriedigendes Gefühl gewesen, zu spüren und zu hören, wie die Knochen meiner Nase unter seiner Faust knirschend zerbrachen.

Es muß für Carafa eine ähnliche Befriedigung sein, mir einen Schlag auf den Magen zu geben. Aber es ist dieselbe primitive Methode und überzeugt mich nicht. Auch kann ich es aushalten. Was ich für mich brauche, ist nicht der Rede wert. Für Lionardo in Florenz ist gesorgt. Im

Grunde sollte ich mich freuen, daß sie mit so plumpen Mitteln kämpfen. Damit können sie mir keine Angst machen.

Es ist nur die Zeit, diese schnell hinrinnende Zeit, die mich hindern könnte, meinen Sieg zu sehen und zu feiern. Die Kuppel über San Pietro.

Die Sangallisten wollen vier Ecktürme und einen komplizierten Umgang um die ganze Kirche mit Pfeilern und Nischen, weil sie nicht wissen, was eine schöne und klare Linie ist. Weil sie zu klein sind, das Ganze zu sehen. Sie sind es nur gewohnt, Stück an Stück zu setzen, und fast könnte man meinen, es wäre ihnen gleichgültig, wie das Ergebnis aussieht. So war es im Kleinen damals bei der Marienbrücke, die sie mir genommen hatten. Es zeigte sich nicht von heute auf morgen. Aber als an einem Herbsttag die große Überschwemmung kam, stürzten die schlecht gegründeten Brückenpfeiler im reißenden Tiber zusammen. Doch noch lebe ich, und der Bau geht voran, und bald habe ich alles so weit, daß sie nichts mehr verderben können. Und dann werden wir beginnen, die Kuppel zu wölben.

Es war Abend. Buonarroti stand in seiner Werkstatt. Er arbeitete an einer neuen Pietà, Maria mit dem toten Jesus, dabei auch Magdalena und Nikodemus. Es war ein großer pyramidenförmiger Marmorblock, und bisher hatte er noch niemandem gesagt, für wen diese Arbeit bestimmt sein sollte.

Aber seine Gedanken gingen zum Petersdom, und er wunderte sich, warum Cesare noch nicht dagewesen war, um ihm, wie allabendlich, über die letzten Bauarbeiten zu berichten. Ein Geräusch war an der Tür, Buonarroti drehte sich um, eine Frau stand dort, bescheiden, klein und zierlich, die Schultern ein wenig nach vorn gebeugt, das Gesicht jung, nicht besonders schön, aber von einem freundlichen Liebreiz, weil ihre kleine Nase an der Spitze einen winzigen Schwung nach oben nahm. Ihre Stimme klang hell, sie verwischte ein wenig die Worte, wie es manche Leute in der Niederung von Trastevere sich angewöhnt hatten. Sie stand barfuß da, ihre dünnen Sandalen trug sie in der Hand, und sie sagte:

„Ich habe Angst."

Buonarroti dachte nach; er kam nicht darauf, wer sie sein könnte. So fragte er, und sie antwortete, sie sei Maria, die Frau des Cesare.

„Ich dachte, er wäre bei Ihnen, aber ich sehe, er ist auch noch nicht da. Um die Zeit war er sonst immer längst bei mir."

„Ist es schon so spät?" fragte Buonarroti.

„Es ist spät", antwortete Maria.

Buonarroti legte Hammer und Meißel beiseite, er verhängte den Marmorblock nicht.

„Ich werde ihn nicht aufhalten, wenn er endlich kommt", sagte er. „Es geht ja alles gut voran, und ich bin mit ihm sehr zufrieden. Du brauchst keine Angst um ihn zu haben. Er ist tapfer, ihm geschieht nichts."

Die junge Frau lächelte, zwar ein wenig zaghaft und scheu, aber die Angst ging aus ihren Augen weg. Und sie sagte:

„Danke schön." Und wollte gehen. Da sah sie auf den noch unvollendeten Marmorblock und fragte, es war nicht aufdringlich, und es war nicht neugierig, es war eine selbstverständliche Anteilnahme: „Da ist noch viel Arbeit dran. Muß das zu einem bestimmten Tag fertig sein?"

Buonarroti sagte nichts.

„Ich meine, andere Leute ruhen sich am Abend auch einmal aus. Lassen Sie sich doch Zeit. Der Auftraggeber soll ruhig warten."

„Es ist für mein Grab."

Maria schaute ihn verwirrt an.

„Du brauchst kein betroffenes Gesicht zu machen, als müßtest du mir schon jetzt das Beileid aussprechen."

„Entschuldigen Sie", sagte Maria leise. Und stand unentschlossen, weil sie meinte, dem alten Mann jetzt etwas über seine Arbeit sagen zu müssen. Aber sie fand keinen Zugang zu dem, was sie da sah.

In der Mitte ist der tote Körper. Drei Menschen bemühen sich um ihn. Und dieser Leib hat eine beängstigende Starre, und er zeigt gleichzeitig das Äußerste an Bewegtheit.

Jedoch groß darüber, erdrückend groß erhebt sich die Gestalt eines altes Mannes mit einer Kapuze.

„Wer ist das?" Maria zeigte auf den Alten.

„Nikodemus, der Jesus vom Kreuz nahm und ins Grab legte." Und Michelangelo setzte hinzu: „Das bin ich."

„Das sind Sie nicht. Es ist nicht Ihr Gesicht", sagte Maria.

„Und wie ist mein Gesicht?"

„Es hat nicht den zahnlosen Mund."

„Aber ich habe kaum noch Zähne."

„Das meine ich nicht", sagte Maria mit ihrer hellen Stimme, und sie bemühte sich, deutlich zu sprechen und die Worte nicht hinzuwischen, so wie sie es in Trastevere gewöhnt war. „Die Lippen sind so – verschüchtert. Das macht das ganze Gesicht, auch die Augen – kleinlich. Jetzt sind Sie mir böse."

„Nein, aber ich werde darüber nachdenken müssen. Vielleicht habe ich diesen kleinlichen Zug. Viele sagen, ich sei ein Rechner, ein Geiziger, mir fehle das Großzügige im Umgang mit Geld, ich drehe jeden Scudi zehnmal um, bevor ich ihn ausgebe."

„Andere sagen aber, Sie nehmen keine Geschenke und dulden auch nicht, daß in der Bauhütte Trinkgelder angenommen werden. Es gibt unter den Steinmetzen und Zimmerleuten viele, die noch genau wissen, wie es früher zuging. Die Meister hatten doch alle offene Taschen und bestätigten gerne, ein schlechter Baustein ist gut. Was glauben Sie, wie das eingeschlagen hat, als Sie gekommen sind und erklärt haben: Selbst wenn mir vom Himmel ein schlechter Baustein geschickt wird, ich kann ihn nicht als brauchbar anerkennen." Vor Verlegenheit trat Maria von einem Fuß auf den anderen.

„Woher weißt du das alles?" fragte Buonarroti.

„Von Cesare." Und in ihren Worten klang Zärtlichkeit und Stolz.

Und wie sie so dastand und an ihn dachte, voll Angst,

daß er noch nicht da war, und voll Erwartung, ob er nicht bald komme, war Lieblichkeit über sie ausgegossen. Jene überraschende Schönheit, die eine sonst unauffällige Frau plötzlich verändert. Das von allem Schweren gelöste schwimmende Lächeln, es verschließt und zeigt gleichzeitig das Geheimnis ihres Lebens: Alles an mir ist nur geschaffen für den einen. Der samtene Haarflaum im Nakken und die schmalen Hüften und die kleinen Füße mit den sehr geraden Zehen.

Komm, Geliebter.

„Es macht mich froh, daß du mich nicht für kleinlich hältst", sagte Buonarroti.

„Ich schäme mich, was ich Ihnen da in meiner Angst um Cesare alles vorerzählt habe. Vergessen Sie es bitte."

Als Maria gegangen war, konnte Buonarroti sich nicht entschließen, weiterzuarbeiten. Endlich kam Cesare. Außer Atem, die Augen tief dunkel, voll Zorn.

„Morgen kommen keine Bauleute mehr, keine Maurer, keine Zimmerleute. Niemand. In der Bauhütte sagen sie, es ist kein Geld mehr da. Bei der Baukommission haben sie mir gesagt, vielleicht werden später einige Leute kommen, aber es sollen bestimmt nicht mehr als fünfzig sein." Cesare schlug mit der Faust auf den Zeichentisch. „Unter Bramante waren es zweitausend. Der vierte Teil davon hätte uns genügt. Die Leute erzählen, der Papst macht Krieg, und darum ist kein Geld da. Ich weiß es nicht. Und ich frage mich auch nicht, wie er den Krieg gegen die Spanier gewinnen will, wenn er kein Geld hat. Ich meine nur, ein Papst soll überhaupt keinen Krieg führen." Und sehr langsam redete er weiter: „Auch sagt man, die Disputation um den Grundriß soll wieder aufgenommen werden. Unser Grundriß sei ein Zugeständnis an die Kirchenspalter."

Buonarroti sagte nicht, ich habe den Kampf verloren. Es war nicht nötig, sie beide wußten: Seine Augen werden es nicht mehr sehen, wie sich die Kuppel wölbt.

Und Buonarroti tröstete den anderen:

„Geh nach Hause, Cesare, Maria wartet. Sage ihr, sie soll keine Angst haben."

Als er allein war, betrachtete er den Marmorblock, die Pietà für sein Grab, und er fand, Maria hatte recht.

Das da bin ich nicht. Der Mann mit dem müden, verschüchterten Mund. Kleinlich rechnend. Und er erinnerte sich an ein Wort, das über die Alpen hergeweht war bis nach Rom.

„Und wenn ich wüßte, daß morgen die Welt untergeht, ich würde heute doch noch einen Apfelbaum pflanzen."

Und er sah ein, es lag nicht allein an dem schmalen, schüchternen Mund, die ganze Gruppe war mißlungen, und die Komposition stimmte nicht mehr mit dem überein, was er sich vorgestellt hatte, und er schlug mit dem großen Hammer zu und begann seine Arbeit zu zerstören.

Ich werde eine neue Pietà schaffen, aus einem anderen Stein.

✦

Buonarroti schlief diese Nacht nicht, er löschte das Licht aus und blieb in der Werkstatt sitzen. Er war erschöpft, und er wußte genau: Es hörte sich großartig an, ich werde es mit den fünfzig Männern schaffen, und ich werde eine neue Madonna meißeln.

Aber er war einundachtzig Jahre alt und ganz allein. Bis auf einige gute Leute. Cesare und Tomaso Cavalieri. Und sonst?

Das Morgenlicht kam grau herein, und er stand auf und betrachtete wie etwas ungeheuer Fremdes den aufgegebenen Marmorblock.

Wäre es jetzt nicht an der Zeit, alles aufzugeben und aufzuhören?

Und die Verzweiflung trieb ihn aus dem Haus.

Draußen auf der Straße zu ungewöhnlich früher Zeit war ungewöhnliches Schreien. Viele Leute liefen zum Fluß, viele Leute liefen aus den Niederungen des Tibers zu den Villen auf den Hügeln.

Ihre Gesichter waren gierig, erregt, heiß und wild, manche auch entsetzt.

Die Plünderer waren unterwegs zu den Hügeln. Und

die Gaffer drängten sich unten am Fluß, erfüllt von wahnwitziger Begeisterung.

Das Gesetz wurde ausgeführt. Und es gab niemanden in Rom, der nichts davon wußte. Die Verordnung des Papstes trat in Kraft.

Die Juden wurden in das ummauerte Ghetto getrieben unten am Fluß bei den Ruinen. Bei dem verfallenen Theater des Marcellus. Und es gab nur einen Eingang und nur einen Ausgang. Mit bewaffneten Wächtern.

Sie waren weggeschnitten vom Leben. Wenn die Stadt atmete, war es nicht mehr ihr Atem. Sie waren gezeichnet durch den gelben Hut. Bespuckt und verhöhnt. Wer nicht in den Hohn einstimmte, wich ihnen aus. Und wer gefragt wurde, beeilte sich, zu versichern: Ich kenne keinen Juden.

Mitten unter den Menschen stand Buonarroti, und er hörte, wie sie sich Verordnungen aus dem Gesetz zuriefen. Manche mit Genugtuung: Es wurde endlich Zeit. Sie sind schließlich schuld am Irrglauben in der ganzen Welt. Sie müssen sich jetzt nach unserem Kalender richten. Kein Christ braucht jemals wieder einen von ihnen mit Herr anzureden. Sie dürfen niemanden von uns berühren. Nicht der Mann die Frau. Nicht der Arzt den Kranken. Sie müssen ihre Hände wegnehmen vom Handel mit Getreide und von allen anderen Dingen, die ein Christ mit der Speise zu sich nimmt oder am Leibe trägt. Wer von ihnen einen Fuß in unsere Kirche setzt, wird als Gottesschänder gegriffen und verbrannt.

Und Buonarroti ging nicht weg. Er stand schweigend unter den Menschen, benommen, betäubt.

Es ist alles ein Traum, wollte er sich einreden, es ist nicht wahr. Diese gaffenden und plündernden Leute sind nicht meine Römer. Ich sehe Gespenster, weil ich die Nacht nicht geschlafen habe wegen meines Unglücks mit dem Petersdom. Ich bin am Ende, und schreckliche Traumbilder schlagen über mir zusammen, Menschen werden von Menschen getreten. Und weil ich in ohnmächtigem Schlaf liege, kann ich den Mund nicht öffnen, kann mich nicht wehren, nicht einmal mit einem Schrei.

Es war kein Traum, und er sah einen Mann die Straße heraufkommen, den Sohn des Rabbiners, den Doktor der Medizin Immanuel Bonet. Das bartlose Gesicht. Augen traurig und stolz. Das Gesicht erhoben. Er ging mit weiten Schritten ruhig und sicher, aufrecht und langsam; eingehüllt in einen langen gelben Mantel. Alle sahen auf ihn, wie er da die Straße heraufging, sehr allein. Es bildete sich eine Gasse für ihn. Alle kannten ihn, und niemand grüßte ihn, denn sein Kleid war gelb.

Buonarroti spürte, wie sein Herz schneller schlug. Auch ich kenne ihn. Und plötzlich begriff er: Das ist seine Sprache. Sie verlangen von den Gezeichneten: Tragt den gelben Hut. Er aber, weit weg von Demut und Angst, trägt das brennende Gelb um seinen ganzen Leib. Und Buonarroti wünschte, daß der Sohn des Rabbiners wissen sollte: Ich habe deinen Weg gesehen. Ich hätte neben dir gehen sollen. Aber ich kann nicht. Ich habe nicht die Furchtlosigkeit. Und er hoffte, daß der andere aus der schreienden Menschenmenge sein zerschlagenes Gesicht herausfinden würde.

Der alte Mann trat einen Schritt vor und verneigte sich tief.

✳

Ohne es vor anderen zu begründen, begann Buonarroti ein großes Modell für die Kuppel des Petersdoms so einzurichten, daß die Bauleute alle Maße genau entnehmen konnten.

Der alte Mann gab sein Geheimnis preis.

✳

Und er begann eine neue Arbeit. Ein fast sichelförmiger, hoch aufgestreckter, großer Marmorblock. Und es geschah wie immer, wenn er einen Stein betrachtete, er wußte genau, wie das vollendete Werk aussehen sollte.

Zwei Menschen stehen hoch aufgerichtet. Die Madonna mit ihrem Sohn. Wie damals, bei seiner ersten Pietà, der vom Kreuz Genommene.

Aber es ging ihm nicht gut von der Hand, und er ließ den Marmor stehen.

Er hatte gedacht, er sei fertig mit der Angst vor den Menschen. Fertig mit allen Versuchungen, mit allen Hoffnungen. Er hatte viele überlebt. Feinde, Freunde. Er kam sich vor, als stehe er schon außerhalb der Welt, als berühre ihn das Bemühen der anderen nicht mehr.

Und doch erschrak er, als ihm der Bote der Inquisition ein Schreiben brachte. Und er erkannte, daß er noch nicht fertig war. Nicht mit der Angst und nicht mit den Menschen, nicht mit der Hoffnung und nicht mit der Versuchung.

Die Einladung war auf morgen, am späten Nachmittag festgesetzt.

Was will die Inquisition von mir?

Es war niemand da, den er fragen konnte. Er legte sich in Kleidern und Stiefeln aufs Bett. Überdachte seine Möglichkeiten.

Ich bin über achtzig Jahre alt. Ich fühle mich nicht schwach, aber ich weiß nicht, was ich sagen werde unter der Folter. Ich bin nicht sicher, ob ich nicht reden werde, was sie wollen, damit sie nur aufhören.

Ich könnte es auch nicht aushalten, eingesperrt zu werden. Ich bin nicht für ein Leben in einem engen dunklen Raum geschaffen. Damals, als ich mich nach der Eroberung von Florenz versteckte, hätte ich es nicht zwei Tage länger ertragen können. Ich muß sehen, wie die Sonne kommt und weggeht, wie die Bäume sich im Wind bewegen.

Was wollen sie von mir? Ich bin kein Irrgläubiger. Ich habe die Gebote gehalten. Ich verehre die Heiligen. Ich gehe zur Messe und zur Beichte. Alles das halte ich ein, so selbstverständlich wie Essen und Trinken. Ich habe den großen Ablaß zum Jubeljahr 1550 bekommen. Ich spreche mit niemandem über Religion. Ich achte die Heiligkeit der Päpste. Auch darüber spreche ich mit niemandem. Ist irgend etwas noch in mir von Savonarola?

Er suchte lange in seinen Gedanken, und es kam ihm

fremd vor, daß er einmal diesen Mann beneidet hatte. Damals, als er an seiner ersten Maria mit dem Sohn arbeitete. Er versuchte sich in seine Welt zurückzuversetzen, als er brennen wollte, als er eine Fackel sein wollte.

Er fragte sich, was er tun sollte, wenn sie nun herausfänden, er sei dem Irrglauben verfallen.

Würde er, als Vorbild in der Bildhauerei, der Malerei und der Baukunst anerkannt von den Italienern, Franzosen, Deutschen und Türken, würde er, Buonarroti, bei Papst Paul IV. um seine Freiheit betteln? Bei dem Menschen Carafa, der nichts von seiner Arbeit verstanden hat?

Er antwortete sich selbst mit einem triumphierenden Niemals. Aber noch war der Gedanke nicht zu Ende, da verließ ihn auch schon die Gewißheit. Er war nicht sicher, ob er am hellen Tage dieses Niemals vor allen Menschen deutlich aussprechen würde.

Er dachte: Ich bin kein Märtyrer. Meine Tage sind bald zu Ende. Wozu da noch Gewalt, Folter und Feuer? Ich hasse Gewalt.

Jäh atmete er auf. Erleichtert. Ich bin zu alt. Wer die Siebzig überschritten hat, der darf vom Folterknecht nicht mehr berührt werden. Er schlief ein, erfüllt von heiterer Ruhe.

Am Morgen war die Angst wieder da. Warum, so fragte er sich, war er in der Nacht nicht auf den Gedanken gekommen, zu fliehen? Dreimal hatten ihn die Türken eingeladen. Und dreimal hatte er abgesagt.

Was würde er sagen, wenn jetzt der Türke käme und ihn fragte, jetzt?

Die Angst war quälend, weil er nicht wußte, was sie mit ihm vorhatten. Die Ungewißheit lähmte ihn. Er war nicht fähig, seine Gedanken zu den Berechnungen für die Kuppel des Petersdoms zu zwingen. Er verriegelte die Tür. Niemand sollte zu ihm kommen.

Endlich wurde es Mittag. Er überlegte, daß er sich umziehen müsse. Es war ungewiß, ob er zurückkehren würde. Viele schon hatte man wohl in das Haus der Inquisition hineingehen sehen, aber nur wenige kamen wieder heraus. Er ging zur Truhe und wühlte lange unter den Kleidern. Suchte die Teile des spanischen Gewandes zusammen. Die engen Schachtelhosen, das Wams aus schwarzem Samt, die schwarze Jacke mit den weiten Schulterärmeln und die weiße Halskrause. Es würde gut sein, den Herren von der Inquisition sorgfältig gekleidet gegenüberzustehen. Er erinnerte sich, was Onkel Francesco immer gesagt hatte: Wie man kommt gegangen, so wird man auch empfangen.

Er versuchte, die langen Stiefel auszuziehen. Aber sie gaben nicht nach. Er hatte sie tagelang nicht ausgezogen. Nun waren sie wieder festgewachsen, wie er es nannte. Ohne Hilfe würde er sie nicht herunterbekommen. Er begann zu fluchen. Da fiel ihm ein, er könnte anhaben, was er wollte, der Spruch des Onkels stimmte diesmal nicht. Wie auch immer er zu ihnen kommen würde, der Empfang für ihn war sicher schon vorbereitet. Er warf die spanische Tracht, in der er mit der Colonna philosophiert hatte, zurück in die Truhe. Es lohnte nicht, für die Herren der Inquisition sich der Qual des Stiefelausziehens auszusetzen.

Er zog sich seinen grobgenähten dunkelbraunen, fast schwarzen Mantel über die fleckige Arbeitsjacke. Das war zwar altmodisch, aber nicht ärmlich. Er setzte sich auf einen Schemel und wartete, daß die Sonne den Dingen lange Schatten gäbe. Er hatte noch nichts gegessen, verspürte auch keinen Hunger, nur Durst.

Er holte einen Krug Rotwein, trank in langen Zügen. Dann sah er sich in seinem Arbeitsraum um wie einer, der Abschied nimmt. Da verließ ihn die fast heitere Ruhe, mit der er sich noch eben um seine Bekleidung gekümmert hatte. Mit schnellen Bewegungen, die er selbst sich kaum noch zugetraut hatte, sprang er zu den Fenstern, verhängte sie. Niemand sollte hereinschauen. Niemand sollte Zeuge sein. Er vergewisserte sich, ob die Tür geschlossen war. Dann erst ging er zu der anderen Truhe, der großen dunklen. Er nahm alle Zeichnungen und Skizzen heraus. Es hatten sich viele angesammelt. Nur einige Blätter, darunter die Zeichnung eines Gekreuzigten, der Kopf einer Madonna, das wenige legte er zurück in die Truhe.

Alles andere nahm er, ohne es weiter anzusehen, warf es in den Kamin, schlug Feuer, beobachtete, wie es anfing zu brennen. Dann ging er zu den Fenstern, zog die Tücher herunter, schloß die Tür auf. Bevor er das Haus verließ, stocherte er noch einmal mit dem Eisenhaken im Feuer.

So hatte er es immer gehalten. Wenn er wegzog in eine andere Stadt. Was ging es die Leute an, zu sehen, wie mühsam es gewesen war, das Jüngste Gericht. Wie er die Verkürzungen nachgeprüft hatte, wie viele Versuche er gezeichnet hatte über die Möglichkeiten der menschlichen Bewegungen. Hände, Arme, Beine, Füße, Köpfe, verschlungene Gruppen, gelöste Gruppen, Engel mit Posaunen, Blätter nur mit gespitzten Lippen, die geballte Faust des Herrn, das angstgeweitete Auge des heiligen Bartholomäus, alles das brannte jetzt.

Er war oft umgezogen. Nun aber hatte er nicht mehr damit gerechnet, weggehen zu müssen.

Der Pförtner im Haus der Inquisition kannte ihn und begrüßte ihn ehrerbietig.

Er wurde in ein kleines Zimmer im zweiten Stock geführt. Dort rückte man ihm einen Stuhl zurecht. Er möge warten. Sonst waren noch ein Tisch und drei Stühle im Raum. Das kleine Fenster lag so hoch, daß nur der Himmel zu sehen war.

Es dauerte nicht lange. Zwei Männer traten ein im Ordenskleid der Dominikaner. Buonarroti kannte sie beide nicht. Er wollte aufstehen, die frommen Brüder ehrerbietig zu begrüßen. Sie sagten ihm freundlich, er solle keine Umstände machen und sitzen bleiben.

Sie sind höflich, dachte er. Das ist gut. Er überlegte gleichzeitig: Das ist verdächtig. Er fühlte ein Würgen im Halse. Es nützte ihm nichts, wenn er sich sagte: Würde ich sie fragen, wie sie den Petersdom überwölben wollen, sie würden bei der Berechnung jämmerlich versagen. Er war nicht an der Reihe, Fragen zu stellen. Und diese da waren nicht seine Schüler. Die beiden Männer nahmen am Tisch Platz. Einer rückte sich Schreibzeug zurecht.

„Sie sind Michael Angelus Buonarroti ..."

Er fühlte sich gekränkt, stand auf, schrie sie an:

„Das wissen Sie nicht? Jeder Mensch in Rom kennt mich!"

„Bitte, setzen Sie sich, beruhigen Sie sich. Wir werden vieles fragen müssen, was wir natürlich wissen. Wir fragen Sie für das Protokoll, und Sie antworten uns für das Protokoll. Entschuldigen Sie, es geht nicht anders, in diesem Fall verlangt das der Papst."

Er wollte sich nicht einschüchtern lassen. Er fragte, warum er vorgeladen sei.

„Als Zeuge", sagte der Mönch, „in der Angelegenheit des Kardinals Morone."

Buonarroti starrte ihn ungläubig an. Als Zeuge. Und nicht als Angeklagter. Er setzte sich langsam. Er vergaß, wie oft Zeugen zu Angeklagten wurden durch ihre eigene Aussage.

„Bitte verzeihen Sie, wir müssen Ihnen gewisse Fragen stellen."

Papst Paul IV. aus dem Haus Carafa hatte seine Leute angewiesen, Buonarroti mit großer Schonung zu behandeln. Er mußte berücksichtigen: Dieser alte Mann war der Stolz Roms. Und der Mönch fragte behutsam:

„Sie haben Umgang gehabt mit der Marchesa Colonna?"

„Was verstehen Sie unter Umgang?"

„Antworten Sie bitte ohne Ausflüchte. Sie erleichtern Ihnen und uns die Arbeit. Also kannten Sie die Marchesa Vittoria Colonna?"

„Ja." Er wehrte sich nicht mehr. Aber es graute ihn vor den Fragen. Was werden sie ans Licht zerren wollen?

„Kennen Sie ihren Freundeskreis?"

„Die Frau ist tot", sagte er.

„Das ist uns bekannt. Wen von ihren Freunden kennen Sie?"

„Alle", sagte er. Es klang tollkühn, aber es war die ungefährlichste Antwort.

„Sehr schön. Auch den Kardinal Pole?"

„Auch den Kardinal Pole. Ein kluger Mann."

„Vergessen Sie bitte nicht, alles, was Sie sagen, kommt ins Protokoll. In diesem Fall will der Heilige Vater selbst alle Zeugenaussagen prüfen. Haben Sie mit Kardinal Pole gesprochen?"

„Ich habe mit allen gesprochen."

„Auch mit dem Kardinal Giovanni Morone?"

„Auch mit dem Kardinal Morone."

„Sprachen Sie mit ihm über das Dogma der unbefleckten Empfängnis der Maria?"

Der alte Mann stand auf.

„Ja, ich habe mit ihm darüber gesprochen. Auch über die Unsterblichkeit, über die Heiligen, über den Irrglauben, über alles."

Der Fragende wandte sich an den Schreiber:

„Hast du? Über alles." Er kam an den Tisch heran. Er war genauso groß wie Buonarroti. Er blickte ihm in die Augen, fragte, dabei schnappte seine Stimme ein wenig über vor Eifer. Aber er vergaß nicht seinen Ton der Ehrerbietung: „Und was ist das, alles?"

Buonarroti schlug die Augen zu Boden. Er wußte nicht, was er sagen sollte. Was denn ist alles? Die Arbeit? Das Leben? Gott? Oder die Fackel? Wäre es nicht besser, zu brennen als mit Fragen der Plumpheit und des Argwohns gequält zu werden? Aber das hatte er ja schon entschieden. Er wußte, das war nur Spielerei vor sich selber. Die Angst war längst vergangen. Er wurde plötzlich müde, sehnte sich nach seinem Arbeitsraum, und es tat ihm leid, daß er so viele Zeichenblätter umsonst verbrannt hatte.

„Ich weiß es nicht", sagte er ungeduldig.

Der Mönch, erfahren in der Behandlung von Menschen, bemerkte die Unlust des Alten. Auch sah er, daß es schwer war, gegen ihn anzukommen. So änderte er seine Methode. Er ließ die Umschweife beiseite, sagte:

„Seit einem Monat ist Kardinal Giovanni Morone im festen Gewahrsam in der Engelsburg. Er ist angeklagt, dem Irrglauben verfallen zu sein."

Buonarroti hielt sich aufrecht. Er brachte es sogar über sich, zu lächeln. Aber in seinem Ohr hatte er die Worte des Ausrufers:

„Wer Ketzer oder des Irrglaubens Verdächtige aufnimmt oder Umgang mit ihnen pflegt, macht sich schuldig und ist der Inquisition verfallen."

„Was wollen Sie von mir wissen?" fragte er ruhig.

„Alles, was Sie uns über Morone sagen können."

Buonarroti sah auf seine Hände. Die Adern traten stark hervor, und an den Fingergelenken hatten sich Knoten gebildet. Es waren die Hände eines Greises. Aber sie waren noch nicht schlaff. Sie würden den Hammer noch halten können und den Meißel. Die Gedanken glitten ihm davon zu seiner letzten Maria. Morone war bei ihm gewesen und hatte gesagt, sie sei zu übermächtig, es sehe aus, als rede er dem Marienkult das Wort. Vielleicht hatte Morone recht. Das müßte sich korrigieren lassen. Er hatte sich für das Bildwerk kein Modell gefertigt, weder in Wachs noch in Ton, auch keine Zeichnung. Er hatte das Bildwerk in Gedanken so klar vor sich gesehen, daß es ihm nicht nötig schien, es im Entwurf festzuhalten. Er hatte im groben den Umriß festgelegt:

Zwei Menschen, hoch aufgerichtet. Die Mutter schützt den Sohn, und der Sohn schützt die Mutter. Sein Körper ist leblos und doch nicht verfallen. Aber der eben vom Kreuz Gelöste ist schwer. Die Last beugt sie nieder.

Es wird für ihn, Michelangelo, noch einmal der Versuch sein, das Unvereinbare, das Gegensätzliche in den Stein zu zwingen: Ein Sohn häuft alles Leid der Erde auf die Mutter, und das zu Boden Ziehende muß sichtbar werden. Gleichzeitig aber soll deutlich zu erkennen sein: Er stützt die Mutter. Tot und doch stärker als der Tod.

Verstehen leuchtete in seinen Augen auf. Ich muß sein linkes Knie ändern, dachte er, im Grunde stützt es beide Leiber. Und seine rechte Schulter drückt die Last über ihm zurück.

Der Schreiber raschelte ungeduldig mit Papier. Buonarroti sah ihn an. Unendlich gütig, alle Härte war aus seinem

Gesicht gewichen. Er war erfüllt von der beglückenden Gewißheit, eine schon aufgegebene Arbeit doch noch beenden zu können.

Er sah auch klar vor sich, wie die Gesichter werden sollten: demütig.

Da Buonarroti noch immer schwieg, erklärte der Dominikaner:

„Wir wollen von Ihnen vor allem wissen, ob Morone Sie veranlaßt hat, die Sixtinische Kapelle mit anstößigen Bildern zu entweihen."

Mit der Heiterkeit eines Mannes, der weiß, wie er seine Arbeit zu einem guten Ende bringen wird, antwortete er:

„Es wird Ihnen kaum gelingen, aus mir einen Michelangelo nach Ihren Vorstellungen zu formen, so wie sich kleine Kinder aus Sand Kuchen backen. Alles, was ich gemalt habe, ist aus meinen eigenen Gedanken entstanden. Und ich allein habe dafür die Verantwortung."

„Wir danken Ihnen. Würden Sie bitte das Protokoll unterschreiben, damit unser Heiliger Vater auch sieht, daß es seine Richtigkeit hat."

Buonarroti nahm die Feder. Er las die Seiten aufmerksam durch, dann unterschrieb er. Als er die Blätter zurückreichte, meinte er:

„Ich hoffe, daß ich dem Kardinal Morone damit geholfen habe. Sicher beruhen die anderen Anschuldigungen auch auf Irrtümern. Und hat denn nicht gerade Morone durch seinen Einfluß auf die anderen Kardinäle erreicht, daß Carafa Papst wurde?"

„Davon wissen wir nichts", sagten beide Dominikaner gleichzeitig.

Und sie sagten weiter, einer ergänzte den anderen:

„Wir wissen nur, daß Morone schon als Nuntius in Deutschland verdächtig war, weil er den Abspaltern Zugeständnisse gemacht hat."

„Und er hat Freundschaft gehalten mit dem abtrünnigen Prediger Bernardino Occhino."

„Und er hat sein Bistum Modena den Irrlehren geöffnet."

„Schreiben Sie noch einen Zusatz", sagte er zu dem Dominikanermönch. „Ich, Michael Angelus Buonarroti, erkläre, ich achte den Kardinal Giovanni Morone als einen Mann der Ehre. Nie hörte ich von ihm ein Wort des Zweifels. Daß er ein Irrgläubiger ist, halte ich für ausgeschlossen. Ich beredete mit ihm oft Fragen der Kunst. Er hat mir zu der Einsicht verholfen, wie nichtig das Streben der Menschen ist, wenn sie ohne Demut sind. Ich sage noch einmal, es kann nicht sein, daß er irgendwelche ketzerischen Gedanken in sich gehabt hat."

Höflich und freundlich dankten ihm die beiden Mönche und geleiteten den Alten bis vor die Tür. Er verspottete sie ein wenig, da er die Treppen schneller hinabging als sie in ihren langen weißen Mänteln, die sie über den schwarzen Kutten trugen.

In seinem Hause aber ging die Sicherheit weg. Er horchte bei jedem Schritt draußen, ob sie nun kämen, ihn zu holen. Oft ertappte er sich dabei, wie er leise vor sich hin sagte:

„Wer einen Ketzer aufnimmt oder Umgang mit ihm pflegt, macht sich schuldig."

Lange Zeit dauerte es, bis seine Furcht, plötzlich geholt zu werden, abklang.

Tage, Monate der Lähmung kamen. Das Bild der Mutter mit dem Sohn, das er bei dem Verhör so genau vor Augen gehabt hatte, war zergangen. Er konnte sich nicht mehr darauf besinnen, wie er die einzelnen Züge in den Gesichtern hatte meißeln wollen. Er ging nicht einmal hin zu dem angefangenen Bildwerk, es zu versuchen. Er wollte es nicht sehen. Er war nicht sicher, ob Demut die beste Lösung sein konnte.

★

Der Statthalter Christi auf Erden, Papst Paul IV., las alle Zeugenaussagen. Es lag ihm daran, den Prozeß Morone zu beenden. Er sortierte aus. Die für den Kardinal günstigen Zeugenaussagen legte er auf die rechte Seite seines Arbeitstisches, die ungünstigen auf die linke Seite. Der Haufen zur Rechten wuchs an, der zur Linken blieb zurück. Mit Aufmerksamkeit las er die Zeugenaussage des Michael Angelus Buonarroti. Sie war eine Stimme unter den vielen günstigen. Er legte auch sie nach rechts hinüber.

Nach einer Weile klingelte er. Ein Diener kam.

„Ich wünsche eine Unterredung mit Kardinal Morone."

Aus der Engelsburg wurde der Gefangene eilends hergeholt.

Sehr blaß, aber mit einem sanften, klugen Lächeln in den Augen stand er vor dem Heiligen Vater.

Carafa zeigte auf den großen Haufen an Blättern.

„Das sind alles günstige Zeugenaussagen für Sie. Ich kann Sie nur beglückwünschen."

Hoffnung leuchtete auf in den Augen des Gefangenen. Aber er durfte nicht ungefragt sprechen. So wartete er auf das Wort des Heiligen Vaters: Geh nach Hause, mein Sohn, deine Unschuld ist bewiesen.

Carafa wischte mit einer Handbewegung den großen Haufen beiseite, die Blätter fielen auf den Boden.

„Aber die Inquisition irrt nicht. Und wenn nur ein einziger Mensch einen Verdacht gegen Sie ausspricht, so genügt uns das. Und wenn wir tausend gute Stimmen dagegen hätten, so wiegt diese eine schlechte wie ein Mühlstein. Und die anderen sind Federn. Wir brauchen nur noch Ihr Geständnis."

Das Gesicht des Gefangenen verfiel, wurde alt.

„Sie haben verbotene Bücher gelesen?" fragte der Papst.

„Ich mußte als Nuntius wissen, was Leute wie Luther und Melanchthon geschrieben haben. Wie hätte ich sonst disputieren können, ohne Kenntnis der Meinung der anderen?"

„Sie hatten genaue Anweisungen von uns. Das mußte Ihnen genügen. Sie haben eine Schrift verbreitet, vor allem in Ihrem Bistum Modena, ‚Von der Wohltat Christi', darin behaupten Sie, Christus habe reiche Nichtstuer verdammt. Damit haben Sie die Aufrührer unterstützt, die aus den niedrigsten Ständen kommen."

„Die Schrift ist erst später auf den Index gekommen; im Anfang wurde sie vom Vatikan als ein guter Beitrag zur Reform begrüßt."

„Es entschuldigt Sie nicht, in die verwirrten Ansichten über eine Reform noch mehr Verwirrung hineingetragen zu haben. Niemals hätten gewöhnliche, niedere Mönche und Laien Kenntnis davon haben dürfen, daß eine Reform notwendig wurde. Nur wenige im Vatikan hätten die Grundzüge für eine Reform erarbeiten und der gläubigen Welt als Geschenk darbieten sollen."

„Wie kann ich mich verteidigen, wenn Sie über meine Schuld schon eine vorgefaßte Meinung haben, Heiliger Vater?"

Und Giovanni Morone wurde zur strengeren Bewachung in das Gefängnis der Inquisition gebracht.

★

Tomaso Cavalieri wußte, es wird nicht angenehm für ihn werden. Aber es erfüllte ihn auch mit einer gewissen Neugierde, wie Buonarroti sich verhalten würde, wenn er ihm ankündigt:

„Die Inquisition hat beschlossen: Alle nackten Figuren im Jüngsten Gericht müssen übermalt werden."

Tomaso hatte sich darauf eingerichtet, daß Buonarroti in jähem Zorn aufschreien würde, und er hatte sich vorgenommen, alle Lobesworte, die je über die Werke Buonarrotis gesagt worden waren, aufzuzählen, hintereinander. Damit wollte er ihn besänftigen.

Aber Buonarroti schrie nicht auf, und er lachte nicht höhnisch, und er beklagte sich auch nicht. Er sah den Mann mit dem noch immer makellosen, engelgleichen Gesicht lange an, und er redete sehr leise, so daß Tomaso ihn kaum verstand:

„Was gelten neben den unzähligen lebendig eingegrabenen Menschen, neben den zahllosen Gefangenen der Inquisition noch meine gemalten Figuren?" Er stand auf. Und jetzt redete er laut und deutlich: „Sage dem Papst, es ist gewiß eine bewundernswerte Leistung, gegen gemalte

Gestalten anzukämpfen und dabei zu siegen. Der Papst soll lieber der Welt Frieden bringen, das ist seine Aufgabe."

Die Römer nannten jenen Maler, Daniele da Volterra, der den Auftrag der Inquisition ausführte, den Hosenschneider.

*

Warten. Auf den Tag, da endlich er, Nanni, oberster Baumeister von San Pietro werden wird. Aber es wäre besser, überlegte er, etwas zu tun. Cesare ist Michelangelos rechte Hand. Wenn die rechte Hand eines Menschen unbrauchbar wird, dann ist er hilflos. Vor allem so ein alter Mann. Dann muß man endlich mich nehmen.

Ich könnte, Nanni wog seine Möglichkeiten sorgfältig ab, Anzeige bei der Inquisition erstatten, anonym. Doch dann fragen sie mich sicher auch aus, weil ich Mitglied der Bauhütte bin, Meister genauso wie Cesare.

Ich könnte die zarte Maria mit den winzigen hellen Haaren im Nacken verführen, die mädchenhafte Frau, die nie alt zu werden schien.

Und er malte sich aus: Wenn sie zu Mittag auf den Bauplatz kommt, mit Wein und Brot für ihren Cesare, dann wird er vor den Augen des kleinen Mannes zeigen, wie unwiderstehlich er, Nanni, ist.

Er wird nichts reden, es nicht mit plumpem Geschwätz versuchen oder mit schmelzendem Gesang, diese Frau würde darüber lächeln.

Er wird nur seine Augen zu ihr hingehen lassen, so daß sie nicht ausweichen kann, auch wenn sie will. Und mit seinen Blicken wird er alles an ihr berühren, er wird so lange über ihre Lippen streicheln, bis sie zu ihm hinschauen muß.

Und wenn sie seine Tränen der Rührung und der Erregung sieht, dann wird sie Herzklopfen bekommen. Und während ihr schmächtiger Cesare seinen Kopf in den Nakken legt, um aus der Flasche den letzten Tropfen vom Rotwein herauszuschlürfen, wird sie ihren Mund öffnen und lächeln, und sie wird ein wenig verlegen sein, weil es ihr angenehm ist, wie sehr sie begehrt wird.

Sie wird aufstehen und ihren Rock sehr sorgfältig glattstreichen, und ihren schmächtigen Cesare wird sie auf die Stirn küssen.

Und noch bevor der darüber nachdenken kann, warum sie seine Lippen nicht geküßt hat, wird er, Nanni, ihr nachgehen, und er wird vor den Augen des anderen seine Hand auf ihren Arm legen, nur einen Augenblick. Und sie wird den Druck seiner Finger spüren. Sicher wird ihre Haut kühl sein, auch unter der heißen Mittagssonne.

Aber vielleicht hat Cesare ein Messer bei sich, und er läßt sich das nicht gefallen. Liebe um diesen Preis ist zu teuer für mich.

Auch bin ich nicht sicher, ob sie meine Finger bis an ihren Arm heranläßt, sie liebt ihren Mann, und schließlich, ich mag es nicht, wenn Frauen winzige Haare im Nacken haben.

Nanni dachte und dachte: Wie ist die rechte Hand des obersten Baumeisters zu lähmen?

Gift. Aber wer sagt mir, daß der Apotheker verschwiegen ist? Und wieviel wird das kosten? Vielleicht so viel, daß ein gewöhnlicher Baumeister wie ich das Geld gar nicht beisammen hat. Das können sich wohl nur die Großen leisten, die Medici und die Borgia.

Ein Unfall. Ich könnte oben neben Cesare bei den Pfeilern stehen auf der Treppe. Durch eine ungeschickte Bewegung fällt der andere hinunter. Aber ich muß leider zugeben, er ist nicht ungeschickt. Niemand würde mir diese Erklärung glauben, wenn ich mit oben stehe.

Und er kam zu dem Ergebnis: Ich darf eben nicht mit oben stehen. Ich darf nicht selbst Hand an ihn legen, das ist zu auffällig und zu unsicher.

★

Ein Freudentaumel ging durch Rom: Papst Paul IV. aus dem Haus Carafa ist tot. Neue Hoffnung lebte auf.

Die Leute sammelten sich überall in den Straßen und in

den Gassen und redeten erregt miteinander. Und nicht irgendwoher, sondern aus den Niederungen am Tiber kam eine große Zahl von Menschen. Sie gingen geordnet, nicht zu schnell, aber sehr bewußt, sie kannten ihr Ziel. Vorn, in der ersten Reihe, ging Sandro, der Schiffer aus Trastevere; er ging mit jenem wägenden Schritt, der nur auf dem Wasser zu erlernen ist. Er hielt seine Mütze in der Hand, und jeder sah in der Mitte der Stirn die scharfe Trennungslinie, gezogen durch den Mützenrand. Von da aufwärts bis zum Haaransatz war die Haut hell, und es sah aus, als sei ihm eine Krone tief in die Stirn gedrückt. Sonst aber war seine Haut dunkel geworden von der Sonne, vom Wind und vom Regen. Er trug eine schmale silberne Kette um seinen Hals, auf der bloßen Brust war ein kleines Amulett zu erkennen, das Bild seiner Mutter.

Und alle, die nach ihm kamen, mühten sich, seinen gleichmäßigen Schritt einzuhalten, seinen Mut zu ihrem Mut werden zu lassen. Denn sie rückten an gegen das Gefängnis der Inquisition. Sie blieben vor dem Gebäude stehen. Fünf Mann von der Wache kamen heraus, starrten sie an, flüsterten miteinander.

Da trat Sandro vor, schwenkte seine Mütze in der Hand und forderte mit seiner lauten, klangvollen Stimme die Wache auf, die Tore zu öffnen und die Gefangenen herauszulassen.

Der Gefängnishauptmann, einer von der zuverlässigen Schweizergarde, ließ sich nicht einschüchtern. Er wippte auf seinen Zehen, schrie in die Menge:

„Verschwindet! Aber schnell! Sonst lasse ich Musketen bringen!"

Sandro entgegnete:

„Nein, wir gehen nicht, wir sind ohne Waffen gekommen und fordern, gebt die Gefangenen frei. Der Herr der Inquisition ist tot. Die Zeit des Unrechts ist zu Ende."

Und die Menschen riefen, erfüllt von der Zuversicht, mit dem Tode des obersten Inquisitors sei auch die Inquisition tot:

„Gebt die Gefangenen heraus!"

Der Gefängnishauptmann ließ sich nicht einschüchtern; er befahl seinen Wächtern, die Musketen zu holen und in die Menge zu schießen, und er sagte:

„Recht muß Recht bleiben."

Und sie trafen fünf zu Tode, vier Männer und eine Frau. Aber noch ehe der Gefängnishauptmann ein Vaterunser zu Ende beten konnte, kam die Menge über ihn und seine Wächter. Sandro gab den Befehl, sie zu fesseln, und sie hörten auf ihn, als er ihnen zuschrie:

„Tötet sie nicht. Wir wollen unsere Hände nicht beflecken. Es soll ordentliches Gericht über sie gehalten werden."

Und sie stießen die Tore weit auf, und sie schlossen die Gefangenen tief unten in den Kellern von den Ketten los. Und die eingeschlossenen Männer stiegen die schmalen Steintreppen herauf, bleich und schwach. Viele unter ihnen waren blind und konnten die Sonne nicht mehr sehen.

Und als sie aus dem Tor traten und auf den freien Platz kamen, brach alles Schreien und Rufen und Singen der erregten Menschen jäh ab. Die Männer nahmen die Mützen vom Kopf, ehrendes Schweigen empfing die Gefangenen der Inquisition.

Sandro, der Schiffer aus Trastevere, erkannte Morone, den Kardinal, den Mann, der in seinen Predigten seiner Gemeinde gesagt hatte, was jenseits der Alpen geschehen war. Er kannte auch das umstrittene Buch „Von der Wohltat Christi", aus dem Morone gelehrt hatte, ein Buch, das erzählte, wie Christus reiche Nichtstuer verdammte. Und Sandro ging auf den Kardinal zu, umarmte ihn und stellte ihn mit einer weiten Handbewegung denen vor, die mit ihm aus den Niederungen am Tiber gekommen waren:

„Mein Lehrmeister."

Und als das Volk ihm Beifall klatschte, traten Tränen der Rührung in die Augen Morones, und er dachte: Wir kennen sie viel zuwenig, diese vielen kleinen Leute. Ich kenne nicht einen von ihnen.

Und Sandro fragte ihn:

„Was soll mit dem Gefängnishauptmann und den Wächtern werden?"

Viele aus der Menge forderten:

„Hängt sie auf!"

Da schrie der Gefängnishauptmann laut und bat um Gnade.

„Hast du Gnade gekannt?" fragte Sandro. „Du hast den Befehl gegeben, zu schießen. Du hast getötet. Du bist ein Mörder!"

„Ich habe nur meine Pflicht getan", jammerte der Gefängnishauptmann.

„Lassen Sie uns hier auf der Stelle Gericht über ihn halten", sagte Sandro. „Die Ankläger sind da, der Angeklagte ist da, seien Sie, Kardinal Morone, der Richter."

Morone hob abwehrend beide Hände.

„Nein, ich habe keine Befugnis."

„Aber Sie kennen doch alle Gesetze", entgegnete der Schiffer. „Sprechen Sie Recht im Namen dieser Gesetze."

„Ich kann nicht", wiederholte Morone. Und jetzt wandte er sich an alle: „Aber ich verspreche euch, er soll seinen Richter finden. Jetzt kommt er in das tiefste Verlies, wenn ihr wollt, dorthin, wo ihr mich herausgeholt habt." Und er verstand so mit ihnen zu reden, daß sie auf ihn hörten.

„Ja", riefen sie, „aber er soll auch angekettet werden."

Und Kardinal Morone bestimmte:

„Drei von euch gehen mit. Überzeugt euch, ich halte mein Wort."

Und während der Gefängnishauptmann fast von Sinnen wiederholt schrie: „Tötet mich nicht!" – die großmütige Verfügung des Kardinals war ihm noch nicht bewußt geworden –, während dieser Mensch also hinuntergeführt wurde, liefen die anderen, die vielen, zum Haus der Inquisition. Sandro hatte ihnen das Zeichen gegeben.

Kardinal Morone aber eilte in den Vatikan, um der Kardinalskommission Bericht zu erstatten, was in der Stadt geschehen war. Das Kollegium der Kardinäle hatte in der Zwischenzeit zu regieren, bis ein neuer Papst gewählt war.

Das Haus der Inquisition stand leer; die Mönche und Wächter waren geflüchtet.

Die Menschen drangen ein in alle Räume, sie suchten die gehaßten und gefürchteten Listen. Und sie fanden über jeden Bürger Roms Akten mit Angaben von Spitzeln und von Nachbarn, Regale voll. Auch die Prozeßakten der Gerichtsverfahren der Inquisition standen, zu dicken Büchern gebunden, in Schränken. Sie waren aufgereiht in der peinlichen Ordnung, die der kunstliebende Kardinal Cervini eingeführt hatte, der Mann, auf den damals das Licht gefallen war, als er das Konzil von Trient nach Bologna verlegt hatte.

Und der lesekundige Sandro zog die Schriften heraus. Zorn kam über ihn, er öffnete die Fenster und warf das dicke Buch mit der genauen Anklage gegen einen römischen Bürger hinaus. Und die nach ihm gekommen waren, griffen mit zu und zogen alle Schriftstücke aus den Schubfächern und den Geheimschränken. Sie warfen alles hinaus auf die Straße.

Und als das Haus leer war, gingen sie hinunter, erschöpft, glücklich.

Unten war alles weiß von Papier. Es sah aus, als seien übergroße Blüten auf die Erde herniedergefallen, ekle, ekkige Blüten, und statt der feinen Adern trugen sie schwarze Schriftzeichen, die vielfach Tod bedeuteten.

Und Sandro atmete tief auf bei dem Gedanken, wie viele er heute gerettet haben mochte. Es war ein überwältigendes Gefühl, bis zu den Fußknöcheln in diesem Meer von Papier zu baden. Eine tiefe Lust, ein Gefühl der Stärke, Sieger zu sein über heimtückische, unbekannte Kräfte, die sich auf diese dünnen Papiere gestützt hatten.

Nicht zu vergleichen war dieses Gefühl mit jener Lust beim Kinderspiel im Herbst, wenn der Fuß durch die abgefallenen, raschelnden, braun gewordenen Blätter der Platanen streifte.

Im Herbst ist Wehmut und Angst, nun kommen die kalten und dunklen Zeiten. Jetzt aber ist Hoffnung: Alles, was auf dem Papier stand, sicher auch die Anschuldigung gegen mich, ist nun vergessen. Zertreten im Schmutz. Wir können wieder leichter atmen.

In dieser Zeit, da die empörte Menge das Verwaltungsgebäude der Inquisition ausgeräumt hatte, sammelte das Kardinalskollegium die päpstlichen Truppen. Und nun rückten sie voran mit zum Angriff gesenkten Lanzen. Ihr Marschtritt war scharf und abgemessen. Die überraschten Menschen wichen vor ihnen aus, verängstigt, sie drückten sich in die Häusernischen oder liefen weit weg bis in die Ruinen aus den fernen Kaisertagen.

Mit den päpstlichen Truppen war Kardinal Morone gegangen, denn das Kardinalskollegium hatte ihn gebeten, das Gefängnis nicht eher zu verlassen, bis sie sich geeinigt hätten, welche Gefangenen freizugeben seien.

Und die päpstlichen Truppen setzten den Gefängnishauptmann wieder an seine alte Stelle, so daß für ihn alles nur wie ein wüster Traum war.

Den Schiffer Sandro griffen sie. Zur Abschreckung und Warnung für alle Bürger wurde er auf der Stelle ausgepeitscht und hingerichtet. Und sein Kopf wurde auf eine Lanze gesteckt und dem Volk gezeigt: Seht her, so enden Aufwiegler.

Und Kardinal Morone schwieg.

Auf den Boden war das kleine dünne Silberkettchen gefallen mit dem Bild der Mutter, und niemand wagte hinzugehen und das Kettchen aufzuheben, damit Sandros Frau es habe.

*

Nanni machte sich Vorwürfe: Ich hätte es damals bei dem Aufstand nach dem Tode Pauls IV. erledigen sollen. Mit Cesare. Ein Toter mehr wäre niemandem aufgefallen. Aber ich hatte gehofft, ein neuer Papst schafft auch neue Verhältnisse auf dem Bauplatz beim Petersdom.

Das ewige Zögern bringt mich nicht einen Schritt weiter, und nichts hat sich geändert. Der neue Papst Pius IV. hat Michelangelo als obersten Baumeister bestätigt.

*

Früh am Morgen fanden Bauleute den toten Cesare. Im Dom. Ermordet durch Messerstiche in den Rücken.

Sie riefen Michelangelo Buonarroti.

Der alte Mann kniete nieder und schloß dem Toten die Augen.

Einmal hatten diese Augen ihn angesehen, erfüllt vom Suchen nach dem Grund der Dinge. „Ich glaube", so hatte Cesare gesagt, „ich weiß jetzt, was das Geheimnis Ihrer Kunst ist."

Trostlosigkeit schlug über Buonarroti zusammen. Jetzt hatte er das Geheimnis seiner Kunst erfahren. Und es hieß Unglück.

Mit einer unendlich langsamen Bewegung nahm er behutsam und sacht die linke Hand des Cesare, band das grüne Seidentuch vom Gelenk los.

Und er stand auf und ging durch die helle, gleißende Sonne des frühen Tages zu der Frau des Cesare.

Maria.

„Cesare ist schon weggegangen", ruft sie ihm von weitem zu. Und sie ist ein wenig ungehalten, daß zu ungewohnter Zeit der Lauf des Tages durch einen unerwarteten Gast aufgehalten wird. Gleich müssen die Kinder geweckt und gewaschen und gekämmt werden. Und die frische Morgensuppe darf nicht zu sehr auskühlen. Zuvor aber müssen noch Cesares frisch gewaschene Hemden zum Trocknen in die Sonne gelegt werden. Er hat es gern, täglich ein sauberes überzuziehen. Warum soll sie ihm dieses kleine Behagen nicht bereiten. Aber die Stunden sind genau eingeteilt. Denn wenn es Mittag wird, dann zieht sie sich an wie zu einem Festtag. So hat sie es immer gehalten. Dann geht sie zu Cesare und bringt ihm das Essen. Und sie setzen sich in den Schatten, nebeneinander. Sie reden nicht viel. Aber sie schaut ihn an und sieht zu, wie er ißt und trinkt. Und jeder Augenblick mit ihm zusammen ist gewonnenes Glück.

Jetzt sind die beiden Kleinen, die Söhne, schon so groß, daß sie laufen können, und sie dürfen mitkommen.

Da sieht sie den alten Mann an, und sie begreift alles.

Es ist sinnlos, wenn sie die Hemden jetzt noch unter den Sonnenstrahlen ausbreiten will. Und der Schmerz schlägt über ihr zusammen.

Verzweiflung ist in das Gesicht des alten Mannes eingezeichnet. Aller Kummer der Welt wohnt in seinen tief in den Höhlen liegenden, weit aufgetanen Augen.

„Niemanden habe ich glücklich machen können. Und du und deine Söhne, ihr werdet mich verfluchen."

Da nimmt die weinende Maria den alten Mann bei den Händen und führt ihn sacht in die niedrige Stube.

Sie sagt kein Wort. Aber sie geht mit den Schritten der Entschlossenheit. Sie zeigt ihm die schlafenden Kinder. Ihre kleinen runden Gesichter sind heiß geworden von ihren Morgenträumen.

Und in das Herz der Verzweifelten zieht Trost, gespeist von jenem Mut, der unter Tränen lächeln darf. Und Maria weckt ihre Kinder. Und sie schauen mit aufmerksamen Augen in den neuen Tag.

VII. Kapitel

Die zerschlagene Madonna

Es gab keine Erklärung, keine Ausrede, keine Ausflucht: der sichelförmige Stein habe sich versagt, eine schwarze Ader habe alles verdorben.

Der alte Mann stand vor seinem Werk. Er war nicht schwach und fühlte sich nicht zum Sterben. Aber er war einsichtig genug, zu begreifen: Nach diesem da wird er nichts mehr sagen können.

Diese Muttergottes mit ihrem Sohn war das letzte.

Er nahm das Werkzeug, heute zitterte die Hand nicht. Er hatte gut geschlafen. Er hatte früh auch ein wenig gegessen, und es hatte ihm geschmeckt.

Er arbeitete schnell, sicher, lange. Er wurde nicht müde. Es war wie damals, als er den Auftrag erhalten hatte zum großen Jubeljahr. Die Mutter und der Sohn, abgenommen vom Kreuz. Damals hatte er es auch nicht in einem Anlauf geschafft, und es hatte beim Arbeiten tiefe Zweifel gegeben. Es hatte viel länger als ein Jahr gedauert. Er erinnerte sich an den Tag, an dem er den Anblick seiner eigenen Arbeit nicht ertragen konnte. Und er war weggelaufen zum Fluß, hatte in das langsam dahingleitende Wasser geschaut, stundenlang.

Er wußte, jetzt gab es nicht mehr genug Zeit, wegzulaufen zum Fluß, seine Tage durften nicht mehr weggleiten wie das Wasser.

Er legte den Klöppel und den Meißel beiseite, trat zurück, besah seine Arbeit.

Es war kein plötzliches Erschrecken in ihm, wie er die Linien der Figur nachprüfte, es war nur Bestätigung. Er wird das hier nie zu Ende bringen. Nicht, weil er zu schwach wäre, weil er müde darüber werden könnte.

Es war schlimmer. Er wollte das da gar nicht zu Ende bringen.

Käme jetzt einer der Schüler oder ein Kardinal oder

irgendein Mensch, er würde ihn anschreien, beschimpfen, er würde ihm zeigen, wie sehr er es wünschte, gerade diese Figur zu vollenden. Als letztes, als größtes, als verbindliches Bekenntnis.

Er stand vor seiner Arbeit, und er begriff, das war nicht sein Bekenntnis. Das wollte er nicht sagen: „Seid demütig."

Er hatte kein Modell in Ton geformt und keine Zeichnung auf Papier gebracht. Der Vorwurf für diese Mutter und diesen Sohn war nur festgehalten in seinen Gedanken.

Aber da seine Gedanken nicht unwandelbar dieselben geblieben waren, hatte sich der Plan für die Ausführung der Figur von Zeit zu Zeit geändert.

Es ließ sich nicht auf den Tag genau festlegen, wann es anfing, daß er seinen eigenen Beginn bezweifelte. Wann es anfing, daß er in seinen Werken zurücknahm, was er gewonnen hatte. Gewonnen aus den Erkenntnissen derer, die vor ihm gearbeitet hatten, die mit ihren Werken die Grenzen gesprengt hatten. Es ließ sich der Tag und die Stunde nicht festlegen, wann er anfing, in die Gefangenschaft zu gehen. Aus eigenem Willen.

Lange betrachtete er seine Werkzeuge, die großen schweren Eisenhammer, die Meißel, die Holzklöppel. Er wußte es nicht erst in diesem Augenblick: Er hatte nicht mehr versucht, aus der Gefangenschaft herauszukommen.

Er hatte verzichtet.

Er hat sich unterworfen. Aus Bequemlichkeit, aus Einsicht. Anpassen.

Und beim Zurückweichen kam Verachtung vor den Menschen, die sein Nachgeben lobten.

Aber Werke, nur geschaffen aus dem Zorn der Verachtung, sind eitel. Sie sind wie Blüten, die sich nicht öffnen konnten, weil der Frosthauch sie zu früh traf.

Und es ist besser, die erstarrte Knospe wegzuwerfen, denn kein Feuer der Welt kann sie wieder zum Erblühen bringen. Es ist sinnlos, im ersten Novemberfrost die heißen Tage des Sommers zurückzuwünschen.

Hier nun steht Michelangelo Buonarroti, erster Bildhauer und Baumeister und Maler des Vatikans, fast neunzig Jahre alt, und er führt den Meißel über diese Pietà. Er zerstört den Stein. Nicht roh und gewalttätig, sondern mit zarter, liebender Hand.

Er hat nicht verzichtet. Er hat sich nicht unterworfen. Und ist er jemals zurückgegangen, so geschah es nicht aus Bequemlichkeit und nicht aus Eitelkeit.

Zwang war gewesen.

Und dem Zwang hatte er seine Verachtung entgegengesetzt.

Doch Verachtung ist zu klein, denn für die, die ihn zur Umkehr gezwungen haben, ist seine Arbeit nicht bestimmt. Kein Meißelschlag und kein Pinselstrich seiner Hand geschah zu Ehren dieser Leute. Und er hat es ihnen ins Gesicht gesagt. Wer wird sich an euch und euren Namen noch erinnern, nach hundert Jahren oder nach tausend Jahren? Euch und euren Taten habe ich kein Denkmal gesetzt, sondern den anderen.

Junge Männer in der Vollkommenheit ihres Leibes. Verwirrend schön wie der Steinhauer Niccolo aus den weißen Bergen von Carrara. Aber mit großen, verarbeiteten Händen.

Und Mütter. Die Trauernde, die Kämpfende. Sorgend und gütig. Vielfach ärmlich und erfüllt von Not. Aber nie häßlich und ohne Liebe.

Und Kinder, manche mit großen, fragenden Augen.

1527 7. Juni: Deutsche und spanische Truppen besetzen die Engelsburg.
1529 Michelangelo Festungsbaumeister in Florenz.
Malatasta Baglioni Oberbefehlshaber der florentinischen Truppen.
September: Michelangelo flieht nach Venedig. – Beginn der Belagerung von Florenz.
November: Michelangelo kehrt nach Florenz zurück.
1530 24. Februar: Karl V. wird in Bologna zum Kaiser gekrönt.
August: Kapitulation von Florenz durch Verrat Malatasta Baglionis.
Battista della Palla wird hingerichtet.
Herbst: Michelangelo nimmt die Arbeit in der Medicikapelle wieder auf.
Er weigert sich, dem Gesandten des Herzogs von Ferrara das Gemälde Leda auszuhändigen; er schenkt es seinem Diener Antonio Mini.
1531 Er arbeitet an den Skulpturen Nacht und Morgen.
1532 Vierter Vertrag über das Juliusgrabmal.
1533 Heinrich VIII. von England heiratet Anna Boleyn.
Michelangelo arbeitet an den Skulpturen Tag und Abend für die Medicikapelle.
1534 Heinrich VIII. erhebt sich selbst zum Oberhaupt der englischen Kirche.
März: Antonio da Sangallo wird von Herzog Alessandro de' Medici nach Florenz eingeladen; er baut eine Zitadelle.
Ignatius von Loyola gründet die Gesellschaft Jesu.
Die Wiedertäufer in Münster.
Juni: Michelangelos Vater Lodovico gestorben.
23. September: Michelangelo in Rom.
25. September: Papst Clemens VII. gestorben.
13. Oktober: Paul III. (Farnese) Papst bis 1549.
Michelangelo erhält von Paul III. den Auftrag für das Jüngste Gericht.
1534–1541 Er arbeitet am Jüngsten Gericht.
1535 Frankreich verliert das Herzogtum Mailand an Spanien; spanische Vorherrschaft in Italien.

1535 1. September: Michelangelo oberster Baumeister, Bildhauer und Maler des Vatikanischen Palastes.
1537 6. Januar: Alessandro de' Medici wird ermordet.
       Michelangelo arbeitet an der Brutusbüste.
1540 Paul III. bestätigt den Jesuitenorden.
       Perugia wird von päpstlichen Truppen erobert.
1541 Ascanio Colonna wird von päpstlichen Truppen aus seinen Besitzungen um Rom vertrieben.
       Die Türken erobern Ofen (Buda).
       Erneuerung der Inquisition in Rom durch Kardinal Carafa.
       Enthüllung des Jüngsten Gerichts.
1542 Bernardino Occhino flieht in die Schweiz.
       Michelangelo arbeitet an den Gemälden Bekehrung Sauls und Kreuzigung Petri für die Paolinische Kapelle.
       Letzter Vertrag über das Juliusgrabmal.
1543 Nikolaus Kopernikus gestorben.
1545 Erstes Tridentinisches Konzil.
       Februar: Beratung über die Befestigung Roms.
1546 Das Haus Fugger finanziert den Schmalkaldischen Krieg.
       Luther gestorben.
       Michelangelo schenkt den Gefesselten und den Schlafenden Roberto Strozzi; Strozzi schenkt die Skulpturen Franz I. von Frankreich.
       Antonio da Sangallo gestorben.
       Michelangelo arbeitet an Entwürfen für den Ausbau des Kapitols.
1547 1. Januar: Michelangelo oberster Baumeister von San Pietro.
       25. Februar: Vittoria Colonna gestorben.
       Heinrich VIII. gestorben.
       Sebastiano del Piombo gestorben.
1548 Michelangelo beginnt mit Ausbesserungsarbeiten an der Marienbrücke.
1549 Paul III. gestorben.
1550–1555 Julius III. Papst.
1551 Die Arbeit an der Marienbrücke wird Nanni di Baccio Bigio übertragen.
1552 Das Collegium Germanicum, eine Ausbildungsstätte der Gesellschaft Jesu für deutsche Priester in Rom, wird gegründet.
1553 Mai: Lionardo, Neffe Michelangelos, heiratet.
1555 England baut 38 Kriegsschiffe.
       Marcellus II. (Cervini) Papst; er stirbt drei Wochen später.

1555 Sigismondo, Bruder Michelangelos, gestorben.
Urbino, Gehilfe Michelangelos, gestorben.

1555–1559 Paul IV. (Carafa) Papst.

1556 Michelangelo arbeitet an einer Pietà für sein Grab.
Aretino gestorben.

1557 Erster Staatsbankrott des Hauses Habsburg.
September: Die Tiberüberschwemmung zerstört die Marienbrücke.
Morone wird als Gefangener der Inquisition in die Engelsburg eingeliefert.

1558 Michelangelo arbeitet am Modell der Kuppel von San Pietro.

1559 Daniele da Volterra übermalt das Jüngste Gericht.
August: Paul IV. gestorben.
Das Haus und das Gefängnis der Inquisition werden gestürmt.

1559–1565 Pius IV. (Medici) Papst.

1560 Baccio Bandinelli gestorben.

1563 König Philipp II. von Spanien schuldet den Fuggern 75 Prozent ihres Kapitals.
Cesare da Casteldurante, Buonarrotis Mitarbeiter beim Bau von San Pietro, wird ermordet.

1564 12. Februar: Michelangelo arbeitet den ganzen Tag stehend an seiner letzten Pietà (Rondanini).
18. Februar: Michelangelo Buonarroti gestorben.
Bei seinem Ende sind außer den Ärzten und Hausgehilfen zugegen: Tomaso Cavalieri und Daniele da Volterra.
19. Februar: Zum Inventar gehören: Hausgerät, eine Kiste mit etwa 8000 Scudi, eine Truhe mit Schriftstücken, 10 Kartons, darunter der Grundriß von San Pietro, die Fassade eines Palastes, ein Fenster von San Pietro, der alte Grundriß von San Pietro nach Antonio da Sangallos Entwurf, eine Zeichnung, entworfen für Kardinal Morone: Christi Abschied von der Mutter, andere Skizzen und eine zerschlagene Madonna mit einer Christusfigur in Marmor.

Inhalt

Lorenzo de' Medici

Giuliano de' Medici

Der Morgen

Der Abend

Der Tag

Die Nacht

Handschrift Michelangelos aus dem Jahre 1557

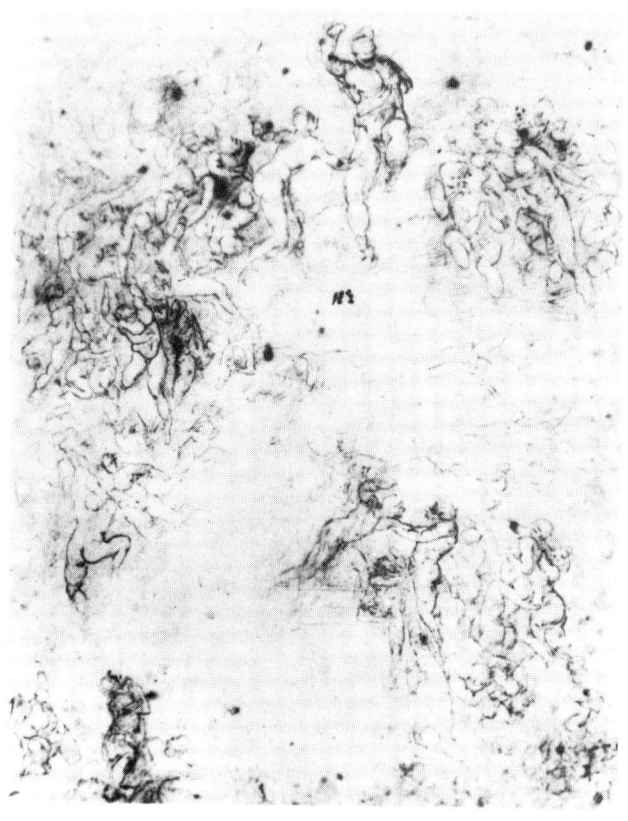

Ideenskizze zum Jüngsten Gericht

Der heilige Bartholomäus aus dem Jüngsten Gericht

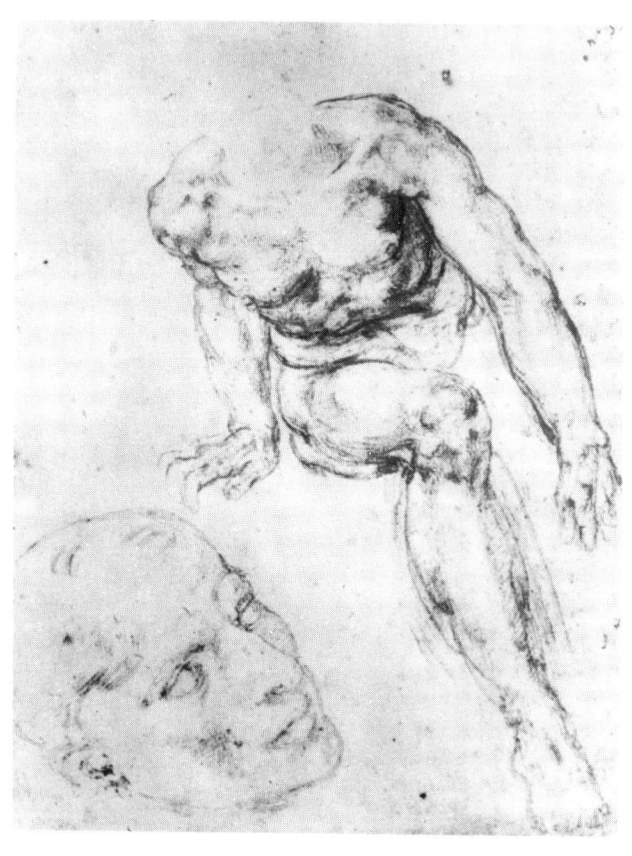

Der heilige Laurentius.
Studie zum Jüngsten Gericht

Verdammte und Höllenfürst Minos aus dem Jüngsten Gericht

Der Richtende aus dem Jüngsten Gericht

Engel, der zwei Erwählte an einem Rosenkranz emporzieht.
Detail aus dem Jüngsten Gericht

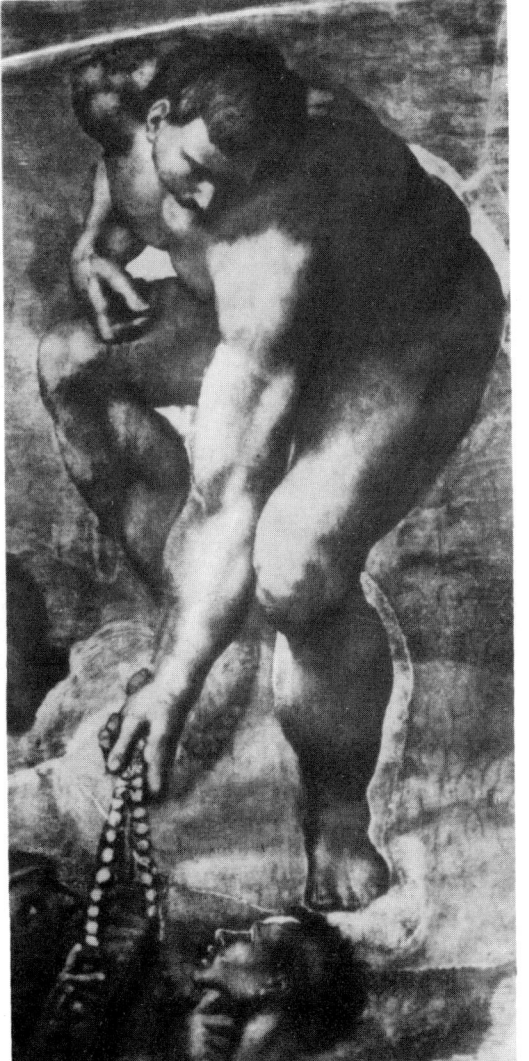

Brutus

Die Kreuzigung Petri

Kuppel der Peterskirche